早年周恩来

上卷

庞瑞垠 著

每一个时代都需要伟人，但不是每一个时代都能产生伟人。
由常人到伟人，自可从其童年、少年和青年时代，寻找到生命的轨迹。
伟人走进历史，其业绩便成了一个民族，一个国家，乃至整个人类的精神遗产。
并非所有的伟人都值得写。
让历史自身站出来说话。

江苏教育出版社
JIANGSU EDUCATION PUBLISHING HOUSE

图书在版编目(CIP)数据

早年周恩来 / 庞瑞垠著. —南京：江苏凤凰教育出版社 2014.5(2019.7 重印)

ISBN 978-7-5499-4128-5

Ⅰ. ①早… Ⅱ. ①庞… Ⅲ. ①周恩来(1898～1976)—生平事迹 Ⅳ. ①K827=7

中国版本图书馆 CIP 数据核字(2014)第 106316 号

书　　名	**早年周恩来(上下册)**
作　　者	庞瑞垠
责任编辑	徐宗文 周　方
出版发行	江苏凤凰教育出版社(南京市湖南路 1 号 A 楼　邮编 210009)
苏教网址	http://www.1088.com.cn
照　　排	南京前锦排版服务有限公司
印　　刷	江苏凤凰新华印务有限公司(电话:025-68037410)
厂　　址	江苏省南京经济技术开发区尧新大道 399 号(邮编 210038)
开　　本	890 mm×1240 mm　1/32
印　　张	17.625
版　　次	2014 年 5 月第 1 版 2019 年 7 月第 2 次印刷
书　　号	ISBN 978-7-5499-4128-5
总 定 价	45.00 元(上下册)
网店地址	http://jsfhjycbs.tmall.com
公 众 号	苏教服务(微信号:jsfhjyfw)
邮购电话	025-85406265,025-85400774,短信 02585420909
盗版举报	025-83658579

内容提要

这是国内外迄今为止反映童年、少年、青年周恩来最为翔实的一部文学性传记。

全书以19世纪末至20世纪初的历史背景为经，以周恩来艰苦卓绝的人生经历为纬，将丰富的史料融入精致的艺术构思之中，展示了周恩来非同寻常的个性、品德及其人格魅力。

作者在尊重历史的基础上，赋予作品以生动、形象的文学手法，行文大开大阖，挥洒自如，寓情于景，典雅畅晓，使之成为艺术感染力很强的精品佳构。

谨将此书

献给今天和未来世纪的公民们

庞瑞垠

每一个时代都需要伟人，但不是每一个时代都能产生伟人。

由常人到伟人，自可从其童年、少年和青年时代，寻找到生命的轨迹。

伟人走进历史，其业绩便成了一个民族，一个国家，乃至整个人类的精神遗产。

并非所有的伟人都值得写。

让历史自身站出来说话。

——作者断想

目　次

上　卷

第三章　负笈津门

下　卷

第四章　东渡日本

第五章　“五四”风暴

第六章　欧行萍踪

上　卷

第一章　童年述略

出生——周氏宗谱——世纪之交的时代

早春。

大运河上最后一星渔火也已熄灭，河面上吹过一阵阵凛冽、湿润的风。月隐了，星遁了，灰褐色的雾霭正悠缓地消融，夜将尽，驸马巷寂然无声。

驸马巷地处淮安西北角，只是，它为何冠以“驸马”二字，典出何处，已无从查考，想必历史上它也有过一段“钟鸣鼎食”、“诗礼簪缨”的日子吧！巷子中段与它呈“丁”字形相接的是局巷，紧挨两条巷子衔接处，有一座东西两个院落相通的宅子，这里便是周攀龙的府第。

周攀龙，又名殿魁，字云门，19世纪70年代离开故里绍兴，在南京做官多年，后来到淮安府山阳县（今淮安市），初为师爷，在县衙做幕友，晚年才谋得山阳候补知县。

淮安的历史可以追溯到远古时代。自东晋义熙七年设山阳县至清末，它曾以自己的辉煌，在中国东部宽阔的江淮流域独领风骚长达十五个世纪。尤其是清末，作为漕运、盐政要津，更使它鼎盛一时，名闻遐迩。

周攀龙似乎喜爱上了这座古城，刚到，即和二哥周骏昂买下了建于清代咸丰年间的驸马巷的宅院。它青砖灰瓦，古朴典雅，

淮安驸马巷周恩来故居

风格近似江南民居。大门两丈见外有一座照壁，门口有一对雕工考究却并不威严的石狮子分守两旁，油漆剥落的大门紧关着，似乎与外面的世界相隔绝。夜风，吹拂着瓦楞上几茎枯败的蒿草，给这座宅院平添了几分苍凉和落寞……

这天，却有些异常，子夜已过，整座宅院灯光闪烁，人影匆匆，不时传出探询的话音，都在焦急地关注着东首那间屋。这是周攀龙次子贻能的居室，此刻，贻能的妻子冬儿正躺在床上，临产前剧烈的阵痛使她呻吟不止，额上、脸上汗水涔涔。

夜，依然寒冷，几案上的油灯不停地摇曳着，炭盆里的木炭添了一遍又一遍，火很旺，化解着寒气。这会儿，没有什么期盼的奇瑞，也没见什么不吉的征兆，随着产妇一声紧似一声的呻吟、喘息，接产婆已凑近床铺忙碌开来，未几，“哇——”地一声裂帛似的啼哭，宣告了一个新生命的诞生。这哭声是极平常的，与无数婴儿的啼哭差不多，但在周府却显得非同寻常，虽说周攀龙已在去年谢世，可这孩子终究是周老太爷的长孙啊！

襁褓中包裹的是个瘦弱的男孩，天庭饱满，浓眉大眼，左颊上有明显的酒窝。初为人母的冬儿痴迷的目光一直凝视着孩子，不舍离去。几天来，她原本是忧心忡忡的，不只担心头胎孩子是男是女能否顺产，还因为家在清江浦（今淮阴市）的父亲万青选正缠绵病榻，生命垂危。娘家已数次派人来通报老人的病况，而她却因临产难以前去探望，以尽孝道。她万分不安，祈求上苍保佑父亲转危为安，每时每刻都在期盼着那边传来让她宽心的消息。她唯有等待，那份焦虑郁结在胸，只有看着身边的孩子，才使她凄迷的面孔泛出一层淡淡的快慰。

周恩来诞生的房间（外景）

周恩来诞生的房间（内景）

“该给孩子起个名字了吧！”她转脸说道。

“七哥正在斟酌哩！”弟媳陈氏话音才落，身穿宝蓝色细丝驼绒长袍，外罩暗花青缎马褂的贻能，笑容灿烂地一脚跨进房门。

“小名大鸾，如何？”贻能瞅着妻子。

“大鸾？”冬儿似乎没弄明白。

“对，大鸾。”贻能稍稍提高了声调，“《说文》云：‘鸾，亦神灵之精也，赤色五彩，鸡形，鸣中五音。’《山海经》云：‘女床山有鸟，状如翟而五彩文，名鸾，见则天下安宁。’……”

“就是说，鸾乃神鸟，它一出现，天下就太平无事了。”弟媳陈氏顿时心领神会，靠近冬儿说。

“大鸾，好，好……”冬儿不禁笑道，“那学名呢？”

“家谱上，大鸾属‘恩’字辈，我琢磨叫恩来吧！”贻能得意地晃着脑袋，“恩者，爱也。《诗》云：‘恩斯勤斯。’先贤归有光曰：‘父母思勤，养我身兮。’来者，未来也。《论语》云：‘往者不可谏，来者犹可追。’……”

“古人还有一个说法：‘恩自日边来。’”陈氏笑眯眯地补充道。

“恩来，这名字好，真好。”冬儿笑得更开心了，她不由得瞟了丈夫一眼，“老爷，这名字你起得真快呀！”

“我啊，一直盼你能生个儿子，名字么，已想了几天啦！”

“啊，是这样……”冬儿点了点头，显得心满意足。

大鸾——恩来，就这样来到了纷纷扰扰的人世，时在清光绪戊戌年（二十四年）二月十三日卯时（即1898年3月5日晨六时左右）。这是一个普普通通的日子，谁也没有料到，历史将把它永远记载下来。

父：周贻能

母：万冬儿（画像）

翌日，清江浦万府的万立钤来到淮安驸马巷周宅。立钤和冬儿乃万青选的续弦夫人所生，手足情深，立钤在万家排行十八，他是来通报父亲病故的事，顺便探望待产的姐姐。

贻能迎了上去，一见立钤热孝在身，便知一切，但他担心立钤这样去见冬儿，冬儿会受不了的，颇有几分犹豫。

立钤似有所悟，一时也不知如何是好，需要通报的事，已不言自明；而他想知道的事却尚未提及，忙问："冬姐生了？"

"生啦，男孩。"贻能应道。

"呵，"立钤惨淡的脸上闪出笑意，"喜事，喜事！"

"是钤弟吗？"蓦地，透过印花蓝布门帘，从隔壁房间传来冬儿的声音。

立钤迅速脱去孝服，露出一袭浅蓝色锦云葛长袍，踅入内室，匆忙中竟忘了取下孝帽，冬儿一瞥，便哭开了。

"姐姐，别哭，别伤着身子。"立钤强抑悲伤，躬身床前，"瞧，我这外甥长得多英俊，真讨人喜爱啊！"

"他来了，父亲却走了……"冬儿沉浸在痛悼之中。

"爹弥留之际，一直叨念着你的名字，不知你是生男还是生女。"说着，立钤叹息了一声，"老人家是最疼爱你的了。"

这话，使冬儿啜泣不止。

"好了，别再哭了，爹活了八十岁，一生积善积德，立言立功，谁不说老人家有福分，想必他在天之灵，也会保佑你和孩子平安的。"立钤说着转向贻能，"姐夫，给孩子起名字了吗？"

"起了，起了！"贻能遂告之。

"大鸾，恩来，这名字好啊！"十八舅立钤轻轻击掌赞道。

"鸾儿也着实让人疼爱，"冬儿说，"抱憾的是，爹的衣食之恩未报，我心里总……"她哽噎得说不下去。

"你好好养息，等出了'月子'，我接你回清江浦。"立钤安慰道。

姐弟俩唠叨了一阵，立钤遂从内室走了出来。

"但愿这孩子将来能有出息，光宗耀祖。"立钤对贻能说。

"是啊，"贻能接道，"先父一生，除了置下这眼面前的宅院，既无土地，又少积蓄。而我，百无一用，无所作为，周氏一门也就寄厚望于这孩子了。可是，世事多变，往后的日子长啦，也说不定会怎样……”

“姐夫，你也别愁，只要悉心培育，孩子长大之后，中个举，谋个一官半职，光宗耀祖，报效朝廷。”

“这是难有把握的事。”贻能沉郁地说：“不过，周氏倒也有过功名奕世的先辈，虽非累代为宦，却一直是诗书传家，大鸾么，我总要让他多读些书。”他边说边把立钐引至侧屋暂且安顿下来。

刚才立钐的一席话，贻能只看成是安慰，对周家的未来，他有过憧憬，却总埋在心中。有时，孤灯枯坐时，他也回想过自己的家世。他是父亲周攀龙在江宁布仓大使任上出生的，记事后，曾回过祖籍绍兴，参拜过绍兴宝祐桥祖居“百岁堂”和出生地“诵芬堂”。他记得“百岁堂”三门上有一副对联：“濂溪绵世泽，沂国振家声”，他不完全理解，父亲告诉他，此处“濂溪”指的乃是周氏始祖周敦颐，《宋史》卷四二七载有其传略：

> 周敦颐，字茂叔，道州营道（今湖南道县）人，元名敦实，避英宗旧讳改焉。以舅龙图阁学士郑向，任为分宁主簿……移郴之桂阳令（今湖南郴州市），治绩尤著……通判虔州（今江西赣州市）……熙宁初，知郴州……为广东转运判官……以疾求知南康军，因家庐山莲花峰下。前有溪，合于湓江，取营道所居“濂溪”以名之。……博学力行，著《太极图》，明天理之根源，究万物之终始……又著《通书》四十篇，发明太极之蕴。……（南宋）嘉定十三年赐谥曰“元公”。淳祐元年，封汝南伯，从祀孔子庙庭。

而周敦颐为更多人所知，则因他那名篇《爱莲说》，不爱牡丹之富贵，独爱莲“出淤泥而不染”，心志高洁，为后世所景仰。

“百岁堂”对联中之“沂国振家声”的“沂国”，系指绍兴宝祐桥周氏祖周茂，字元泊。据有关史料记载，云其官至左丞相，特进金紫光禄大夫，封“沂国公”。在绍兴，无论是周恩来的周，或周树人(鲁迅)的周，都尊周茂为迁绍时的始迁祖。

饶有趣味的是，周恩来的宝祐桥周氏，与周树人的覆盆桥周氏，同宗出于绍兴“鱼化桥周氏”，宗祠相同，皆系明代正德年间(1506—1521)周逸斋的后人，也就是说距今约四百多年前为同宗。宝祐桥的周氏此后虽未再出现过周敦颐、周茂这样的朝廷重臣，却不乏饱学之士。据有关资料记载，周恩来的十七世祖(即高祖)为笑岩公，名之棠，尽管没有什么功名，却写得一手锦绣诗文，从传世的一册《焚馀诗稿》①中，我们约略可窥其风貌和才情，这里，不妨举出一二。

先看《自述》，诗云：

才愧曹子建，谋惭张子房。读书书未解，吟诗诗涉狂。谈心闲访友，消闲偶持觞。知贫依鲍叔，养客羞孟尝。何时金作屋，戏彩事高堂。椿树病已瘦，萱堂发已苍。敢求升斗禄，拟欲游四方。青毡难守旧，南浦许寻芳。建业须及早，莫待醒黄粱。

一个郁郁不得志而又不甘沉沦的、正直的士子，宛若就站在我们面前。谦抑而责已甚严，旷达却壮志难酬。

再看《其二》，诗云：

人情薄如纸，世态淡如水。为人不由人，当作奇男

① 《焚馀诗稿》存淮安市图书馆。

子。我行不入邪，我言不苟訾。言只舒我心，行则安吾履。躬耕惟砚田，不须分疆埸。舒怀惟笔锋，何事执弧矢。欲希倚马才，抛尽雕虫技。功名虽偃蹇，此志无时已。身忽作飘带，门总开桃李。惟冀才学成，不愧一佳士。内动亲心欢，上对天颜喜。

看来，这位老先生一心想让自己成为倚马千言、忠孝双全的“佳士”，只是，命运未能遂其所愿。据其曾孙周嵩尧（周恩来的堂叔）在《焚馀诗稿》的“补白”中写道：“笑岩三十岁以前肆力于诗等文词，其后遂专研经济心理之学，著述数种，于毛捻之变（即太平军和捻军起事——引者注）散佚无存。”

周笑岩固然功名不就，但到他的儿子——周氏十八世祖樵水公周光勋，却谋得了颇为显赫的官职，这在周嵩尧 1897 年（即周恩来诞生的前一年）中举的资料①中有记载：

“光勋（字樵水）诰赠奉政大夫，提举衔，两淮候补盐运通判，升用同知；直隶州仪征县知县，江苏候补同知，晋封中宪大夫。”

“提举”，封建时代官名，主管专门事务的职官。“同知”，为清代知府、知州的佐官，分掌督粮、缉捕、海防、江防、水利等，分驻指定地点。“同知”和“通判”，又类似今之地市级行政长官之副职。

而这位周光勋，即是周恩来的曾祖父。看来，周光勋既然曾任“两淮候补盐运通判”，在江苏为官有年，那么，这与其子周攀龙后来由绍兴迁苏，并任江宁布仓大使和山阳候补知县，或许不无关系吧！

至于周攀龙，我们从周恩来另一位堂叔周嘉琛 1902 年中举

① 周嵩尧（1873—1953）中举资料，存浙江省图书馆古籍部，编号为一万一千一百四十四《浙江乡试朱卷》。

的资料[①]中，可见如下记载：

“殿魁，国学生，理问衔，前任江宁布仓大使。”

“国学生”系清代教育制度的最高学位；“理问”属封建时代官名，是“布政使”司的直属官员之一；“江宁布仓大使”即管公仓的财政官。

这份周嘉琛中举资料，则是写在周攀龙已卸下江宁布仓大使一职，而尚未就任山阳候补知县之际。

周攀龙生有四子，即：贻赓（字曼青）、贻能（劭纲，字懋臣）、贻奎（字焕臣）、贻淦（字簪臣），按周攀龙兄弟几房所生子女的大排行，他们分别为四、七、八、十一。

贻能，即周恩来的父亲，据周嘉琛中举资料记载：

“劭纲，国学生，主事衔。”

可见，劭纲和他父亲一样，也获得过清代最高学位。说到“主事”，也是官名，在明清时代为各部官员中最低一级，官阶为六品。中进士后分派各部，须先补主事，以后方可逐步递升为“员外郎”、“郎中”等官。上写“主事衔”，即“六品衔”。不过，周劭纲像是从未当过什么官，倒是在几个地方，替七品知县当过师爷，也即周恩来所说的“文书”。

清光绪二十三年(1897)周攀龙去世，第二年，周恩来出生，这时，他的四伯贻赓远在北方当师爷；八叔贻奎残疾，半瘫在床；十一叔贻淦已染上肺痨。

周攀龙生前，因原任山阳知县恋栈不去，他也只能一直是“候补”，作些典礼告示之类的闲差，收入不丰，加之他“不事生产，不买地”，只有驸马巷宅院和城外几分坟地是私产，他一死，家道中落，日子的艰难也就可想而知。

---

① 周嘉琛“庚子、辛丑”恩正并科中举资料，存浙江省图书馆古籍部，编号为一万一千九百《浙江乡试同年齿录》之五。

周恩来降生人世，委实不是时候。家，是这样，而时代更是糟糕透顶，内忧外患，中国正濒临灾难的深渊。

1840 年的鸦片战争，西方列强的隆隆炮声轰开了大清皇朝闭关自守的大门，中国开始沦为半封建半殖民地社会。

半个世纪之后，1895 年，周恩来出生的前三年，李鸿章代表清政府，与日本首相伊藤博文签署了丧权辱国的《马关条约》，明文规定清政府割让辽东半岛、台湾、澎湖列岛给日本；赔偿日本军费白银二亿两；开放沙市、重庆、苏州、杭州为商埠；允许日本在各通商口岸开设工厂等等。

1897 年，德国在沙皇俄国的怂恿之下，于 11 月间占领了山东胶州湾。

就在周恩来出生的 1898 年，也是灾难迭出——

2 月，英国迫使清政府声明，不同意长江流域各省割让或租借于他国，变"利益均沾"为"利益独享"；

3 月，德国迫使清政府订立《胶澳租界条约》；沙俄迫使清政府订立《旅大租地条约》；

4 月，法国强租广州湾，迫使清政府宣布广东、广西不割让他国；日本迫使清政府声明，不将福建割让他国；

6 月，英国强租九龙半岛深圳河以南地区；

7 月，英国迫使清政府签订《租借威海卫专约》；

……

东西列强，就这样猖獗地宰割、瓜分着中国，腐败无能的大清皇朝已是百孔千疮，严酷的现实，像火炙烤着无数志士仁人的心，使救亡图存一时成了资产阶级改良派的强烈要求，他们奔走呼号，自 1888 年康有为①第一次上书清廷，请求变法；1895 年旅京

---

① 康有为(1858—1927)：广东南海人，清光绪进士，戊戌变法的领导者。政变失败后，为保皇党领袖。著述有《大同书》等。

的十八省一千三百余名应试举人“公车上书”；1896年，梁启超[①]创办《时务报》[②]，倡言“变亦变，不变亦变”，中国政治舞台上新旧两派一直进行着殊死的斗争。

周恩来诞生六个月之后，北京紫禁城内发生的酝酿已久的“戊戌变法”，却以谭嗣同、林旭、杨锐、刘光第、杨深秀、康广仁“六君子”被戮和光绪皇帝被幽禁于瀛台告终，资产阶级改良派导演的一场短暂而悲壮的政治活剧，转瞬间便息鼓收场了。

两年后，又爆发了震惊中外的义和团起义……

这一切，在交通便利、商贾云集的淮安，不能不有所传闻，有所感应。只是在大门紧闭的驸马巷周府，却并未引起什么震荡，唯有贻赓、贻能寄回的银票逐月减少，使主妇们猜测起外面世道的变化。童稚的周恩来则无所察觉，他只是瞪着一双明澈的大眼睛，注视着眼前的房舍、窗棂、窗棂外的天井和天井上方那一块湛蓝湛蓝的天空……他的世界就这么大，他不会知道，随着他年龄的增长，作为一个仕宦之家的后代，会那么紧密地将自己跟积贫积弱、多灾多难的祖国结合在一起，经历了他波澜壮阔、跌宕起伏的一生。

在外婆家——嗣子——兼容并包的母爱

“三朝”之后接着便是“满月”，周府免不了又热闹了一阵子。

---

① 梁启超(1873—1929)：广东新会人，清光绪举人，康有为的弟子，戊戌变法的主角之一。晚年执教于清华大学。在主办《时务报》、《清议报》、《新民丛报》时期，他撰写的一系列鼓吹资产阶级社会政治学术思想的文章，对辛亥革命前后的知识分子，有重大的思想启蒙作用，是影响巨大的百科全书式的人物。

② 《时务报》：清末维新派的报刊，梁启超等主编，旬刊。1896年(光绪二十二年)8月在上海创刊，以“变法图存”为宗旨，宣传资产阶级改良主义思想。1898年8月出至第六十九期后，改为《昌言报》，由汪康年主编，至11月共出十期停刊。

"满月"酒，直把贻能喝得酩酊大醉，他像是比谁都有资格多喝几杯"开心酒"，醉得沉迷，醉得舒畅，醉得甜蜜。

大鸾着一身枣宁绸袍子、黑宁绸马褂，玄色瓜皮小帽顶缀着个圆圆的红结儿，映着那已见发胖的团脸，越发逗人喜爱，谁见了都想上前抱一抱、亲一亲。他不惧生，只是他很少笑，嘴常抿着，但也几乎听不到他哭，母亲冬儿说他"心气不浮不躁"，婶母陈氏则夸他"沉静"。自他出世，周家妯娌间走动得更勤快了，院子里，比过去有了生气。

"满月"过后没几天，冬儿带大鸾回清江浦娘家省亲。淮安到清江浦三十里水路，船在运河里欸乃行驶，只两三个时辰便上了岸。冬儿穿的是雨过天青色缎子宽袖袄，下面配淡青色裙子。只见她抱着大鸾，利索地跨上一辆洋车，经十里长街，径往万府。

万府在清江浦可谓是豪门巨宅。

万青选(1818—1898)，字泉甫，号少筠，原籍江西南昌，在淮阴任知县长达三十余年，颇有政声。任上筑圩代城，保境安民；公正廉明，据实办案；劝课农桑，富民衣食；疏浚文渠，便民饮用；设厂赈粥，拯救饥民……甚得民众拥戴。临河而筑的万府，乃是一座深宅大院，在十里长街，气势显赫，里面生活着众多子女和侍候他们的家佣。

冬儿母子刚入门厅，身着玄色缎面，滚有白色宽边袄裙，喜戚交集的万老太太张氏便闻声迎了过来，后面跟着子女孙辈一长溜。冬儿见众人孝服未除，不免触动心中隐痛，刚叫了一声"娘——"便嘤嘤哭了起来，断断续续地说："最终没能见上爹一面，女儿不孝啊……"

"冬儿，冬儿，别难过……"万老太太声音发颤，一个劲儿地劝慰道，"你也是没办法，你爹知道你不能来，临走前，他真想见你，可是……无望中，他只盼你们母子平安……"说着，从女儿手里抱过大鸾，走向客厅。

“瞧这孩子，眼睛、鼻子都像你。”万老太太凝视着外孙说。

“像他爹。”冬儿应道。

“像他爹有什么出息？我看像你。”万老太太近似固执地说，不停地在外孙小脸上亲了又亲。

踏进客厅的门，冬儿看见迎面墙上挂着父亲的官服影像，红木条案上燃着香烛，供着干鲜果品，她禁不住热泪扑簌，就着拜垫磕了三个头，旋又从母亲怀里接过大鸾，将他放在拜垫上磕了头。

祭奠之后，万老太太又和女儿唠叨开了：

“冬儿，你爹一生可不易啊，若不是他乐善好施、济世施仁，能在清河（即淮阴）知县任上几十年？你没见出殡那天，送葬的人，男男女女挤满了十里长街，东岳庙的和尚找上门来，替他做了七天‘水陆道场’……”

“娘，”冬儿望着母亲憔悴的面容，止不住一阵心酸，她克制着，想说些宽慰老人的话，“你说的是这个理，爹这一生，活了八十岁，生了十八个子女，真是多福多寿，多子多孙，世间少有啊！”稍停，又道，“这一阵子，你老人家劳累过度，身子骨可要格外注意呀！”

“我懂，我懂……”说着，老太太直落泪，这时，大鸾张开手，老太太以为是要她抱，不禁破涕为笑，“冬儿，大鸾精哩，你得好生养育，冷热万不可疏忽大意。”她又轻轻摸了下外孙的小脑袋，笑道，“小乖乖，你要常到外婆家来，外婆会想你的。”

大鸾没有反应，他还不能领悟外婆的心。

冬儿这趟回来，是倍受重视的，万府上上下下都知道老太爷生前最宠冬儿，如今，她又带来生下不久的儿子，尽管万府尚在居丧期间，尚未摆脱凄恻压抑的气氛，但看上去举家却也融洽和顺。

三天后，冬儿携子返回淮安。

刚到家，便见宅院内一片惊慌。八婶杨氏告诉她，十一叔贻淦连日口吐鲜血卧床不起。冬儿忙将大鸾放下，赶往西屋，只见贻淦恹恹地躺着，弟媳陈氏正在榻前照料。她问了病况，得知已延医服药，一时尚未见疗效，于是便说些安慰的话，离开时，眉心撮拢成结。

又过了些日子，有位亲戚提议让大鸾“过继”给贻淦为子，借此“冲喜”，说是这样可使贻淦消灾祛难，转危为安。

“怎么办呢？是不是……”贻能望着妻子，欲言又止，他在两难之中，大鸾是他的长子，冬儿愿意“过继”给贻淦吗？可贻淦是自己的胞弟，焉能眼睁睁地看着他缠绵病榻、濒临死亡？他搓着手，焦灼地在房间里走动，不时觑一眼妻子。他并非是个没有主见的人，但在家里，凡事他总让妻子定夺，他觉得在纾解纠纷、克服难题上，妻子一向比他强。不一会儿，他收住脚步，在梨木椅上落座，耷拉着脑袋，一声不吭，只轻轻地叹息着。

其实，冬儿的心情又何尝不是这样。十月怀胎的辛苦和一朝分娩的磨难且不去说，头胎便是个男孩，长得又人见人爱，她怎能不宝贝？真的把大鸾“过继”给贻淦，即使别人不说，外婆会怎样想呢？可是，贻淦的病日见严重，身为嫂子，又怎能无动于衷，看着他二十出头便撒手人寰？忆及儿时父亲教授《千字文》，里面有“诸姑伯叔，犹子比儿”的句子，蕴含着一份真挚的爱，这么说，在大鸾“过继”给贻淦的事上，还犹豫什么呢？

“你，你说话呀！”贻能承受不了缄默的压迫，催促着。

“救十一叔的命要紧！”冬儿说，随之，两行泪水顺着她那清秀的面颊流了下来。她不知“过继”大鸾究竟能否真的救贻淦一命，但她觉得非这样做不可了。

“你同意了？”贻能的嗓音都变了，偏西的阳光将他的脸膛映得豁亮。

“去通报吧。”冬儿平静地说着，遂又弯下腰，将大鸾从竹编摇篮中抱起来搂在怀里，接着又拾起金黄色软缎小被褥将孩子护住，这才把自己的脸贴着孩子的脸，泪水又止不住地潸然而下。

“噔噔噔……”随着一阵脚步声，贻能回来了，身后跟着弟媳陈氏，冬儿忙拭干了泪，起身相迎。

“姐姐——”陈氏含着哭声跨进堂屋，“我，我，说什么好呢？”一串泪水扑簌簌地跌落下来，她像是要跪下来。

“妹子，快别这样，”冬儿一把拉住陈氏，“什么也别说。”

“姐姐，大鸾是你的亲骨肉啊……”

“一笔写不出两个‘周’，我们是一家人，”冬儿异乎寻常地冷静，“再说，今后我还会生的，妹子，从今往后，你就是大鸾的亲娘，大鸾就是你的亲儿子。”

“唔，”陈氏应着，向冬儿深深地鞠了一躬，“天底下没见过你这样的好人，七哥真是有福气……”

“是啊，是啊，”贻能直点头，终于发出一阵爽朗的笑声，稍停，他说，“是不是得有个仪式？”

“仪式……，自家的事，就不必麻烦了。”陈氏望着冬儿，“姐姐，你看呢？”

“要搞个仪式，让贻淦看着高兴，心里踏实。”冬儿说。

陈氏的嘴唇翕动了一下，却什么也没说，只是向冬儿投去感激的一瞥。

这仪式其实也很简单。

贻淦依旧躺着，人颇虚弱，原本是要在他的房间举行的，谁知贻淦不让，说在七哥贻能的堂屋为宜。堂屋壁上挂着先父的遗像，在老人面前办，老人的在天之灵会保佑的。众人对此自然没有异议，一切都顺着他。

这天，贻淦竟自己起了床，冥冥中仿佛有股力量在支撑着他，他特地穿上一件织有团花的紫红云锦长袍，罩上雪青色马褂，梳理了发辫，拿起缀有玉片的瓜皮帽掸了掸，戴在头上，步出房门。陈氏上前搀扶，他轻轻摆了摆手，率先出了狭窄的庭院，右踅，穿过砖砌的拱门，跨进贻能的小院，向哥哥嫂嫂躬身行礼后，便在堂屋里坐下。背面是周攀龙的遗像，遗像下的条案上已点上香烛，该到的亲友也都到了，陈氏着粉红色紫花玫瑰边绸衣紫裙在另一张椅子上坐下。

仪式开始，先由奶妈蒋氏抱着大鸾，面对贻淦夫妇，在拜垫上三磕首。而后，蒋氏把大鸾递给贻能，再由贻能递给贻淦。不料，贻淦一阵紧咳，连忙将大鸾递给妻子。大鸾对这一连串的动作自然莫名其妙，一双大眼睛只看着贻淦。贻淦平了平气，被嗣子娇态可掬的样儿，逗得笑出声来。

"贻淦，打今日起，大鸾就成了你们的儿子了，你要把忧愁抛置脑后，好生延医养息。"贻能说，"你会慢慢好起来的，会看到大鸾长大成人，孝敬你和弟妹……"

"嗯，嗯。"贻淦点了点头，却说不出什么。

"七哥，姐姐，这孩子，我们会视如己出，你们尽管放心。"陈氏软言细语地说。

"妹妹，"冬儿接过话，"你名门出身，琴棋书画，女红烹饪，门门拿得起，大鸾过去，我们焉能不放心。愿只愿十一叔早日痊愈，诸事顺遂。"

"会的，会的，我会好起来的……"话没说完，贻淦又连连咳了起来，仪式遂就此结束。

午后，冬儿给大鸾梳理了一番，又将孩子的衣物拾掇整理好，叠放在一只手提藤箱里，而后，由她抱着大鸾，蒋氏拎着藤箱，来到西边的贻淦屋里。

"他十一叔、妹子，我把大鸾送来了，"冬儿心中如捣，却又显得若无其事的样子，嘴角甚至还漾着笑纹，"蒋妈也过来，她勤快、牢靠，大鸾粘她哩。"

"姐姐，"陈氏把大鸾接过来，孩子忽然掉过头呜呜地哭起来，冬儿向蒋妈递了个眼色，迅速转身走开。

蒋妈见大鸾仍在哭，忙抱了过来，背过身，解开衣襟，孩子吮吸着乳汁，不哭了。

可是，陈氏却哭了，抽抽搭搭地对贻淦说："我们难为七哥七嫂了……"

"唉，谁让我得这鬼病，怎么就治不好呢？"贻淦拍打着床沿。

"你也别急，还是七哥说的，好生延医养息。"

且不说这边贻淦夫妇的交谈，只说冬儿一跨出贻淦的房门，鼻子一酸，泪水夺眶而出。她怕惊扰贻淦夫妇，便紧紧捂住嘴，不让发出声来。回到东屋，她只觉得两腿软绵绵的，一步一步走进房间，贻能不知去哪里了，屋里不见大鸾，忽然变得空荡荡的，她心中有些慌乱，禁不住哭出声来。

"怎么啦？"贻能闻声进来，抚着她的肩头。

"我心里乱得很……"

"后悔了？"

"我是做事后悔的人吗？"

"这不就对了。爹在世时说过，你这个儿媳妇是最顾全大局的了。"

"别夸我，男人么，很难懂得一个做母亲的人的心。"

"两个小院不就隔着一堵墙吗，"贻能说，"你想大鸾了，就让蒋妈抱过来。"

"那不行，孩子谁带跟谁亲，他不能离开贻淦夫妇。"

"夫人言之有理，"贻能快活地笑道，"故我一直认为，周家谁都可以少，就少不了你。"

"你啊，尽说讨好的话。"

"也不光我这么说，周家上上下下谁不这样看呢。"

"好啦，好啦……"冬儿说着转身走开了。

"冲喜"消灾，是中国民间沿袭了不知多少年的习俗，可它终究是荒诞的。

贻淦得的是肺痨，两淮稍有名气的中医都请过了，病情时好时坏。贻赓从北方寄回藕汁参仁鹤草熬膏子的民间验方，内服后也未见效，咯血依然不止。日子一天天过去，贻淦面若桃花，骨瘦如柴。晚秋的一天，在大量咯血之后，他呼吸变得游丝一般，油尽灯枯的时刻快到了，在冬儿筹划下，寿衣、棺木等相关事宜已作了准备。

贻能、贻奎都来到胞弟的床前，西院老二房（周骏昂）的也都过来了。贻淦假寐似地阖着眼睛，别人叫他，他像是能听到，嘴唇微微一颤，却发不出声音。忽然，他的眼皮动了一下，仿佛想看什么似的，慢慢地，他使尽了生命的最后一点力气，艰难地半睁开眼睛，向一边斜睨着，嘴唇也哆嗦起来，似有什么要说。陈氏即刻明白了丈夫这些轻微动作的意思，忙转过身来到门口，从蒋妈手中接过大鸾，抱到贻淦面前。只见贻淦抬起的手，刚靠近大鸾，便颓然落下，眼角滚下一滴泪，头一偏，过去了……

哭声弥漫在周家宅院，大鸾感到惊恐，也跟着呜呜地哭，蒋妈立即把他抱到东屋，哄了一阵，这才在蒋妈怀中睡着。当晚，他留在生母屋里，冬儿一直守护着他。

贻淦的殡葬是三天之后的事。大鸾披麻戴孝，由蒋妈抱着，走在出殡队伍的前头，行进数里，来到淮安东郊的周家坟地。一切礼仪都是必不可少的，大鸾像贻淦的亲生儿子，一无遗漏地履行了全部孝道。

爹走了，再也不会回来了，虽然大鸾还不能意识到这一点，但他看见屋里只剩下娘，似乎变得格外乖巧。奇怪得很，这一夜他的一双小手臂紧紧地抱着娘的脖子，很安静地进入梦乡。这给了陈氏无比的慰藉，大鸾成了她生命的唯一寄托。

大鸾在咿呀学语。有一天，陈氏正在整理书柜，隐约传来一声“娘”的叫唤，她一怔，猛回头，见大鸾倚着摇篮站着正瞅着她，不待她张手去抱，忽然，孩子冲她又叫出一声“娘——”她泪水扑闪，赶快把孩子抱了起来，紧紧地搂在怀里。

嗣母:陈氏(画像)

吃饭,睡觉,玩耍,这几乎是大鸾生活的全部内容,尽管有蒋妈侍候,可是,陈氏从不忽略自己的责任。母子依恋日深,贻淦去世带来的创痛,在孩子的笑声和呼唤声中渐渐抚平了,陈氏脸上闪现出青春少妇的红晕,周家的人,终于看到她的笑靥和她那轻盈、优雅的身姿。她又拾起纸、笔,继续那荒废多时的绘画作诗。入夜,当月儿悄然升起,从她的房间,时常飘出那深沉、婉丽的箫声,一曲《妆台秋思》如丝如缕,如怨如诉,感人肺腑。有时,大鸾也会昂着小脑袋,扑闪着双眸,好奇地望着母亲,瞬间,箫声催他入眠,那胖嘟嘟的小脸上,漾着甜甜的笑。这时,陈氏便情不自禁地中断箫声,走过去,在儿子的小脸上,柔柔地亲了亲……

启蒙教育——瞻仰关天培祠
——雪花飘飘

瓦楞上的草一岁一枯荣,时间,在不知不觉中流逝。

咿呀学语,扶床举步,大鸾一天天成长。一岁时,他的大弟恩溥出世,到他四岁时,小哥俩已常在一起,在宅院内转悠。他们尤其喜欢到后院去,捉蚂蚱,逮蛐蛐,看花儿吐艳,听鸟儿啁啾……

入夏后的一天,小哥俩蹲在西院的观音柳下,观看蚂蚁摆阵。大鸾捏着一茎牛筋草偶忽拨弄一下,他是那样专注,以至有人抚摸他的小辫,竟浑然不觉,而恩溥却已察觉,一转身扑了上去,甜脆地叫了声："爹！"

原来是贻能，他刚从外地回来，行囊一放，便从东院转到西院找起孩子来。

大鸾跟着恩溥站了起来，他睨了睨贻能，迟疑着，不知叫什么是好。

"怎么，爹都不认识啦？"贻能慈祥地笑道。

大鸾蹙着眉头，爹已去世了，眼前明明是"干爹"嘛，总是这样称呼的，这会儿怎么让叫他"爹"呢？

"叫爹呀，"不意蒋妈走过来，"这是你亲爹！"

"别再难为孩子了，"贻能依旧笑着，目光却一直端详着大鸾，"倒是愈长愈像我了。"

"是啊，这孩子，眼睛、眉毛、鼻梁，处处像老爷。"蒋妈说。

"待会儿到东院来，爹给你带了好些吃的哩。"贻能说着在大鸾肩上轻拍了一下，转身走开。

大鸾不作一声，他盯着"爹"的背影望了好久，这才回到屋里。

"你怎么啦？"陈氏见大鸾神色不对，问道。

"娘，"大鸾注视着墙上贻淦的影像，"究竟谁是我爹啊？"

"怎么问起这个来了？"陈氏感到蹊跷，遂指着墙上的影像说，"这是你爹。"

"不对，东院的干爹才是我爹。"

陈氏不禁一愣，蒋妈忙将刚刚发生的事告诉她。

"干爹说，我长得愈来愈像他了。"

"啊，对，对。"陈氏百感交集，但看上去仍是那么镇静、安详，"他是你爹。"

"那干妈呢？"

"干妈她……她也是你娘。"

"我有这么多爹和娘？"大鸾瞪大双眼，不解地问。

"大鸾，"陈氏声音发涩，"你乖，疼你的人多，所以东屋的爹和娘也把你认作儿……”

“噢，”大鸾像是明白了什么，他望见陈氏落泪了，忙倚过去，用小手替她擦泪，“娘，我惹你生气了？以后，我不再问了。”

“不，你没错，只是，你还太小，有些事，等你再长大一些，娘会告诉你的。”陈氏平静下来，想想这件事，能怪谁呢？父子天性，七哥在外谋事，回来见到自己的亲儿，让叫一声“爹”，说上几句话，委实是情理中的事。只是，因这触动了她的伤心处，倘若贻淦不死，又没病，她何愁没个孩子？自从认大鸾为嗣子，算是有缘分，母子情深，总让她时时感到安慰。她不是一个心胸狭隘的女子，不担心孩子总有一天会知道自己的身世，没想到，孩子过早地知道了。知道也好，这总是事实。孩子开智早，想知道的事渐渐多了，得把他的心思引到知书识理上，进蒙馆还有二年，不妨自己先教起来，对，就这么做。

陈氏原籍山东，生于公元 1878 年，在娘家排行老三，人称陈三姑，据说祖父曾中过状元。父亲陈源，通经史、擅诗词，是个生员，世居淮阴，置有产业，为人生性恬静，温文尔雅，其秉性、修养也传给了女儿。只是，陈氏命运不济，嫁给贻淦一年便守寡。平素她几乎足不出户，终日不是赋诗填词，便是刺绣绘画。房间的书柜上，置放着《浮生六记》、《再生缘》、《天雨花》、《红楼梦》、《说岳》、《绣像全本西游记》、《幼学琼林》、《弟子规》等小说稗史、启蒙读物，墙上则挂着她画的墨梅、兰花、仕女图，有时，在这西屋的周围还弥漫着箫或古筝清幽的乐音……

大鸾就是在这样的氛围中一天天成长的。开头，陈氏教他认字块。店铺里有字块卖，却是“看图识字”的那种，陈氏不用，她自己写，方块纸上一边是字一边空白。她先教读音，再讲偏旁部首，讲意思，而后把字块弄乱了让大鸾辨认。在大鸾掌握一二百个字后，她又课以《弟子规》。她并不要求孩子认得那些字，而是让他懂得做人的道理，“遵循弗忘”。

“弟子规，圣人训。首孝悌，次谨信。泛爱众，而亲仁。有余力，则学文……”合辙押韵，易记易诵，大鸾跟着娘念，兴趣盎然。有时，恩溥也过来跟着念。

有次，在东屋天井里，为一个陀螺，恩溥和堂弟恩灿相争不下，被站在门口的万冬儿看到了。对恩溥的要强好胜，她有些生气，见大鸾在场，仿佛有意考考他似的，说：“大鸾，你有办法让和尚（恩溥小名）把陀螺给恩灿吗？”

大鸾想了想，遂问道：“和尚，上午读的《弟子规》还记得吗？”

“不记得。”恩溥扮了个鬼脸。

“那你听着。”大鸾背道，“兄道友，弟道恭。兄弟睦，孝在中。财物轻，怨何生。言语忍，忿自泯……”倏又问，“什么意思呢？说给娘听听。”

“这……记不清了。”恩溥傻笑着摸了摸头，这时，正巧陈氏因事过来，他忙倚过去，“十一婶，你再教一遍，行吗？”

“行，行，”陈氏笑道，“这段话的意思是说，做哥哥的对弟弟要友爱，而弟弟对哥哥则要恭敬，兄弟之间和睦相处，孝道便包含在和睦之中了。弟兄间要把财物看得轻点，怨恨就不会产生了。言语间要互相忍让些，怨恨就自然消失了。和尚，你比恩灿大，你是哥哥，你应该知道怎样做。”

见恩溥涨红着脸，把陀螺塞在恩灿手里，陈氏不由得跟万冬儿交递了一个喜悦的眼神。

“好啦，大鸾，亏你记性好，带两个弟弟一块玩吧！”万冬儿笑着吩咐道。见孩子离去，她将陈氏让进堂屋，说：“妹子，大鸾六岁了，恩溥也五岁了，我琢磨该给他们请位先生了。”

“姐姐说得对，这些天，我也一直在想，小弟兄俩该进蒙馆了。”陈氏应道。

话虽这样说，难的是贻能不在家，贻奎又不管事，几个妇道人家怎好出门去聘请先生呢？万冬儿想了半天，这才想到家住东门外的表哥龚荫荪。龚荫荪是个饱学之士,且交际又广,在他的推荐下,邹豫园先生应聘跨进周宅。

这位邹先生,三十多岁,面庞清俊,人挺精明,蓄着满发,却不见脑后的长辫子,周宅上下对此颇感诧异。但冬儿和陈氏心中有底,表哥说,这位邹先生是个新派人物,人好,有学问,孩子交给他,保管有出息。既然表哥这样说,那是不应当怀疑的。

那个时代的学馆,分家塾、私塾两种。设在先生家招集蒙童走读的为私塾,在家中设馆,请先生教的为家塾。

家 塾

周氏家塾设在东院西首三间房。北边一间,板壁上挂着一幅祖传的、装裱颇为考究的梅兰竹菊四君子图,面南的墙壁下有一几案,供着"天地君亲师"的牌位,两侧是香炉、烛台,这里便是授课的地方。学桌几张,靠槅扇门的一张是恩灿的,恩灿是九叔贻宽的儿子,恩灿前面一张是恩来的,恩溥则是另一张。每张学桌上都放着笔、砚和镇纸。恩来南边的一张八仙桌,自然是邹先生的了。桌上，有长方形的红木托盘一只，内放笔架、砚台、水盂和戒尺，旁边的活动书架上插着《三字经》、《百家姓》、《千字文》和四书五经，供先生随时翻阅。

中间的屋，放着同样的八仙桌和两张学桌，是龚家小姊妹志茹、志蕙坐的。

南边一间，挨墙有个睡榻，当中的矮脚小茶几上放着茶壶茶杯，这是供先生休息用的。

三间屋是贯通的，倒也宽敞，只是光线稍嫌暗些。

周家把孩子开蒙入学视为大事，万冬儿领着众人布置一切，对先生的桌椅、睡榻，一应用具，逐一擦了又洗，洗了又擦。

开蒙这天，孩子们瞪着一双双好奇的、怯生生的眼睛，由家长领着，进入课堂。

几案上香烟缭绕，红烛高照。龚荫荪身穿宝蓝色长袍，外罩玄色马褂，邹豫园则是一袭灰布长袍，未着绸缎。仪式由龚荫荪主持，先由邹先生带着学童向至圣先师孔子跪拜，随后，在香案前放上八仙椅，请邹先生上坐，再由学生行跪拜礼。

“免了吧，免了吧。”邹先生连连摆手。

“一日为师，终身为父。”万冬儿说，“先生，你可不能推辞，这是老规矩哩。”

“我不重形式，”邹豫园话刚出口，见万冬儿、陈氏等面有难色，忙改口，“那就鞠个躬吧！”

于是，学生逐一鞠躬，先生作揖回答，简简单单，拜师仪式结束，学生各就各位。

“恩来，‘恩斯勤斯，来者可追’，这名字起得好。”邹先生赞许道，“表字是……”

“没起哩，”陈氏说，“先生给起个吧！”

“这个么……”邹先生凝眉沉吟有晌，“翔宇如何？翔者，飞也；宇者，宇宙。翔宇，即四荒八极无所不达也。”

“翔宇，这‘宇’有气势，有深意。”龚荫荪直点头，旋又对恩来说，“恩来，你要立下志气，要像大鹏展翅，遨游宇宙，搏击风雨，报效国家。”

“我听邹先生的，听表舅的。”恩来爽快地表示。

启蒙课本，《三字经》开头，先生逐句逐句往下讲。他不像一般塾师让学生死记硬背，而是既教字形、读音，又作解释，文中的用典，他则编成一个个小故事，讲得绘声绘色，两个月下来即已讲授了一多半。他基本上不作发挥，待讲到“经子通，读诸史，考世系，知终始”以下，他找来一幅中国地舆图，自盘古开天辟地，历朝历代，一直讲到当朝和当朝皇帝光绪。他讲得很慢，唯恐孩子们忘记。他说：“泱泱中华，五千年文明，分而合，合而分，直到大清朝。大清朝从太祖努尔哈赤起，已有过十个皇帝，其中，康熙、雍正、乾隆的治国功绩是值得夸耀的，可是，到了道光、咸丰年间，国家内忧外患，西方强盗开始侵扰我国京城和边疆，逼迫我国订立不平等条约，夺我土地，掳我财富。”说着，他的手指向地图南端，“这是广州，这是虎门，正是在虎门，英国洋鬼子的大炮轰开中国的大门，爆发了鸦片战争……”

他的这些话，对刚刚开蒙的孩子们未免深奥，可他觉得非讲不可，不吐不快。恩来的眼睛一瞬不转地望着先生忧戚的脸色，他似懂非懂地倾听着，只见先生头一抬，“现在，我要说到关天培了，这位将军就是我们淮安人，行伍出身，后来升任广东水师提督。他的事才过去五六十年，那正是道光年间，英国鬼子炮击海岸水师，关天培挺立桅前，指挥士兵开炮回击。英军炮弹击落的桅杆从他头上擦过，他头皮出血，却毫不在意，仍持刀屹立，指挥战斗，迫使英军逃窜。后转战扼守虎门炮台，由于奸臣当道，断绝后援，关将军知道必有一场恶战，便用一只小包袱，包了自己几件旧衣，一绺头发，几颗落齿，安排了后事。”邹豫园说得口干舌燥，十分激动，紫砂茶壶虽在眼前，却顾不上喝茶，“这天，临战前，他将包袱交给一位副将，说：‘大丈夫受国恩，有意死耳，终不为妻子计。只有老母八十有余，必眷眷相念，这里有坠齿数枚，奉还高堂，以谢骨肉之恩。长子官至参将已殁于吴淞海战，幼子年方十八，内有旧衣数袭，嘱其异时，为国效劳，不辱家门。归告吾妻，吾以断发相随，但能孝事吾母，吾瞑目矣。’说毕，已是泪流满面……”邹豫园说到这里，声音颤栗不止，眼含热泪，恩来也饮泣起来，先生抹了一把泪，说，“这天，激战半日，重创敌舰三艘，我水师将士也死伤惨重，关将军已身负数十处伤，鲜血直流，衣甲尽湿，英军从炮台后面登陆，敌我双方短兵相接，关将军手刃数敌，正在这时，不料一颗子弹击中了他的胸口，他拄着钢刀，捂着血流如注的胸口，怒目圆睁，在阵地上挺立着，就这样英勇殉国了……”先生咽声咽气，恩来却已哭出声来，别的孩子也啜泣着。停了停，先生继续说，“他站在那里，敌人以为他还活着，又是一阵炮轰枪击，唉，等到战斗平息，水师军士来寻找将军的尸体，可哪里去找呢？整个儿被炸飞了，只剩下一条血肉模糊的大腿，军士们齐哭倒在地……”先生注视着几个蒙童，“孩子们，这就是关天培，淮安人关天培……”

课堂里一片静穆，谁也不作声，像是还在等着先生往下讲，偏西的太阳已斜照在槅扇上，先生这才感到自己讲得太多了，以至占了下面习字课的时间。

“先生，你再讲啊！”恩来说道。

“不说了，不说了，你们只要记住关天培这个名字，记住他是怎么死的就行了。”邹豫园把《三字经》搁在一边说，“休息一会儿，我们再上习字课。”

习字课，照例是描红，“上大人，孔乙己……”什么的，每次，恩来总是先描完，而后将描红簿端端正正地放在桌子右上角，等着先生来收。可是，今天，恩灿、龚家姊妹，甚至一直拖拉的恩溥都交了，等着下课，唯有恩来还端坐在那里，执笔在手，先生诧异，走了过去,只见恩来早已描好,却在本子天头写了一连串"关天培",先生背着手,悄悄地观看着,他想,这孩子是有点与众不同,他感到欣慰,可是,在描红簿上这样写,有逾规矩,但他不想责备,只说:"恩来,我知道你记住关天培了,只是,描红簿上不能乱写。"

"先生,我错了。"恩来讷讷地说。

"不算什么错,可是,字要下功夫练,"邹豫园拿起描红簿看了看,"你的描红粗细不匀,笔力不逮,要多练。"

恩来默默地点了下头。

恩来一到家,没喊娘,搁下书包,站在一旁愣着,闷声不响。

陈氏感到异常,忙丢下绣花的绷子,把儿子拉到身边:"哪儿不舒服吗?"

"不,"恩来眉头一挑,"娘,今天,先生讲了关天培的故事……"

"噢,这可是个了不起的英雄啊!"陈氏说。

"先生都哭了,我和恩溥、恩灿、志茹也哭了,关将军死得太惨了。"

"是啊,连尸体都没了,运回来的是一个小包裹。"

"娘,你也知道?"

"不光是我,淮安人谁不知道?他殉国后,家乡人修了个祠纪念他,就在镇淮楼东边,不远。"

"是'关祠',先生说了,以后会带我们去瞻仰的。"

"好。恩来,你是个男孩子,长大了,要像关将军那样忠节报国,如今,要好好读书。"

"可我今天的描红不好,先生说我的字描得粗细不匀,笔力不逮,什么叫'不逮'?"

"就是说你的笔力弱,没关系,要多写多练,娘教你。"

晚饭后,母子俩坐在书桌旁,恩来取出描红簿,说:"娘,你小时候也描过红?"

“是啊，都要过描红这一关，这是基础。”陈氏爱抚地望着儿子，“开始就得注意整好姿势用好笔，古人云：凡写字，切要专心把笔，务求字画严整，不能轻易怠惰，致有潦草欹斜并差落、涂注之病。研墨放笔，不要有声，及溅污于外……”

“这话先生也说过，可我总把不好笔。”恩来皱起眉头。

“再有一个说法：写字时，要立如松，坐如钟，怀抱斗，笔对鼻，手搁蛋，笔搁钱……”陈氏边解释边示范。恩来照着母亲握笔的样子，练了一遍又一遍，难的是“怀抱斗”、“手搁蛋”、“笔搁钱”这几个要求。开头，他尚能注意在手臂和胸之间拉开容下一只斗的空档，拇指食指的间距也有一只鸡蛋大小，可是，几个字描下来就不对劲了，空档不由自主地变窄了，而笔的顶端搁上一枚铜钱试试，反倒使握笔的手抖动起来，铜钱左晃右晃掉了下来。

“真难，我不练了……”恩来撅着嘴把笔一搁。

“难才练，不着急，这非一日之功，只要一遍遍持之以恒地练，是会成功的。”陈氏温婉地开导着，“讲个故事给你听：东晋有位大书法家王羲之，他写过《兰亭序》，其子王献之，学他父亲，可献之娘说，‘我儿磨尽三缸水，只有一画像羲之。’但献之后来也成了一位大书法家，关键在不断磨练。恩来，娘并非想你成为一个书法家，可是，为人在世，立身安命，服务桑梓，报效朝廷，少不了会写一笔好字啊！”

恩来静静地听着，半晌，他说：“娘，我练。”说着，又拾起了毛笔。

刮了一夜西北风，要下雪了，冷飕飕的。

蒋妈穿着一身半新旧老蓝布短袄，灰布裤子，腰系围兜，忙进忙出，先给课堂安了个炭盆，又在邹先生的八仙桌上放了一只手炉，先生却推辞不受，连炭盆也让撤了。

“这怎么行？孩子们细皮嫩肉的，”蒋妈感到为难，“撤了，少奶奶那里，我怎么回话……”

“少奶奶和你都是一片好心，”邹先生温和地说，“可是，不经锻炼，怕这怕那，孩子们会弱不禁风，长大了也成不了气候。况且，今天我要带他们去瞻仰关祠，外面更冷，我总不能把炭盆和手炉都带上吧？”

“太冷了，先生，出门就改日吧！”蒋妈似在祈求。

“我要去关祠，我要去嘛！”恩来发急地嚷着。

“恩来，你去了，你娘和干妈会生气的。”蒋妈仍在劝阻。

“先生做得对。”正说着，万冬儿一脚跨入课堂，显然，她听到了刚才的对话，“听先生的话没错，弱不禁风又焉能成就大事呢？小孩子不能太娇惯了。”

“恩来早就想去关祠了，”不知啥时，悄然不觉中陈氏也来了，“只是，外面终究冷些，加件衣服吧！”

“少奶奶想得周到，”邹先生欣然赞同，“每个孩子都加上衣服，不急，两节课后才去。”

平素，恩来总在这座宅院里，从不出门，今天离家后，一出驸马巷，眼前却是另一个天地，只见街道两旁酒肆茶楼、米行盐栈等店铺林立。尽管天气很冷，街头空地上仍有玩猴儿戏的，强烈地吸引着孩子们，可是，邹先生的脚步一直不停，恩来也只好溜上一眼，紧紧跟上。路经镇淮楼，他不禁驻足仰望，娘用七巧板教他拼过镇淮楼，可那是假的，又矮又小，没想到真的镇淮楼是这般巍峨……

“恩来，跟上！”先生的话打断了他的思绪。

“噢——”他迈着小腿飞跑过去。

不多时，关祠到了。进门是一方砌着花窗的院落，祠内有三间享殿，神坛上，关天培顶盔束带，全身甲胄，相貌堂堂，凛然而立，宛如生人，令瞻仰者肃然起敬。两旁，各有一个亲随副将，分别执剑捧书，虔诚侍奉。两广总督林则徐撰写的挽联赫然入目：

六载固金汤，问何时忽坏长城，孤注空教躬尽瘁。

双忠同坎壈，闻异类亦钦伟节，魂归相送面如生。

先生领着他们行了鞠躬礼，一双双眼睛仔细地凝望着关天培的塑像。

关天培祠

“那天，我给你们讲了关将军临危不惧，临死不屈。”邹先生又说开了，“今天，我再接着说，关将军殉国后，尸体运往广州，这座城市一片悲恸，他的同僚、部卒和成千上万的民众，排队瞻仰了他残缺的遗体，哭得昏天黑地，纷纷解囊筹集资金，为他置办衣服、购买棺木入殓。这时，他的上司林则徐已遭奸臣陷害，被关进大牢，惊闻关将军之死，竟一头撞在牢门上，昏厥过去，醒来后，昂首对天长叹，垂泪挥笔写下了这副挽联。”邹先生说至此，遂对挽联作了一番解释，“上联的意思并不难明白，关将军在水师提督任上六载，把广东海防建得固若金汤，可奸臣卖国，纵然他鞠躬尽瘁，却不免留下遗恨。下联，‘坎壈’即困顿、不得志，‘双忠’指关将军及其部属、炮台守将麦廷章，他也同时殉国。‘异类’指英军，史载，关将军视死如归，英军也不禁钦佩，尸体运走时，曾鸣炮相送……”

“后来呢？”恩来问道，“关将军魂归何处？”

“安葬在淮城东边的南姚，”邹先生叹息不止，“那是他的残体、几件衣服、一绺头发和几颗落齿。可恨啦，可恨朝廷的腐败，可恨洋人的欺凌，自鸦片战争以来，五六十年间，东西强邻把偌大中国瓜分得七零八落，中华民族灾难深重啊……”不知学童是否听懂，邹先生激昂慷慨，侃侃而谈，“孩子们，你们要快快长大，国家救亡图存，你们也有一份责任。”

尽管有些懵懂，恩来内心仍受到剧烈的撞击，他想，自己长大后也要像关将军那样，去做人，去报国。

夜间，静静地落了一场雪。

翌晨，陈氏起床后拉开窗帘，院子里已是白皑皑的了。恩来在被窝里翻了个身，睡眼惺忪地喊了声“娘”，跟着便坐起来，拉过小袄穿上身。

“忘了，今儿个休息，”陈氏说着替他脱了小袄，让他睡下，“下雪了，冷着咧，再睡一会儿。”

“娘，我要看雪。”恩来仍想起来。

“雪还在下，”陈氏把遮严的窗帘又拉开条缝，“看到了吧！听娘的话，多睡会儿。”

“不，我还要背唐诗哩！”恩来说。

“躺着一样背。”

“娘，每天，我都在廊沿下背诗，这是你立下的规矩。”

陈氏不禁一笑，这孩子要多机灵有多机灵，她帮儿子穿好衣服，洗脸，梳辫子。自三岁起，陈氏教他背唐诗，迄今已能背诵上百首。他打开房门一看，见婷婷袅袅的雪花，把天地染得一片白，他惊喜万分，不禁脱口而出：

新年都未有芳华，二月初惊见草芽。
白雪却嫌春色晚，故穿庭院作飞花。

这是韩愈的《春雪》，恩来朗声吟诵了一遍又一遍，陈氏在他身后，喜悦之色涌上眉梢，她的心思没白费。

早饭后，恩来正在房内习字，忽然感到似乎有人在敲门，“橐、橐、橐”，声音很轻，三记之后又没了，于是，他仍埋头在写，娘坐在床边缝纫，不一刻，门外传来“哥”的叫唤。

“恩溥！”他拉开门，见弟弟闪着一双晶亮的眼睛，小脸冻得红扑扑地站在一旁。

“哥，娘叫你去一趟。”恩溥说。

“好，”恩来应道，旋又转向陈氏，“娘，干妈喊我去哩。”

“这么冷……”陈氏思忖着，见恩溥挺认真似的，便吩咐儿子，“那你就过去吧，别冻着。”

“哥，你跟我来。”哪知恩溥并未带他去东屋，而是把他引到后院去，积雪在脚底发出“扑哧扑哧”的声音，他很开心。到了后院，恩灿已等在那儿。

“哥，我们打雪仗！”恩灿手中捏着个雪团，不等恩来应声，便把雪团扔了过来。

“恩灿，别打雪仗，还是堆雪人吧！”恩来说。

“对，堆雪人。”恩溥响应。

他们用手捧，用脚戽，把雪往一处堆，先堆出大腹便便的身子，继而又堆出个大脑袋，恩来做眼睛，恩灿捏耳朵，忽然，恩溥掏出一支削得又圆又尖的胡萝卜，在雪人脸上安了个红鼻子，惹得大伙儿又笑又蹦。恩溥更是激动得在雪地里打转转，不料踩进一处水洼，摔了一跤，棉鞋也湿透了，呜呜地哭了起来。

“瞧你们，”蒋妈闻声赶来，“大人都急死啦，找了半天，谁知你们躲到这儿来淘气……”话没说完，便抱着恩溥往回走。未出院门，万冬儿和陈氏也来了，冬儿见恩溥那样子，又气又恼，折了根枯树枝便要打，却让陈氏挡住了。

“大冷天不在屋里呆着，跑到后院撒野。”冬儿板着脸，问道：“恩来，你是哥哥，是不是你带来的？”

恩来愣怔了一下，答道：“是。”

“那你更应该打！”冬儿手中的树枝举了起来，却没有落到恩来身上。

恩来先是准备领受干妈的惩罚，见没动静，他的目光不由得又乜斜起那个雪人，冬儿也随着转过身去，见雪人那副怪模怪样的滑稽相，也不禁笑开了。

回到屋里，冬儿忙着替恩溥洗换，过了一阵子，恩溥低着头说：“娘，你别怪哥，是我喊他去的……”

“恩来这孩子啊……”冬儿只觉得心里像有什么往外涌，一时，竟不知再说些什么好。

舐犊之情——《天雨花》——胯下桥——中彩

天气渐渐暖和起来，孩子们都脱掉冬装，换穿夹袍，身子轻捷如燕。

端午节到了。这天，周宅东院的堂屋悬挂了钟馗像，门上插了蒲艾，恩来、恩溥和四岁的小弟弟恩寿，皆背系张天师骑虎被，腕系五色线钏，额蘸雄黄，画王字，胸系丝络装的青皮鸭蛋，在院子里荡秋千。

蓦地，恩来听到有人在喊他，回头一看是爹，他未及作出反应，恩溥、恩寿已扑了上去，欢蹦着叫个不停。

“干爹，”恩来刚喊出声，忽又改口，“爹！”

“干爹就干爹吧，反正都一样！”贻能宽厚地笑道，“恩来，我们荡秋千。”

孰料恩溥已抢先站在上面荡了起来，贻能让他抓紧绳子，并不时推一下，秋千愈荡愈高，惹得恩溥咯咯地笑个不停。

“爹，我也要玩。”恩寿拽着贻能的衣袖，眼巴巴地望着他。

“你太小，”贻能说，“让你大哥玩。”

“不……”恩寿哭起来。

恩来迅速地将小弟弟抱起来，放在晃板上，扶着他，轻轻晃动了几下，恩寿顿时眉开眼笑，贻能见了，欣然点了点头。

“恩来，轮到你了，”贻能走过去，“我跟你一块荡。”

恩来惊喜地看了爹一眼，两人上了晃板。

“开始荡啦，抓牢！”贻能说着，脚用力一蹬，秋千荡开去，愈荡愈高，仿佛在凌空飞翔。恩来快活极了，忽儿扬起小脸舒心地笑，忽儿转过头望一眼背后的爹，说：“真想爹能常常跟我们一块玩。”

“我又何尝不想，”秋千慢慢停了下来，贻能说，“可是，我在外谋生，难得回来。唉，人在外，心在家啊……”他似乎感到自己有些伤感，落地后倏又笑道，“恩来，背首诗给爹听听。”

“好，我背辛弃疾的《西江月——夜行黄沙道中》。”

院子里响起他稚气、清亮的声音：

明月别枝惊鹊，清风半夜鸣蝉。稻花香里说丰年，听取蛙声一片。

七八个星天外，两三点雨山前。旧时茅店社林边，路转溪桥忽见。

“真聪明，”贻能摸着恩来的头，“我就喜欢你这样的孩子。”

“爹，回屋吃粽子吧！”恩溥扯着贻能的胳臂嚷道。

“恩溥，爹考考你，为何端午要吃粽子？”贻能说。

“不知道。”

“恩来，你说说。”

“今天是屈原汨罗自沉的日子，后人为防鱼鳖食他，包角黍、划龙舟，抛洒江中……”恩来说。

“屈原是什么人？”贻能又问。

“战国时的楚国大夫和诗人。”

“知道他写了哪些诗吗？”

“离、离……”恩来凝神在想。

“《离骚》。”贻能告诉他。

“对，《离骚》，还有《湘君》、《湘夫人》。”

“是你娘教的？”

“嗯。”

“会不会背？”

“不会，”恩来摇着头，“记不住，娘便不让背了。”

他们边说边走，一会儿来到堂屋，只见冬儿和陈氏正在张罗，八婶杨氏下了厨房，八叔贻奎也接着过来了。

这天，合家八口团聚，叉烧长鱼、平桥豆腐、饮工肉圆、清蒸蒲菜等荤素菜肴摆了满满一桌，饮工肉圆，又名狮子头，清汤烩或红烧俱佳，恩来最喜欢吃，刚上桌，冬儿便夹了一只放在他碗里，他一口咬掉半只，吃得津津有味，旋又吃下半只。

“恩来独钟狮子头。”贻能笑着又给他夹了一只。

“饮工肉圆撂过墙，拾起还是圆又光。掉在地上跳几跳，吃到嘴里嫩又香。”恩来说起顺口溜。

“瞧，嘴馋就嘴馋呗，还说出个道道来，”冬儿吃吃笑着，“你是从哪里知道的？”

“蒋妈告诉我的。”恩来说时却不见蒋妈，估摸她又去厨房了，于是，他搁下筷子跑出去，一会儿，把蒋妈拽来了。

“还有菜没烧好哩，恩来他……”蒋妈扯起围兜边擦手边说。

“喝两口再忙，”贻能让她坐下，在她面前斟满酒，说，“蒋妈，在这个家，这些年来你是最操劳的，我敬你一杯。”

“老爷，”蒋妈有点慌乱地端起酒杯，“我能在府上蹲下来，是我的福分……”

“蒋妈，你喝，你喝。”恩来催着。

“好，我喝。”蒋妈举杯一饮而尽，“我得赶快回厨房了。”说着便离开了。

少顷，蒋妈又端上雪菜肉丝，也在一处入座。这顿饭吃了足足一个时辰，举家皆大欢喜。

端午过后没几天，贻能又告别了家人，乘船远行，恩来、恩溥依然在家塾里念书。日子一天天跑马似的，月底的一个晌午，恩来放学回屋，有气无力地喊了声"娘"，就爬上了床。

陈氏见状，上前摸了摸他的头，烧得炙手，再一摸浑身发烫，她不由得慌张起来，忙喊蒋妈也摸一摸，蒋妈直皱眉。

"莫非是伤风?"陈氏颤颤地说。

"不像，"蒋妈低头查看，忽见恩来左腮帮有些红肿，忙招呼陈氏，"看，怕是让毒蜂螫了。"她问，"恩来，脸上是不是蜂螫的?"

恩来闭着眼轻轻地摇了下头，旋又恶心想吐。

"蒋妈，你快请姐姐过来一下。"陈氏说着，整了毛巾替儿子擦汗。

万冬儿心急火燎地赶来了，凑近恩来仔细观察，半晌，这才吐出一口气，说："像是痄腮，记得他十八舅立钤小时候就生过。可我也不能肯定，要请仁寿堂的医生诊一诊。"

仁寿堂，是淮安一家老字号药店，有坐诊医生，听说是周家少爷生病，破例出了店堂来到周府。

经诊断是痄腮。

"先生，这要紧吗?"陈氏双眉紧锁地问。

"不算大病，却也马虎不得，最要紧的是得让孩子尽快退烧，烧退了，腮帮还要肿几天，嗓子也要疼几天。"医生抚了下山羊胡，"我开副药，煎服。你们再取一只癞蛤蟆捣烂，敷在他腮帮上，不消几天自会康复。"

"先生，真是谢谢你了。"陈氏感激涕零，"饮食呢? ……"

"因腮腺肿胀，咀嚼困难，宜食米粥、藕粉，切忌肥甘厚味、辛辣酸冷食物。尤要注意卧床休息。不过，有句话我还得说一说，万一高烧不退，这病就麻烦大了。"

冬儿和陈氏闻此，面面相觑。

“先生，你医道高明，一定要医好我们家少爷啊！”蒋妈“扑通”一声跪下了。

“别这样，快起来，我会尽力的。”先生说完开了药方起身告辞，蒋妈不识字，陈氏怕万一有个差错，便自己跟着先生去了仁寿堂。

这之后，周府一片忙碌。旮旮旯旯找蟾蜍，待陈氏回来，捣了蟾蜍又煎药。

陈氏用凉水湿了毛巾搁在恩来额上，冬儿遵照医嘱将捣烂的蟾蜍敷在他红肿的腮帮上，蒋妈则里里外外忙这递那。

病了，恩来不得不暂时辍学，整天躺在床上，塌了功课，他着急，陈氏原想给他补一补，见他那难受的样子，她不忍。邹先生来了，要他静心治疗，说是痊愈后替他补课，他这才稍安。

疼，他熬着，不哼不嚷，可躺了三天，他感到厌倦，陈氏坐在一侧替他扇着湘妃竹骨子做的圆绢扇。

“娘，给我讲个故事吧！”恩来说。

“好啊！”陈氏一下被提醒了，“娘给你讲《天雨花》[①]。”

这故事，在恩来五岁时，陈氏就给他讲过，对主人公左维明，他依稀还有点印象。

“恩来，我再给你讲左维明。”

“不听，不听，”恩来直摆手，“他囚禁妻子，虐待侍妾、丫环，逼迫女儿投河……”

“可是，他还有另一面，洁身自好，嫉恶如仇，主持公道啊！”

“也是，”恩来说，“那娘想说什么便说吧！”

“今天不讲左维明了，换一个，说他的女儿左仪贞。”陈氏慢慢

---

①《天雨花》，中国古代讲唱文学代表作之一，清代陶贞怀著。它通过主人公左维明与阉党郑国泰、魏忠贤的斗争故事，反映了明朝后期东林党与阉党的斗争，再现了明末著名的梃击案、红丸案和移宫案等重大历史事件。

说道，“仪贞这姑娘了不得，不仅容貌出众，而且很有才学，八岁时熟读书史、下笔成文，十三岁代父草拟文稿、掌管书信，对于棋琴书画，无所不能，而且，谈锋犀利，极富机变……”

“娘，你也是这样。”恩来不禁插话。

“娘不如她，”陈氏嫣然一笑，“她是一个敢作敢为，无所畏惧的姑娘，为了救援在夫家备受婆母虐待的堂姊孝贞，她擅自私改了父亲的信件；为了袒护行为失检的兄弟，她毅然写下题赠妓女的诗篇；她与姊妹们违背父亲告诫私游花园，事发之后，甘愿承担责任，代人受过；最难得的是，她竟然不顾父亲警告，用盘龙宝剑斩断铁锁，放出被囚禁在园中的母亲。为此，左维明大发雷霆，对她痛殴，她非但不屈，反向父亲说出一番道理。”说着，陈氏取出线装绣像《天雨花》，翻至一处，又望了望神情专注的儿子，“你听，仪贞是这样说的——孩儿今日之事，实难辞责。但父亲若是锁了别人，孩儿断然不敢这般大胆，无奈锁门的是父亲，被锁的是母亲，儿若坐视母难，倘或被母责备起来，却何以辞对？今日违逆父亲，现蒙责备，儿亦无辞。惟是非曲折，及待爹爹分剖明白了，再责仪贞，亦可使长些学问。若说以长临幼，以强为胜，则今日之事，是父强母弱。万一母强父弱，爹爹竟被锁在园中，孩儿还是开门的是，不开门的是？也须爹爹赐教一番，方知罪之所在也。”

念到这儿，陈氏问：“恩来，你猜仪贞这般说了之后，她父亲会怎样？”

“他理亏。”

“对，左维明只好将夫人放出来，自此，夫妇和美如初……”陈氏就此打住了。

“娘，再讲。”

“不说了，听故事也费心思哩，往后再慢慢说。”

只是，恩来仿佛等不及了，病好之后，他居然捧起《天雨花》读了起来。这本书在他记忆深处是难忘的，以至四十多年之后，1946

年，在南京国共谈判的倥偬岁月里，他会见美国记者李勃曼，谈及个人经历时，还一往情深地说：“……嗣母陈氏，是受过教育的女子，在我五岁时就常给我讲故事，如《天雨花》、《再生缘》等七词唱。”①

病愈后，恩来回到课堂，邹先生补课时又补了作业，以至休息日恩来也把自己关在屋里背诵、抄写课文，陈氏看了心疼，说是要带他出去玩。

“可是……”恩来感到勉强，坐着不动。

“别‘可是’了，”陈氏笑着拉他起来，“文武之道，一张一弛，明白吗？”

“好吧！”

“你说去哪里？”

“镇淮楼，”恩来说，“去冬，先生带我们瞻仰关祠，经过那里，没上去。”

“就去镇淮楼，”陈氏回应，说走就走，母子俩出了驸马巷往东南，不长时间便到了。

这镇淮楼雄踞于淮安中心，乃是一幢上下两层砖木结构的建筑，城垛巍峨，气势非凡，彩绘飞檐，朱红廊柱，显示了古代工匠出色的建筑技艺。

恩来没要母亲搀，“噔噔噔”一鼓作气上了楼，小脸红扑扑地堆着笑，拍着手直嚷：“上来了，上来了……”

陈氏将他领到一处雉堞前，对他说：“这里便是淮安的中心，它与漕运总督署、山阳县衙正好在一条中轴线上；它的西北，勺湖和运河之间那座古塔是文通塔；而关祠在它的东南，西北还有漂母祠和韩侯钓台……名胜古迹随处可见。”

恩来边看边听娘讲，旋而问道：“它为何叫镇淮楼呢？”

---

① 见《中共党史资料》1982 年第一辑。

“听说，它建于宋代，原为镇江都统司酒楼，明时曾置铜壶刻漏用以报时，故名谯楼，一名鼓楼。”陈氏作着解释，“后因其扼于城中，楼下拱门为南北交通要道，又有‘南北枢机’之称。清代后期，因水患不断，遂改叫‘镇淮楼’……”

“有了它，就没水患了？”恩来问。

“也不一定，”陈氏一笑，“或许，人们希望如此罢了。”

“娘，”恩来移目苍穹，“天，高高的，蓝蓝的，看，有一群鸽子在飞……”

陈氏领着他在楼上绕了个圈，四方景物尽收眼底，虽说天气渐热，只因居高临下，有凉风习习，倒也惬意。

“走，娘再带你去个地方，”陈氏拉着儿子的手，“我们到胯下桥去。”

离开镇淮楼，往西南行了半里，便来到胯下桥，这是一座砖砌的拱形桥，建在文渠之上。

“娘，为何叫胯下桥？”恩来颇感奇怪。

“叫它‘胯下桥’，那是有来由的。”陈氏指划着，“韩信，你听说过吧，他就是淮安府人，与萧何、张良并称‘汉初三杰’。据史书记载，少年时，他家中一贫如洗，而其行为又放纵不检，被乡邻瞧不起，不得被选为吏，他又无法经商谋生，只好向人乞讨，为人所厌弃。”陈氏见儿子饶有兴致，接着说，“有次，他路过此地的屠宰市场，一个屠夫向他寻衅，对他说：‘你虽然长得高大，喜欢佩带刀剑，其实，你内心十分胆怯，软弱无能。’韩信未予理会。屠夫越发得意，环顾左右，又对韩信说：‘你

胯下桥

舍得死，就用剑来刺我；舍不得死，就从我两腿中间爬过去。’此话引得四周哄笑不止，有劝阻的，也有挑唆的。韩信打量着对方嘲弄的神色，揣摩着他的用意，想了想，便从那人两腿间钻了过去。在场的人几乎都嘲笑韩信的怯懦，他不介意，拱了拱手走开了，从此离家闯荡天下。多少年之后，韩信终于实现了自己宏伟的抱负，得到汉高祖刘邦的重用，拜将封王，衣锦还乡，他不仅没为难少年时代那个侮辱过自己的屠夫，反让此人当了一名掌管治安的小官。后人有感于韩信的容人气量，深为佩服，在此建碑纪念。这件事，司马迁的《史记》一书有记载，以后你可以看看。”

恩来望着母亲，倾听着这动人心弦的娓娓叙述，仿佛忘了一切。

“听了这故事，恩来，你在想什么呢？”陈氏笑着问。

“我还在故事里呐！”

“它告诉我们，做人要忍辱负重，能屈能伸，方可成为大丈夫。”陈氏说得很慢，似乎想把每一个字都灌输到儿子头脑中去。

“忍辱负重，能屈能伸……”恩来不禁重复道。

一抹夕阳染红了路边的古槐，旷野的远处，烟雾氤氲；眼前，菰蒲青青；有归鸟呷呷而鸣掠过长空。恩来感到一丝怅然，牵了下陈氏的衣角，说：“娘，回吧！”

农历七月十五日，为祭祖之期，堂屋里挂上周攀龙的影像，香烟绕梁，合家跪拜，寄托着晚辈们一番哀思。

门外，锣鼓喧天，今日，各街巷皆有盂兰盆会，商界延僧拜忏，间以杂戏灯彩，热闹非凡。恩溥、恩寿嚷着要出去玩，只是，街上人山人海，万一走失或伤着怎么办？冬儿不答应，恩溥拉着恩来：“哥，你去跟娘说。”

“干妈，你就答应恩溥吧！”恩来在求情。

“不行，你带弟弟到后院捉蛐蛐去。”

“我们不上大街，只在巷口看看还不行？”恩来又说。

这孩子总能找出个理由，冬儿看了看恩来，遂让蒋妈打开大门，又要恩来去叫陈氏。一家大小来到驸马巷口，只见举彩灯、踩高跷、舞龙灯、舞狮子的人流，波涛似地在大街上涌动着，有店家不时炸响鞭炮，孩子们乐得活蹦乱跳。

小贩不停地替换着戴上假面具，口中唱着词儿在兜售，尽是《西游记》人物脸谱。孩子们眼巴巴的，冬儿也想给他们每人买一只，可是，再一想，一家几口吃饭穿衣，邹先生的束脩、蒋妈的佣钱，还有亲戚红白喜事的应酬，开销一样不能少，家中的一点积蓄已快告罄，她这个当家的也只能勉强维持。难啦，她伸进衣兜的手倏又抽了出来。这细微的动作让陈氏看到了，她不忍拂了孩子们的心愿，便掏出钱来。

“妹子，这些年为了这个家，你的私房钱怕也贴补光了，不能再花你的。”冬儿把陈氏的手推开。她忘了刚才的思虑，“人家的孩子能玩，周家的孩子也能玩。”说着，掏出几个铜板，让孩子们自己去挑面具，结果，恩寿要了猪八戒，恩溥要了沙僧，恩来要的是孙悟空，他已开始读《西游记》，最喜欢这个猴王了。

看了半个时辰的景，小弟兄三个心满意足地随大人回到家，旋又在院内追逐嬉戏起来。冬儿和陈氏则进了堂屋休息。

“姐姐，”陈氏说，“这日子也难为你了。”

“其实，我何尝不想让孩子有个欢乐的童年，只是……”

“我懂，”陈氏凄婉地咧了咧嘴，“要是贻淦在世，身体又好好的，也能挣几个钱帮衬家里……”

“快别说这些，妹子，周家还没到揭不开锅的时候，你要宽心才是。”

正说着，忽然，从门厅传来蒋妈的声音：“十八舅来啦！”

冬儿一听是立钤来了，忙迎了过去。

“姐姐，天大的喜事啊！”万立钤穿着月白色杭纺衫裤，大大咧咧跨进堂屋。

“瞧你衣裳都汗湿了，快歇着。”冬儿递上毛巾又端茶，“这大热天，莫非是赶来看淮安的盂兰盆会？”

“姐姐，你猜错了，”立钤笑道，“我是来恭喜你发财的。”

“别糊弄姐姐。”冬儿困惑中又隐含着莫名其妙的期待。

“中彩啦，我们中彩啦！”

“中彩？”

“姐姐，难道你忘了，我们买彩票的事？”

冬儿一拍脑袋，想起来了。记得今年开春后，淮阴一家赌局发行汉口鼎隆钱庄的彩票，立钤来见冬儿，动员她买，这类事她并不相信，经不住立钤一番口舌，便以贻能的名头与立钤合股买了一份。每人花了五十文铜板，钱是出了，她却不抱指望，渐渐淡漠了，没想到竟真地轮到他们姐弟俩中彩了。

“彩金多少？”她笑着问。

“一万圆，是头彩。”

“一万？头彩？”冬儿惊得难以置信。

一万银圆彩金是笔大数额啊！冬儿知道，如今贻能在外谋事，一月薪俸才十六圆，比起一万来，岂不是微乎其微吗？

“姐姐，你还不信？”立钤取出一张报纸，“喏，上面中彩名单里有姐夫和我的名字哩！”

她接过报纸，见上面果真有周贻能、万立钤的铅字，她相信了。片刻，她说：“这一来，淮安也会知道了。”

“知道就知道，又不偷不抢，该派我们走运。”立钤说。

“也是，”冬儿复杂的心思暂时平静下来了，她转身对陈氏说，“妹子，这样，周家可以喘口气了。”

“姐姐人好，命好，运气好。”陈氏也打心眼里高兴。

这天，冬儿真是说不出的快活，晚上，她让蒋妈多烧了几个菜招待立钤，又留立钤过宿，第二天送别立钤。

“姐姐，近日你得打点打点，通知一到，你我还要去汉口领奖。”

“汉口太远,我不去。”

“不去?”立钤半认真半开玩笑地,“那摊你的五千圆大洋也就落在我的腰包了。”

“你啊……”冬儿掩口而笑,“别唬我了,规定让去,我也只好去。”

半月后,姐弟俩结伴跑了趟汉口,领回了一万圆彩金,两人各得五千圆。冬儿算了一下,五千圆,若按贻能月薪十六圆,年薪不足二百圆比照,够贻能做二十五年了。她感到冥冥中仿佛有菩萨在保佑,这笔巨款不只救了急,而且救了穷,得好好筹划着用。

可是,没料到,事与愿违,中彩的事比风还快地在淮安张扬开了。借款的、乞讨的、公益摊派的、慈善募捐的……通统都来了,更让冬儿气恼的是,居然有拿着老太爷周攀龙在世时的“借据”找上门来讨债的。她记得老太爷病危时头脑还清楚,对家产、后事都有交代,从没听说过有什么“借据”。接过一看,是老太爷的手迹,他怎把这给遗忘了呢?所幸数目不大,她认了,贴息一次还清。事情接二连三,没办法,她只得虚与委蛇,四方打点,仅驸马巷铺设石板路面就出了一百多圆。家在这里,这是她心甘情愿的,可这样一来,又有人提出门口的文渠、紧邻的局巷也都年久失修,要她慷慨解囊。她烦不胜烦,心力交瘁,却又不能不见络绎不绝上门的人。

“姐姐,这般下去如何才了结?!”见她疲惫、憔悴的样儿,陈氏不免焦急。

“唉,难啦……”冬儿叹了口气,望了望陈氏,“妹子,好些事你并不清楚。自打进了周家的门,多年来,我就没过过一天安生日子。婆婆去世早,公公虽说是‘候补知县’,文案的事,好像也终日忙个不歇,这个家就交给了我。论说,该派四伯父贻赓主事,可他一直在外地,几乎不回来。而你七哥,人是好人,偏又老实无用。

八叔贻奎瘫痪在床，十一叔呢，又年轻，看看，我能撒手不管吗？于是，我侍奉公婆，主持家务，其中，还操办了八叔和十一叔的婚事，那番辛苦，我又对谁说呢，说了也没用，我索性不说。后来，你过门了，一桩桩，一件件事，你也都看到了……”

“姐姐，我知道最难最累的就是你。”陈氏噙泪说道。

“不说这些，”冬儿应道，“当初，跟周家结亲，我娘并不赞同，是爹拿的主张，而我却又看中了你七哥那副厚道相，”她掩饰不住地笑了笑，“或许，这就是缘分，就是命吧！”说着，她一挥手，“好了，不谈这些陈芝麻烂谷子了，你我姊妹俩，还是商量下步怎么办吧！”

“是啊，怎么办呢？”陈氏凝思着，“姐姐的意思是……”

“搬到清江浦去，避一避，”冬儿停顿了一会儿，“只是，总不能自作主张回娘家住，得捎信让立钤来一趟，把这边的景况告诉他。他回去跟娘一说，你想，娘能忍心看着我们在这里捱下去吗？一准会让我们住过去。”

“这主意好！”陈氏脸上蓦然露出笑容。

“再有，你七哥已托人在清江浦找到事做，高邮那边的差事辞了，正好跟我们一道去。”

事情正好依冬儿的想法做的，立钤见了冬儿返回后，尽管只字未提冬儿迁居清江浦的打算，万老太太却急了，催着立钤再来淮安，接冬儿一家速速启程。

冬儿倒并不那样急，该办的事她还得去办。她让贻能把原先送进当铺里的衣物赎了回来；置了酒席，请了淮安的亲戚和左邻右舍；又去了西院，给二爹爹周骏昂的儿孙们打点了一些零花钱；而后，给贻奎和杨氏留了一笔居家费用。

“你们不是还要回来吗？”贻奎嗓音颤栗地说。

“是要回来，可日子说不准哩……”冬儿话音哽噎。

“你们是不得不走，”一向沉默寡言的贻奎话竟多了起来，“走了也好，只是，这里才是家啊！”

“我懂，我懂……”冬儿应道，泪水扑簌簌落了下来。

迁居清江浦——老童生——《再生缘》——“失踪”之谜

白露过后不久，选了个日子，贻能夫妇、陈氏和奶妈蒋氏，带着三个年幼的孩子，从淮安西门码头，上了开往清江浦的船。这是 1905 年的事。

船入运河，恩来坐在一旁时而听大人们交谈，时而移目向两岸观望。他去过清江浦，那时他还是个婴儿，自然不会有什么印象。过继给十一叔后，他再没出过远门。这回，举家迁居清江浦，他虽弄不清底细，但离开驸马巷的家，他觉得清静多了。眼前，运河又宽又直，不像家门口的文渠那样狭窄。虽说风儿从开阔的旷野越过河面刮来，已带些寒意，但两岸的田畴、阡陌、农舍、垂柳，甚至一些村落苍凉、破败的景象，仍吸引着他。

船抵清江浦大闸口码头，太阳仍悬在西边天际，码头上，南来北往的舟楫云集，甚是繁华。

船在岸边系牢，冬儿便领着他们上了运河大堤，一抬头，便看到外婆领着舅舅、舅妈和孩子等呼呼啦啦一溜子人站在北边的河岸上迎候。

“冬儿，娘是早也盼晚也盼啊……”外婆已是六十多岁，穿着高领青绸刺绣罩褂，披着黑缎子头巾，上缀一粒粒闪光的珍珠、玛瑙和翡翠，巾尾尖尖的，直垂到背后腰下，巾尾上缀了一粒青玉。她的鬓角已染银霜，一双眼睛却很有精神，把三个外孙揽到身边，瞅瞅这，看看那，止不住地夸奖。不知是疏忽还是怠慢，万老太太只顾跟冬儿母子说话，却把贻能和陈氏撇在一边，更不用提蒋妈了。这怠慢，贻能早已习惯，而陈氏却是头一回遇到，她估猜这或许是当初贻淦和她过继恩来，使老太太心存芥蒂。想是这般想，她只搁在心里，仍谦恭地站在旁边。

“娘，”冬儿感觉到了，拉起陈氏的手说，“这回，恩来他娘和奶妈索性一道过来了。”

“啊，”万老太太应道，“也好，我知道恩来离不开他十一婶。”

“外婆，别叫十一婶，她是我娘。”恩来辩白道。

“你啊，人小鬼大。”万老太太笑了笑，说不清是称道抑或责备。

很快，一行人分乘几辆洋车，沿着高高的运河大堤，来到十里长街西段路北的万府门前。以前，万府九十九间深宅大院，几乎占了半条街。这几年，万府的田地房产相继卖出一些，没有万青选在世时那么气派了，但是余威仍在。十二姑冬儿嫁的是山阳候补知县周攀龙的公子，如今又中彩发了财，也算是衣锦荣归吧！因而，街坊邻居，仍显示出并非一般的热情和尊敬，万老太太脸上也就格外风光了。

淮阴万府

在恩来眼里，万府的规模、气势，绝非淮安周府可比。单说门口那对石狮子，昂首睥睨，威风凛凛，便令人望而却步。大厅更是气势不凡，上碹整齐划一的望砖，下铺一尺见方的螺底砖，梁柱粗硕浑圆，尽管油漆已有剥落，仍显得富丽堂皇。厅内陈设着漆雕屏风，博古架上珍玩琳琅满目，四壁字画，四角供花，且有仆役进进出出听候使唤，一切是那样陌生、新鲜，他愣怔在那里，脸上流露出惊奇和困惑。这时，他还不甚了解，外公在淮阴做了三十年知县，全然不像祖父，在淮安只是个坐冷板凳的候补知县。

“冬儿，你们住后院，”万老太太的声音打断了恩来的沉思，他注意听着外婆对干妈说，“三间屋，你和十一婶各一间，中间堂屋给恩来他们习字游戏。房边还有一间小屋，是蒋妈的。听说你们来，我让佣人里里外外打扫了三天……”

“娘，你就别操心了。”冬儿说。

“哪能呢，你爹在世，十八个子女，他最疼的是你，如今只有娘疼你了，”万老太太仍在说，“万府上下我已交代过，谁也不许欺负你们母子。”

“不会的。”冬儿不禁一笑。

“记住，这儿是你的家，你缺什么就提出来，仆役女佣，你只管吩咐。”

“娘，我知道。”冬儿应着，感受到母爱的温馨，心中掠过一道道热浪。

来到后院，只见床铺、几案、桌椅、洗漱用具等放得整齐有序，擦得干干净净，堂屋墙上还挂着一幅“文姬归汉”的立轴。门外天井里栽有天竺、腊梅和冬青，

万府一角

十分清静。左边还有一个花园，圈以围墙，适合孩子们嬉戏……

就这样，一家人住下了，且一住就是头尾三年。当然，此刻谁也没料到，往后在万府大宅院里发生了那么多离奇的事。

在最初的日子里，万府天天像节日一般，宾客盈门，送往迎来，那气氛在淮安是从未见过的。恩来发现干妈成了万府的中心人物，倍受尊敬，她那脸上一洗昔日的忧郁，充满炫目的光彩。因为有了干妈，他和娘的命运像是也随着在变，他感到一种少有的满足，又夹杂着理不清的疑惑。

万老太太亲自过问了外孙入学的事，几天后便请来了一位塾师，在万府设馆。塾师乃是八舅妈的远房亲戚。

"老太爷临终前一再叮嘱，倘若冬儿生个男孩，务望好生栽培，以成大器。"万老太太把恩来揽在怀里，对塾师道，"小乖乖一副聪明相，是个读书的料，你可要尽心尽力啊！"

"老太太尽管放心。"塾师是位年过五十的老童生①，蓄有一绺稀稀拉拉的长须，鼻梁上架副凸面眼镜，目光浑浊。

"都读过哪些书？"行礼毕，先生凑近恩来问道。

"《三字经》、《千字文》、《幼学琼林》，"恩来回答，"娘教我唐诗，给我讲《天雨花》、《红楼梦》……"

"哦！"先生捻了捻胡须，"这小说野史么……"

万老太太明白先生持有异议，不由得睨了陈氏一眼。

"小说野史读一些也无妨，"冬儿即刻说，"小时候，爹也给我讲过。"

"当然，当然，"先生变了腔调，"十二姑的话自有道理。"稍停，他摇头晃脑扯开了话题，"自唐伊始，士子所走道路，科举，乃是正

---

① 封建时代文人，以进过学为本位，称为生员（秀才）。没有进过学，尚在考试中的为童生。有五六十岁尚未考取秀才者，称之为老童生。

路。此外，尚有几条岔道可走，其一，做塾师，如我这样的无能之辈，虚长五十而难入第，仅仅是个老童生，羞煞愧煞。其二，行医，儒医也，比普通医生、郎中要阔气一些，尚能受人尊重。其三，做幕友，助地方官'佐治'，称为师爷，如十二姑丈即是。"贻能听了，颇觉尴尬，可这位塾师却视而不见，依然摇头晃脑在说，"此外，还有跑码头做生意的……恩来聪颖过人，目标自不应受上述职业所限，而要如老太爷期待的那样成大器。大器者，国家之栋梁也。"

"难得先生一番开导。"冬儿说。

"恩来，你要牢记才是。"陈氏接了一句。

"是啊，是啊！"贻能讷讷笑道，"要成大器。"

"《四书》读过没有？"先生望着恩来。

"没全部读，"恩来说，"娘教过几篇。"

"《四书》是必读的，先《大学》，次《中庸》，再《论语》，后《孟子》。"先生说，"不知你娘教过哪几篇，我问你，'人不知而不愠'，作何解释？"

"这是说，一个人有学问、有才气，外人不知道，他能够心平气和、不怨不怒，才是君子之道。"

"唔，"先生的嘴角露出笑意，"古文里'不能'和'不为'的词义有何不同呢？"

"孟子曰：'为长者折枝，语人曰不能，是不为也，非不能也'。"恩来想了想，"'挟泰山以超北海，语人曰不能，是不能也，非不为也'。"

先生喜出望外，把恩来拉到身边端详着："我坐馆多年，虽不敢夸弟子三千，却也过百，像你这样聪颖的孩子，实不多见，实不多见。"

这话，使在场的贻能夫妇和陈氏颇感欣慰。

塾馆宽敞明亮，与恩来一道就读的除恩溥外，便是万氏家族的后人，恩来的表哥、表弟，令他好奇的是，还有两个表侄，那是他大舅的孙子，年龄跟他差不多，叫他表叔哩！

先生因材施教，视文化基础，讲授不同课程。恩来读的是《论语》和《孟子》，他不甚喜欢《论语》，而《孟子》的对话和寓言似的情节，使他平添兴致。

这天放学回屋，陈氏问他："《论语》学到哪里了？"

"《述而》第七。"

"怎么这样快？"

"先生只读不解，不像老家邹先生那样读音、讲形、释义……"

"会背了吗？"

"会了，"恩来背手站着，朗声背道，"子曰述而不作，信而好古，窃比于我老彭。子曰默而识之，学而不厌，诲人不倦，何有于我哉？子曰德之不修，学之不讲，闻义不能徙，不善不能改，是吾忧也。"背完，他嘀咕着，"真枯燥。"

"先生未予解释，你何不问娘？"陈氏有点愠恼。

"娘有自己的事，做诗、绘画、刺绣，我不想烦扰。"

"儿啊，你……"陈氏不知说什么是好，孩子的体贴使她安慰，可不能放松要求，她说："《论语》要学好，里面有许多为人之道，不可不知。就你刚才背的这段，其中'默而识之，学而不厌，诲人不倦'，即是至理名言，你就应当'学而不厌'，聚沙成塔，积水成河。再有'德之不修，学之不讲，闻义不能徙，不善不能改'，说得多好，一个人不注重道德修养，也不勤奋好学，听到符合礼义的事不去做，对自己的过错，明明知道却不去改，这难怪孔子忧虑啊。倘若你也是这样的人，娘也会忧虑。"

"娘，我不会的。"

"你不是说《论语》枯燥吗，这就是'学而厌'、'学之不讲'。"陈氏说。

"娘，我懂你的意思了。先生不讲，又怎么办呢？"

"一个先生一种教法，你不懂回来要问，娘再忙，还有比教你更要紧的事吗?”

“娘,我记住你的话了,”恩来说,“只是……只是先生常常读一遍课文就走了,让我们自己背,表哥表弟之中,有的便乘机调皮……”

“有这种事……”陈氏感到问题的严重,立刻转到隔壁告诉冬儿,“姐姐,这不是误人子弟吗?”

“亏他还是亲戚,”冬儿颇为生气,“若让老太太知道,一句话就把他打发了。可是,束脩已给了,如中途换人怕也不易。我估摸,他是学问不够,要不,怎么考了一辈子,至今还是个老童生?妹子,我看,真还不如你坐馆执教哩!”

“哪有女塾师?”陈氏被逗笑了,“再说,我也就那么一点才学,给恩来补补课则可,真要坐馆,只怕上得去下不来……”

妯娌俩说着欢快地笑了起来。

隔了几天,恩来发现先生坐馆的时间多了,并开始解释字义、词义,他把这个变化告诉娘,陈氏想这准是冬儿周旋的结果,她真高兴。

春秋易逝,日月递嬗,恩来读了《四书》又读《五经》[①],先生并不系统地讲,而是有所选择地教些代表性篇什。恩来不满足于课堂上所学知识,他想向舅舅们讨教,以为他们都是有学问的。可是,舅舅们,一半在外面,或做师爷或经商;在家的几个,有的泡赌局,有的玩古董,有的逛窑子,很难见到一面,唯有十八舅立钤跟他亲近,只是,十八舅文墨不多。这样,能教他的还是陈氏,除了检查他课堂所学,还给他讲《再生缘》[②],它与《天雨花》一样,被看作是“盲子弹词、乞儿谎语”,不登大雅之堂,备受冷落,已接近湮

① 五经:通常指《周易》、《尚书》、《诗经》、《礼记》、《春秋》。

②《再生缘》:又名《华丽缘》、《孟丽君》,清代女作家陈端生作。二十卷四十回。作品通过孟丽君和皇甫少华的爱情故事,大胆歌颂了妇女敢于挣脱封建礼教束缚的思想和行为。

灭，但陈氏偏偏看重于它。

这部弹词小说，就体制而言，有“文词”、“唱词”之分，叙事兼唱，使恩来兴趣大增，讲唱中间，陈氏还时常停下与爱子交谈。

“孟丽君以一个女子，后来官拜保和殿大学士，其间历经种种磨难，不为所屈，她何以至此？恩来，你想过没有？”

“她有志向，从小就才高气傲，景仰古代巾帼须眉，故一旦风波乍起，便‘硬教螺髻换乌纱’，女扮男装，沉冤昭雪……”

“对，对，由此可见，从小立下志向，将会影响到人的一生。”陈氏笑眯眯地看着儿子，“我再问你，这书中所写的女子何以总胜于男子呢？”

“女子受苦太多了，她们不甘……”

“历来男女总不平等，男尊女卑被看作天经地义。《再生缘》反其义而作，是希望有朝一日这种状况能有所改变。”陈氏说，“可是，难啦，即如孟丽君尽管已权倾一时，最终却摆脱不了悲剧命运，与皇甫少华结合。她雄飞已久，岂甘雌伏？可她又不得不接受这样的安排。你看，做女人有多难！”她一声长叹，良久才说，“恩来，你要记住，将来你不论做什么，千万要尊重女性，要予以同情和帮助。”

“我会这样去做的。”

日子平平淡淡地在流逝。

一天，先生病了，塾馆暂时停了，孩子们像松了紧箍咒似地，整天在大院各处嬉戏。

“恩来，走，放风筝去。”表哥叙生提议。

恩来有些犹豫，去年春天，在淮安，一次，娘带他去参观梁红玉祠，他曾看到旷野上有人放风筝，蝴蝶风筝、老鹰风筝、蜈蚣风筝等可多啦，尤其是蜈蚣风筝，几十节，在蓝天白云之间盘旋舞动，十分壮观。如今，又是春天了，能去野外观看风筝，在他，自然高兴。可是，风筝在哪儿？买，得向娘要钱，他不愿这样做。再说，娘允许他出去吗？他没把握。

“走吧，我有几只风筝哩！”叙生比他大六岁，为人敦厚，恩来爱跟他在一块。他仿佛看透了恩来的心思，又说：“你别有所顾虑，姑妈那里，我会替你说清楚的。”

恩来没再说什么，叙生把他带到大厅西侧的一幢屋子前，门虚掩着，脚下蒿草丛生，这是什么地方？他在猜测。

叙生却不由分说，拉着他，推开门进了屋。

恩来忽然觉得眼前一亮，呀，满屋子整齐排列的书柜书橱，堆放着数都数不清的书，壁上还挂有几幅字画，这情景是他从未见过的。

“这是爷爷的书房。”叙生见他惊奇，便解释道。倏忽，从南面一只书架顶上取了几只风筝，又轻轻抖落上面的灰尘，恩来却像没见似的，目光仍在书架间流连。

“走呀！”叙生把一只风筝递到他手里，让他走在前头出了屋。他想了想，还是跑回后院，把外出放风筝的事禀报了娘。

“去吧，终日闷在屋里不行，”陈氏说，“你是个男孩子，男孩子要多交际才好。”

他冲娘一笑，又带上恩溥，和叙生一道上了运河大堤。

春风轻扬，四野初绿，令人心旷神怡。

恩来拣了只老鹰风筝，他捏着麻线，由叙生放飞，叙生测试了一下风向，只轻轻往上一送，风筝便蹿上半空。但因风向不定，风筝左右摇晃得厉害，突然，一个筋斗栽了下来。恩来一阵紧张，叙生却平静地从恩来手中接过麻线，边跑边拽，调整方位，转眼，风筝平稳了，又一次蹿上半空，叙生这才交给恩来，提醒他慢慢放线。线圈咝咝地转动着，风筝愈飞愈高，渐入云端，真像一只雄鹰在展翅翱翔，恩来心中充满喜悦，对叙生投以欣羡的目光。这时，叙生已将双燕风筝送上天空，接着，传来一阵“嗡嗡”的悦耳声。

“表哥，这是什么响声？”恩来问。

“风筝上传来的，是我用丝瓜藤筋做的弦，绷在风筝上，风一吹，因颤动而发出声音。”

“你真行！”恩来不禁赞道。

“大风筝还可系上铃铛，上天后，丁零、丁零，那声音更动听哩！”叙生又说。

叙生知道得真多，恩来不由得佩服起来。

这天，他们玩得很痛快，连恩溥也放飞了一只月亮风筝。

“我们明天再来，找几个小朋友比赛，行不？”回家的路上，叙生说。

“行。”恩来应道。

“哥，你再带上我。”恩溥接着说。

恩来没作声。

第二天早饭后，叙生在大厅旁见到恩来，恩来说要做作业而未去。

叙生只好带着别的小朋友出去玩了半天，回家后他去后院看恩来，却没见到。

“咦，他不是跟你出去了吗？”陈氏起疑。

“他没去，说是要做作业。”

“这孩子怕是在说谎，”陈氏忙转身到隔壁问道，“姐姐，你知道恩来去哪儿了吗？”

“不知道，”冬儿见陈氏神色惊慌，“怎么……”

“我原以为他去放风筝了，可刚才叙生说他没去，整整半天了，连个影子也没见。”陈氏说着找到花园，恩溥、恩寿正在花木丛中捉蝴蝶，她问：“见到你哥没有？”

“一早见他去前院了。”恩溥说。

莫非去外婆那里了？陈氏边想边匆匆来到老太太门口，报了声口福，遂问：“恩来可到过这里？”

“没有。”老太太像是不急，“总归出不了这院子，再找找。噢，我听叙生说，要出去放风筝，没准他也去了。”

“我问过叙生，恩来今天没去。”

他们正说着，冬儿急乎乎地赶来，说：“大厅、塾馆，还有他几个舅舅屋里我都找了，就是不见。”

“后花园呢？”老太太眉头起皱。

“开头就找过了……”陈氏落下泪来。

“难道他……”老太太一拄拐杖，从铺着锦缎坐褥的八仙椅上站了起来。她蓦然想起几年前的一桩事：也是个春天，有个孙儿在嬉戏时钻进一间废弃的柴屋，门却让别的孩子扣上了，都是小孩，闹着玩的，谁会想到后果呢？屋里黑咕隆咚，蝙蝠乱飞，黄昏时去找，孩子已惊吓而死……想到这，她心悸不止，可她不愿说出口，太不吉利，只顾颤颤巍巍地朝柴屋走去，众人簇拥着她。到了柴屋，门锁着，她让赶紧砸开，陈氏抢先进去，屋里空荡荡的，惊飞的蝙蝠在空间划着黑色的弧乱蹿，别的什么也没有。老太太嘘了口气，忧虑仍在袭扰着众人。

“难道他真的失踪了吗？”立钫兀自说道，突然，他一把拽过叙生，呵斥道：“都是你，放风筝、放风筝，昨天去了今儿又去，一个个心都野了。说，恩来到底在哪里？”

“上午他的确没跟我去，”叙生讷讷申辩，“平素，我们只在大厅、塾馆和花园里玩……”他摸了一下脑袋，“对了，昨天，我和他去过一次书房。”

“自你爷爷过世这些年，书房很少有人进去，你们去做什么？”老太太说。

“去拿风筝，”叙生说，“奶奶，你忘了，爷爷在世，亲自给我扎过几只风筝哩！”

“是啊，是啊。”老太太拄着拐杖，移动脚步，“那还不快去找！”

叙生跑在前头，猛地推开书房虚掩的大门。

“在这儿啦!”他惊喜地喊着。

众人随后进屋,恩来一手执书,大惑不解地瞧瞧这个,看看那个。

“乖乖儿……”陈氏似哭似笑地扑了上去,把儿子搂在怀里。

“恩来,谁让你来这里的?”冬儿有几分生气,“哼,自策自划。”

“我,我是来看书的啊!”

“这是你外公的书房,”老太太冷着面孔,“是随便就进来的吗?”

“可,书是人看的……”恩来说着,在旁边书架上取过几册线装书,“外婆,这书怕是久没人翻,都霉了,让虫子蛀坏了,多可惜。”

“恩来,”立钤说,“看书并不错,你手头这本《绣像全本西游记》也是值得看的。可是,来这里得事先给大人禀报一声,你只顾看书,忘了时辰,把外婆、你娘、你干妈急得到处找。”

恩来没料到事情会这么严重,难道看书也错? 瞧见大人们一个个虎着脸,他默默地低下头。

“外婆气你,是疼你,你要知道好歹。”冬儿说。

“快给外婆赔不是。”陈氏紧接着说。

“外婆,我不该惹你生气。”

“唉,不说了,”老太太语调和缓下来,“往后你要看就来看吧,可别忘了跟大人说一声。”

一场风波像是过去了。可回到后院,陈氏却让恩来站着。

“你知错吗?”她失去了往日的温婉。

“我已向外婆认错了。”

“我不是指这个,我问你,今天早上,你跟叙生怎么说的?”

“我答应过叙生今天再去放风筝的,可我……我想去外公书房,便找了个理由。”

“《弟子规》曰:‘凡出言,信为先,诈与妄,奚可焉?’你说这是什么意思?”

恩来涨红了脸,他说:“凡说话首先要讲信用,欺诈和谬说,怎么可以呢?”

“你对照一下,自己今天的所作所为是怎么回事?”

“娘,我说谎了。”

见儿子认错了,陈氏也不想再加责备了。

“喜欢看书是好事,可是去外公书房,要经外婆允许,其实,外婆还是疼你的。”

“娘,”恩来见母亲态度变了,遂兴致勃勃地说,“外公书房,什么书都有,《说岳全传》、《红楼梦》、《三国演义》、《绣像全本西游记》、《镜花缘》等等,都是线装绣像的,还有‘二十四史’、《资治通鉴》,我真想都看一遍。”

“反正我们还要在此住下去,”陈氏笑道,“外婆又允许你去看了,你就不用着急。再说,天底下的书远不止这些,等你长大了,还可以到扬州、到南京、到北京去读书。”

“真的? 那我什么时候才长大呢?”

“这也是急不得的,”陈氏莞尔一笑,用手比划着高度,“一天一天,自然而然,便会长大的。”

“对,对。”恩来直点头。

万府变故——搬家——再聘塾师
——岳祠——拜年——母亲的死

晌午,万老太太小憩之后,由一名女佣搀扶着来到大厅,落座在紫檀木做的八仙椅上。女佣沏上一碗老太太喜欢的绿茶,接着又送上一只果盘。老太太揭开盒盖,见盘里分格盛着金橘饼、蜜枣、山楂条、杏仁酥,便随手拈了一只金橘饼放进嘴里,她不嚼,而是慢慢品咂着甜中带酸的味儿。

少顷，冬儿从后院过来，母女俩叙了一会儿，老太太忽生兴致，说是想打牌。它不是麻将，也不是时下的这种五十四张纸牌，而是当时流行的一种由一百零五张骨牌组成的牌。冬儿自然不能拂了母亲的兴致，便让女佣叫来两个兄弟媳妇，搭开八仙桌，四人各据一方摸牌、出牌，热闹开来。谁知一圈没了，从门外传来一阵呼天抢地的哭声，众人正在惊愕之际，只见一个农妇跌跌撞撞闯进大厅，旋又"笃"地跪了下来。

"你是哪里的，来此作甚?"冬儿推开骨牌问道。

"我命苦哇，苦哇，丈夫挨打，伤筋动骨，腿断啦……"农妇啜泣着在呼号。

"平白无故闯来，哼，"万老太太愀然不乐，拄着拐杖起身喝道，"起来，起来，成何体统?!"

"老太太，你怎么忘了呢? 我是兴贵家的呀，南乡丁堰的……"

"噢，你是兴贵嫂子，"冬儿忽然想起出阁前曾去过丁堰，见过这个佃户的妻子，一晃快十年过去了，没想到她已发如麻丝，齿坠嘴瘪，心中不免有点凉飕飕的。她迅速把兴贵家的拉起来，又移过一张方凳让她坐下，还让女佣端来茶水。

"兴贵嫂子，出了什么事，你慢慢说。"冬儿瞅着农妇。

"三天前，二先生上门催租……"

"什么，什么，二先生，一个月前，二先生就辞了'庄头'，回扬州去了，"冬儿打断兴贵家的话，"怎么又冒出个二先生，这就怪了。"

"没有另外一个二先生，就是一直替老太爷收租的那个二先生。"

"是他?"万老太太满腹狐疑，"那是上个月的事，二先生说自家在扬州开了爿天福绸布店，父亲年迈力衰，让他接手经营，故我允了他，他怎么去收租呢?"

“唉，正是他呀！”兴贵家的刚开口，眼泪又流出来了，“老太太你是知道的，今年夏秋，运河、淮河发大水，庄稼浸泡在地里两个月，颗粒没收啊，可是，二先生一去，硬是要按常年做法，十五亩地让交五十担稻谷，说不论丰年、歉年都得交，这是老太爷在世时立下的规矩，一粒籽儿也不能少。兴贵分辩了几句，被跟去的人一顿棍棒乱打，血流满面，一只腿也断了……”农妇咽声咽气，停了停，“兴贵苦苦哀求，二先生就是不依不饶，让跟去的人在屋里角角落落搜，结果，把祖传的两幅郑板桥字画抢走了……”

“郑板桥字画？”冬儿一惊，“兴贵能有这稀罕之物？”

“兴贵的一个先祖，曾在兴化替郑大人当过仆役，字画是郑大人送的，上面还写有两行小字哩。传到兴贵已是第六代了，他可是当成命啊，抢走了，让他怎么活下去？”

“有这事，”万老太太蹙着双眉，“这还得了，二先生既已辞了，怎敢冒名，到万府佃户家坑蒙拐骗？哼，真气人呐！”

“老太太，你要替我们作主啊。”兴贵家的又哭开来，“要不，我只有告到衙门去了。”

“兴贵嫂子，你别急，这里有名堂哩……”冬儿正说着，万府上上下下已涌来许多人，相互打听，喊喊喳喳。

“啧啧，可怜，真可怜！”

“租总是要交的，要不，万府几十口人喝西北风啊！”

“莫不是编故事诓人吧！”

兴贵家的闻此，面南跪下，抬头哭诉着：“苍天在上，我能瞎说吗？……”

众人又是一阵议论。

“种田交租，天经地义，二先生是不是真的去过丁堰，也不能只听你说，”万老太太冷峻的目光从兴贵家的身上移向众人，大声喝道，“有什么好看的，还不都退下！”

“兴贵嫂子，”冬儿上前拉着，“你起来，这事，我们要商量一下，无论如何得讨个说法。”她让女佣领了兴贵家的去下房歇着。

剩下的几个兄嫂弟媳商议开了，都以为要派人去丁堰一趟。

“是啊，要去弄个究竟，”万老太太说，“可是，谁去呢？”

“麻烦十二姑丈去，他办过多年文案。”有人提议。

“贻能办过文案不假，可这事，他不行。”万老太太说。

老太太总是小瞧贻能，又不顾场合，冬儿听了，心中不是滋味，只是未表现出来。

“娘，我去。”一个满脸烟容的中年人笑道。

“你啊，整天泡大烟馆，不给我惹事就得了。”万老太太挥了下手，“一边歇着去！”

“娘，让我去吧！”冬儿说。

“谁都知道十二姑能干，”胖胖的三嫂子说，“只是，一个妇道人家……”

“爹在世时，我没少出头露面，参与酬酢，我还去过汉口哩。”冬儿有点不服地辩道，“这件事不简单，我琢磨，去了丁堰，还得去扬州，我可不信二先生就对付不了。”

“姐姐去，行，”一直不开口的立钤说，“这样吧，我陪姐姐跑一趟。”

“好，这样好。”老太太终于首肯了。

翌日，冬儿、立钤姐弟从大闸口码头上船，沿运河行驶了一个多时辰，便到了丁堰，看了兴贵伤势，了解了事情原委。

“二先生拿走郑板桥字画，有凭据吗？”冬儿问榻上的兴贵。

“没有，”兴贵叹道，“他是又骗又抢，说是抵押府上地租，折合稻谷五十担。”

“这……”冬儿眉心颤了颤，“郑板桥字画上有款识吗？”

“十二姑是说……”兴贵茫然。

“姐姐问，上面有没有你先祖的名字？”立钤说。

“有，有，先祖名为丁达仁。字，是一首道情；画，题为《秋声》，是竹子。”

冬儿想这样兴许有个线索，她对兴贵说：“你先延医服药，过些天，我再来。”

离开兴贵家，冬儿姐弟俩又在丁堰跑了几家佃户，知道二先生在这个庄子上，拢共诓走一百八十担稻谷，只在折子上落了账，而未留下一个字的收据。

“二先生真狡诈。”冬儿气咻咻地说。

“他是冲着这十多年我们家对他的信任，收租总由他一手操办，”立钤说，“他是不是聪明得过了头，这回，饶不了他。”

姐弟二人一径来到扬州，在亲戚家落了脚，合计了半天，买通了天福绸布店的一个伙计，此人随二先生到过丁堰，说出了主人收租索画的详细经过，并且录了供。事情开了个头，冬儿却并不急于跟二先生见面，那个伙计说过，二先生索得的郑板桥字画已经脱手，像是卖给了一家字画店，可究竟是哪一家字画店，却又说不清楚。没办法，冬儿姐弟俩只好在扬州城里一家家跑，广陵书局、静心斋裱画店、三江拍卖行，一家家访，一连访了七八家，郑板桥晚岁落拓，卖画维生，因而，散落民间的字画不在少数，就冬儿姐弟俩跑过的几个店铺，也有五六幅，是真迹抑或赝品不得而知，他们也难以识别，只是，始终未见录有“丁达仁”名字的字画。人跑得很累，冬儿已感到失望，这时，他们已来到城墙根，不意，一抬头，居然又见一家紫云轩裱画店，垂在城墙上空的斜阳照进店堂。二人走了进去，见一位师傅正在裁剪一幅画。蓦地，冬儿眼前一亮，那裁剪下的一小长条正是丁达仁的名字，而墙上，那幅道情上丁达仁名字挖了去后已重新托过，有待装绫。冬儿喜出望外，不由得跟立钤交递了一下眼色。她克制着，只跟店主随便搭讪了几句便走出店铺，来到大街。

“姐姐，怎么办?”立钤有点急，“是不是直接去见二先生?”

“不，要紧的是怎样尽快把这两张裁剪过的字画弄到手，单凭我们两个不行，找什么理由也容易引起店家怀疑而惊动二先生，必得有位权势者出面方可收效。”

“何不去府衙面见吕耀先？”立铃忽然想到。

“对呀，去找吕大人！”冬儿展颜一笑。

这吕耀先，原是万青选早年在清河知县任上的私淑子弟，如今已是扬州府从六品“州同”（知州佐官）。姐弟二人赶到府衙，适逢吕耀先勘查大运河水患归来。彼此原是熟识的，吕耀先详尽地了解了事情的整个过程，斟酌之后，着一位都统，率士卒，先去天福绸布店捉拿了二先生，紧接着又到紫云轩裱画店索取了郑板桥的那两幅字画。

大堂之上，店伙复述了供词，郑板桥两幅遭裁剪的字画又昭然入目，人证物证俱在，二先生供认不讳，经判，退出全部赃物，坐监三年。

冬儿姐弟在扬州盘桓了一周，回到万府，立铃如此这般向老太太和兄嫂说了个大概，冬儿的精明干练，得到了举家称赞。本来，她就是万青选最宠的掌上明珠，去年，又中了巨额彩票，如今又办成了这等大事，追回了被二先生鲸吞的一百多担稻谷的地租，这一来，自然受到众人尊重。虽说名分上，这个大家族表面上由老太太主事，可是八舅妈多有掣肘，冬儿寄居于此之后，举凡内外事务，老太太都倚重于冬儿。因此，陈氏和恩来、恩溥、恩寿，在众人眼里，也都提高了身价，尤其是恩来，仿佛是万青选的嫡孙一般受到呵护。

在外婆家的日子，差不多两年之内，是过得平静、融乐的，恩来也把万府当成了自己的家。可是，他毕竟还小，这个大家庭种种复杂、微妙的关系，他无从体察，他还看不清人跟人之间的客套是虚假的、表面的，金钱在支撑着、维系着一切。

万青选为官一方，表面上博得了乐善好施、济世赈困的好名声，可是，“三年清知府，十万雪花银”，万青选在清河（淮阴）知县任上，不只干了三年，而是三十余年，焉能不聚敛财富？否则，又怎能购进数百亩田产，建造九十九间巨宅，养活一大群子孙和仆役呢？他在世时，一应花销，自有他支撑着，过得惬意、阔绰。可他一死，家境渐渐有了变化，儿辈中，虽有为官经商者，却不显赫，况且还有几个儿子闲置在家，出项远比进项多，也仅仅两年时间，万府便窘困败落了，几十口人坐吃山空，田地房产开始转入别人名下，冬儿、立钤的万元彩金，用作各种开销，也愈用愈少，大家庭的平静，渐渐为各种争吵所替代，嫡庶相争，夫妇反目，妯娌勃谿的事不断发生。

一个酷热的夏天傍晚，冬儿、陈氏和恩来三兄弟正在后院天井纳凉，立钤神色慌张地来叫冬儿，说是老太太让去一趟。冬儿连衣服都来不及换，便将芭蕉扇一搁，跟着立钤来到前院老太太房里，只见九嫂埋着头抽泣着坐在一角，老太太也是眼泪不干。冬儿问明了情况，原来是九哥逛翠花楼，拖欠花钱，被这家窑子的老鸨雇了泼皮扣押了。

“唉，养了这个孽障，人脸都丢尽啦……”老太太叹息着直摇头。

“嫖堂子，吃花酒，都三十大几的人了，愈来愈不像话，”立钤也数落着，“那是无底洞啊！”

“妹子，”九嫂瞅着冬儿，“你九哥不学好，我一点私房钱尽贴给他了。这回，那婊子口口声声要二百大洋，否则不放人，这笔钱，我，我哪里出得起，今儿个，我也不活了……”说着一头朝墙撞去，冬儿连忙拦腰抱住，扶她坐下。

“家丑不可外扬，这种事又不好托人说项，”冬儿皱眉凝思，“看来，也只好大家凑凑，我多拿点是了，先将人赎出来。不过，”她望了一眼老太太，“娘，等九哥回来，无论如何要叫他断了这个荒唐念头，让他到泰州二哥的香烛铺里去做生意。”

“这主意好，”老太太应道，“不去也得去，否则，逐他出门。”

“娘，妹子，你们这是救他一命啊！”九嫂忽又喜极而泣。

话到此为止，冬儿显得十分冷静，可当她一回到后院，泪水竟夺眶而出。她哭着进了房，惊得三个孩子奔她而去，一连声地喊：“娘……”陈氏让孩子们去了堂屋，冬儿的哭声慢慢止息，对陈氏诉说开来。恩来也不知发生了什么事，只是大人一哭，他也就想哭，心里难受。他靠近门想听个究竟，可是一些话他听不明白，只是干妈说“这个家一天天在败啊”，这句话他听清楚了。为何要这样说呢？他真想问，真想知道，手不由得伸向虚掩的房门，但在最后的瞬间，他的手缩回了。刚才，是娘让他们三兄弟到堂屋的，显然，大人们不想让他们知道所谈的话，自己又怎能做大人不同意的事呢？可是，他心中好纳闷啊！

万府的衰落已日渐明显，冬儿不甘，几天之后，她请母亲出面，把全家上下召到大厅，当着万青选的影像，焚香点烛，由老太太宣布“约法三章”：一、力戒奢侈，克勤克俭；二、恪守本分，亦劳亦谦；三、淫逸破财，阖家绝之。

可事情办得并不顺心，就这个聚会，嫡房儿子媳妇，居然有人托故不到，令老太太暗自落泪。不过，规矩立了，万府却也安稳了两三个月，老九真去了泰州，好赌的也有了收敛，还辞了三名仆役，但这种安稳是短暂而脆弱的，随时都有可能被打破。这不，立秋后的一天，吵闹声又从前院东厢房传出：

“哼，说得比唱得好听，在外头做事还要用家里的钱，吃喝嫖赌……”

“你还是管管自家吧，丈夫整天玩鸟斗鸡、游手好闲，钱，他没少花。”

“你婆婆偏心。”

“说这话也不寒碜，不错，你丈夫非她所生，可是总不能不认她为婆婆。”

“我婆婆早死了!”

一听便知,这是万青选原配夫人的儿媳妇和续弦夫人的儿媳妇在吵,里面还夹杂着骂骂咧咧的声音,针尖麦芒,互不相让。早有人禀报了老太太,她拄着拐杖,气咻咻地走来,站在门口说:“老爷一死,我就晓得总归有一天,有人会欺负到我头上,说我偏心,不把我当婆婆,你,你究竟要把这个家闹成什么样,你说呀……”她终于控制不住自己,抽抽搭搭哭了起来。

“娘——”刚好冬儿外出经过这里,见状忙走过来,问了个明白。这种事,近来她已见过几次,开始,她并不想过问,俗话说“嫁出门的闺女泼出门的水”,虽说如今住在这里,她也一直把自己当成客人。可是,刚才的事牵扯到老太太,她不能不说,话却很冷静:“两位嫂子,有道是家不和外人欺,都是万家的人,又何必那么生分,为丁点儿事,争个面红耳赤呢?”

“十二姑,你来了正好,给评个理,”三十岁左右的女人哭诉着,“她两个儿子,头是头,脸是脸,穿出的衣裳总是一崭新,平时,娘总由着她,可她不知好歹,见我闺女穿了件新衣,就说娘偏心,找碴儿指桑骂槐……”

“你别狐假虎威,谁偏心谁去做好了,我不怕。”年近四十的女人扯开嗓门嚷着。

冬儿愈听愈不对劲,心火直冒,可她仍然强压着,继续在劝说:“嫂子,话不能这样说,爹在世常说,虽饔飧不继亦有余欢。何况,万家还不到饭食不继的地步,吵吵闹闹传出去,大家脸上都不光彩。”

“好吧,我看你十二姑的面子不吵了,可我缺钱。”四十岁的女人说。

“又要钱,是给你男人还债吧!”三十岁左右的女人说。

“是又怎么样?万家的人还能不用万家的钱吗?”

“好啦!都省几句行不?嫂子,缺几个钱?”冬儿想尽快息事宁人。

“八十元。”

“八十?!”冬儿惊道,“我去问哥哥,究竟欠多少?”

“你不用问了,”四十岁女人拂了拂手,“那就给五十吧,要不,三十也行。”

“你这不是逼娘吗?”冬儿拉下面孔,“三十也没有,只能给二十,要,隔天我给,不要拉倒。”说着她搀扶着万老太太就走。

“好吧,好吧,就二十。”背后传来四十岁女人的声音。

老太太流着泪,边走边说:“我这是作的什么孽啊! 你爹在世时,她们谁也不敢。这二年,愈来愈不像话了,哪把我这长辈放在眼里,她贪心不足……”

冬儿心中很难受,娘是偏房,受气的症结就因这,但她不愿说出口,只一个劲地劝慰老太太:“娘,你消消气,犯不着跟这种没见识的人计较。再说,我还在你身边,有事我撑着。”

这之后,钱,她给了,万府总算又平静了半个月,也仅仅半个月。接着,纠纷依然不断,她从前院到后院,从东屋到西屋,救火似地排解诸多复杂、微妙的家庭矛盾,食不甘味,夜难安寐,但好心却没好报,终于有一天,事情闹到她头上来了。

这天,她去老太太处请安,谁知刚走近窗户,屋里传出嘁嘁喳喳的声音。

“调解个啥? 老太爷不在世了,没人撑她的腰,谁听她的? 她呀,还是管好自己的家吧!”

“十二姑已够劳烦的了,”这是老太太的声音,“你就别扯上她吧!”

“婆婆,话也不能这样说,”另一个女人的声音,“连家带口的走亲戚,总不能一直住下去吧!”

“你这话不对,”这是第三个女人的声音,“十二姑主持公道,排忧解难,这大院少了她,还不晓得闹成什么样。”

“你别把她看得那么能,她一走,大家都安生。”

“你给我出去！”跟着传来老太太怒斥的声音。

“出去就出去……”这女人一掀珠帘，瞥见冬儿站在一隅，连招呼也没打，屁股一撅走了。冬儿旋即进了屋。

“唉，气死我了，说起来她还是我这一房的儿媳妇……”老太太直咳喘。

“娘，你千万别气，”冬儿替娘轻轻捶着背，“事情到了这一步，或许是我拖累了大家。”

“这怎好怪你？”老太太缓了口气，“万家真的在败了，败了也好，我就不烦了……”半晌，忽又换了话题，“唉，若是贻能在外面多赚几个钱也好啊，可他……”

冬儿的心猛地凉了半截，娘怎么说这话？显然对她也存有看法了。她宁可推测是家庭的矛盾纠纷影响了娘，可是，娘对她存有隔膜已是事实，不过拿贻能作借口说出罢了。贻能挣钱不多，她也有过抱怨，但在外人，即使是自己的娘面前，她还得维护丈夫，她说：“贻能一肚子才学，又写得一笔好字，爹在世时夸过他，娘也是知道的。只是，他太忠厚，不活络，不会巴结上司，难得重用。”

“你啊，总护着他。”老太太有点不高兴。

“我说的是实情。”冬儿似不让步，但她不想跟母亲闹僵，令她难过的是这些日子来，自己明明在替人排解纠纷，却反而跟一些人结了怨，早知如此，何必当初？事情明摆着，当初从淮安迁来就是个错，可后悔又不顶用，她唯有面对现实。如此一想，她说：“娘，你放心，我不会拖累大家的，我搬走……”说着，她再也控制不住感情的激荡，哭着，踉踉跄跄回到后院。

“姐姐，发生了什么事？”陈氏被冬儿的失声痛哭惊吓住了，这是她从未见过的。

“妹子，我们回淮安吧！”

“莫非是因我？”陈氏满腹狐疑。

“不，跟你没关系。”冬儿抹干了泪，“走吧，早走早好。”

“肯定是因我!”陈氏执著地说,“我跟府上非亲非故,只是看在恩来份上才容纳了我。近来,在我背后唧唧哝哝、指指戳戳的事,我也察觉过,我是讨人嫌了。姐姐,我带恩来搬出去住。”

“妹子,你怎么这样想呢?”冬儿心中一阵酸楚,“告诉你吧,我更讨人嫌。再怎么说,我们是一家人,要搬一起搬。”

“啊,姐姐,刚才我心里不好受才那样说的,你别见怪,”陈氏说,“既然姐姐已经决定,我们就搬到街对面去,那边的‘陈家花园’是家父的产业,虽不及这边宅第广大,却也有十余间,一家人住是足够了。”

“好主意,”冬儿顿时感到好似放下了一个沉重的包袱,“我们过去收拾一下,过几天就搬。”

事情就这样定下来了。恩来趴在桌上写字,两个母亲的话,也都听到了,等她们不再作声,他问:“娘,新家有书房吗?”

“没有。”陈氏说。

“那么,我还能到外公书房来看书吗?”

“就别来了。”冬儿回道。

“可是,我刚看完《西游记》,《镜花缘》才开了个头,我还想看《红楼梦》……”

“《红楼梦》家里有,《镜花缘》街上书坊能买到。”陈氏说。

“噢,连书房也不能去了……”恩来兀自说道,声音低得只有自己能听到,他联想到前几天跟几个表哥表弟玩,有个舅妈偏将他们和他分开,还瞪了他一眼哩!他终于明白了,娘、干妈和他们小弟兄三个,已不受万府欢迎了。他感到少有的悲哀,鼻子一酸,眼角湿漉漉地滚下一滴泪来,他怕娘和干妈看到,埋着头悄然走出堂屋。

陈家花园,在万府的西南,与万府隔街相望。

搬家那天,平常两个闹得最凶的舅母,却拉拉扯扯地对冬儿表示挽留，这当然是做给万府上下看的。那副虚情假意的笑脸，都映在恩来眼里了，他想，至爱亲朋，竟是如此。

据说，陈家花园乃是陈氏祖父置下的，祖父既是状元，这儿大概是状元府第吧！当年，想必是画栋雕梁，重屋飞檐，分布着亭台楼阁，栽种着名木佳卉。可惜，世事变迁，如今院内只剩两侧的抄手游廊，面南的上房和左右厢房，已是油漆剥落，旧得不堪，被遗忘似地寂寥地蹲着，委实是废园一座。唯一的好处是出奇的幽静，这正合了陈氏的心情，恩来读书也需要这样的环境。

住过来之后，一条马路有形无形地把这里与万府隔开了，除了叙生等一两个孩子常来玩，大人们相互几乎没有走动。唯有在节日，冬儿才过去看望母亲，至于那边过来的，也只有三两个跟冬儿要好的舅舅、舅妈，次数也并不多。

到了新家，孩子读书的事迫在眉睫，一时又找不到塾师，陈氏便亲自给恩来讲授《诗经》、《史记》，恩来自己当小先生，给二弟恩溥教《千字文》。可这总不是办法。冬儿在清江浦，于人事上不像陈氏生疏，出嫁之前，她这位知县千金，常常随父亲出入各种应酬场合，县衙上下，学府馆舍，也还认识一些人。可是今不如夕，世态炎凉，忙了多日未果。后来还是陈氏拜托表哥龚荫荪从淮安城请来一位赵姓塾师。这样，办起了家塾。

赵先生面相和善，虽无权无势，但为人刚直。他见过万青选，也知道周攀龙，至于“陈家花园”主人陈源的博学多才也向为他仰慕，执教他们的后代，他看成是件幸事，连束脩也减半。

“先生能应聘坐馆，已十分难得，束脩是不能少的。”冬儿说道。

“好吧，钱，我收下，”郑先生爽快地说，“倘若孩子们没有长进，我悉数奉还。”

“相信先生一定能教好。”陈氏为之欣然。

开馆时，仅有四个学生，恩来、恩溥，还有万府的芳贞、怀芝。怀芝是叙生的妹妹，为这两个侄女入学，冬儿跑到对面几趟才说通的。

郑先生与万府那位先生不同，课文的读音字义，他教起来循序渐进，一丝不苟。而且，他非但不阻止学生看“闲书”，甚至把《水浒传》、《三国演义》故事搬到课堂上，绘声绘色、跌宕有致地讲给孩子们听，使得课堂成了磁场，把孩子们都吸引住了，即使谁有个头疼脑热，也一天不拉地跑来上课。

一天，放学后恩来晚走了一步，他问：“先生，你有《说岳全传》吗？”

“有，有，”先生应道，“只是，目前尚在别人手里，等几天我带过来。岳武穆乃是一位了不起的民族英雄哇，对了，淮阴就有一座岳祠，去过没有？”

“真的？我怎么才知道呢？”

“离这不远，是值得一去的。”先生说。

恩来约了叙生，礼拜天带他去。

岳祠不知建于哪个年代，坐落在北圩门外背街一处开阔的场地，脚下是麻石板路，走了一段，便是条石台阶，叙生和恩来拉着手跨进大门。只见一座偌大的神龛上，岳飞相貌堂堂、威风凛凛地坐在那里，头微微抬着，目光炯然，两手半握拳放在双膝上，腰板笔直。神龛上面有一匾额，上书“还我河山”四个遒劲的大字，两边的楹联分别镌刻着：三十功名尘与土，八千里路云和月。大殿四壁勒有名人碑刻。

恩来仰望着，久久不舍离去，岳飞的故事他知道一些，什么岳母刺字、拜师朱仝、朱仙镇奏捷、风波亭遇害，娘都给他说过。他想象过岳飞的形象，今天才见到，仿佛与想象中的差不多，他很高兴。不一会儿，他来到碑刻前，其中有首律诗引起他的注意：

一自金牌颁十二，常教血泪洒英雄。
奇怨不恨埋三字，和虏终渐失两宫。
南渡江山悲逝水，北征鞍马付秋风。
低回往事成千古，祠宇空余夕照红。

这首诗不知何人所写，恩来默诵了一遍又一遍，直到牢记心中才离开。它给恩来留下了难忘的印象，以至七年后，他就读天津南开学校，将它发表在自己主编的《敬业》第四号“飞飞漫墨”专栏里，并评曰：“其辞则凄凉欲泪，意则新颖出群，不落窠臼，少陵、太白殆兼而有之。”此为后话。

这天，晚饭后，陈氏忙清了，拨了拨油灯捻子，桌前变得亮晃晃的了。她摊开一张宣纸准备作画，过去，每逢这时，恩来总替她揭开铜墨盒和颜料盘，压上镇纸，而后坐在一边看她勾勒、渲染，可是，今天却忘了这些，捧着小脑袋坐着发愣。

“恩来，在想什么呢？”陈氏搁笔问道。

“我心里纳闷……”

“一个小人，有什么纳闷的？”陈氏笑了。

“娘，你说，为什么好人总不得好死？”

“你怎么会有这想法？”陈氏有点诧异。

“午后，叙生带我去岳祠，看到了岳飞塑像，我不懂，这样一个英雄，何以屈死风波亭？”恩来愁眉不展，“还有韩信、关天培，一个个都没有好下场，这究竟是什么原因呢？”

“想得挺复杂，你这孩子，”陈氏疼爱地晃了下他的头，“这种事也不是一两句说得清的……”

“你看，韩信辅佐刘邦打下江山，结果，刘邦反说他‘谋反’，囚禁起来，后虽赦免了他，却取消了他楚王封号，贬为淮阴侯，最终又被吕后谋杀，”恩来仍在寻思，“不是说皇帝贤明嘛，刘邦又为什么这样做？”

“功高震主，”陈氏想了想说，“刘邦妒贤忌能，怕他谋反。”

“韩信太冤枉了，”恩来叹道，“可见，皇帝也有错。”

“皇帝……啊，我们不谈这个了。”陈氏说，“韩信确实了不起，临死前，他曾仰天长叹：‘果若人言，狡兔死，良狗亨(烹)；高鸟尽，良弓藏；敌国破，谋臣亡。天下已定，我固当亨(烹)。’这些话，乃千古名言。”

“那么岳飞呢，”恩来问，“当时，宋朝丢掉半壁河山，天下未定，怎么竟屈死？”

“朝廷出了秦桧那样的奸臣，奸臣投降卖国，容不得岳飞这样的忠臣，于是，捏造‘莫须有’的罪名陷害岳飞。”

“‘莫须有’怎讲？”

“是指无罪被冤。”

“奸臣是天下最坏最坏的人。”恩来痛恨地说，“关天培，关将军的死也与奸臣有牵连。”

“对。”陈氏说，“关将军诚为英军炮击身亡，也可说死于奸臣琦善之手。试想，如果琦善像林则徐大人那样，全力支持关将军抵御敌人，他会死吗？一旦奸臣当道，朝廷也就处于危亡之中了。”

“娘，如今有奸臣当道吗？”

陈氏望了望儿子，没再回答，只说：“小孩子，不要想得那么多，要一门心思读书。”

恩来不想再勉强母亲，遂说：“娘，你画画吧！”

“不画了。”陈氏似乎没了兴趣。

“你生气了？”

“恩来，你是一天天长大啦……”陈氏不无感叹地说。孩子知道的事愈来愈多，又总不满足，她既高兴又担忧，头脑里时常在盘旋着：这孩子将来会怎样呢？

“娘，画吧，我要你画。”恩来把笔递给母亲。

“好,我画。”陈氏拈笔想勾勒几茎兰草,线条却不流畅,她想,今天肯定画不好了,可是一瞥儿子那期待的目光,她依旧在一笔一笔地勾勒着、描绘着……

搬出万府后的第一个春节届临,冬儿颇为重视。

腊月二十四,是“送灶”的日子,陈氏已将锡箔折叠了一竹篓金、银元宝,从外地回来过年的贻能点燃爆竹,具供俎豆,恭送灶神上天,奏一家之善恶。

白天,贻能在堂屋写春联,恩来帮着研墨理纸。只见贻能捋了下衣袖,拈笔润了润墨,稍一沉思便挥洒开来,瞬间,“厚德载福,和气致祥”一副门联写讫。

恩来将纸再次送到爹面前,贻能浓眉一展,悬腕落笔,“花好月圆人寿,时和世泰年丰”,又一副春联,是贴在堂屋槅扇门上的。

往下,又接连写了几副:

天将化日舒清景　室有春风聚太和
瑞日芝兰光世泽　春风棠棣振家声
爆竹两三声人间是岁　梅花四五点天下皆春

他搁下笔,活动了一下手腕,端起紫砂茶壶,呷着壶嘴,逐条检视着铺在地砖上的春联,神情怡然。

“爹,塾馆的还没写。”恩来说。

“啊,我再写。”他放下茶壶,笔走龙蛇:

事当发轫求初步　　学似为山重始基

写完,他给儿子作了解释,且多有勉励。

一旁,陈氏在给水仙换水,又将天竺和腊梅插进青瓷花瓶,置放于几案，是为清供。

除夕到了，贻能又将父亲周攀龙的影像取出，用拂尘轻掸尘埃，随后挂上墙，谓之"悬影"。接着，将干果、饭菜放在桌上，点着香烛，举家一一跪拜。这之后是接灶（把灶神请回家中）拜天地、辞岁。这时已是午夜，全家聚餐。餐毕，几个孩子分别向长辈行辞岁礼，长辈则给他们压岁钱。

夜已深，恩溥、恩寿上床入睡了，恩来不困，跟长辈一道守岁。冬儿将煮熟的红枣、莲子、荸荠、野菱取出来，供众人消遣。

突然，左邻右舍、街头巷尾，爆竹声声，不绝于耳。贻能拉着恩来到了天井，他将爆竹放平稳，而后将燃着的纸媒子递给儿子，教他点着爆竹信子，又迅速将他拉开，只见信子"嗤嗤"地冒着细碎的火花，刹那间，爆竹蹿上夜空，"乒乓"作响，乐得恩来又蹦又跳，冬儿和陈氏看见，也都笑个不停。

爆竹声渐渐平息下来了，恩来已是呵欠连天，陈氏赶快搀着他进房，衣服未及脱，他已酣睡，眉眼嘴角都是笑。

年初一，日上三竿，恩来才醒，陈氏给他换上一身新衣，他拜了长辈，见春联都已贴好，门楣上更有红钱轻飘；这儿那儿，大大小小的"福"字倒贴着，成了"畐"，他懂，这是"福到了"。

不一会儿，立鋆携叙生、怀芝兄妹来拜年，冬儿忙得眉开眼笑，冲了松子茶，泡了欢喜糖递上去，恩来则从果盘里将长生果、瓜子拿了一把又一把往叙生、怀芝口袋里装。两边的长辈相互给孩子们送上压岁钱，说的尽是吉利话。

午后，贻能夫妇带着三个孩子过街去万府拜年，自然是先到万老太太屋里。

施礼后，冬儿说："娘，我们也没有贵重礼物，这是几包桂圆、蜜枣和金橘饼，是贻能从南边捎回的。"

"也好，"老太太淡淡一笑，"记得去年过年贻能送的是高丽参，我吃了三个月哩，好东西……"

冬儿不由得跟贻能对望了一眼，遂说："娘，那是恩来四伯父从奉天[①]托人捎来的。"

"他四伯父倒还顾家，"老太太沉吟片刻后话锋一转，瞥了瞥女婿，"贻能，如今月俸多少啊？"

"长了点，二十块啦！"

"才二十块?!"老太太将信将疑，脸色有点不悦，"以后，你就不要再买什么礼品了。"

冬儿看不惯母亲这样，尤其是母亲轻视贻能的作法，委实让她生气，话脱口而出："如今这年月，天下不太平，拿这点钱也不易。"

"你啊，"老太太看着女儿，"一副劳碌命，自作自受。贻能拿这几个钱养三个孩子，哪一天才拉扯成大人？"

"娘，你别替我们操心。"冬儿已在祈求。

"我怎能不操心？"老太太提高了声调。

屋里的气氛很尴尬，贻能垂着头不作任何分辩，恩来能听出外婆对爹的不满，他没想到这过年，在陈家花园是那样欢乐，到了这边却又是一番景象，他感到压抑和沮丧，可他又有什么办法改变这局面呢？见大人们都不说话，他迟疑地从口袋里掏出一个小本本，又从里面取出一幅剪纸恭敬地放在外婆面前的八仙桌上。老太太不识，瞅了瞅，不知什么意思。

"外婆，这是个篆体'寿'字，福、禄、寿的'寿'，"恩来解释道，"祝愿你寿比南山不老松。"

"啊，瞧这孩子多会疼人。"老太太脸上终于现出笑容，倏又掏出压岁钱，分别塞到三个外孙手上。

接下去，贻能夫妇又拜访了居家的几位兄嫂弟媳，少不了又给侄儿侄女压岁钱。晚上，老太太留他们吃饭，冬儿谢过了母亲，却没留下，流连了一阵，便回到陈家花园。

---

① 奉天：即沈阳。

初一下面条，初二初三吃汤团，初四初五吃年糕，日子过得飞快，一过初五，贻能又离家去湖北应差去了。

“你总是来去匆匆……”码头上，冬儿嗔道。

“耽搁不得呀，如今谋个差事不易，焉能不谨慎从事?”贻能几乎不敢看妻子那眷恋的神色，他叹了口气，“说起来，我愧为男子，这个家丢给你，让你受苦受累，我……唉，不说了，只要可能，端午节我就回来，合家团圆。”

“爹，你要回来呀!”恩来说完，看着父亲走上踏板，上了官船。

寒风阵阵，落雪了，船在飘舞的雪花中缓缓离岸。

“天太冷，回去吧!”远远传来贻能的声音，他一直站在船尾，凝望着码头。

“你也进舱去吧!”冬儿的声音颤抖着，“别忘了端午回来，孩子们盼着啦!”

运河里视野茫茫，贻能的声音听不到了，船，愈来愈小，渐渐地消失了，冬儿这才领着孩子，顶着寒风往回走。

贻能走后的日子，家里安静如常，蒋妈过完年也从淮安回来了。元宵节后，塾馆照旧开学，朗朗书声，像淅沥的春雨在陈家花园飘洒着……

不久，安静被打破了，万府那边传出闲言碎语，说是冬儿给压岁钱偏心；又说，尽管是洒杨柳水，那么多侄儿侄女也是一笔不小的开销，可见十二姑还有大笔积蓄……这些话是叙生悄悄告诉恩来的，恩来不想让干妈伤心，一直搁在心里不说。可是，他并不知道，当他坐在塾馆时，竟有舅妈过来借钱，家里剩下的一点积蓄只够维持生计，哪里还有余款呢？钱没借到，难听的话，便像脏水一样泼了过来。冬儿无奈，给个三块五块的，却不能满足别人的胃口。冬儿嘴上不说，只在心里生闷气。

二月二，谓之“龙抬头”，民俗凡女子出阁者，均在这天接取归宁，万老太太打发立钤来接冬儿，并让她带上三个孩子。冬儿想，这样，岂不是撇下陈氏？原本，陈家花园就是她的娘家，可她娘家早已败落，不只父母双亡，而且至亲也无一人。冬儿这样一想，只带了恩寿过去，恩来、恩溥仍然上塾馆。

万老太太这天心情甚好，闲聊中未再提及任何使冬儿不悦的话题，冬儿也颇愉快。可是，晚餐时，冬儿忽然感到喉咙下面有点堵，饭菜下咽也不像平时顺畅，吃下去就打嗝，她不禁一怔，觉得不是个好兆头。她不想让娘和兄嫂、弟媳有所察觉，饭毕便由立钤打着灯笼送她回去了。

这之后，一连几天，堵食、打嗝的现象不断出现，她不得不用手揉抹胸口。

"姐姐，哪儿不舒服？"细心的陈氏见到后甚不放心。

冬儿开初还想隐瞒，经不住陈氏一再追问，这才如实相告，并说："这会不会是嗝食[①]呢？"

"不会的！"陈氏语气肯定，可她的心却像突然被划了一道刀口抽搐不止，她预感到这病情可能很严重，她听说过，这种病是难以治愈的。此刻，她却把这些想法埋在心里，只说："姐姐，要么请个医生看看。"

翌日，陈氏从长寿街澍德堂请来一位中医，告知病情后，她提醒医生，倘若冬儿真是嗝食，务请不要道破。

这位医生阅世颇深，望闻问切之间，喜怒哀乐不形于色，冬儿虽不时乜斜他的眼神，却什么也看不到。

"忧思过虑，饮食不调，气郁结于心，是故神虚力弱，"医生说，"我开几剂方子，文火煎服。要敛神毋躁，注意调理，病，自然会有转机。"

陈氏跟着医生去抓药，甫出门，医生便对陈氏说："正是嗝食，

---

① 嗝食：后来被称作食道癌。

此为顽症，难以治愈，我也只能尽力而为，使其延缓时日。”

陈氏眼圈发红，泪水夺眶而出。

这些都被紧追其后出门的恩来听到看到了，他一把抓住陈氏的胳臂摇晃着：“娘，娘，什么叫嗝食？你说呀！”

“孩子，你别问了，告诉你也不懂，”陈氏强抑痛苦，“这事，你别告诉干妈。”

“娘，”恩来几乎要哭出声来，“一定要把干妈的病治好……”

药抓回来了，陈氏煎制过滤后倒在金边青瓷小碗里，端给冬儿服用。此后，天天如此，半月下来，并不见效，冬儿日渐虚弱，干饭已不能吃，只能喝稀粥，即使这样，也堵也打嗝，人一天天瘦下去，目光时常木愣愣地看着身边的孩子，待屋里没人旋又暗自垂泪。

这天，陈氏取下自己的翡翠耳环，上街当了，买回一支高丽参，清蒸后端到冬儿床前。她拿了一床棉被叠好放在冬儿身后，让冬儿倚靠着，随后揭开碗盖，说：“姐姐，这是参汤，补气提神的。”

冬儿觑了一眼小碗，然后抬起头望着陈氏，无意中她的目光落在陈氏耳垂上，不禁凄恻一笑，说：“妹子，你的耳环呢？”

“这不关你的事，汤要凉了，喝吧！”

“我这病是不会好的，妹子，你不要破费了……”

“不，你会好的，只要能尽快治好你的病，凡我能做的我都去做。”

“不要，不要，”冬儿闭目摇头，泪水汩汩，“你留点首饰，三个孩子还要拖累你啊。”

“不说这些，先把参汤喝了，行不？”陈氏温语相劝。

“干妈，喝吧，”恩来凑上说，“你不喝，我们大家都会难过的，喝了，病就好了。”

“好，我喝，我喝……”冬儿边喝，边怔怔地望着恩来，她喝得很慢，刚喝了三口，就又打起嗝来。接着，她让陈氏把支撑着的被子撤了，躺下睡了。

陈氏把碗端走，示意恩来回到隔壁。

“恩来，你今年九岁了，已经是个很懂事的孩子，”陈氏捏着儿子软绵绵的小手说，“有件事，我应当告诉你，干妈是你的亲娘啊！”

“我知道……”恩来眼眶湿润，低声应道。

“你怎么知道的？什么时候知道的？”陈氏有点惊异。

“几年前就知道了，”恩来平静下来了，“是干爹跟我荡秋千时讲的。”

“那你何以不告诉我呢？”

“干爹说，叫干爹干妈和叫爹娘一个意思，而且让我仍按原来的叫法。”恩来说，“反正你们都对我好，我又不想让娘心里难受……”

“乖乖，”陈氏热泪滚滚，一把搂紧儿子，“你是天底下少有的懂事孩子啊！”停了停，又说，“恩来，你娘病得很重，有件事你要照我的话去做，自今日起，别再叫你娘干妈了，答应我。”

“嗯嗯。”恩来应声后，掉头便急急进了母亲房间，见母亲似睡着了，他静静地站了一会儿，细细打量着病榻上的母亲，不期然，冬儿睁开眼，问道：“谁？噢，是恩来……”

“娘，亲娘——”恩来哭着扑上去，一下抱住母亲的头，小脸在母亲双颊上和泪厮磨着。

“乖乖，亲乖乖呀，你都知道了？”

“亲娘……”恩来只顾一个劲地哭喊着，“你要好起来，你不能丢下我和弟弟……”

“娘会好起来的……”冬儿低声惨然地说。

“亲娘，我不上学了，我要在你身边服侍你。”

“娘一直盼着你将来能成大器，”冬儿说得很吃力，“起小不读书怎么行？我这里，有你娘和蒋妈照应，你就别烦了。”

“那我一放学就来。”

“好，好……”冬儿说着，眼皮又沉重地垂了下来。恩来替她掖了掖被角，这才蹑手蹑脚地走开。

医药不能奏效，心中的块垒愈积愈沉，冬儿的病况急转直下，万老太太在立钐搀扶下前来探望，一进屋便流着泪说：“儿啊，怎么病成这样？你爹一生积善积德，应该有个好报应呀……”

“娘，我……不要紧……”

“你病得这般重，贻能怎不回来?!”

“过年，他在家半个月，再告假，难。”冬儿喘了口气，“万一上司怪罪下来，把差事丢了如何是好?”

“丢了就丢了，”老太太转过脸，“立钐，写信让他尽快赶回来。”

“等一等再说……”冬儿仍想劝阻，“这病我有数，还不到走的时候。”

“儿啊——”老太太又哭开了，“你是硬让周家拖累拖垮的呀!”

“别，别这样说，这门亲事是爹和你同意的，我也情愿。”

“唉，千不怪万不怪，只怪贻能无用。”

“娘，他是好人，别说他行不?”

这时，蒋妈端上一碗藕粉，这是老太太刚捎来的，冬儿不想吃，咽不下。

“不吃怎行？娘喂你。”老太太不知女儿已不能进食，舀了一勺送到冬儿嘴边。

很久未见娘这般亲热了，再怎么也得吃，冬儿张嘴就吃了半勺，慢慢往下咽，不料，立刻又冒出喉管，吐了出来。

老太太见状落泪，束手无策，说了一番宽慰的话，辞别了女儿。

已经到了最后的日子，无论白天或夜晚，冬儿似醒非醒，似睡非睡，往事不停地在脑中闪现。回想在万府当姑娘的时候，爹宠她，视她为掌上明珠。出阁下嫁淮安，那大喜的日子也够风光的了：八字、回日子、铺嫁妆、上头、照轿、发轿、暖位、圆饭、请回门、送看盒、拜主亲、谢媒……哪一环也不少，繁琐是够繁琐了，但在两淮，谁不知道万老太爷和周老太爷两家攀亲？记得轿子抬到大闸码头，下到一条包租的官船上直驶淮安，上岸后，轿子途经的街巷，真个是人山人海，争睹盛况。

接着，侍拜堂、合卺、入洞房，这刻儿才见到贻能，一脸忠厚相，让人看了顺眼、舒服。是啊，周府较之万府要寒素些，但只要他人好，别的都无妨。婚后，贻能在淮扬一带谋事，由她主持家政，日子过得和和顺顺。后来，公爹去世，家道中衰，在这急剧变故面前，贻能显得无能为力，她也怨过，而怨又有什么用？贻能并非没有本事，只是缺少机遇。再后来，三个孩子出世，经济拮据，勉为其难，仍能维持下去。等到迁居清江浦，短暂的欢乐之后，大家族一本难念的经，几乎耗尽了她的精力。中彩后，两年间，人情冷暖，世态炎凉，竟在万府里出现，她实在已经看透了……想到这些，活在人世又有什么意思呢？人已病到这种地步，怕很快就要进阴曹地府，去了也好。只是，唯一丢不下的是三个孩子，想着，想着，她已泪湿枕巾。

节令已是三月尾了，这天，门口忽然响起蒋妈颤抖的喊声："恩来娘，恩来娘，太太她……"

陈氏闻声跑到冬儿床前，只见冬儿目光呆滞，遂赶忙拉着她的手，说："姐姐，你要挺住啊，七哥就要回来了。"

"妹子，你我情同手足好了一场，"泪顺着冬儿眼角滑落下来，声音微弱，陈氏把耳朵凑上去听，"我就要走了，恩来他们三弟兄就……"

"蒋妈，快去塾馆把恩来他们叫回来，"陈氏看到冬儿情况不对头，急着吩咐。又回过头对冬儿说："姐姐，你的孩子就是我的孩子，我会把他们当成亲生骨肉培育的，你放心……"

“我……放……心……我……”冬儿的声音微弱得几乎听不见了。

“娘——”恩来、恩溥、恩寿奔来了，齐都跪在母亲面前哭喊着，“娘，再看我们一眼呀……”

冬儿的眼皮微微动了一下，睁开一条缝，接着，头一偏，走了。时在1907年的夏天，她只活了三十岁。

陈氏抱着恩来三兄弟哭成一片。

蒋妈泣不成声，跑到万府报了丧，少顷，万老太太带着一群人过来了，免不了又是一场恸哭。

第二天，贻能从湖北赶回来了，一进门见三个孩子缟衣素服跪在母亲遗体前，他不禁嚎啕大哭，“扑”地跪下：“夫人，说是端午再见面的啊，谁知你……”他哭得差点噎气。立钤拉他也不起，他哭诉着，“你是为周家累死的呀，我无用，我愧对你，我……”

“好了，别哭了！”万老太太威严地站在贻能面前，“人走了，又不能复生。发丧要紧，你是怎么想的？”

“娘，你说呢？”贻能怯怯地问。

“我说，要十二朵梅花的杉木棺，贴三层麻，刷三道漆。此外，要做七天水陆道场……”

“娘，这……”贻能张口结舌，“这可是好几百圆才能了结的啊。”他一筹莫展。

“老太太，”陈氏接过话，“姐姐生前留有一百块大洋，所需费用，相差太大，如何是好？”

“我不管，这是你们周家的事，”老太太斜睨了陈氏一眼，“该做的，一样也不能少。”

恩来望望这望望那，心中好犯难啊，可这种场合哪容得他一个孩子插嘴呢？

“我再想办法，”贻能讷讷地说，“只是……要不要运回淮安呢？”

“这……”老太太一时没了主意，稍有迟疑说，“运回去，也要行大礼，你办得起吗？”

贻能不说了，送老太太颤巍巍地踮着小脚出了门。

冬儿灵前点着长明灯，贻能父子、陈氏和蒋妈，一个个泪眼相望，凄凄切切。

“老太太是这样想的，怎么办？”贻能说。

“家里都穷到这地步了，外婆还讲排场，为什么要这样？”恩来百思不解。

“别乱说，”陈氏予以制止，她转向贻能，“七哥，这也不能全怪老太太，在万府，作为续弦，地位已远非老太爷在世那样了，她想替姐姐办得隆重一些，也是要争个面子，事出无奈……”

“弟妹，话虽这样说，可这笔款子如何筹集？”

“我想，院南头两间房子，只堆些杂物，索性把它典出去。”陈氏说。

“这不行，它是你们陈家的祖产……”

“七哥，都什么时候了，还分周家陈家，这座花园，我们搬来之前就空着，祖父和父亲都已过世，怎样处置，我有权。”

“这，这太难为你了。”

“别说了，就这样办。”

托了中人，房子总算典出去了，得了一笔钱，依照万老太太的意思，沿袭古制，烧轿马（纸扎）、易衣、置招魂幡、择七单、入殓、成服作七、题主、在堂、治丧、家奠……间有鼓乐，谓之门吹；堂有鼓乐，谓之材吹；筵皆素馔，设酒而不饮，谓之斋饭。吊唁者均赙赠为奠，或送祭幛挽联。恩来、恩溥、恩寿三弟兄匍匐灵右答礼，接着发引、安葬。

治丧期间还发生一件事，贻能提出，冬儿已是周家的人，安葬在万家祖坟是否合适？

“那你运回淮安去？”立即有人斥道。

“贻能说的也不是没有道理，”万老太太难得地体谅了女婿，“先厝在这边兹云寺，今后有机会再迁回淮安吧！”

事情当然只能按老太太的意思去做，下葬之后，三日“焰口”、七日“道场”和尚道士相继进出，诵经念佛不绝于耳。接下去是做七，即安葬后每逢七日设馔以祭。五七后，贻能才外出应差。他在大闸码头登上官船，这回，他再也看不到冬儿的身影了，只有陈氏领着三个年幼的孩子，在向他挥手，运河水在汩汩流，他的泪也在汩汩地流……

嗣母的病——去宝应——陈式周——噩运再次降临

陈氏是个文静的女子，读书课子、拨弄丝竹、渲染丹青，这些便是她生活的内容。她不善交际酬酢，也不善调理纠纷。贻淦去世，曾使她坠入痛苦的深渊，那时，冬儿却以她的坚韧、练达，应付自如地和她共渡难关，她切实感受到了那份手足般的深情，仿佛不论遇上什么磨难，只要冬儿在，她便觉得心中踏实，即便是满天乌云，也会从云缝里漏下一缕明丽的阳光，于是，家中总笑声不断。如今，这一切都不复存在了，她眼前像是一片黑暗，并且，因为自已的柔弱，也把孩子们带入了黑暗。

在冬儿发丧和处理善后的日子里，万千愁绪缠绕着她、压迫着她，她时常咳嗽，口燥舌干。最初，以为是伤风，春天风寒，着凉后会有这种现象。可是，入夏后，天气变暖，咳嗽并不见好，而且，咳呛痰稠，痰中带有血丝，后又咯血色鲜、潮热盗汗、心烦失眠。这是一种不祥之兆，她记得很清楚，贻淦也曾有过类似病象。

蒋妈劝她尽早治，于是，又从澍德堂请来那位中医，开了几剂方子，说是滋阴润肺、止咳止血的。

“先生,会不会是肺痈[①]?”她问。

“先服药吧!”医生的话很含混,“一时尚难作结论。”

她想,没准先生不肯说真话,先生替冬儿看过病,其后,家庭的变故,先生也是知道的,他不想说穿,是不是出于怜悯呢?

唉,生了这种病,是无奈的事,可千万不能传染给孩子们。

一天,恩来放学回家,见她咳嗽不止,忙问:“娘,你病了?”

“偶染风寒,”她强挣笑容,“噢,恩来,从今晚起,你睡到蒋妈那边去。”

“为什么?”

“不为什么,娘总咳嗽,你也睡不好……”

“不碍的,我上床就入睡了。”

“不行,恩来,你要听娘的话。”

“究竟为什么啊,娘,你告诉我。”恩来急了,“不疼我了?”

“怎么会不疼你,我只是想清静清静……”

恩来不作声了,唯有目光中漾着深深的困惑。

这天晚上,吃饭时,陈氏又让蒋妈替她单独用小碟子、小碗盛菜盛汤,饭后,她用过的碗筷也洗了另放一处。恩来的困惑变成猜测:娘生病是肯定的了。

恩来搬出了娘的屋,之后,只要不是上学的时间,他几乎时刻都在注意娘的病情。有一次,陈氏一阵呛咳竟吐出几口血。

“娘——”恩来吓得脸色惨白,立刻跑过去。

“不要靠近我!”陈氏猛然将他推开。

“娘……”恩来蹲在地下嘤嘤地哭。

在塾馆,他把娘的病告诉了赵先生,先生对他勉慰了一番后,告诉他一个偏方。

回到家,他照先生的话,找了一锭乾隆年间的陈墨,研磨之后

---

① 肺痈:即肺结核。

将墨汁倒在薄瓷小碗里，再磨再倒，等有了小半碗，他先尝了一口，味儿不甜不苦，过了一会儿，肚里也没不适，这才端进房里。

“娘，你把它喝了，喝了，病就好啦！”

陈氏见他嘴唇上沾满墨汁，牙齿也是黑的，她不禁笑了，再一看，碗里也是墨汁，她皱起眉头，问：“这是谁的主意？”

“先生教的，先生说，墨是糯米做的，这是偏方，灵啦！”

“我不喝，这病，喝了也没用……”

“娘，”恩来相求道：“喝吧，你要赶快好起来。”

陈氏再也不能拒绝了，她的嘴唇靠了一下小碗，自然唇上也沾染上了墨汁，恩来笑了，娘也笑了，娘刚笑出声，又是一阵呛咳。

“我到澍德堂请医生去。”恩来放下碗欲走。

“别去，这副药明天服完，医生会来的。”

一连服了几剂方子，陈氏的病曾一度平稳下来。但病情没有根本好转，心情始终是郁闷不解的。她想换个环境，想来想去也只有淮安、宝应两个地方。回淮安，住房当然不成问题，可是，生活来源呢？那边八哥贻奎瘫在床上，八嫂杨氏也够难的了，回去，吃口重，只能增加他们的负担。那么，只能去宝应了，那是父亲生前寄居过的地方，如今，还有一个老嫂子和她的两个儿子，也可算作娘家。她思虑再三，决定去宝应，把恩溥、恩寿托付给蒋妈，说是只去十天半月，她留下些钱，便带着恩来上路了。

宝应在淮阴东南方向，两地相距百里，是运河畔的一座宁静的小城。

船行了将近一天，到达目的地。

陈氏老嫂子家住宝应城水巷口，巷子深处是两个相连的四合院，格局和淮安周宅相仿，房间略少一些。进入宅院，厅堂、房间里处处挂着字画，尤其是大厅的陈设，画轴、几案、几案上大理石的小屏风、文房四宝、围棋棋盘……渲染着浓重的书卷气。

老嫂子生了五个子女，两个女儿已出阁，一个儿子夭折。膝下有两个儿子，大儿子陈伯容，三十多岁，是儒医，不挂牌，却常年替人看病，凡找上门来的，无论贫富，一视同仁，莫不悉心治疗。二儿子陈式周，少年及第，在宝应城里小有名气，他并非终日关门闭户读书，还在一家私塾执教。

伯容、式周的祖父陈源，即是陈氏的父亲，由朝廷奉派淮阴后，先后认识了万青选和周攀龙，后又把女儿许配给周攀龙的小儿子贻淦。孰料，贻淦病故，使陈氏年轻守寡，所幸有嗣子恩来，聪明过人，时有消息传到宝应来，宝应这边也曾捎信去清江浦，总盼陈氏能回趟娘家。

如今，妹子和外甥来到宝应，伯容、式周的母亲欢欣异常，家里虽说不上阔绰，也还殷实。在这里，恩来母子听不到万府的龌龊，也看不到街坊的冷眼。陈氏的病，又得到了内侄伯容的诊治。有时，母子俩早早起来，登上离家不远的运河大堤，看太阳从东方地平线上鲜活地升起，看晨雾中如梦如幻的阡陌田畴，陈氏呼吸着旷野的清新空气，恩来则背诵着古典诗词，这时候，仿佛人间的一切冷漠、不平和污秽都不存在了，世界变得那么清纯，那么豁朗，那么令人舒畅。母子俩几乎天天来到这里，恩来多么愿意永远过着这样的日子。

散步毕竟是散步，这是早饭前的事。饭后，娘或是煎药，或作女红。恩来呢，却总爱跟式周表哥在一块，他也曾想到表哥执教的塾馆里去，可是一打听，那都是些刚刚启蒙的小孩子，遂作罢。

式周似乎看出他的心思，对他说："去书房看书，里面经史子集、稗官野史都有，门未锁，什么时候都可以去。"

"太好了，太好了！"恩来高兴得直嚷，他庆幸自己，在淮阴万府，他没少进过外公书房，只是后来闹纠纷了，亲娘才不让去，他一直为此遗憾。现在，到了宝应，没想到表哥家也有一个书房，他可以如愿以偿了。

表哥出门教书去了，恩来迫不及待地来到设在西屋的书房，只见壁上分别挂着装裱精良的两幅字，一为隶书，一为行草。写的是——

竹雨松风梧月
茶烟琴韵书声

扫地焚香清福已具
粗衣淡饭乐天不忧

他边看边琢磨，甚是喜欢。这里的藏书虽比不上万府丰富，但陈列有序，纤尘不染。第一天，他只把露在外面的部分书名浏览了一遍，回屋后遂把这一切兴致勃勃地告诉了母亲。

“这两幅字是你外公写的，我亲眼所见，”陈氏目光灼亮，“它是你外公人格的写照，澹泊宁静，随遇而安。可是，人生在世，又有多少人为名缰利锁所困，像你外公那样，也并不容易。”

外公的形象，经陈氏这样一说，在恩来心目中变得具体、实在了。他想，外公当年大概就在这书房里读书写字吧，如今，自己也摊上份儿了，这机遇不能错过，于是，他天天坐在书房里捧着书读。最初，式周见他沉湎于小说里，便对他说：“读些小说亦可，但据我看，经史子集，凡属能读懂的要多读，但不要盲从……”

“何谓‘不盲从’？”恩来问。

“就是说，不要书上写的都相信，”式周解释着，“即使经史子集，历史上人们的看法也不尽一致。比方说，孔孟的著述乃集儒学之大成，但儒学也有一个演变过程，先秦时期，与儒学同时的还有庄子、墨子、韩非子、荀子、孙子等诸子百家。只是，到了汉代，有个叫董仲舒的，向汉武帝进言‘罢黜百家、独尊儒术’，被采纳，孔子才被奉为神明……”

恩来瞪着眼，不禁惊叹，表哥真有学问，可他不愿打断表哥的话，继续往下听：

“这就是说，汉以后儒学成了正统，到了宋代，朱熹又把儒学作了发展。但儒学的正统地位却也受到了一些人的怀疑，明代就出过一位李贽，大胆否定儒学，他的著述被朝廷视为‘异端邪说’，搜罗焚烧，可他并不畏惧。”

“李贽是怎样一个人呢？”恩来颇感兴趣。

“他啊，是明末一位大学者，号卓吾，福建泉州人，官至云南姚安知府。他认为，《论语》、《孟子》等，仅仅是孔孟的弟子们所作的随笔记录，并非‘万世至论’，反对‘咸以孔子之是非为是非’，最终被朝廷迫害而死……”

“那么，”恩来皱着眉，“他对不对呢？”

“你这问题，不大好回答。”式周笑道，“在我看来，他是对的。”

“这样，孔孟的著述是否不能看了，可娘说过，那里面有治国修身平天下的道理。”

“当然，也不能说这些著述一无是处，”式周稍有沉吟，“你才九岁，等你长大了，儒家的书，非议儒家的书都可以读。”

“可我总觉得自己长不大，才九岁！真急死人了。”

“哦，”式周不禁被表弟的天真惹笑了，“别急，这些书，多少年以后，也还会在人间流传，够你看的啦！”

“是啊！”恩来心折。

日子过得很快，恩来母子来到宝应已近两个月，陈氏的病却不见好，尽管家嫂想方设法给她滋补，伯容的中药也从不间断，但情况令人焦虑，她面若桃花、日渐浮肿，舌光红，脉细微，潮热盗汗，失眠咯血，沉疴难愈，她感到无望了，又记挂着恩溥、恩寿，这天，她把恩来叫到面前，说：

“我们回淮阴去，在这边耽搁的日子太久了……”

“可是，大表哥仍在替你看病啊！”恩来觉得突然。

“你大表哥已尽了力，”陈氏才说了一句，却抑制不住呛咳，连吐了几口血，把恩来惊得脸色发白，怔了怔，忙绕到母亲身后替她轻轻捶背，嘴里一迭声地喊着：“娘，娘……”

“娘这病治不好，即使华佗再世也无能为力，”陈氏捂住嘴咳了几声，“再说，恩溥、恩寿，虽有蒋妈照管着，我总不放心。”

“娘，我……”

“想说什么就说……”

“我……”他想说，娘再住些日子，让大表哥再治治，而他也可借此机会再读些书。他听说城东有一座“纵棹园”，原是清初侍读乔莱的私家花园，近年已改作高等小学堂，他甚至都未能去看上一眼……可是，见娘日趋消瘦的身体，病恹恹的，走路都直晃，他什么都不想提了。况且，他也想念两个弟弟和蒋妈。他说：“我听娘的，回淮阴吧！”

“孩子，娘拖累你了……”陈氏落下泪。

“你别这样说，”恩来给母亲递上一杯水，“我要是有本事能治愈娘的病，该多好。”

陈氏脸上浮现一丝笑意，却笑得很沉重，倏又消失了。

回淮阴的日期，因陈氏身体过于虚弱，又推迟了几天。临行前一天傍晚，式周带着表弟来到运河大堤上。

大堤上，白杨簌簌，风车在河边悠悠转动着，河里或行或泊的渔船上，飞飘着缕缕轻烟，平原上黄昏时的景致依然相当美，可是，恩来无心观赏，尤其是那悬在天际的残阳，他不忍卒睹，一看便联想到娘吐出的大口大口的血，他感到一阵阵心悸。

“恩来，想什么呢？”式周问道。

“什么也不想。”

“不可能。”

“想又有什么用？”

“说说。”

“我要娘的病转好，我要念书……”

“姑妈执意要回淮阴，留也留不住，”式周说，“回去之后，有什么情况，要及时跟我们取得联系。”

“好。”

“恩来，人的一生是漫长的，我们只是暂时分别，今后还会有机会见面的，”式周搂着他，“即使一时不能相见，也还可以通信。”

“我想也是。”

“对往后，你还有哪些想法？”

“没有去细想。”

“人生在世，有各种各样的路可走，”式周像有许多话要说，“或者像我祖父那样诗书传家、清白自守；或者像贻能姑父那样做个师爷……”

“我不做师爷。”恩来说得很干脆。

“经商也是一条路。”

“没想过。”

“当官呢？知县、知府，直至一品大员，那也是人干的。”

“唏，”恩来自嘲地笑了笑，“岂敢去想这些？表哥，你别逗我了。”

“其实，想当官也不一定是坏事，要看当什么官，是清官，还是贪官？记得祖父在世时，也并不鄙薄一切为官为宦者，他曾对我说过：‘官当持大体，政在顺民心’；又说：‘行所当行不为已甚，慎之又慎而后治安’；还说：‘为政不在多言，须息息从省身克己出发；当官务存大体，思事事皆民生国计所关。’……”式周边说边解释。

恩来静静地听着，俄而，他说：“表哥，前两句我记住了，后面的长句子，你再说一遍。”

式周又说了一遍。

“表哥，这两个月真难得，我跟你学了许多许多东西。”恩来脸上郁结着惜别带来的惆怅。

“晚上，你跟我到书房去，挑些喜欢的书，明天带上。”

“真的?!”

“真的。”

夕阳早已坠落，苍茫暮色中，式周、恩来这一对年龄相差十二岁的表兄弟才走下河堤，这是恩来在宝应的最后一个夜晚，也是他一生中在宝应的最后一个夜晚。

第二天，伯容、式周和他们的母亲一道，将恩来母子送到运河码头，惜别的场面苦不堪言，老嫂子唯恐小姑子途中出事，特地派了家里的女佣，备了煎好的药，随船照料一直相伴到淮阴。

恩寿哼哼唧唧的躺在床上，一见陈氏和恩来，便呜呜地哭泣起来。

“怎么啦，怎么啦……”恩来着急地问。

“伤风，已有几天了。”蒋妈说，“唉，怪我，没带好。”

“快别这样说，要怪，只能怪我。姐姐临终前把三个孩子托付给我……我不该离家这么长时间。”陈氏咽声咽气地说，“服药了吗?”

“他立钤舅带医生来过。”蒋妈应道，“一直在服药。”

“噢，”陈氏喘了口气，忽又想起似地，“怎么不见恩溥?”

“娘，我去找。”恩来跑出堂屋，在天井撞见恩溥，一把抱住，连声喊着，“和尚，弟弟……”可恩溥不吭声，再一瞧，只见恩溥下巴在渗血，他慌了，“你这是……”

恩溥埋着头进了屋，蒋妈赶忙拉着他，瞅着伤处，叹道：“啊，小祖宗，八成又到那边淘气去了。”

“不是的，”恩溥倔犟地一摆头，“叙生带着我玩得好好的，三舅家的小表哥却赶我走，将我推倒……三舅妈就在一边，也不管。”

“不过去，不就没事了。”恩来说着，鼻子一酸，两行热泪顺着脸颊直往下流。

“偏不，外公外婆家，我为何不能去。”

“你啊。”恩来抓住恩溥的两臂，使劲地晃动，“你也太不争气。”

“哥，你捏疼了我……”

“你难道不知道，那边有人讨厌我们。”恩来松了手，倏忽，又凑近恩溥的脸，在伤处旁边轻轻摸了摸，“还疼吗？”

“我不怕疼，我最怕的是十一婶和哥不回来了。”

恩溥的话，使陈氏潸然泪下，但她随即又抹干眼泪，强挣笑靥说：“重逢是件快乐的事，别再说丧气话了。恩来，你收拾一下，去看看外婆。”

“我不去！”恩来少有地执拗起来。

“老太太还是怜惜外孙的，把恩溥、恩寿带去吃过几回饭，还让人给送过零食。”蒋妈说。

“唉——”恩来沉重地叹了口气，“同样是亲戚，怎么就不一样呢？”他转过脸，见嗣母手绢掩口咳个不停，遂上前搀扶，“娘，回房歇息吧！”

“别……”陈氏将他轻轻推开，“我自己能走……”

他分明看到泪光在娘眼眸中闪烁，但又能说什么呢？怎么也没想到两个月后的聚首，是这样压抑，这样难堪。他竭力想摆脱这糟糕的心绪，打开手提藤箱，取出从宝应带来的茶点分给两个弟弟，又将一双线袜送给蒋妈。

这时，蒋妈才细致看起恩来，见他又长高了一节，脸盘显得更英俊了，这使她感到安慰。可是，陈氏那病势沉沉的模样，又让她心中难受。看得出来，陈氏的病并没好转而是加重了，她不便深问，只把泪水往肚里咽，天底下的事，不如人愿常八九，何况是病！她猜得出，陈氏和贻淦得的是一样的病，走，只是早迟的事，她唯一能做的是尽心尽力地服侍她，让她多活些日子。

这之后，她一面照料三个孩子，一面服侍陈氏，在茫然中打发日子。

又拖了将近一个月，陈氏已卧床不起，饮食愈吃愈少，血呢，却愈吐愈多，她让蒋妈看好三个孩子，不让他们靠近她，可蒋妈一忙别的事，顾不上，恩来便悄悄溜进房间。

“娘——”他轻声叫着。

“啊，”陈氏转过头，“别，别靠近我，别……”话没说完又咯血了，恩来立刻拿过痰盂，又支撑着娘偏过头，让她吐。

“行了，你走开……”

“娘……”恩来不走。

“唉，”陈氏睨了儿子一眼，“想不到娘跟你爹得的是一个病，我……就要去见你爹了……”

恩来哭了起来，蒋妈闻声慌张地跑进房，见陈氏神志还清楚，她碰了一下恩来，让他别哭。

“恩来，娘有几件事要跟你说，”陈氏喘息了一会，似在屏住气，“长大了，你要行得正，立得直，忍辱负重，能屈能伸，宁人负你，你勿负人……这样方可安身立命；你亲爹不常回来，你是哥哥，要照顾好恩溥、恩寿，凡事要让着他们，护着他们……”蒋妈递过茶水，她喝了一口又说，“你生下后，是喝蒋妈的奶水长大的，蒋妈就是我们家里人，你要把她当亲娘一样……”

听到这里，蒋妈已是泪水涟涟，恩来更是热泪直流，只是不敢哭出声来。

“还有一件事，我死后，用口薄棺把我运回淮安，与你贻淦爹合穴，不要破费，不可拉债……”陈氏说到这里，精力几乎耗尽，她合眼缓缓喘息着。忽儿，她睁开眼看了看蒋妈，又动了下手，蒋妈很快把手伸过去，轻轻握着。

“蒋妈，”陈氏眼里滚动着泪水，“实指望，你我能在一起多呆几年，把恩来他们拉扯大，想不到……”她微微摇了下头，“唉，我的命……孩子……只好托付你了……”

“少奶奶，放心吧。”蒋妈说着泣不成声。

突然，一个响雷在天空震颤开来，风呼啸着，雨噼噼啪啪地敲着屋顶，大白天，四周却浑沌一片，蒋妈赶快点亮床柜上的油灯。

陈氏散乱的目光，像是转动了一下，忽又凝然不动，鼻息愈来愈弱，嘴却动了动。蒋妈凑上去，听不到一丝声音，不等蒋妈抬起头，她的腿猛一抽搐，头歪向一边，弃世而去。

哭声，和屋外震天动地的雷雨声夹杂在一起，巨大的不幸，又一次降临在九岁的恩来头上，仅仅隔了一个夏天，一年之内，他痛失了两位母亲，莫非他的命运该派这样惨吗？

啊，苍天，你，你说句公道话吧！

回淮安——当铺——去河下——龚荫荪（一）——盗贼逸事

蒋妈一手搂着八岁的恩溥，一手搂着五岁的恩寿，坐在舱里。恩来却一直站在船尾，那里放着陈氏的灵柩。秋风萧瑟阵阵寒，蒋妈几次唤他回舱，他怕娘孤单，手始终放在灵柩上，就像儿时搂着娘一般。

陈氏在淮阴没有亲戚，没有人像万老太太对冬儿丧事那样提出诸多要求，恩来深受母恩，孔子"慎终追远、民德归厚"的道理，他懂。这是娘最后一件事了，未可落薄、草率，只是，他没有力量，自然不能举办繁文缛节似的仪式。蒋妈的丈夫从家赶来，帮着买了口薄棺，入殓之后，便连夜下船运回淮安。

凄清的月色照着飘带般的大运河，河边的水柳，迷迷濛濛，如烟似雾，白天的帆影、桅樯已难看见。仰望长空，疏落的星，眨着疲惫的眼睛，未知可看到人间这悲凉的一幕？

临近天亮，船抵淮安，只因无力凑钱在家设置灵堂举行吊唁，在征得八叔八婶贻奎夫妇意见后，柩木没进驸马巷周宅，而是直接运到了东门外夏家庄周家坟地。这里荒草没膝，露珠晶莹，在惨淡、寂寥中，由蒋伯领着几个人挖坑，让陈氏和贻淦合穴。墓茔垒得又高又圆，恩来恸哭着长跪不起，最后硬是蒋伯把他拉走的。

丧葬后的事，由八叔八婶作主一一料理。恩来仿佛变了个人，整天沉默寡言，原本清瘦的脸盘蒙着一层阴影。

命运就是这样在捉弄着年幼的恩来，他无力与之抗争，娘临终前的嘱咐，最要紧的莫过于带好两个弟弟，吃饭穿衣一应事情得由自己来承担，读书已成奢望。父亲远在湖北，他对这个家好像没负多少责任，父亲在恩来的记忆中变得隐隐约约，愈走愈远了，他说不清自己对父亲怀着怎样一种感情？

八叔八婶主张恩来、恩溥继续读书，可钱呢？他们膝下有恩硕，八叔又瘫痪，日子过得很紧，难啦！

恩来原指望父亲能寄点钱回来，可他的等待却化作了叹息。家里没有进项，却有一个"清单"，就贴在房间窗子一旁，上面开列着诸多亲戚的名字，各家寿辰、忌辰的日期，都是要送礼的。他冷漠地瞅了瞅，觉得像是密布的乌云压了过来，压得他几乎不能喘气。

他找八婶，八婶杨氏敦厚、能干，听说这事，却感到犯难，她是个妇道人家，七哥立下的规矩，不，准确地说是老太爷立下的规矩又怎能违背呢？何况，人家也曾给周家送过礼，只是面对年幼的侄子，她不知说什么好。

"八婶，几只箱子我翻遍了，也没有真正值钱的东西，娘留下些衣物，能不能当呢？"恩来问。

杨氏跟着进屋看了看，见有一件藕色缎子面料，花绫滚边的夹袄，大半新的成色，式样也不旧，她掂量了一下说："你还是个孩子，让你做这种事，我真是于心不忍，可又有什么更好的办法呢？只好去试试，当铺会杀价，你要留心。"

"知道。"恩来应着，遂用蓝印花布包袱包了，拎出了门。

当铺设在上坂街，离驸马巷不远，出巷口左拐走一段路，再往左一踅便到了，迎面粉墙上写着个一人多高的"当"字，推开半掩的双扇门，只见柜台两边的红漆圆柱上，挂着一副楹联：

推己及人岂是因财取利
出资换物无非周急为心

恩来默然看了两遍，这意思他能琢磨出来，心想这家当铺的老板，兴许是个讲究公平交易的人。

柜台比他高一个头，他解开包袱，踮着脚，才将包袱递上去。

店伙是个精瘦精瘦的老头，戴着金边眼镜，镜架已滑至鼻尖上。凑着屋顶天窗透出的光亮，他将夹袄看了一遍又一遍，又用手这里那里摩挲着，半晌才抬起头，细细打量着站在柜台外面的恩来，不由得倒抽了一口冷气，遂问道："你是周家小少爷吧?"

"你认识我?"恩来忽然生出一份侥幸。

"怎么会不认识？三年前，你不是跟一位妇人来过本店?"

他想起来了，那时他刚六岁，是跟亲娘来的，典了件首饰，但他对面前这个店伙没有印象。

"好啦，不说这些，"店伙翻弄着衣服，报了个价："两块。"

"才两块！"恩来惊诧不已，"你再看看，算是新的哩！四块行不行，我只要四块钱。"

"不值。"店伙冷冷地说，"这样吧，我再长一块，三块到顶了。"

"老板，"恩来有意恭维道，"瞧，柱子上的这副对子写得多好：推己及人，周急为心。倘若真是这样，三块钱，你岂拿得出手?"

"唷，看不出你这小孩蛮能讲咧！"

"本来么，你们应当讲信誉，"恩来在辩解，"总不能拿这副对子来糊弄人吧?"

"好好好，看在你是周老太爷孙子的份上，三块五，当就当，不当请便。"

磨了一阵嘴皮，才加了五吊钱，恩来心中气恼，可是不当又怎么办？一家远房亲戚办喜事，帖子已送来，礼金能少吗？如不出，不仅恼了一门亲戚，而且破了祖宗立下的规矩，自己焉能贸然从事？

他忍痛把娘的衣服当了。当票递到他手里，上面写着赎回的日期，逾期不赎，东西也就成为当铺的了，永远别想再赎回。他忽然后悔起来，那是娘的遗物啊，娘生前只在节日里穿，节日一过便叠好收起来了，总舍不得穿，可一转手，却成了人家的囊中之物，自己这是干了什么呀?！事出无奈，他稍作犹豫只好离开。

"哼，少爷？家道破落到靠典当过日子，还叫什么少爷？"

"要是我，只认货，不认少爷！"

"真是富不过三代呀！"

恩来尚未走出店铺，这些话就像毒蜂般螫着他，他加快脚步跨出大门。他在街上踽踽独行，浑然不觉来到镇淮楼下，无形中仿佛有谁在指引，他拾级登楼，几年前，娘带他来此游览的情景仍记忆犹新，可是，如今，娘已去了另一个世界。想到这里，他心中隐隐作痛，倚在城垛前，马路上车马穿行，人语喧哗，乱纷纷的。蓝天，依然白云悠悠，鸽影盘旋，是那样无拘无束，自由自在。唉，人若是能像这云、这鸽，飞啊飞，飞向广阔遥远的地方，那该多好，多痛快！

可是，他毕竟不是云，不是鸽，他不能纵情飞翔，只能一次次走向当铺，字画、瓷瓶、椅凳……嗣父母遗物中多少值点钱的东西都拿去当了。上坂街的人都认得他了，那幼小的身影在巷子里悠悠荡荡，他神情木然，步履迟缓，饱尝着人间冷暖，世态炎凉……

沮丧，疲倦，恩来回到家，想休息一会儿，他躺在床上，目光不由得又投向窗旁那份"清单"，只觉得心中沉甸甸的，一笔一笔又一笔，何时才是头呢？

正在他发愁时，恩溥领着一个梳着羊角辫的小女孩走进来，开头，他还以为又是来通报红白喜事的，心中忐忑不安。再一细看，是姨表妹志茹！

“鸾哥，爹让你去一趟。”志茹说。

“是表舅吗？”恩来惊喜地问。

“没错。”志茹笑道，“快走吧！”

恩来不再犹豫，搀着志茹转身就走。刚出门，猛想起要跟八婶打个招呼，遂又回来。

“恩来，”杨氏听了之后说，“龚家是你的至亲，龚先生的娘，是你万家外婆的亲姊妹，他是个大好人，去吧！”

他依稀记得五六岁时，亲娘带他去过龚家，可两家是什么关系，他弄不清楚。现在，经八婶一说，心上好似照进一线亮光，急急上路。

到了龚宅，他被引到后进的堂屋，槅扇洞开着，只见一位慈祥的老太太坐在雕花椅上，身旁站着一位中年妇人，恩来猜出是谁了，忙上前作揖喊道：“姨外婆，舅妈——”

“乖乖，”老太太一瞥恩来帽顶上的一小块白布，心中一阵难受，拉过恩来说，“你命好苦哇……”眼泪也随之流了下来。

“你们家的事，这边都知道了，老爷这才让你过来的，”舅妈说，“老爷临时出去一会儿，就回来。”

姨外婆和舅妈又问了恩来家里的近况，不一会儿，龚荫荪左手操着天青色云锦葛长袍下摆跨进堂屋，恩来见了，赶紧喊道：“表舅！”

“你看，两三年不见，长这么高了，”龚荫荪边说边拉起恩来的手，“今天，我只想告诉你一件事，那就是过来读书。”

闻此，恩来内心颇为激动，可神色却很冷静，他要再听听表舅的想法。

“邹先生教过你，其为人你也有所了解，”龚荫荪说，“由于家庭变故，邹先生再去府上执教多有不便，故此，在这里开设塾馆，自然也就想到了你。”

“表舅，我……”恩来感动得难以言喻，他深深地鞠了一躬。

蓦地，他又问道，“那恩溥、恩寿呢？”

“恩寿还小，恩溥也可以过来。”龚荫荪说。

就这样，恩来和恩溥，成了“龚家塾馆”的学生，出乎他意料之外的是，塾馆里既没有孔子画像或“天地君亲师”的牌位，也没有举办拜师仪式。同学有表妹志茹、志蕙和表弟仁甫，此外还有几个是龚家亲戚、邻里的小孩。

学生长幼有别，程度参差不齐，邹先生区别对待，变通处置。先生并不急于教恩来《五经》，而是让他重温《四书》，三天两头抽查他，让他背诵某个篇什，解析其义，纠正他读解上的谬误，这方法似很特别，常令恩来猝不及防。好在他天性颖悟，博闻强记，先生并未把他难住。只是，他兴趣不浓，打叠不起精神。有一天，他问：“先生，孔孟之道究竟值不值得学？”

“何出此言？！”邹先生笑着问。

“我表哥说，明代李贽曾写过《焚书》非孔。”

“哦，”先生惊奇道，“你表哥是……”

“宝应陈式周。”

“噢，听说过，听说过，只是无缘相见，”先生含笑颔首，“李贽非孔，自有其道理，因为孔孟之道束缚人的思想。可也非一无是处，即以《大学》所谓‘修身齐家治国平天下’而言，作为儒学的致用之策，仍有其价值。方今，国家多难，外侮连绵，凡我弟子，均应发愤求学，博览群书，取古人之长，为我所用，以戮力于保种自强，才是出路……”

恩来一动不动，听得入迷了，“修身齐家治国平天下”的话，娘也给他讲过，但没有邹先生讲得这样深入，真是闻所未闻，闻而欲闻。

“遵古而不泥古，这首先需要了解古代典籍，包括孔孟著述，否则，即使非孔，也无从入手，是不是？”

“是啊，”恩来说，“先生，我也许不该提这问题？”

“不，你提得很好，读书若不思考，一味死读，断无出息。你这样做，令我欣慰，今后，如感到我的话有错，你也可以提出。”

“这……”恩来惶然，“学生应谨守师道尊严。”

“呵哈哈，”先生和蔼地笑了笑，“师道尊严，那也要看先生说得对否。韩愈有篇《师说》写得好：‘是故弟子不必不如师，师不必贤于弟子’，‘闻道有先后，术业有专攻，如是而已’。其中‘不必’，即不一定；‘闻道’即懂得做人的道理；‘术业’指学术和技能；‘专攻’指专修和专长。这样一解释，韩愈的意思，你不难理解了吧！再说，孔子也讲‘教学相长’嘛，我从你的话中也可受到某些启发。”

“先生，遇到你，向你求教真是万幸。”恩来对先生的平易旷达，虚怀若谷，感佩之至。他的眼界在不断拓宽，心想不能辜负娘的期望，自己要成为一个饱学之士，将来好服务于国家社稷。这种期望，因为有表舅的提携，有先生的教导，不再是那么朦胧，而是变得比较实在。他紧锁的眉头渐渐舒展开来，课余，他跟同学一道捉迷藏、演戏、滚铁圈……

灼亮的眼眸，红润的脸，走起路来也显得那么带劲。农历二月十三这天，是他十岁生日，可他已经忘了。但龚家没忘，为他办了酒席、添了新衣新鞋，恩溥、恩寿连同蒋妈都来了，痛痛快快过了一天，仿佛做梦似的。但这不是梦，而是表舅给他的，只不知在表舅家读书的日子还能继续多长时间，他生怕失去这样的机会，唯有珍惜相继到来的每一天。

又是休息日，照例恩来不去上学，他在家里和恩溥、恩寿，还有堂弟恩硕在一块，他像小先生一样抽查恩溥的作业，教他订正笔误，还教恩寿、恩硕认字块、拼七巧板。当然，少不了带他们到后院去掏鸟窝、捉蚂蚱、用砖瓦堆小房子……

自打淮阴回来，他感情上依恋着八叔八婶，生活上则不在一起过，仍由蒋妈照应。半年前，在靠典当维生的日子里，甚至连蒋妈那点佣金也出不起，恩来不忍连累蒋妈，甚是痛苦地对她说：

"请回吧……"结果是一老一小抱头哭了一场。蒋妈表示不要钱，她忘不掉陈氏临终前对她说的那些话，怎么也丢不下这三个孩子，以她一贯的勤勉，默默地操劳着一切……

在这个家里，每天晚上，恩来温课之后，一件必不可少的事是记账，即记下一天的开销，半月再轧一次，作个小结；目前，他还不会"开源"，却已学会"节流"，家里已没有什么值钱的东西能拿出去典当了，而且，当铺里那冷酷、讥诮的面孔，他再也不愿看了。让他开心的是，父亲又向家中汇钱了，不多，却总按月汇，这使他有了指望。加上有八婶安排过日子，家中窘况得以缓解，读书也就较少分心，成绩取得明显进步，龚荫荪和邹先生都甚为满意。

困顿的生活，也难以泯灭孩子的天性，只要有空闲时间，恩来也会和恩硕、恩溥、恩寿一块儿玩。文渠就在家门口，河水清清、缓缓流淌。一到夏天，热得难耐，他便与弟弟们到文渠划船打水仗。八婶怕出事，把小船锁了起来。一天，机灵的恩溥拨弄拨弄几下，竟把锁打开了。于是，几个人上了船，有的撑篙，有的划桨，沿文渠往北，出北水关，浑然不觉来到河下镇。这河下镇地处漕运要冲，民船、商船在此盘驳转运，帆樯云集，商务兴盛，好不热闹，人称"小扬州"。恩来一行下了船，直奔最好玩的莲花街，接着又去了湖嘴码头。谁知玩得忘了时辰，眼看太阳偏西，恩来这才带着弟弟们解缆上船，穿过萧湖，转入勺湖，抄近划入文渠……

在这之前，八婶见船没了，便四处找寻也无影儿，只得守在码头焦急等待，直到太阳西沉，暮色弥散，小船才开了回来。八婶踮着小脚跑步迎了上去，不意身子一晃差点栽倒。恩来很怕，心想，这事要怪自己，回家免不了要挨惩罚。可是，八婶半句也没责备，相反，她一把紧紧地将孩子们搂在一起，眼泪刷刷地往下淌，这比挨了一顿打还要使恩来难受，他也忍不住地哭了……（这件事留给他的印象太深了，以至于几十年后的1958年在北京西花厅接见淮安"父母官"时还深情地回忆了一番）。

春假前一天，恩来在塾馆临毕颜真卿的《告身帖》，归家后刚把书包搁下，看到蒋妈拎着菜篮从门外回来，一到天井，便嚷开了："某大盗被捕，不久就要杀头啦！"

恩来感到茫然，遂问："蒋妈，怎么回事，你说说清楚。"

"嗨，这已是好几年前的事了，"蒋妈跨进堂屋说，"城里东长街一富户家中被盗，贼是夜间去的，将家人捆绑起来，抢夺无数珍物逃走。因没来得及躲藏，县中护兵闻声而至，把他逮住押送县衙。贼又怕又急，乘人不备，弄断了捆他的绳索，夺了护兵的佩刀，将护兵杀死后远走高飞。几任县官对此事都很重视，画影缉拿，整整四年过去了，至前二日尚无下落……"

"后来呢？"恩溥一旁问道。

"别急，让蒋妈歇息。"恩来说。

"我不累，"蒋妈继续说，"后来，淮安有个姓马的捕快去清江浦，无意中路遇几名乞丐，内有一人好像面熟，便问别的乞丐：'他是谁？'回答说：'是我们的同辈。'马捕快不信，又走近此人问道：'在淮安杀害一名护兵而被搜捕的那贼是不是你？'贼见难以逃遁，便供认不讳，马捕快随即将他带回淮安听候发落。今天，是他的大限之日。"

"我去看看。"恩来转身就走。

"我也去。"恩溥紧紧跟上。

"不行，都别去，"蒋妈劝阻道，"街上人山人海，万一有个闪失……不能去！"

"蒋妈，带我们去吧，求求你了。"恩溥说。

"真想见识一番。"恩来望着蒋妈。

"唉，事情是我引起的，也只好由我带你们去了。"蒋妈抱着恩寿，恩来搀着恩溥，一径来到西门外，站在街边上，等候捕快押送盗贼经过。

恩来且疑且怖，心想，盗贼一旦露面，民众必将一拥而上，加以唾骂殴打，以治其杀人之罪。淮安人素以强悍著称，激愤之下，使出野蛮之举动，投石块、咒骂，均在所难免。何况死者冤沉九泉，妻子家人痛心含泣，今天忽见仇人被捉，有仇不报岂能心甘？……恩来挤在人群中边想边等待，不觉已是亭午。忽然，传来囚车滚动的隆隆声。接着，他见囚车上的木笼里站着一个蓬头垢面、衣服弊陋、相貌凶恶的人，一双手被绳索牢牢缚在身后，一侧有捕快监视。少顷，被押至就近一块空地，捕快将其拉下囚车示众。恩来想到此人所作所为，心中愤恨不已。

"护兵之儿，护兵之儿在吗？"突然，传出捕快的大声召唤。

恩来的目光不由得转了过去，寻那护兵之子，不意这个小孩就站在离自己只几步远的一棵老榆树下，年龄约十一二岁，身子单薄，面容凄惨，稍稍犹豫之后应道："我在这里。"说着便走出人群来到捕快跟前。只见旁边的盗贼浑身剧烈地颤动了几下，目光朝护兵之子一瞥，旋又闭上，任凭处置。

护兵之子已成孤儿，人们的议论，使恩来的心怦然而动，悲不自胜。此刻，护兵之子泪流不止地站着，民众对其怀着怜悯，四周异常肃穆，绝对听不到笑声、语声和咳声，都屏息倾听即将开始的审判。恩来人小，却站在前排，他直愣愣地注视着。

不一会儿，捕快指着身边的童子对盗贼说："看看吧，他就是你所杀害的护兵之子，孺子啊！那年，他还牵在大人手里，你杀害他父亲而陷他于悲苦的处境，这便是你的作为。现在，你再仔细看看他……"说着，伸手托着盗贼下巴让他抬头，并强使他睁开双眼。护兵之子打量着盗贼，边看边哭，泪水止不住地流。

恩来的目光一眨不眨，他见盗贼的脸上，交织着愧疚和悔恨，已不是先前那副凶恶蛮横的样子，似乎苦不堪言，嘴唇抽搐着，倏地在童子面前跪下，大嚷道："公子宽恕我吧，公子宽恕我吧。我绝不是仇恨你父亲而杀他的，只是想到逃命，惶急之中不得已而为之。唉——，我知道自己的罪不可饶恕，我，有罪于公子，这不是一句话可以说清楚的。”盗贼声音已经嘶哑，“今天，我唯有一死才能谢你，才能安慰你父亲在天之灵。我愿意去死，我就要往死的地方去了……”

童子只顾哀哀痛哭，一言不发，捕快将盗贼拉起来，押赴刑场。盗贼随捕头、兵勇，从熙熙攘攘的人群中经过。这一切皆入众目，有人啜泣起来，恩来茫然不知其故，见童子仍在哭，他难以抑制，也随之失声号啕不止。

移时，观者如潮水般纷纷离去，恩来搀着恩溥，随蒋妈回家。他心中感到郁闷，既是盗贼何以那般痛苦？童子何以不予斥责？而自己又何以泪如雨下呢？自己乃局外人，怎么这般难以控制感情？是被盗贼的知罪悔罪感动，抑或是同情童子？……事情这般复杂、微妙，他难以说得清。

三天春假结束，他又回到塾馆，将自己的困惑向先生禀报，祈望指点迷津。

“那天，我也去了。”邹先生让他在一旁坐下，“俗话说：‘鸟之将亡，其声也哀；人之将亡，其言乃痛。’盗贼后悔、痛苦，原因盖在此也。至于童子，或则已被悲痛压倒，或则对盗贼的痛苦起了恻隐之心。而你为之动容，潸然落泪，亦属人之常情耳。”

先生的话，使恩来颇受启发。

这件事，令恩来难以忘怀，六年后，求读于天津南开学校，他写了一篇回忆文章，详细追溯，并有了更深的认识。他写道：

> ……及今思之，犹如昨日。夫人之同情，有感化于默者，无形教育，收效奇而捷。教者不知其为教，受教者忘其为教。此际冥冥之心，惟以天真相往来。凡圆颅方趾，同为人者，皆有不可移之正义。有击于目，必动于心。罪人之自觉心，其结果甚简单。由于因其将死，乞怜之念，而以无形教育强迫之，使缘后悔而生自觉耳。

夫危险之状，每起人之怒。然怒者客气也；感于物之真，则怒化。余观盗之初，固其恨其为人矣。及盗以悔罪而生自觉心，而余乃变为悲酸之念。非悲盗悲童子，乃起于不自知耳。人生之弱点，固有根于性者，吁！亦异已。[①]

这是一个十六岁少年的见识，的确不凡。

六年前的那个春日，就盗贼这一话题，恩来和邹先生谈了很久，他甚至想到近年盗贼蜂起，是何原因的问题，终因先生授课在即而作罢。

这天下午，先生讲完《诗经》“郑风”三首，接着是习字。

清代重书法，蒙童入学即开始，及至跻登翰苑，终而退老园林，也不离此。恩来五岁以描红入手，随后开始临帖，书出颜体。他临过《告身帖》，这会儿，先生又拿出一本颜真卿的《麻姑仙坛记》拓本。

“颜真卿其人其事知道吗?”先生问。

“家父说过，颜真卿是唐代一位大将军，其书法自成一体，于后世影响深远……”

“噢，是这样。”先生点点头，“我再说说，颜氏乃盛唐京兆万年(长安)人，字清臣，开元进士，曾任平原太守，世称‘颜平原’，官至吏部尚书、太子太师，封鲁郡公，人称‘颜鲁公’。他为官忠直义烈，率部抗击安禄山叛乱，维护国家统一，后被劝降的叛臣所杀。但他的字却留传下来，千古不朽。”先生神情肃然，仰慕之情溢于言表。他翻开拓本，指点着说：“看，他的真书雄奇端庄，天骨开张，结字由初唐的瘦长变为方形，方中见圆，正而不拘，庄而不险，雄强茂密，极善运用点画的粗细对比、钝锐对比。”先生边讲边详

① 此文题为《射阳忆旧》，以“飞飞”笔名刊于1914年10月南开学校《敬业》第一号上。射阳，汉朝县名，即淮安。

尽地进行解析，“在颜氏笔下，横画略细，竖画、点、撇、捺则略粗；粗笔中画饱满，出锋处又强调锋芒，显示出正直、质朴、倔强、内美外溢的个人风格，其书，如荆轲按剑、樊哙拥盾，有凛然不可侵犯之势，是不是？”

“对，对。”恩来闻之神采飞扬，先生精到的解析，尤其是将颜真卿的字品人品联在一起论述，在他，是第一次听说。

“恩来，我听龚先生说，你祖父和父亲，都写得一手好字，糅颜体与魏碑于一体，自成一格，只是，我无缘与之相识。”先生和蔼地说道，“但看你的习字，虽有豪迈不羁之态，却缺少魏碑风骨。所谓魏碑，乃北魏时代的碑刻，多出于民间书家之手，笔画平长，转折多圆，运锋自然，结体舒张，你要补此不足，以增刚烈雄劲之气。”先生边说边作示范。虽然先生的话，他并非每一句都能领悟，大体意思还是明白的，没想到书法竟这样幽深莫测。在这之前，他的字曾为长辈夸奖，他也引以自豪。今天，听了先生一席话，不觉脸红。他想起孔子的一句话：“凡持满而能久者，未之有也。”幸亏先生及时提醒，使他得以补拙。

夜已阑珊，他伏在堂屋那张朴拙的八仙桌上，悬肘练习，摇曳的灯光，将他的身影投映在粉壁上，面对摩崖刻石拓本《石门颂》，临了一页又一页。

龚氏藏书——光绪、慈禧驾崩
——龚荫荪（二）——在蒋妈家
——抗捐风潮——别离

在淮安，龚家也是有名望的书香门弟，藏书虽不及淮阴万家和宝应陈家，却别具一格，除必不可少的经史子集和《红楼梦》、《绣像全本西游记》、《清平山堂话本》等等，书架上还堆满了一叠

叠《时务报》,连史纸、宋体字石印的。这是恩来看到的第一份报纸,好奇心驱使着他,不看则已,一看却再也丢不下了。报上几乎期期刊有政论文章,张扬民族意识,鼓吹排满思想,主张变法图存,以及研究科学、兴办实业、设立医院、妇女不缠足等等。撰写文章较多的是康有为和梁启超,康、梁何许人,恩来不知道,但特别喜欢读他们的文章。更有意思的是,报上还经常刊登从外国翻译过来的小说,如《茶花女遗事》、《迦因小传》、《三千里寻亲记》和引人入胜的《福尔摩斯侦探案》……

一时间,恩来简直看花了眼,他面前仿佛洞开了一扇明亮的窗户,新鲜奇异的景物,连片地扑面而来,人生、社会、世界竟这般驳杂多彩,他深感自己知道得太少太少,一有空,他就跑到书房去,有时也碰到表舅在那里查找什么。该读什么,不该读什么,怎样读……表舅的关切,是细致入微的。

这天,两人又不期而遇。

"恩来,少年须多读,努力做到博闻强记。"龚荫荪说,"凡属邹先生授的课不可丢弃,这是基础,千里之行,始于足下,是吧?但是,现在已进入 20 世纪,再也不能埋在故纸堆里世事不问,要接触新思潮,了解吾国,了解世界……"

恩来望着表舅,不住地点头。

"我想,你会有出息的,但务要日积月累,深思远望。我送你两句古话:锲而舍之,朽木不折;锲而不舍,金石可镂。"龚荫荪作了解释,夹着本书走出书房。

在龚家,恩来接触的是这样的环境和长辈,使他感到少有的欢畅。可是,一出龚家的门,心情往往就起了变化,走在驸马巷整齐的石板路上,他也有过眷念、温馨,因为那是母亲中彩后资助修复的。不知不觉母亲去世已有三年,嗣母去世也两年了,阴阳两隔,情何以堪?待跨入家门,总有说不出的抑郁,经济的窘困,在他已习以为常,近乎麻木,可最让人气恼的是亲友的婚丧嫁娶、造屋上梁、分家迁居等事都要应酬，家中凡值钱的东西都进了当铺，祖上立下的酬酢规矩固然应该遵循，可是，难道这种规矩比维持兄弟三人的生计更重要吗？他望着窗旁那份“清单”，愈看愈不顺眼，一伸手将它扯了下来。但一想到那是父亲的笔迹，他犹豫了。父亲远在千里之外，却把这副沉重的担子压在他的肩上，自己才十岁，实在承受不了，父亲怎么就不回来呢？莫非他在外面也不顺畅？如此，还抱怨什么？他的目光倏又移向捏在手里的“清单”，似乎一切困厄、难堪都源于这张纸条。他再也不能忍耐了，稀里哗啦把“清单”撕得纷纷落地，他了结了一桩心事。他想，对这类应酬，今后他就可以不闻不问而集中精力念书了。可第二天，仍有亲戚找上门来递了帖子，又是女儿出阁。想起昨天自己的举动，他哭笑不得，不知如何是好……

一连几天，恩来神思恍惚，但紧接着发生的一件事，又使他宛若变了个人。

那天，他照例去龚家塾馆，走在街上，却见一个个店铺都挂着白色孝帏，再往店堂里看，凡能看到的都设了灵堂，众多市民穿戴着玄色衣裳，神色张惶，兵勇在四处巡逻。他一打听，方知是光绪皇帝和慈禧太后于日前相继驾崩①，朝廷有令，举国哀悼。他是第一回遇上这种事，心中惴惴，不明就里。到了龚宅，见表舅正在和邹先生谈论这件事，他站立一侧倾听着——

“一个呆皇帝，一个昏太后，死便死了，值不得如此大事张扬。”表舅说。

“倘若当年戊戌变法成功，中国也不会沦落到如今这种局面，皇帝是软弱无能，太后是专横跋扈……”邹先生说。

---

① 光绪亡于清光绪三十四年十月二十一日（1908 年 11 月 14 日），慈禧亡于次日，即十月二十二日（1908 年 11 月 15 日）。

这般议论，恩来听了惊心动魄。他记得《时务报》上也有过对朝廷的议论，却没有眼前这样激愤、尖锐。他继续往下听：

“中国非走日本明治维新[①]的路不可，否则，难有出头之日。”是表舅的声音。

“是啊，”邹先生摩挲着下巴，“不过，中国不同于日本，难啦！皇帝、太后死了，却又捧出个三岁娃娃登基，三岁娃娃懂什么，还不是让那些昏庸无能的大臣玩于股掌之中。”

“如今，康、梁已落伍了，变革中国的希望唯有寄托于孙中山了。”表舅的话甚为激昂。

恩来听了感到有些懵懂，三岁娃娃是谁？康、梁又怎么落伍了？还有这个孙中山又是谁？他怎么会有那么大的本事？……

他思绪绵绵，可先生已喊他上课了，他转了个弯，步入课堂。奇怪的是课堂与堂屋一样，竟没有一点哀悼皇帝、太后的气氛，先生提都没提这两个名字，只叫翻开课本，继续昨天的讲授。恩来不免诧异：表舅和先生又属于哪一类人呢？

“恩来，我刚才教了什么？”先生发现他坐着发愣，问道。

“坎坎伐檀兮，置之河之干兮。”恩来回答，“河水清且涟漪。”

“是这样吗？”先生瞅着他。

“是……”

“我已说到‘不稼不穑，胡取禾三百廛兮？不狩不猎，胡瞻尔庭有县貆兮？彼君子兮，不素餐兮！’”先生复念了一遍，“你解其义吗？”

“先生，我在想别的了。”

“想什么？”

---

① 明治维新：日本近代史上划时代的资产阶级改革运动，时值明治天皇在位，故名。这次运动，推翻了统治日本二百余年的江户幕府。新政府进行了一些资产阶级改革，促进了日本资本主义的发展。

“皇帝、太后驾崩……”

“驾崩便驾崩，想他（她）作甚？”先生轻描淡写地说，未加责备，遂对《诗经》“魏风”中的《伐檀》句子又作了解释，“稼者，播种也；穑者，收获也；胡，即为什么，凭什么？取，拿，掠取，占有；禾，割下来未脱粒的稻子；三百，极言其多，并非确数；廛，即束、捆。这句的意思是，不种庄稼不收割，凭什么挑去稻把三百廛？”说着，先生又走到恩来座位前，指着下句继续解释，“狩，冬猎叫狩；瞻，看见也；尔，你，即不狩不猎的人；庭，院子；县，同悬；貆，幼小的貉。其意为：一年四季不打猎，为什么见你院子里挂有貆呢？”先生回到讲台，“下面，君子，周代对奴隶主贵族的通称，这里有讽刺的意味；素，白，空也；餐，吃；素餐，白吃、空吃、不劳而食……整句什么意思呢？是说那些老爷们不是白吃闲饭吗？”合上书本，先生大声说：“奴隶主贵族是这样，皇帝、太后更是这样！”

恩来惊呆了，先生最后怎么那样说呢？难道皇帝、太后是和奴隶主贵族一样的人？他困惑，可他相信先生不会平白无故地乱说，肯定有他的理由，只是，他没来得及问。

下午，习字课后，先生有事出去了，恩来没即刻回家，而是来到龚荫荪的房间，见表舅正在写什么，怕打扰他，迟疑了一下，拔腿欲走。可龚荫荪已发觉，说：“恩来，进屋呀！”他埋着头，仍在写，“有什么事吗？”

“是的，有些问题，想请教表舅。”

“稍坐，我这就好，”龚荫荪写完最后一页，这才搁下笔，笑道，“说说，什么问题？”

恩来遂将一天来街上所见，自己所思，先生所说，如此这般讲了一遍。

“好啊，”龚荫荪欣然说，“你能动脑筋，从家事想到国事了。我先问你，今年几岁啦？”

“十岁。”

“哪年生的?”

“戊戌年。”

“好,我们就来谈谈这个戊戌年,”龚荫荪似在沉思,“这是光绪二十四年,就在这一年,发生了一个重要事件,那就是‘戊戌变法’,知道它是怎么回事吗?”

“看《昌言报》提到此事,不闻其详。”

“啊,事情是这样的——”龚荫荪叹了口气说,“鸦片战争之后(这场战争,也就是邑人关天培在虎门炮台壮烈殉国的那事,你该听说了吧!),中国积贫积弱,日甚一日。西方列强和日本一步步瓜分着中国,朝廷腐败,民生凋敝。正是在这种情况下,以康有为、梁启超为首的一批维新志士,上书光绪皇帝,力倡变法,认为‘变者,古今之公理’。主张开发民智,‘合举国内四万万人之身为一体,合四万万人之心为一心’,以抵抗外侮;并废除八股,提倡新学,批判君主专制。这年 6 月 11 日,光绪皇帝颁布‘明定国是’的上谕(即诏书),‘百日维新’开始了,康、梁等人得到皇帝支持,发出了一系列改革命令。但很快就遭到了以慈禧太后为首的顽固派旧势力的反抗,斗争十分激烈。不久,北洋大臣袁世凯①(记住这个名字)倒戈,慈禧遂于 9 月 21 日发动政变,光绪皇帝被囚禁,慈禧重掌大权,维新派人士成了刀俎上的鱼肉。康、梁在英、日使馆帮助下亡命日本,而谭嗣同、杨锐、刘光第、林旭、康广仁、杨深秀六位维新派大臣,被杀害于北京菜市口……”

龚荫荪说到这里,满面忧愤,沉吟片刻,又说:“这六位大臣,被人称为‘六君子’,其中谭嗣同尤为令人钦佩。他在维新派中是

① 袁世凯(1859—1916):清末北洋军阀头子,篡夺辛亥革命成果,任中华民国临时总统,1915 年 12 月 12 日称帝,次年 3 月 22 日被迫取消帝制,6 月,在国民声讨中,忧惧而死。

最激进的，出身豪门，生于北京，游历甚广，胸襟开阔，学识渊博。光绪二十二年，他由祖籍地湖南赴京，结识了梁启超，著有《仁学》一书，无情批判封建制度和传统道德，主张冲破封建主义的一切罗网。变法失败，他表现出大无畏的英雄气概。当时，他本可以在外国使馆保护下离开京城避难，可是，他不走，他是束手待毙的。他对劝他离开的人说：‘各国变法无不从流血而成，今日中国未闻有因变法而流血者……有之请自嗣同始。’在狱中，他视死如归，题诗壁上，诗曰：‘望门投止思张俭，忍死须臾待杜根。我自横刀向天笑，去留肝胆两昆仑。’……”龚荫荪神色黯然，对这首诗略作解释后，不禁赞道：“诗，写得气壮山河，惊天动地。啊——，9月26日这天，临刑前，谭嗣同对聚于刑场周围的民众和官员说：‘有心杀贼，无力回天，死得其所，快哉快哉！’而后仰天大笑，引颈就戮，观者莫不下泪……”说至此，龚荫荪已是悲咽难言，恩来也热泪在流。

“谭嗣同……”恩来默念着这个名字。

“这是中国近代史上最为悲壮的一幕，”龚荫荪挣脱悲抑，“后人不应忘记‘百日维新’，不应忘记为变法而取义成仁的‘六君子’。”他感慨系之地说，“‘戊戌变法’过去十年了，世道在变，人也在变，当年主张变法的康、梁却落伍了。但是，时势造英雄，如今，我泱泱中国出了个英雄孙中山……”

“孙中山？”恩来不禁插问道。

“对，孙中山，字逸仙，五年前，他组建了‘同盟会’，提出了‘驱除鞑虏，恢复中华，建立民国，平均地权’的口号，倘照此办理，中国就有出头之日了。”说着，他拍了一下恩来的肩，“你更要记住孙中山这个名字，这是个了不起的人啊！”

“表舅，你见过孙中山吗？”

“几年前，我去日本，曾有一次机会见他，后因故未能如愿。”

“如果再有机会，你能带我见他吗？”

“这……”龚荫荪笑笑，“我想，等你长大了，照着他的主张去做，总有一天，你这愿望是会实现的。”

“是么？”恩来显得很高兴，“表舅，今天，你说的这些话，比什么都中听。”

“你渐渐长大了，这些道理应当知道，”龚荫荪说，“而功课则要精益求精，在这两方面注意奋发砥砺，前途将未可限量。”

表舅的勉励，使他如沐春风，深深地记在心中。

时间过得飞快，周家宅院墙上的藤萝已由枯变青，漫长的严冬，悄然不觉中衍变为风和日丽的春日。塾馆迟迟没开学，弄不清个中原因。恩来终日和两个弟弟在一块，日子过得忧乐参半。他既要设法维持生计，又要温课，还得教弟弟读书认字，他感到有块看不见的乌云罩在自己头上。

蒋妈见他心境不好，几天后，带了三兄弟去自己家玩。

蒋妈的家，在淮安南门黄孝子坊西施巷头，这里已是农村。一家四口，住三间茅屋，靠蒋伯捕鱼、缝纫为生，粗茶淡饭，勉勉强强过得去。在这里，恩来结识了蒋家两个孩子，由隔阂而变得亲近。他还见到了牲畜家禽和蔬菜瓜果，获得了一些春种秋收的知识，村民的淳朴和乡村的野趣，给他留下了美好的印象。

蒋家隔壁是个“舂米坊”，那石碓一上一下的动作和舂米时“咚咚”的带有节奏的撞击声，使恩来感到好奇，他想看个究竟。

眼前，一块椭圆形青石上端凿了个洞，用绳索绑在一根长长的圆木一端，正对着埋在地下的一个石臼，里面盛着黄灿灿的稻谷。圆木中段偏后搁在一个支点上，人踏着圆木的一头，脚一上一下，一松一踩，青石不断撞击着石臼里的稻谷。舂米的蒋伯，不时停下用手在石臼里翻弄一下，渐渐地，稻谷脱了皮，取出后倒进竹筛，边筛边晃，扬去砻糠，白花花的大米就出来了……看着石碓有节奏的跳动，恩来憋不住了。少顷，石臼里又倒进稻谷，他瞟了蒋伯一眼，便凑到蒋伯身边，伸出脚，合着节拍也一上一下踩了起来。踩了一会儿，额上脸上便沁出热汗，而快活的笑声，却在这间低矮的茅屋里飞扬。

在乡下的日子，恩来也没忘一个做哥哥的责任。从“舂米坊”出来，见恩寿正蹲在蒋家门口捏泥巴，半截煮熟的玉米丢在一边，上面沾了泥，他怔了怔，忙拾起玉米。他真想骂恩寿一顿，可弟弟毕竟太小，他于心不忍，只说：“恩寿，昨天我教的那首诗记得吗？”

“记得，”恩寿一扬头，背诵道：“锄禾日当午，汗滴禾下土。谁知盘中餐，粒粒皆辛苦。”

“对，对，”恩来赞许道，“我背这首诗时刚五岁，娘教的。可懂得它的意思却是在这里，那是家搬到淮阴的前夕，娘带我来玩，有一回吃饭时，我嫌饭里有稗子，便连同米饭一块儿挑弃在桌上。娘见了直叹气，说：‘你这孩子，不知米来之不易啊！’她随即拾起，剔除稗子后，放进嘴里。吃完饭，我把碗一放就完事了。可是，娘舀了一勺汤在碗里漾了又漾，连同剩下的饭粒一起喝了。这天晚上，她又让蒋伯告诉我稻米由种到收的经过，最后对我说：‘恩来，见你把饭粒丢了，娘心里不好受，《朱子家训》云：一粥一饭，当思来之不易；半丝半缕，恒念物力维艰。这，你要记住，要爱惜粮食。’……”

“哥，我懂了。”七岁的恩寿拾起那半截玉米，在衣服上擦了擦就吃。

恩来被弟弟惹笑了，旋又说：“这是不好浪费的，可是，得再蒸一下才能吃。”

恩寿摸了摸头，瞅着哥哥傻笑起来。

在蒋家，恩来和两个弟弟过得很开心，蒋伯蒋妈宠他们，疼他们，蒋家两个孩子大文和小妹又处处顺着他们。因此，尽管是粗茶淡饭，青菜萝卜，在他们，吃起来，却是那样有滋有味。当然，蒋妈也尽其可能改变膳食，最好吃的便是蒲菜荤烩。

蒲菜，乃蒲草的根，其味甘甜清香，长在城西北之勺湖。勺湖方圆二百多亩，风景秀美，一边毗邻运河，一边紧挨城墙。建于唐代的文通塔近在咫尺，四角风铃丁当作响，撩人遐思。勺湖之畔是长满青草的滩地和沼泽地，有野鸭、鸟雀，或贴着湖面低翔，或直蹿蓝天高飞。恩来不止一次到过这儿，但跟着蒋妈来摘蒲菜，却是另一番情趣。蒋妈不让他下水，他只好站在岸上，见蒋妈涉在齐膝深的湖里，把蒲叶浸在水中的部分摘下，那简直像纤细的玉管，又白又嫩，不到一个时辰，已装满一竹篮。

回到西施巷，蒋妈又用清水把蒲菜洗了一遍，见肉汤已出味，这才将蒲菜放进去，又加了佐料烩制，不一会儿，成了。开饭啦，恩来尝了尝，鲜美爽口。

"真解馋。"恩来不禁赞道。

听了这话，蒋妈的眼睛笑得眯成一条缝，她又夹着肉和蒲菜放进恩来、恩溥和恩寿碗里。

"蒲菜虽不名贵，可它还有个故事哩！"蒋伯见孩子们吃得津津有味，也想凑个趣，"相传梁红玉从前守卫淮安时，被金兵围困，四郊的粮食运不进去，只得在城内寻找野菜充饥。不意有人发现马在文通塔前食蒲草，人何不一试呢？结果发现它竟然香甜可口，部卒以此果腹，与金兵周旋，直到击退入侵之敌。于是，蒲菜落了个'抗金菜'的美名。"

"梁红玉就住北辰坊，不远，"大文说，"恩来，去过没有？"

"没有。可是，我听娘说过梁红玉击鼓抗金兵的故事。"恩来说。

"哥，北辰坊我知道，"恩溥叉着腰说，"赶明儿我带你去。"

一顿饭吃得个个心满意足，兴味无穷。

半个月后，蒋妈又领着三个小兄弟回到驸马巷。

一天午后，恩来正站在院里花圃边观赏一盆名为"金缕衣"的菊花，忽然听到大街上闹哄哄一片，乘两个弟弟不在身边，他赶紧溜出门，跑到驸马巷口，只见一支长长的队伍喊着口号由东向西急速前进，里面有穿长袍马褂的，有穿短打的，市农工商各界人士都有，一个个脸上都很激愤。他不知发生了什么事，只顾看，倏地，他眼睛一亮，游行队伍里那撩着瓦灰绸面夹袍，振臂领呼口号的人，不正是表舅吗？他追上去喊道："表舅——"没有回应，他的声音被喧嚣激昂的声浪淹没了，他又往前跑了几步，却被街旁愈聚愈多的人堵住了。他踮脚张望着，无巧不巧，他看到了邹先生剪了辫子的瘦长身影。

"邹先生，邹先生！"恩来连连喊着，邹先生像是听见了，侧转了一下头，可视线被挤挤搡搡的人群挡住了，他没停步，一径向前。

"老伯，发生了什么事？"恩来问身边一位装束寒素的市民。

"捐啊，税啊，老百姓活不下去，官逼民反啦！"

"那……他们去哪里？"

"去县衙，抗捐、抗税、抗租，"老伯说，"这声势多年不见了，孩子，人太多，要挤出人命的，你可不能去，回家吧！"

又待了一会儿，恩来才离开巷口回去。

一连好几天，"官逼民反"这几个字总萦绕在他头脑里，他想弄个明白，便来到龚家。

塾馆冷寂，一无生气，屋角已结了蛛网，站在虚掩的槅扇前，他感到无比的落寞。

"恩来，"龚荫荪走过来摸着他的头，"蒙馆不开课了。"

"为什么？"他十分惊诧。

"邹先生已不在淮安了。"

"那天游行我还看到他的，"恩来将信将疑，"他到哪里去了？"

"下江南啦，"龚荫荪说，"过几天我也要离开这里……"

"表舅，"恩来像失去依恃，有点急，"你们都去做什么？"

"你还记得孙中山这名字吗？"

"记得，记得。"

“邹先生和我都要去找他，跟着他去干恢复中华、驱除鞑虏这惊天动地的伟业！”

“噢。”恩来似有领悟，“表舅，那天，你在游行队伍里领喊口号，后来又去县衙，这些，也是孙中山叫干的吗？”

“怎么，你也看到我了？”龚荫荪说，“孙中山要谋划全国的事，哪能管得那样细？朝廷腐败，社会黑暗，官逼民反，斯为天理。”

“你何时走？”恩来仰望着表舅，“能带我去吗？我也要见孙中山。”

龚荫荪看着恩来依恋、真挚的双眸，相信他的话不是说着玩的，可是，他才十一岁，带上他，四处辗转且多风险，怎么可能？再说，又怎么向远在关外的贻能交代？

“表舅，带我去吧！”

“孩子，想过没有，假如你走了，两个弟弟怎么办？”龚荫荪婉言开导，“有你跟弟弟在一块，你爹千里之外也放心，否则，谁心里都不好受。”

“这样说，只要爹不回来，我是永远出不去了……”恩来埋着头，声音愈说愈低。

“我看这样吧，”龚荫荪劝慰道，“我去了南方之后，如有落脚之处，找个好学堂，我会考虑接你出去的。”

“表舅，你这话是真的？”

“当然。”龚荫荪口气很肯定，“你要有耐心，要等待机会。”

表舅终于走了，日子依然一天天悠悠地转着，志茹告诉他，表舅有信来，总记挂他，可一次也没提到接他出去的事，是表舅没有落脚之处，还是已把这事忘了呢？他寻思不出一个说法。

第二年开春，龚家遭到一场厄运，不得不由淮安迁往淮阴，托庇于万府。恩来不谙内情，也不便探问，只觉得在那些日子里，龚家笼罩着凄冷的气氛，走得也很慌张。

那天，他去码头送别，表舅不在，姨外婆咳个不停，似受了风寒，舅妈把他拉在身边，张了几次口，像有许多话要对他说，最后，却没说出来，只喊了声“乖乖……”便搂着他，泪水直流。

船，渐渐远去，他的心空空荡荡，童年有过的最后一点欢乐，仿佛也被带走了。

回家的路上，他不知不觉又来到南门大街的龚宅，兽头门环已上了锁，他推了一下，从闪开的门缝里，看到通往塾馆的小径上散落着一些破旧的衣物，有一只麻雀在孤零零地寻找食物，院落里死一般沉寂。这一切，恍如隔世之感，他再也不能进去了，难道人的命运就这样不可捉摸吗？

恩来在门前徘徊良久，夕阳的余辉已抹上龚宅檐角，他省悟到该回驸马巷了，那儿有八叔八婶，有两个弟弟，还有他熟悉的院落、房间和书籍……想到这里，他加快了步伐。

也就在年前，恩来开始给四伯父贻赓写信。贻赓原是清末贡生，曾于江、浙任县衙幕僚，办理钱款事项，为了生计，还充当过漕运总督衙门暨江北提督衙门文案（文书），两年前去了奉天，在府衙当俸饷科科员，后任府衙度支司主稿（秘书科长）至今①。在恩来心目中，他的长辈叔伯弟兄中，四伯父贻赓是最有本事的。十一叔——嗣父贻淦已去世；八叔贻奎瘫痪；父亲贻能，也不能说他不关心儿子，可是，对儿子的未来，他几乎想不出任何办法。恩来唯有把希望寄托在四伯父身上。他一封又一封地写信，诉说家里的境况，申述自己外出读书的愿望，而四伯父总是予他以宽慰和鼓励，这使他相信，总有一天，他会离开淮安，远走高飞的。

这一天终于盼到了。

宣统二年三月，文渠边杨柳轻拂，院内，迎春花已灿然绽放。

① 有关周贻赓材料，见黑龙江省档案馆藏1921年黑龙江财政厅颁《周贻赓勋章令》和《周贻赓履历表》。

这天，三堂伯父贻谦来了。

贻谦是老五房的，其岳父是钱能训[1]。钱氏曾任奉天右参赞、顺天府尹，因这层关系，几年前，贻谦去了奉天铁岭县税捐局任职。在奉天，见到贻赓时，贻赓对他说，贻能的三个孩子在老家没个着落，大孩子恩来天资聪颖，可以造就。去年年底他到湖北赈捐，贻赓托他北返时往淮安，把恩来带往奉天。

恩来先前未见过贻谦，贻谦笑眯眯地打量着他，化解了他最初的拘谨，伯伯、侄儿聊了起来。

“恩来，想读书吗？”

“天天想……”恩来刚开口，眼圈就红了。

“想到外边去吗？”

“更想啦！”恩来说，“我给四伯父写过几封信，三伯父，你到过奉天吗？见没见到四伯父？他提到我的信吗……”

“四伯父让你去奉天，我这次就是来接你的。”

“真的？”恩来惊喜万分，“三伯父，我……”他说不下去了，深深地向贻谦鞠了个躬。

“还有个好消息哩，”贻谦说，“恩来，你父亲不久前也到了铁岭，这样，你们父子很快就可以见面了。”

“啊，太好了，太好了……”刹那间，忧伤、烦恼和痛苦一扫而光，恩来终于可以离开这座压抑他、束缚他多少年的庭院，他就要像白云和鸽子那样自由翱翔了。

可是，离家的日子愈是迫近，他对旧家却愈是难舍。那几天，贻谦堂伯父带着他走进八叔八婶房间，商量他们走后恩溥、恩寿的生活、读书安排，清理尚未偿还的债务，整理北上需带的衣物。

---

① 钱能训(1869—1924)：字干臣，一作干丞，浙江嘉善人。戊戌进士，清奉天右参赞、顺天府尹、陕西布政使、护理巡抚；北洋政府内务部次长、政事堂右丞、内务总长、国务总理。

他从嗣母遗物中，特地找出她写的诗札。他听娘说过，娘十五岁就会作诗了，字也写得好，一首首诗抄写得工工整整，太珍贵了。日后，哪怕自己走到天边外国，也要带着，见诗如见娘面，想到这里，他小心翼翼包好，放在手提箱底……

就要远离家乡了，心中放不下的事太多，其间，他独自乘船去了一趟淮阴，来到兹云寺，三年前，亲娘病故，外婆要贻能以高规格安葬亡妻，贻能没法筹款办理，只好将亡妻暂厝兹云寺中。

垂首亲娘棺木前，恩来暗自流泪，他默默地说：娘，亲娘，儿就要出远门了，我会一直想念你的，今后，只要有机会，我就回来拜祭你，跟爹爹一道，将你迁回淮安老东门周家祖茔，让你魂归故里……说着，说着，他已泣不成声，可是，他还得返回淮安，便磕了三个头，绕棺木一周，这才转身走开。

次日，天阴沉沉的，恩来又独自到了东门外周家坟地，在过继父母坟前三鞠躬，还栽了一株柳树，默立良久，才一步一回头地离去。

恩来是非走不可了，蒋妈比谁都难过。她和恩来情同母子，整整十二年，除了恩来去宝应个把月，他们可说是没离开过，现在恩来真的要走了，她的心像被摘去似的，这一走，哪年哪月才能见面？她甚至觉得没指望了。可是，她又想，恩来已十二岁了，这次是四伯父让去的，并由三堂伯父带着走，到了那边又能见到他父亲了，还有什么放心不下呢？男孩子，尤其是恩来这样天分高、有志气的男孩子，是要成大事的，可是，在淮安这个旮旯里，又能有多大出息？去吧，让他远走高飞吧！

"蒋妈，"恩来走到她面前，"我就要走了……"谁知话没说完，蒋妈已呜咽起来。恩来眼里也噙满了泪水，他强抑住自己，往下说，"你十二年的养育之恩，我也难以报答，至今还欠你的债（佣金）。这个家，你也是知道的，我想来想去，也没别的值钱东西，只有把屋里那张床和两张椅子用来抵债，你就搬回去用吧！"

“不要，”蒋妈拭着泪，“还是留着，我用不上……”

“蒋妈，你一定要搬回去，要不，我走了，也于心难安。”

“我的乖乖，”蒋妈揽过恩来搂着，“你的心我懂，我，我收下。”

“蒋妈，”恩来声音发涩，“周家多亏了你呀，天底下也难找到你这样的好人。”

“孩子，只要你在外面没病没灾，好生读书，谋个一官半职，光宗耀祖，我……”蒋妈哽噎着，“我也就没白疼你啊！”

走的一天说到就到。

西门外码头上，八婶、恩硕、恩溥、恩寿，还有蒋妈和她的儿子大文都来送行了。千言万语，说不尽道不完，三堂伯父已招呼恩来上船。这是一艘十余丈长的官船，专在运河上作长途客运的。

不一会儿，起锚、收缆，船儿渐渐离岸，送别的话语和难舍的哭声依稀可闻，恩来站在船尾，不停地朝岸上的人挥手。

他的眼前，镇淮楼、文通塔，那巍峨的雄姿已愈离愈远，他带着无比的惆怅，无限的眷恋走了。

这一走，从此就再也没有回来。

第二章　关东岁月

牧马少年——银冈书院——日露战迹碑——王先生

寥廓的蓝天，广袤的大地，茂密的森林，微淡的晨曦中，远处的山峰，呈现出嵯峨不平的起伏线，旷野的气氛是寒冷的，偶而，能见到麻雀在飞，伴有短促的啁啾……这就是关东吗？

少年周恩来怀着对未来朦胧的憧憬，踏上了北疆这块土地。

他跟着三堂伯父贻谦，计划由淮安上船经大运河，一路北上。可是，临行前，他的堂姑父王言伯来了，见了周贻谦，请贻谦到南京替他办一件要紧的事。知道了事情的原委，贻谦觉得盛情难却，便决定改道北上。于是，带着侄儿由淮安上船，进入大运河，经宝应转镇江，改乘小火轮抵南京。办完了事，乘小火轮踅回镇江，经江阴到上海黄浦江码头，再换乘海轮北上，经渤海，绕道辽东湾到营口；再换乘火车经牛庄、鞍山、辽阳到奉天。在这里，恩来见到了四伯父贻赓。贻赓见他穿着一件紫红九霞缎长袍，外罩玄色马褂，足蹬千层底布鞋，气息凝重，眉宇秀朗，心中十分喜欢。

“恩来，你是留下读书，还是先去铁岭见你父亲呢？”贻赓凝望着侄儿问道。

“先去见父亲，行吗？”

“也好。”贻赓说，“你想来奉天，就来，南满铁路也很方便。”

次日，恩来仍由贻谦带着，只是未乘火车，而是行了一天水程，在铁岭城西北的辽河渡口马蓬沟下船。

铁岭不是淮安那样的历史名城，它“地当东北弹丸一邑，南界奉天，扼省垣之门户；北界开原，当边塞之要冲”，是一座地广人稀的边远城市，四周群山环抱，绿水绕郭。

恩来旅途有三堂伯父照顾，尽管千里迢迢、风尘仆仆，他依然是快活的，而更让他快活的是，见到了父亲贻能。

“爹——”心里的隔膜，终究抵挡不住亲情，迟疑了片刻，恩来喊道。

贻能不善言辞，三年不见，儿子已长得大半人高了。目光是那样沉静、机敏，他仿佛看到了亡妻的面影，禁不住热泪盈眶。

“在家总盼爹的信，盼你回去……”恩来也流下泪来。

“我何尝不想回去，可是，难啦，光盘缠就……唉，不说了。”贻能摸着孩子的脸，深情地端详着，问长问短，打听老家的种种，尤其是恩溥和恩寿的安排……

“弟弟有八叔八婶照料，蒋妈也会常去看的。”恩来望着和气蔼然的父亲说。

“嗯，这样好，”贻能讷讷地说，“这样，我也就放心了。”

“爹，赶明儿有钱了，把恩溥、恩寿也接出来吧！”

贻能苦涩地一笑，未置可否。恩来不知父亲是怎么想的，或许这会儿不该提此事，自己出来都那么不易，再接两个弟弟出来，这……他省悟到父亲有难处，便不再提了。

贻能确有难处。

这十多年，他流涉大江南北，关内关外，先后在江苏、湖北、北京、直隶、安徽和齐齐哈尔等地的县衙，干过收发员、办事员一类的差事，有时也冠以“师爷”的名分，却不受重用，月俸甚微，勉力对家庭有所资助，也是极有限的。年前，他由齐齐哈尔投奔铁岭知县徐麟瑞。徐氏，字定甫，江苏宜兴人，与贻能算是故交。徐氏给他在县衙安排当个文书，却无固定收入。铁岭地处蛮荒地带，财源枯竭，薪俸更是少得可怜，以至于维持父子两人的生计都很困难。不久，三堂伯父贻谦因故离开铁岭去了天津，也无力接济他们了。

日子过得很窘，恩来原指望到了铁岭就有书读，不曾想父亲依旧窘困。他想起离开奉天时四伯父的话，四伯父是让他想去就去的，可是，他感到父亲似乎一步也不愿他离开，想方设法暖他的心，他又怎好开口呢？

贻能的一位朋友，对他们这种处境，甚是同情。一天，对贻能说："我有一个亲戚，有地数十顷，眼下正缺放牧的，何不让恩来去呢？"

"不行，我怎能让自己的儿子去干这种苦活，"温和的贻能几乎发怒了，"周氏子弟焉能落到如此地步……"

"啧，莫怪我说你迂，"那人笑道，"大草甸子上放牧，又不是去服苦役，除了吃饭，多少也还有些进项。再说，我那亲戚于百川，人又心善，他那屯子就在城郊，不远，不信，你可以去访访。"

"你那位亲戚是谁？"

"于百川，你认识。"朋友笑着说。

原来，于百川乃是他的同僚。

贻能一时不说话了。

"爹，让我去吧，我信叔叔的话，我不怕苦。"像是好奇心的驱使，恩来兴奋地说。他忽又问道："叔叔，放牧时能看书吗？"

"当然可以，大草甸子里牧草丰盛，你把马牵到那儿，马自个儿吃草，不必总盯着它，你自然可以看你想看的书。"

"我去，我去。"恩来拉着父亲的胳膊，"爹，你就答应了吧？"

"再说，再说。"半晌，贻能才作了这样的回应。

只是，几天之后，贻能约了那位朋友，到郊区拜访了于百川。于百川见是亲戚偕周贻能来访，颇感意外。一触话题，于百川满口答应，一再表示，倘若恩来去了，总会善待的。这样，事情就定了下来。

恩来走的那天，是贻能亲自送去的，恩来劲抖抖地迈着脚步走在前面。望着儿子仍不脱稚气的动作和单薄、幼小的背影，贻能的泪水止不住地直流……

十二岁的恩来，于是成了平顶堡地运所屯于百川家的一名牧童①。

3月，在淮安，已是柳染鹅黄桃孕骨朵的节令，可在铁岭郊外，仍是寒冬。年近五旬的于百川，头戴貂绒四喜帽，身穿青缎长袍，外罩绛紫色马褂，玄色大甩档肥裤，裤脚扎着绸带，红红的阔脸盘，倒也和善，恩来见了，并无畏惧的感觉。而在于百川眼里，眼前这孩子浓眉大眼，举止神态文静谦恭，这最初的印象令他满意。开始几天，于百川并未让恩来放牧，只叫他陪于家的几个小孩子玩，恩来心中纳闷，憋不住去见于百川。

"孩子，"于百川咂着长竿烟袋嘴，笑道，"我是看你细皮嫩肉的，牧马，那不是你干的活。我是让你清闲些，你啥也别干，我养得起你。"

"不，于爷爷，说好了是来放牧的，我不能白吃爷爷的。"恩来说得很急，脸都涨红了，"我不怕苦，别的孩子能放牧，我也行。"

"这孩子真还有点特别，"于百川自语道，他又抽了半袋烟，这才说，"好吧，明天起，你就试试，不行，仍旧陪我的孙子们玩。"

天寒地冻，老于家的几匹马，一直是在马厩里圈养的。有个叫柱儿的牧童照应，恩来一到，柱儿添了个帮手，两人整天摆弄的活，无非是铡草、拌料，给马刷刷毛，其中要数铡草最累，得把苞米、高粱、谷类秸秆铡成一节节的，愈细碎愈好。柱儿总是自己操刀，让恩来在一旁喂秸子。第二天，恩来愣是要跟柱儿调一下，于是，他握着刀柄，一上一下地铡了起来，不一会儿，他便气喘吁吁，脸上也冒出了汗。柱儿见了，咯咯地笑着，连声嚷道："快歇着，快

① "放牧"史实，见铁岭市"周恩来少年读书旧址纪念馆"馆藏资料。

歇着……”他让恩来翻开手掌，见掌心已磨出一只血泡，心疼地说：“你啊，握得太紧了。”恩来忍着，说了句：“没事。”可心里却想，这活儿也不易哩！只是不久，他也学会了。有时，夜里他也跟着柱儿起来，给马添料，柱儿见他不习惯，后来总是悄悄地，尽量不惊动他。恩来发觉了，则说：“柱儿，你干啥，我也应干啥。”

漫长的冬季终于过去了，春天来了，马匹得去野外放牧。这天一早，柱儿喊醒恩来，两人转身来到马厩。柱儿让恩来站着别动，由他逐一解了缰绳，牵着赶着几匹马，由边门出去，径往野外。

眼前是望不尽的长垄，光秃秃的不见庄稼。他们沿着一条坑坑洼洼的路，走了好一阵子，才进入大草甸子。大自然黄褐色的底版上，这儿那儿，已铺展开一片片嫩绿的草，柱儿不时地告诉恩来，哪是茅蒿子，哪是马尾草，哪是曲藤……柱儿怎么就知道得那么多呢？

临天亮下了阵雨，虽说不大，可这会儿大草甸的蒿草上仍湿漉漉的，恩来的长袍下摆和裤脚都沾湿了，他感到冷飕飕的，不由得打着寒噤。再看柱儿，穿着那套由黑变灰的袄裤，任凭风刮水浸，压根儿没觉着似的，他不禁问道：“柱儿，冷吗？”

“冷又怎样，”柱儿的声音沉沉的，“就这套袄裤，还是老于家给添的呐。”

“你家里……”

“家？”柱儿摇摇头，“我没有家，几年前，大鼻子和小鼻子[1]在俺家乡那一带争夺地盘，爹娘都被打死了，三间茅屋也给烧了……”

“啊，原来是这样。”恩来的目光里注满了同情，原以为自己苦，未料柱儿更苦。

“俺们满洲人就是命苦，谁都来欺负。”柱儿边走边说，忽然，他弯下腰，从草窝子里捡到一只破钢盔，“瞧，上边还有弹孔，也不知是大鼻子的，还是小鼻子的？”

---

① 大鼻子、小鼻子：即俄国人、日本人。东北老百姓的习惯叫法。

两个小伙伴,边聊边随着马儿向旁边移动。柱儿不时向马群发出吆喝声,这使恩来感到很有趣,也学着吆喝。谁知有两匹马抬起头直愣愣地望着他,蹄子动个不停,显得很烦躁,恩来感到惶然。

"不要乱吆喝,"柱儿笑道,"再说,它们还不习惯你的声音,弄不好,会撒腿跑掉的。"

"噢,噢……"恩来连连应道。

最初几天,每当暮色降临,他和柱儿牵着、赶着马儿,回到老于家,在马厩里系好,上足夜料,再回到屋里,爬上炕,便感到周身酸楚和疲乏,两腿麻木作痛,甚至连晚饭都不想吃。可第二天大清早,他依然跟柱儿一起,牵着、赶着马走向大草甸子,一旦置身于大草甸子,他便感到自由自在,内心是快活的。尤其在晴天,那日出日落,真个诱人,这跟在家乡运河堤上看到的,大不一样。在这里,远眺太阳在地平线上升起或下沉,亮晃晃的,像只大火球……有时,他还情不自禁地背诵起古诗来,这不,他背着手,伫立在草丛中,目光在天地间巡睃着,俄顷,声音脱口而出:

敕勒川,阴山下。天似穹庐,笼盖四野。天苍苍,野茫茫,风吹草低见牛羊。

"恩来,你念啥呢?"柱儿问。

"啊,这是一首古诗,"恩来接着作了解释,"喜欢吗?"

"喜欢。"

"那我再背一首给你听——"

健儿须快马,快马须健儿。跸跋黄尘下,然后别雄雌。

他又讲了讲诗的大意。

“我懂了，这是写赛马的。”柱儿说。

“对，”恩来拍了下柱儿的肩，“你能骑马赛跑吗？”

“那不算一回事。”

“我不行。”

“你才来半个多月嘛，”柱儿笑了笑，“赶明儿，我教你。”

“好，好，你教我骑马，我教你认字。”

二人愈说愈高兴，突然，响起“咴咴”的嘶鸣，只见一头栗色马撒腿小跑开来。恩来迅速追赶过去，想抓住缰绳，不料，马直尥蹄子，他难以近身，转瞬，栗色马向远处奔去，恩来紧追不舍，上前去捉，马又尥起蹄子，而后向前直奔。这时，柱儿边吆喝，边快速兜到栗色马的前面，猛蹿上去，将它一把擒住。

“好险啊……”恩来直喘气。

“它欺生，”柱儿也在喘，“不过，它也是最通人性的，好好侍弄它，它就会依着你。”

太阳已下坠，是晚归的时候了，回到住所还有一段路哩！

没走几步，恩来忽然觉得脚疼起来，疼得额头和脸上冷汗直冒，腿一跛一跛的。柱儿见状，忙让他站住，而后给他脱下鞋，见有一根坚硬的荆棘穿透早已磨损的鞋底刺入脚掌，他小心翼翼地把刺拔了，又揉了揉。

“知道不，这大草甸子藏有蒺藜丛，你刚才没留意。”柱儿说着，牵过一匹马，让恩来骑上去。

刚进屯子，不意碰到于百川，他见恩来骑在马上，颇觉诧异，柱儿赶快向东家说明情况。

“我早就说过，这孩子细皮嫩肉，不适合放牧……”

“于爷爷，我已学会了牧马，只是不小心才戳了。”

“我要捎信给你爹，把你带回去。”于百川说。

“不，不，开头，我就跟爹说好的，既然我在于爷爷家，让他放心。”恩来怕被辞了，辩解道，“柱儿帮我把刺拔掉了，没事啦！”

“你这孩子啊……”于百川没再说什么。次日，却让人给恩来送了一双半新的牛皮靰鞡，里面又垫了厚厚的乌拉草，穿上，正合脚。

转眼到了 5 月，大草甸子，枯黄已褪尽，染上了无边无际的新绿，渐渐地，这儿那儿又冒出了红艳艳的山丹丹和蓝晶晶的野百合花，还有一些黄的、紫的、白的……无数叫不出名字的花儿。空中的云雀在无声地飞翔，百灵鸟婉转、悦耳地低叫着，在大草甸子，能清楚地听到冰面子解冻后，柴河传来哗哗啦啦的声音……

有时，乘马儿悠闲地吃草，恩来便躺在草地上，双手垫在脑后，看飞鸟成群结队地掠过辽阔的原野，在一碧如洗的天空翱翔，他心中往往生出难言的羡慕和渴望。

大草甸子，依然是他和柱儿每天必去的。在柱儿帮助下，恩来居然学会了骑马。他能骑在没有鞍辔、光溜溜的马背上，勒紧缰绳，在无边的大草甸子上纵横驰骋，马翻动着颈鬃，四蹄腾空，像箭矢一般，耳畔响着“嗖嗖”的风声，忽儿，他又拨转马头回奔，那极度的自由欢快，挟着春风鼓荡着他的心胸……

不久，贻能被清末道员彭广心聘为塾师。

周恩来读书的银冈书院

彭氏系铁岭人，字润堂，号镜如，曾任山西知府、直隶道台，晚年退居原籍。贻能的为人才学，彭氏有所闻。晤谈后见贻能忠实沉静，腹藏经纶，深为满意，遂让贻能携子住进彭家大院。这样，贻能有了“束脩”，便让恩来离开于百川家，进了银冈书院读书。

银冈书院，坐落在铁

岭南门，临门二丈之外，矗立着一座青砖影壁，上面镌刻着“银冈书院”四个楷书大字，笔力苍劲、庄重，大门过道门楣上刻着“文运遐昌”四个篆书金字。过了门厅为四合院，内有青砖瓦房十余间，其中门房、正厅、后厅、东厢房、西厢房各三间，四周圈以青砖围墙。

说起银冈书院，有其一段并不平凡的渊源。

它的创始人郝浴（1623—1683），字雪海，又字冰涤，号复阳，清代直隶定州（今河北定县）人。官至刑部主事、湖广道御史、两淮盐课。后因揭露平西王吴三桂之部属不法行为，遭吴诬陷，被流放至奉天尚阳堡（开原县境）谪居四年。之后，郝浴往访著名诗人函可和尚于铁岭，见此邑民风淳厚，交通便利，景色宜人，遂由开原迁居铁岭，并在南门一带购地筑舍，命其室为“致知格物之堂”，以此喻隐探究事物发展规律，以获修身安邦治国之真谛。为此，他广置图书，延聘学者，招揽生徒，或攻经济，或究理学，或擅词意，究义理之举，兴讲学之风，此即“银冈书院”之发端。

康熙十四年（1675），反复无常的吴三桂背叛清廷，酿成“三藩之乱”，康熙念及旧臣郝浴之忠，遂为其昭雪沉冤，官复原职。郝浴离铁岭赴任之前，将居所易名为“银冈书院”。

郝浴在铁岭生活了十七年，对银冈爱之深切，临行前“泣挽银冈”不忍离去。作为清代颇有政声、文采绚烂的诗人，他一直心系银冈，不能自已。其所作《银冈行》一诗云：

二十余年寝不寐，天涯回首月如霜。
虽恨百忧淫瘦骨，犹喜心开书一囊。
洛下真儒踵孟子，翰墨直闻泗水香。
晨登讲席歌尧舜，千山翠色落银冈。
可知天道终归正，从此丹心起凤凰。

于此可见，银冈始终维系着郝浴的沉浮忧乐。

郝浴创建的“银冈书院”，在他离开之后，“讲诵弦歌之声”依然延绵不绝，人文荟萃，科第连绵，清代著名文人左帏生、左昕生、戴遵先、戴盛先、徐元弼和大书法家魏燮均等，都曾先后就读于“银冈书院”。数百年间，“银冈书院”排名于白鹿洞书院、岳麓书院、睢阳书院、嵩阳书院四大书院之后而名闻国内。

据《铁岭县志》记载：清末“教育之时，大乱未平，它邑尚观望，铁岭实开风气之先”。这里指的是光绪三十年(1904)，银冈书院由封建教育书院变为西方教育的“银冈小学堂”，成为辽北第一所引入西方教育的学校。在原银冈书院内，除小学(初小、高小)还设有商科、简易师范、中学。铁岭劝学所(类似教育局)也在此办公，经管铁岭城乡办学事宜和劝学所内一应事务，而且，经历年捐赠，这里还有藏书富甲辽北的图书馆。

可见，恩来入学银冈书院，委实是获得了汲取知识的最好机遇。但气候、习俗、言语差异，使得他产生不了乐趣，与人相处也有几分拘谨。他沉默寡言，多数时间坐在书院西首的教室上课，由先生传授国文、算术、历史、地理、格致、音乐、体育和图画，此外，每天他还安排时间去东斋房读古文、习书法。

某日，东斋房的先生，出示几帧书法条幅，让恩来观赏，上书行楷，落款为“九梅逸叟”，笔触俊逸超迈，飘洒自然，气韵生动，令恩来眼界大开。

“先生，九梅逸叟是谁?”恩来问。

“此人大名魏燮均，二十年前才谢世，是俺们铁岭城南八里庄人，原名泰昌，字子亨，又字公隐，号铁民。在其诗文和书法上常署名耕石老人、九梅逸叟，是位名声卓著的书法家啊。”先生只顾凝视着魏氏条幅，缓缓说着，“只是，他生不逢时，咸丰年间，为府学贡生，曾两度赴京赶考，均落第未中，据说主考大人审阅其诗文后，批有‘文章不足，字震九州’的评语，因书法而名传京师，朝野赞誉。他擅长楷书、行书，尤以行楷见长，其书法功力深厚，常人难以企及。”说着，先生又取出一帧条幅，“你看，这是他的行书，有清一代，馆阁体一统天下，而魏氏敢于冲破馆阁体之束缚，以清新流畅的行书面世，匠心独运，变法求新，老笔纷披，气势恢宏，于此，足见变法求新之重要，自然，不唯书法如此。啊，还要告诉你，魏氏也曾在银冈书院求过学。”

听了先生这番话，恩来佩服先生精辟的见解，庆幸自己知道了魏燮均这个不凡的人物，身为银冈小学堂的学生，甚至由此而生荣誉感。他想到自己开蒙以来，一直临摹颜体，兼融魏碑，现在，他对魏氏书体又有了兴趣。

“先生，我可以临吗？”他问。

“当然可以，”先生抚髯笑道，“你可以在此临，也可以拿回家临。我知道你父亲也精通书道，他会予你以启迪的。”

先生的教诲，使恩来受益匪浅，在这之后，从他的墨迹中，不难看出魏氏书法风骨之影响，而先生所谓“变法求新”的话也使他难以忘怀。他已不是第一次接触“变法”这个词，《时务报》上说日本“明治维新”是“变法”；《昌言报》上说中国“百日维新”也是“变法”；表舅龚荫荪又对他说过“戊戌变法”；现在，先生谈起魏燮均的书体也是“变法”。这就是说，天下的事，为了“求新”，唯有“变法”。但如何“变法”，对一个十二岁的少年，毕竟是渺茫的事。

又过了些日子，四伯父贻赓随好友赵燕荪来到铁岭，在税捐局任分省补用通判（即科长），虽不和贻能父子住一块，却时常见面。

贻能父子寄居在富贵街彭家大院的门房西屋。彭家大院是一座青砖瓦房双四合院，有正房、门房、后宅、东厢房、西厢房各五间，围墙环绕，颇具规模。前院中央有木制雕花屏壁，两侧花墙与东西厢房连接，将整座大院分为三进。大门前筑有台阶，两旁置三级上马石，并四根石质旗杆。一人多高的夹杆石上雕有“三阳开泰、龙凤呈祥”等线条朴拙的图案。大门对面影壁上，书有“鸿禧”两个大字。正房与厢房、门房与厢房之间有月亮门联为一体。

周恩来在铁岭的住处——彭家大院门房西屋

院东与龙首山之间，为彭家花园，园内置有凉亭和奇花异石。总之，这幢道台府第，非一般民居可比，整个格局古朴中不失庄重，在铁岭是备受瞩目的。

贻能被主人安置在门房住宿，倒也符合他的“塾师”身份，他嘱咐儿子，勿到院内走动。花园是可以去的，有时，他带着恩来登上花园凉亭，或纳凉消夏，或教习诗文。只是花园毕竟局促，渐渐地，恩来的兴趣转移到毗邻的龙首山。

6月的龙首山，布满了奇花异草，空气中浮荡着蔷薇的清香，槐树翠叶纷披，浓荫夹道，古刹慈清寺耸峙一侧，善男信女熙熙攘攘拥向寺内进香。恩来和小伙伴们沿着磴道作登山竞赛，到了山顶，敞怀临风，目眺柴河自东往西再折向北，呈S形蜿蜒从脚下流过，四周远山近舍、丘冈田野，丰富、瑰丽的色彩，使他感到难得的惬意……

“走，去看日露战迹碑。”一位小伙伴提议。

“你是说……”恩来没听懂。

“日露战迹碑!”小伙伴重复道,“日,是小鼻子日本;露,是大鼻子俄国,就是日俄战迹碑。”

“快走!”恩来明白了,跟着小伙伴,跑过一片柏树林,见前面空地上矗立着一块石碑。

“它是日露战争后,小鼻子纪念战死者的。”小伙伴说,“外国人跑到俺们中国来打仗,还立啥碑,这叫啥名堂?!”

“是啊,”恩来倏忽想起父亲跟他说过的事,“如今,小鼻子在铁岭还设有满铁附属地、领事馆、警察署和兵营,士兵和浪人在街上胡作非为,这里,究竟是中国还是日本,为何不将小鼻子赶走?!”

“赶走?!”小伙伴吃惊地望着他,“这哪能办到?”

“能办到!”眼前的景象唤起了他的回忆,“在淮安时,我听表舅说过,我们那里就驱赶过小鼻子。”

“哦! 快说说。”

“那是明朝嘉靖年间的事了,淮安出了个状元沈坤,为人正直,不趋炎附势,却一直不得升迁,只当了一名主管教育的不大的官,后因母亲病故,回淮安守孝。适逢小鼻子倭寇来犯,所到之处,烧杀奸淫,无所不为,朝廷派兵抵抗,孰料官兵腐败,不敌倭寇。眼看家乡父老受害,沈坤忧心如焚,变卖家产,召募乡勇千余人,亲自率领迎敌。他冒着枪弹,身先士卒,一箭射中敌酋,倭寇大败而逃,沈状元乘胜追击,取得抗倭胜利,众乡亲便把这支队伍称作‘状元兵’。”

“状元兵,这名字好。”小伙伴为之神往,催促着,“还有吗? 说呀!”

“倭寇并不甘心失败,后又纠集人马来犯,而且愈加猖狂。沈坤率领状元兵配合官兵,杀得倭寇丢盔弃甲只顾逃命,状元兵紧追不放,追至淮安东乡姚家荡,将千余倭寇一举歼灭,尸体遍野。状元兵将倭寇尸体掘地埋葬,坟冢似山,名为‘埋倭山’,同时,淮安父老为沈坤建了‘报功祠’和‘状元楼’……”

“你们家乡真了不起,出了这样一个英雄,”小伙伴说,“可惜,俺们铁岭咋不出个沈坤呢?”

“小鼻子大鼻子都在欺负我们,”恩来皱着眉头,低沉地说,“朝廷怎么就不闻不问呢?”他捏着小拳头,愤愤地往日露战迹碑击打了一下,随后,小伙伴又带着他游览了几处景点,这才转身走下龙首山。

他来到山脚下,只见一辆敞口土黄色军车,上面坐着日本兵,拿着上了刺刀的枪枝,向外伸着,样子蛮横而刻板,径向日本驻铁岭分领事馆方向开去。

街道是肃静、冷清的,要回富贵街彭家大院,分领事馆是必经之地,为了躲避讨厌的盘诘,恩来从附近一条曲折胡同中绕弯子。胡同虽狭窄昏暗,可从这儿经过的也不只他一人,心中却也安然。谁料刚出胡同,突然一枝枪头伸到他胸前,刺刀尖闪着逼人的寒光,站岗的日兵,目光贼亮地紧盯着他,他心中忐忑,埋着头,不知会怎样……

或许,他毕竟是个孩子,没等他多想,日兵叽咕道:

“いちねんせい,行きます!”①

恩来不懂,日兵又朝他挥挥手,他意会了,旋即加快步伐匆匆离开这是非之地。

日露战迹碑和刚才经历的险恶的一幕,使他又想起牧马伙伴柱儿一家的厄运,他感到屈辱和愤恨。回到家,他把自己的感触和困惑告诉父亲。

“而今,朝廷腐败,外国人欺负中国。”贻能叹了口气,“可是,这毕竟是朝廷的事……”

“天下兴亡,匹夫有责啊!”恩来不满父亲的说法。

“顾炎武说的是至理名言,然则芸芸众生,无权无势,又有什么办法?”贻能说,“孩子,好好念书吧,念出本事,将来,或许于国

---

① いちねんせい,行きます:日文,意思是:一年级小学生,走开!

是有补。”

恩来多少有点遗憾地望了父亲一眼，什么也不问了。

翌日，临上学前，贻能叮嘱道：“恩来，银冈书院内也有一块石碑，你不妨仔细看看。”

恩来知道这块石碑，可他没细看过，不知父亲是什么意思。

到校后，他跑去认真看了一遍。

原来这是光绪十六年(1890)立的，上面勒刻着银冈书院创始人郝浴捐赠的财产。立碑时间至今才二十年，凿刻字迹尚清晰，上面记载着郝浴捐赠讲堂三开、东西厢房三开、条案八只、八仙桌八张、炕十个、坐台二十等等，以及《钦定古今图书集成》、《清史列传》、《理学宗传》、《诸暨诗存》、《康熙字典》、《玉珠斋全集》、《大题文府目录》、《佩文韵府》二十四卷。此外，还记有贡生刘鉴堂捐赠《图书集成》全部二百函(一千六百二十九本)、《御批通鉴辑览》、《十三经》、《四书说约》等等。

这些书，对于恩来，是陌生的，由书及人，他仿佛悟出了郝浴等先贤，寄希望于银冈书院后世莘莘学子“修身齐家安邦治国”的遗愿，也悟出了父亲让他看此碑的心意。

他抄录了部分碑文后转到东斋房。这里面有一个高大的书橱，平常他并不太注意，刚才看了碑文后，他想，这橱内也藏有郝氏的赠书吧！他凑上去，观看着橱门上镌刻的两副楹联：

诗传画意王摩诘　　船载书声米舍人
千山翠色落银冈　　晨登讲席颂尧舜

首联说的是王维和米芾的事，二联则是对银冈书院的写真，未知是不是郝氏真迹？先生的回答不肯定，他只是赞赏这样一种意境和追求。

“恩来，你要记住：今古毕陈趣生一室，人天兴感文可万言，饱读诗书方能立身。”先生说，“银冈书院历二百五十余年，汇集大批古今中外书籍藏于后院，你进去过吗？”

“没有，不知能否进去？”

“可以进去，”先生说，“我跟校役说一说。”

自此，恩来常去后院书库，果然，自郝浴以下众多乡贤的捐赠书籍，都收藏于此。经、史、子、集等古籍且不去说，还有近代出版的《盛世危言》、《新政直铨》、《万国史记》、《中西算法大成》、《西巡大事记》、《出使英法义（意）比四国日记》等，比起他见过的任何一处藏书要丰富得多。他仿佛踯躅于茫茫书海，一时间竟无所适从。有一天，在书库里遇到历史教员王先生。

“近时，读些啥？”王先生问。

“都想看，”恩来笑道，“可又不知看什么是好。”

王先生走到一个书橱前，抽出一本《盛世危言》：“喏，此书值得一读。”

《盛世危言》刊于光绪十九年（1893），著者郑观应，广东人，是个经营中外贸易的官商，自称“涉足孔孟之道，究心欧美西学”，论述甚广。郑氏认为，西方列强经济不断发展，必然要向东方的落后国家寻找原料基地和商品市场。因此，中国富强之道，迫切要政，在兴学校、讲西学、改考制、办日报、重游历、设议院、整吏治、开矿业、修铁路等，实行君民共主，以提高人民文化，发展工商业。原来，这是一本鼓吹政治改良的论著。

恩来并不了解《盛世危言》的内容，他问：“先生为何让我看这本书呢？”

“读后便知。”先生说。

恩来一连捧读了几天，愈读兴味愈浓，读了一遍不够又读一遍，之后，他去见王先生。

“先生，康有为、梁启超的主张、作为，与《盛世危言》如出一辙。”恩来兴奋地说。

“如此说来，你也知道‘戊戌变法’了？”先生颇为诧异。

“在淮安，听表舅说过，我还读过谭嗣同的《仁学》……”

“是么？！”先生又一次感到诧异，继之，摇了摇头，“他们那一套如今已吃不开了。”

“莫非‘变革求新’、‘救亡图存’错了？”恩来问道。

“这些主张并不错，错在药方有误。”

“先生，你能说得更具体些吗？”

“不要性急，”先生说，“书库里有《民报》[①]，同盟会办的，你也看看。”

“你是说同盟会？那不是孙中山先生创办的吗？”恩来的双眸发亮，瞅着王先生。

“这，你也知道？”

“也是表舅告诉我的。”恩来不无自豪地笑道。

“那你表舅是‘革命党’吗？”先生小声问。

“没听说，不过，一年前他已离开家乡南下去找孙中山了。”恩来说着，遂又小声地问：“先生，你是革命党吗？”

先生笑了笑，未置可否。

在这之后，《民报》成了恩来经常翻看的报纸。他注意到，凡出现“改良”这个字眼，一无例外地都受到针砭，而行文凡涉及“革命”这个字眼，著者总倾注了热情。可是，“革命”是怎么回事呢？他在思索，在探究……

这天，银冈书院举办了一场辩论会。

恩来从未见过这种事，辩论什么，又怎样辩论？他去见王先

---

① 《民报》：中国同盟会机关报，光绪三十一年（1905）十一月二十六日在日本东京创刊，光绪三十四年冬，被日本政府封禁。该报宣传资产阶级民主革命主张，批驳改良派反对革命的谬论。

生，可一时又找不到，只好回到课堂，挤在窗户前等待。

人愈聚愈多，隔了会儿，在临时搭起的讲坛上，出现了劝学所总董（即所长）曾宪文，恩来听过曾先生的演说，知道他信奉共和政体，估猜他是一位革命党人，今天，会不会又是他发表演说？

孰知，曾先生说了几句开场白，话锋一转："今天，俺们特地请赵振清先生发表演说……"

赵振清?! 乍听这个名字，恩来心中一颤。半月前他听说过，此人原籍辽北昌图，正就读于奉天法政学堂，曾割股上呈血书，要求朝廷速开国会，改良政治。此事经《盛京日报》披露，轰动一时。

"……目前，赵先生已被法政学堂开除，这是学界的耻辱，却是赵先生的光荣。"总董的话被一阵掌声打断，他提高嗓门，"现在，有请赵先生——"

又一阵掌声把赵振清拥上讲坛，此人看上去才十八九岁，面容清瘦，身材高挑，善于言辞。他历数朝廷自甲午战争以来之种种弊端，痛惜戊戌变法之失败，鼓吹救亡图存……他激昂慷慨，滔滔不绝，说到悲愤处竟泣不成声。院内掌声不绝，恩来也激动得眼含热泪。

"赵先生差矣！"突然，历史教员王先生闪现在赵振清身旁，"先生割股上书，勇气可嘉，敝人不胜钦佩。可是，先生鼓吹的仍是康、梁的一套，时至今日，已是谬种误传。"

"先生此说，有失公道。"赵振清辩解道，"梁任公认为，清王朝之所以能维持统治，在于国民缺乏政治思想觉悟，尤缺乏进取、冒险、自由、自治、进步、自尊、合群、尚武等精神，多'奴性'而少'独立'，中国的根本出路在于改变'人心道德'，提高国民觉悟，'欲维新吾国，当先维新吾民'……"

"梁任公之论，就字面看，似颇正确，而且，敝人也曾信奉无疑。"王先生截断了赵振清的侃侃而谈，"但是，梁先生的动因乃是维系清王朝统治，其政治主张，喧嚣于他们的'保皇报'上。他们所鼓吹的'保皇即爱国'，实质是'保异种而奴中华，非爱国也，实害国也'，可谓大谬不然。"

"你这是谋逆之论！"赵振清斥道。

"非也！"王先生异常冷静，"问题的关键在于救国之道是什么，又靠谁来救国？"

"靠康、梁，靠改良派人士！"

"哼！"平素不苟言笑的王先生猝然发出一声冷笑，"请问，康、梁又靠谁？不是靠那个呆皇帝吗？结果呢？……现在又靠谁？靠五岁的溥仪，即便尊敬的先生，你割股上书，呈谁呢？也是皇上……"

"你……"赵振清张口结舌。

"革命、保皇理不相容，势不两立，如黑白之不能动摇，如东西之不能易位。"王先生言辞转向激烈，"革命如唯一法门，驱逐鞑虏，恢复中华，乃人间正道，天理昭彰。"

掌声似炸雷震撼着银冈书院，恩来一个劲地拍手，振奋得难以抑制。

赵振清气馁地坐在一旁，默然不言。

"最后，我想提议，对赵先生割股上书的无畏之举，再次表示敬意！"王先生说着，带头鼓掌，稍息，"希望将这无畏的精神，运用于推翻数千年专制政体、建立共和民国的事业中去。"

一场激烈的唇枪舌战结束了，恩来跑到王先生身边嚷道："先生，你说得真好。"

"其实，那都是孙中山先生的话，我仅仅是追随其后。"王先生笑道。

"我也要追随其后。"

"你这孩子，倒挺招人喜欢。"王先生作了这样的回应。

先生为何不表赞成，又不予鼓励？恩来有些纳闷，想了半天遂自言自语："唉，莫非因我还是个孩子……"

是的，他终究还是个孩子。然而，西式教育已使他懂得了一

周恩来的伯父周贻赓

些基本的科学、史记知识，书法也有了长进，对于沸沸扬扬的改良革命之争，也不再那么朦胧了，这些都是银冈书院给他的。他依恋着这儿，希望在这儿求学的日子能一直继续下去。

院内乔木阔大的树叶已纷纷飘落，寒露过后，四伯父贻赓辞了铁岭捐税局的差事，要回奉天。他想把侄儿带到奉天上学，旋跟贻能商议。

贻赓刚说出这个主意，恩来却着急地说："伯父，我离不开铁岭，离不开银冈书院……"

"奉天是座大城市，各方面都比铁岭强，"贻赓说，"那里商业昌盛，文化发达，我会把你送到一所好学校去。"

"比银冈书院好吗？"恩来半信半疑。

"是的，"贻赓笑道，"天下大着哩，由淮安而铁岭，由铁岭而奉天，孩子，你是一步步往高处走。"

"那……那我跟你去。"恩来说着转向父亲，"爹，你同意吗？"

"嗨，"贻能一旁说，"我没什么本事，孩子，去吧，跟着四伯父没错。"

"爹，你是不是也去呢？"

"那边没找到事，我还将呆在铁岭。"贻能说，"好在这里离奉天不远，我会抽空去看你们的。"

"你一定要去啊！"恩来一直凝望着父亲。

东关模范学堂——聚弱制强
——魏家楼子与何殿甲
——“为中华之崛起”而读书
——建校“二周年纪念日感言”

火车在一望无际的大平原上，呼啸着穿越柴河向前行驶，恩来时而凭窗眺望，时而默然沉思，脑中盘旋着对未来读书环境的向往。

约摸个把时辰，车抵奉天，恩来紧紧跟着伯父，旅客不多，两人很快出了站，搭上一辆敞篷马车驶向市区。

一路上，宽阔的街道，林立的商铺，摩肩接踵、形形色色的人群，使恩来感到这里确非蕞尔小城铁岭可比，伯父不时指着街景向他讲述着，他心中涌动着难言的感动。

马车驶近一处金碧辉煌的建筑群，伯父对他说：“前面就是故宫——”

眼前，只见宫阙正门上悬挂镌刻着“大清门”三个字的竖匾，两旁立有威严的石狮一对，门前还有东西辕门各一座。大清门对面是青砖装饰的蟠龙大影壁……

“你看，那是‘文溯阁’，”恩来正在左顾右盼，伯父又指着一幢最高的宫殿式建筑说，“它是仿照浙江‘天一阁’营造的，高为三层，阔为六间，前后均有出廊，那熠熠闪光的为黑色琉璃瓦，外加绿剪边，不愧为奉天一大胜迹，唔，乾隆皇帝组织人编纂的《四库全书》珍藏于此……”

伯父知道得真多，恩来边听边看，仿佛只是瞬间，马车已驶离故宫，一径向南，而后在金银库胡同的绍兴会馆门前停下。

这里，便是他们的下榻之处。

入门，经门厅、天井和走廊，转入会馆大厅，迎面门柱上悬有一副楹联：

游官到奉天，把越酒，话乡关，如读会稽三赋。

清时调玉烛，借文溯，成雅集，胜在永和九年。

楹联蕴含着王羲之挥洒《兰亭序》和乾隆建“文溯阁”召人编纂《四库全书》之典故，透出一派随遇而安、儒雅风流之气息。伯父逐句解释给恩来听，这给他以宾至如归之感。

贻赓仍在奉天度支司应差，安排停当，即携恩来进了奉天官立两等小学校。

1912 年，东关模范学校校庆二周年全校师生合影

据《奉天通志》载：光绪三十一年（1905）七月，移处创设第六两等小学堂，将省城大西关镶红旗汉军第二佐领官厅改作宿舍；宣统二年（1910），与第七两等小学堂并为一校，称东关模范学堂。学校坐北朝南，青砖瓦顶，砖木结构，自南向北，在中轴线上依次排列着门房、前教学楼、礼堂、后教学楼等建筑，四周砌有二米高

的围墙。门房七间，中为正门，门楣上方嵌校名。穿过正门便是照壁。前教学楼高二层，风火山墙，墙面饰红砖图案，门窗拱券式，雕砖装饰走廊和楼梯设在楼外，上有防雨棚，木制米字纹栏杆，门窗、栏杆等木件皆着红漆。后教学楼形制、格局同前。两楼间的礼堂平面呈长方形，跨度较大，居中有立柱十六根，屋顶是人字梁，上装天窗，可容数百人。这样的建筑规模，在奉天的小学校中并不多见。

恩来进校时，全校共九个班级，教员二十余名，学制为九年（初等五年，高等四年），后改为七年制（初等四年，高等三年），班次排列为甲乙丙丁……恩来插入丁班（高等部六班），教室设在前楼二楼西首第一间，南数第二排右首第一张课桌即是他的座位。

学校按西式教育设置课程，有修身、国文、算术、历史、地理、格致、英文、图画、唱歌、体操等，比铁岭银冈书院小学堂完备，学生身心能得以全面的锻炼和提高。由于这所学校的教学设施、师资配备和课程安排，均非一般学校可比，教学质量在奉天可谓名重一时，这样，官宦商贾子弟纷纷涌入。由于家庭的娇生惯养，他们之中有的人沾染上好逸恶劳、以强凌弱的恶习。恩来入学后，按校方规定，也戴上了日本式大檐帽，穿上了日本式洋校服，从外表看，与奉天当地学生并无两样，可是，一说话，就显出他是外地人了。他那浓重的淮安口音，奉天学生听了觉得别扭，甚至鄙夷。开学不久的一天，放学后，他留下帮校役打扫走廊，只听身后有人在喊：“小南

上图合影局部放大前排（中）为周恩来

蛮，小南蛮！”他刚直起腰，便有一个高个同学将他猛然推倒在地。

“我们是同学啊……”恩来怔怔地说。

“谁跟你同学，你是南蛮子！”那人说着又将他猛地一推。

幸好恩来及时抱着廊柱才没摔倒，见他未作辩解，那人甩着膀子走开了。

这种受气的事，几乎每天都有，几个仗势欺人的同学，甚至扒下他的裤子打，打完嬉笑着一哄而散。恩来心中不平，而且，他发现，班上别的小同学也挨过那人打，见到那人总怕，总躲，这怎么行呢？可他知道单凭自己的力量是对付不了的，得想个法子。他慢慢接近那些弱小同学，甚至在星期天把他们找到一块儿商量。

“他老爹在衙门里做事，谁敢碰他。”一个小同学说。

“其实，他老爹也看不惯他的霸道，”另一个同学说，“我跟他是邻居，亲眼看到过他老爹用鸡毛掸子揍过他。”

“哎呀，别招惹他，”又一个同学说，“打不过他，躲还不行吗?”

“可是，都在一个班上，能躲得了吗?”恩来见众说纷纭，遂说出自己的想法，“怕他，躲他，越发助长了他的气势，这不行。”

“那你说咋办?”主张躲的同学问。

“单个来说，我们每个人都是弱小的，力量又分散。”恩来说，“谁都知道，一只筷子容易折断，假如是一捆筷子哩，能折断吗?”

“恩来，你的意思是，俺们几个要变成一捆筷子?”

“对。”

“那你说咋办？俺们听你的。”

“我琢磨这样……”恩来说出了早已琢磨好的打算。

这天，又到了放学的时候，几个小同学分头急匆匆地离开学校，恩来却跟着那个大同学走。路上，那人故意寻衅，对恩来又推又搡，恩来忍着，依然一步不拉地跟着。已是薄暮时分，两人途经一个僻静处，突然，从旁边的小巷中窜出几个孩子，直扑那大个同学，连推带拽，将他拖到小巷里，摁倒在地，那人心虚发颤，连连告饶。

“我们也不是为了报复，”恩来瞅着那人说，“今天，我们只想问你一句话，往后，你是不是还欺负我们？”

“我，我……”那人似不明说。

一个小同学捏紧了拳头挥了过去，让恩来架手挡住，他说：“别打，打人是野蛮的事，我们要的就是一句话。自然，说不说是你的事，没准你还会再撒野，不过，每天放学你总得回去，纵然你想躲我们大伙儿，也躲不掉。”

“你们松手吧，”那人在哀求，“今后，我再也不欺负人了……”

“说话可算话？”一个小同学问。

“算话，我想过了，我是一个人，而你们是一伙人……”那人抽泣起来。

“好了，把他放了。”恩来说着把那人拉起来，又帮他拍了拍身上的灰尘，说，“一个人也好，一伙人也罢，我们是一个班的，根本就不应当打架骂人。”

“是哩，我知道了。”

自此，班上的确没再发生过以强凌弱的事。①

在抗衡班上贵胄子弟欺负的过程中，班上的赵夔弟、赵希文、何履祯、郭思宁等，都成了恩来的好朋友。他还跟何履祯结拜了“金兰之交”，每人以一方砚台作为凭证，上面镌刻着结交的文字，相互提携，切磋学问，砥砺品行……何履祯为人沉静、谦和、朴实，恩来看重其人品，两人相处甚为投契。交谈中，他了解到，履祯有位祖父叫何殿甲，是位饱读诗书的乡村野老，令他仰慕不已，总想有个机会见识一下这位老人。

---

① 这件事在周恩来的记忆中是难以磨灭的。五十四年后的1964年，在一次家庭聚会时，他回忆道：“我由南方到了东北，说话淮阴口音重，同学们喊我‘小蛮子’，欺侮人，每天打我，几个大同学还扒下我裤子打，我被打了两个多月，被逼得想出办法，我就交朋友，他们再打人，我们就同他们对打，他们看我们人多势众，也就不敢再打我了。”（见中共淮阴市委宣传部等编著《周恩来与故乡》第192页，江苏人民出版社2008年版。）

没过多久，适逢秋游，三天假日，正是机会，恩来禀告了伯父，和履祯来到奉天南门外一家骡马店。履祯对这里很熟悉，也许是何殿甲在南乡一带有些名声，店里有人知道履祯是魏家楼子老何家的孙子。几乎没费周折，恩来和履祯便“拉脚”搭上一辆卖柴回程的骡车到了吴家堡，下车后步行三里便是魏家楼子。

这是一座二三十户人家的村子，周围有几座低矮的丘冈，村上都是草屋，多已残破，掩饰不住的凄凉感，让人心中发怵。

履祯家的房子，在村里算好的了，干打垒的院墙里是一幢坐北朝南的起脊草房，两进正房，各有三间，东西两侧还有厢房。这些房屋显然倒塌过，修补的痕迹到处可见。

走进前排正中的堂屋，只见条案上供着福禄寿三星，两旁为大口凸肚瓷瓶，内插鸡毛掸帚。案前有一张烧焦一角的八仙桌，墙上贴着一副未装裱的对联——

一月常致二十九日醉
百岁须笑三万六千场

这是什么意思？借酒浇愁，佯笑度日？恩来正在琢磨，一位着青布短褂黑裤，脑后垂着一根花白长辫的老人跨进门。

“是周生吗？”不等恩来请安，老人先开口。

“爷爷。”恩来赶忙鞠了鞠躬。

“听履祯说起过你，住下吧！”老人的话很平淡，也不知是否欢迎他，他颇感拘谨，听任履祯的照应。

谁知晚餐时，老人备了酒，硬是要跟他对饮。家人上了一道“白肉血肠”菜，是用肉片、猪肠灌猪血和白菜煮烩而成的，恩来知道这是奉天乡间的名菜，用作招待亲朋故旧的，味道鲜美可口。老人招呼他尝尝，他的心倏然掠过一道热流，拘谨随之消除了，竟吃了一大碗高粱米饭。说起这高粱米饭，乃是东北的主食，当初，在铁岭吃到它时，总觉得不如家乡的大米饭香软，甚至有点涩，可吃习惯了，却又觉得它有劲道，熬饥。这一顿，他吃得饱饱的，加之喝了点酒，夜里睡了个又香又甜的觉。

第二天，何殿甲把恩来带到书房。书并不多，奇怪的是无论书橱或书籍，都有火焚后的残迹。

“爷爷，这些书怎么……”恩来欲言又止。

“日俄战争中烧毁的呀！”老人痛苦地说，“人已是劫后余生，何论书焉？这些残存的书还是老夫不顾性命抢出来的。”

“没想到这里也遭了殃。”恩来叹道，“去年，我在铁岭读书时，登上龙首山，看到一座‘日露战迹碑’，是小鼻子立的，可恨啦！”

“嗨，真是无独有偶，小鼻子在俺村东边的烟笼山也立了一座碑；大鼻子则在村西的汉城遗址立了一座碑，两碑遥遥相望，仿佛仍想比个高低，咄！”老人轻蔑地哼了一声说，“周生、履祯，俺们去看看小鼻子那座碑。”

出村口，眺望东方，即见一座方锥形石碑矗立在三里外的烟笼山上，沿途弹痕累累，田地荒芜。何殿甲年迈，步履缓慢，爬坡时，由履祯和恩来搀扶着走，到了烟笼山顶，已是气喘吁吁。

烟笼山高约百米，站在山头放眼四顾，北边，沙河宽约百米，缓缓流过，西边乃魏家楼子，南为长胜铺，北是柳巷屯，方圆七八里，是一片相当开阔的洼地。

日俄奉天会战日军战迹碑，以糙面青色花岗岩砌筑，基台为抹角方形，似须弥座，以灰白色细加工花岗石砌成。碑高六米，正面嵌直行阴刻“奉天会战第四军战迹”诸字。

“这里就是奉天会战战场，”何殿甲挺了挺腰板，手向四周划了个圈，“那是光绪三十年，距今才七年。开始，旅顺口一役俄军大败，日军乘胜追击，九月初八，日军第四军和俄军第一军团，在此遭遇。据当时的《盛京日报》载，斯役，日军投入二十五万人，俄军投入三十五万人，激战七昼夜，打得昏天黑地，杀声震野。双方都强迫俺们这一带乡亲挖战壕、运武器，烧杀抢掠，无恶不作，唉，我有幸拣了这条老命……”

“爷爷，那时我在哪儿？”履祯问。

“你爹带你远走他乡啦。”何殿甲说，“这场战争，以日军胜利告终，但日方也死有数万人，这一带尸体遍野、惨不忍睹啊！”说着，他又指了下魏家楼子以西台基上另一座石碑，“那是俄国人立的碑。战争结束后，日俄签订了一个条约，俄国人将它在东北攫取的权益让给日本人，年底，日本人又强迫俺们朝廷签了个条约，将奉天南站一带划为日本租界，让日本人为所欲为……”

“这场战争，好像是老张家跟老孙家打架，却在老李家摆战场，”恩来说，“这太不公道，太蛮横了。”

“你说的‘老李家’好比是俺们中国，”何殿甲叹道，“可是，战争一开始，俺们朝廷就宣布‘局部中立’，这不是对日俄的霸道行径听之任之吗？”稍停，他昂起头颅，山风抖动他的长髯，他吟哦起来：

登彼龙山兮之巅，望彼河水兮潺湲；
忆甲辰年兮神往，想日俄战兮心酸；
纷纷兮余怀，悠悠兮苍天；
英雄竞起兮到山川，不知何日兮奏凯还？
慨三省民兮涂炭，溯历代兮皆然①；

何殿甲泪花闪动，声音呜咽，履祯、恩来怔怔地站在一边，吟哦在继续：

吾已出于斯兮长于斯，恨不能翱翔兮五湖烟；
今吾老兮有何志愿？图自强兮在尔少年。

---

① 何殿甲的诗文，藏于中国革命博物馆。

吟毕，何殿甲转脸问道：“周生，你明白我的意思吗？”

“爷爷，我懂，外国强盗太欺负我们了，”恩来说，“不独这里的老百姓遭殃，铁岭、旅顺、奉天都遭了殃。而且，自咸丰年间鸦片战争，中经光绪二十六年八国联军侵华，直到如今，我泱泱中国，不知受了多少凌辱……”

“你都知道？”何殿甲惊异地说。

“先生教的，”恩来说，“可我们中国人是不甘奴役的。”

“孩子，你知道就好，”何殿甲渐从悲愤中挣脱出来，“所以我说，图自强兮在尔少年。”忽然，他又无限感慨地说，“沧海桑田，往事如烟如梦，一言难尽啊！俺们还是回去吧！”

一回到魏家楼子，未及休息，何殿甲取出一个本子递给恩来，说：“此乃老夫的诗作，你看看，对那场日俄战争会有更多了解。”

恩来因老人的坦诚和信任而异常激动，捧着用“德隆号”竖行信笺装订成册的诗集，双手微微颤栗，甚至忘了道一声谢，便出了屋，在院内一棵绿荫如盖的大榆树下翻阅起来。

在题为《乙巳二日辽阳店作》一诗中，何殿甲写道：

回首甲辰年，中心倍惨然。
烽烟连日急，生死一时兼。
有弟皆逃散，无家独泣涟。
飘流辽渤地，只唤奈何天。

继而，是《辽邑书怀》：

人情最苦是离情，秋去冬来春又经。
怅怅中怀愁莫解，双亲两地料难生。

悲愤的诗句，勾勒出一幅幅因战争而生离死别的“流民图”，恩来读了不禁唏嘘。

日本战胜俄国后，不唯勒石树碑，而且将万宝山易名为烟筅山，这使何殿甲感到忧愤，在《甲辰九月八日避乱》中写道：

两年兵马夜奔驰，万宝山头将令施。
无数乡民皆丧胆，哭声载路怅何之。

这就是日俄战争带给魏家楼子这片土地的灾难。战后，何殿甲回到故乡，见满目疮痍，血泪斑斑，心中的悲愤化为《日俄战后还乡作》：

俄军夜遁日军来，敌垒森森对面排。
五亩田园皆寥落，百年世业枉培栽。
溅沙血水浸河水，滴落春台作将台。
中外战争何日息？空留白骨满山堆。

这是何等惨烈的景况，这年重阳，何殿甲登临旧战场，不禁“暗触思亲无限恨，低头只下泪千行”。恩来读至此，已是泪水涔涔。他的目光仍在诗笺上追寻，读到一首《有感而作》：

大局艰难事事非，边关渐欲动杀机。
东南恶虎食无厌，西北贪狼意更肥。
民智不开团体散，兵心在盗莫合围。
果然思保辽东地，血洒红途肉乱飞。

这里，何殿甲不只谴责了日俄贪婪的强盗本性，而且探究了中国任人欺凌的原因，在于民智不开，团体星散，军心不良……

但是，在这场残酷的战争中，毕竟还有一些爱国志士率领乡民奋起抵抗，其英勇不屈，令何殿甲敬佩之至，他作诗颂扬：

登高一望适天长，残垒萧萧战夕阳。
河水萦流烟惨淡，乡村寥落色凄凉。
白衣送酒人何在，红叶题诗字亦香。
凭吊捐躯诸义士，千秋不朽烈名扬。

恩来一首首默读、琢磨，有的甚至背诵下来，他感受到何殿甲老人热烈的爱国主义情怀。战场旧迹的实地观察，又读到如许血泪凝聚的诗作，爱国主义在这个少年的意念中，不再那么空泛，而是愈来愈具体、真切。

"论诗品、论人品，爷爷都不简单。"他对履祯说。

"爷爷一生不得志，"履祯的笑饱含着苦涩，"我跟你说说爷爷名字的来历吧！科举不是要经乡试、会试、殿试三级吗，爷爷尝想乡试中个举人，会试中个贡士，殿试再获取进士头名，即'殿甲'状元，"履祯神色黯淡，"可是，终其一生，爷爷连秀才也不是，只是一名老童生，这是咋回事呢？"

"我在铁岭念书时，听说有个魏燮均，极有才学，咸丰年间，书法名闻京师，可他两度考试，均落第未中，最后仅是一名秀才。"恩来说，"可见，像爷爷这样有壮志有才学的人，终被埋没者也非个别。"

"爷爷命不好。"

"啥叫命？"恩来瞅着履祯，"我想，责在朝廷。太史公写汉武帝曾曰：'何世无才，患人主不能识耳，苟能识之，何患无才？'先贤北宋张载曰：'贤才出，国将昌。'如今，朝廷腐败，国家贫弱，贤才自然被埋没了，爷爷即为一例。"

"我要把你这话告诉爷爷，他一定高兴。"

三天的乡间生活，恩来开了眼界，经历了一回从未有过的心灵震荡。

返校后的第二天，是修身课。魏校长亲自授课，以“立志”为题，启发学生。他说：“孟子曰：‘夫志，气之帅也。’同学们已是高小年级，当是立志之时，首先碰到的问题是，读书为了什么？今天，大家不妨申述之。”

“为明礼而读书。”有人抢先发言。

“不失为一种志向。”魏校长缓缓点点头。

“学而优则仕，”又有人回答，“读书，自然是为了当官。”

魏校长笑了笑，未予置评。

“我是为家父而读书。”一位靴铺老板的儿子说得挺干脆。

这话引起一阵吃吃笑声，魏校长不禁蹙起眉头。

“恩来，你千里迢迢自江南到此，你读书又为了什么呢?”魏校长问。

想到在铁岭、在魏家楼子耳闻目睹的种种，中国濒于危亡的严酷现实，使他有切肤之痛，他激昂地答道：“为中华之崛起而读书!”

“好!”魏校长大声称赞，“泱泱中国，如今内忧外患，灾难深重，凡热血男儿，救国图存，责无旁贷。诸位年幼，读书乃打基础，以便日后投身于中华崛起之伟业。古人云‘人若志趣不远，心不在焉，虽学无成’。恩来志存高远，见识不凡，这是值得诸位仿效的，每个人都应有‘为中华之崛起而读书’的志向……”

魏校长的话，是肯定也是鼓励。“为中华之崛起”像风帆，像羽翼，激励着恩来笃实躬行，奋发向上。他注重每门功课，力求全面发展，他的作文、书法，成了班上、年级和全校的翘楚。尤其是作文，常常被国文教员赵纯眉批“传观”并张贴在学校的走廊里，供同学观摩，一时传为佳话。

入学第二年，在全省作文会考中，恩来即名列前茅，他写的《东关模范学校第二周年纪念日感言》入选奉天省教育品展览会展出，同年，收入《奉天教育品展览会国文成绩》一书。三年后，上海进步书局将其收入《学校国文成绩》一书，稍后，又收入上海大东书局出版的《中学生国文成绩精华》，成为全国性的范文。这是恩来最早一篇见诸文字的作品，迄今已过去一百多年，越发显得珍贵，而能见到者寥寥，故照录如下：

东关模范学校第二周年纪念日感言

最可宝贵、最有价值而又最触动同学诸君之种种感情者，非我东关模范学校成立第二周年纪念之今日乎？

念四①小时，一刻千金，拍掌欢呼，全校同庆，亦云盛矣。然余一霎时而怃然②。回忆昔日改组成立时，缔造之艰难，气象之萧条，岁时再历，同学旧友，十存六七。抚今追昔，神为伤已。一霎时，余又欣然，睹今日校舍之宏，人才之盛，跄跄济济③，肃肃雍雍④；珥笔者⑤，纪盛事；观光者，相劳慰，已足称一时之嘉会已⑥。而一霎时，余更嗒然⑦。夫创之既艰，后难为继。今年今日，进步逾于去年今日；明年今日之进步，未审亦如今年之于去年否也。

嗟乎！负此责任者谁乎？其惟吾校校长、教员诸公已耳⑧，其惟吾校全体诸同学已耳。余深爱此最可宝贵、最有价值之第二次纪念日，即不能不厚望我最可钦佩、最有学识之校长、教员诸公，更不能不厚责我最可危

---

① 念：即二十。念四：二十四。

② 怃（wǔ 武）然：怅然失意的样子。

③ 跄跄（qiāng 枪）济济：跄跄，是行步从容的样子。济济，是人多的样子。都形容人才之盛。

④ 肃肃雍雍：端庄和谐的样子。

⑤ 珥（ěr 耳）笔者：插笔的人，即拿笔杆写文章的人。珥，插在帽上，古代史官谏官入朝，把笔插在帽上，以便随时记录，故叫珥笔。

⑥ 已：表示确定语气的词。

⑦ 嗒（tà 榻）然：心境空虚、怅然若失的样子。

⑧ 其惟：岂不就是。其，表揣测语气的词。已耳：罢了。

险[①]、最有成就之全校诸同学也。

吾校司教育之诸公乎？诸公为国家造人才，当殚[②]其聪明，尽其人力。求整顿宜重实际，务外观先察内容，忽自隳行检[③]，以失人则效[④]；忽铺张粉饰，以博我名誉；更勿投身政界党会，谋利营私，以纷扰其心志，而日事敷衍。校长为学生择良教材，教习为学生谋深造就，守师严道尊之旨，除嚣张浮躁之习。注重道德教育，而辅之以实利美感[⑤]，更振之以军国民之精神[⑥]。教育美满，校风纯正，则此纪念日乃可因之而永久。由第二周年，以至第三周年，而达于无穷期之周年者，实赖我司教育诸公之热心维持而已矣。

吾校之诸同学乎？吾人何人，非即负将来国家责任之国民耶？此地何地，非即造就吾完全国民之学校耶？圣贤书籍，各种科学，何为？为吾深究而悉讨。师之口讲指画，友之朝观夕摩，何为？为吾相切而相劘[⑦]，非即欲吾受完全教育成伟大人物，克负乎国家将来艰巨之责任耶？以将来如许之重负，基础于小学校三四年中，同学，同学，宜如何奋勉、始对之而不愧哉？一物不知，学者为耻。同学其博学乎[⑧]？好问则裕，自用则小[⑨]。同学

---

① 责：要求，督责他人完成任务。危险：当因同学年轻，有误入歧途之可能。
② 殚(dān 单)：竭尽。
③ 隳(huī 灰)：毁坏。行检：品行。
④ 则效：效法。这里是效法榜样的意思。
⑤ 实利：指数理化等科学知识。美感：指文学艺术。
⑥ 军国民之精神：指坚忍、勇敢尚武的精神。“军国民”，为当时的通行语。
⑦ 劘(mó 摩)：磨。相切相劘，即相互切磋。
⑧ 其：相当于“殆”，表拟议。此句中“其……乎”，有“是否应该呢”的意思。
⑨ 好问则裕，自用则小：裕，宽绰；应付裕如的意思。自用，只凭自己的主观意图行事，不虚心向人求教。

其审问乎[①]？思之思之，鬼神通之[②]。差以毫厘，谬之千里。同学其慎思而明辨乎[③]？学矣，问矣，思辨矣，而犹或浅尝辄止，见异思迁，躐等[④]以求进，自是而非人[⑤]焉。吾恐同学之智识亦无由新，道德亦无由固，而欲丛人才、蔚国器[⑥]，难矣。如是则书不将虚此读，业不将虚此习，师不将虚此教诲，友不将虚此切磋，吾模范学校不将虚此造就，而两周年之光阴又不将虚此度过也哉！惟望吾全校诸同学惕然自警而已矣。

余于此纪念日中抒此谬妄[⑦]。其以后所云者，为同学诸人勉。韪我罪我[⑧]，所弗计[⑨]也。然而去年今日往矣；今年今日，未往而已往矣；明年今日，他年今日，余将拭目而观吾东关之模范学校，更观吾全校同学之学生。

这篇作文抛弃了旧八股的文风，立意新颖，言简意赅，论说精辟，语重心长，活现出一个追求救国真理、锲而不舍、奋发有为的少年俊逸形象。

恩来摒弃了“光宗耀祖”、“学而优则仕”等陈腐的封建观念，明确宣布“吾人何人，非即负将来国家责任之国民耶”？旋又提出学生读书应以担负并实现“国家将来艰巨之责任”为目的。显然，这里所谓“艰巨之责任”即“中华之崛起”。

---

① 审问：详尽地发问，研究问题能追根问底。
② 鬼神通之：喻指能够领悟最深奥幽微的事理。
③ 慎思：慎重思考。明辨：指明辨事理和是非。
④ 躐（liè 猎）等：不按循序，逾越等级。
⑤ 自是而非人：以为自己总是好的、对的，而别人都是坏的、错的。
⑥ 丛、蔚：本指草木繁茂，借以说培养出人才之多。国器：能够主持国政的人。
⑦ 谬妄：谬妄之见，作者自谦之词。
⑧ 韪（wěi 伟）我罪我：赞同我或责备我。韪，对，是，赞成。
⑨ 计：考虑，计较。原件误作“记”。

当然，欲担负此“艰巨之责任”并非一句空话，故在文章中，恩来热切地呼唤道：“以将来如许之重负，基础于小学校三四年中，同学，同学，宜如何奋勉、始对之而不愧哉？”

文章既是建校纪念日《感言》，自然要论述到学校之责。他希望学校“为国家造人才”，“求整顿宜重实际，务外观先察内容。勿自隳行检，以失人则效；勿铺张粉饰，以博我名誉；更勿投身政界党会，谋利营私，以纷扰其心志，而日事敷衍”。其辞剀切，其情殷殷。

同时，他希望“校长为学生择良教材，教习为学生谋深造就，守师严道尊之旨，除嚣张浮躁之习。注重道德教育，而辅之以实利美感，更振之以军国民之精神”。这里，实际上已提出教育的内容在于德、智、体、美的全面发展。对于同学，《感言》也满含期许，认为对“各种学科”应“深究而悉讨”，不能“浅尝辄止，见异思迁，躐等以求进，自是而非人”，而要“慎思而明辨”。

《感言》的超群见解，令赵纯、张镜云、高亦吾等教员击节赞赏，认为“教不如此不足以言教，学不如此不足以言学，学校不如此不足以言学校，文章不如此不足以言文章”。奉天省展出时的评语为：“心长语重，机畅神流。”而上海编纂之《学校国文成绩》一书，则赞其“衔华佩实，左宜右有”。

简直难以想象，这种气度，这般见识，这等文笔，竟出自一名十三岁少年之手，百多年后的今天读来，仍令人回肠荡气，无任钦佩。

多灾多难的时代和对知识的渴求、深思，陶冶了一个少年的早熟。

经师易求，人师难得——高亦吾——蹴鞠——魏家楼子的夏天——剪辫子——《赠周恩来》诗文——作别奉天

讲台上，放着一只圆圆的、色彩斑驳的球体，先生说这叫地球

仪，上面绘着世界上的五大洲四大洋。先生用手缓缓地转动着，伴着慢条斯理的讲解，一些国家的地理位置、山川河流、风土人情……像一幅幅奇异的画面，展现在同学们面前，引发了浓厚的兴趣。

先生姓毛，教地理，称得上是诲人不倦，可是，他是个满人，思想保守，凡事总替改良派辩护，恩来内心对此很反感。有一次，毛先生向他推荐《新民丛报》[①]，而且递到他手上。恩来知道这刊物是梁启超主编的，表舅龚荫荪和铁岭的王先生都给他说过，他还知道梁启超已落伍了。可是面对笑眯眯的毛先生，他焉能却之不恭？再说，他并没读过梁启超的文章。于是，他谢过毛先生，接受了下来。谁料一接触，他仍被深深吸引了，那一系列介绍进化论和与此有关的西方哲学、伦理学文章，他尤感兴趣，从中，他知道了达尔文[②]、穆勒[③]、卢梭[④]这些辉煌的名字。梁启超下笔激情洋溢，行文汪洋恣肆，不遗余力地宣传西方资产阶级社会政治文化道德思想，猛烈抨击晚清专制政体，倡导民主、自由、人权学说，恩来感到耳目一新，他甚至能背诵梁启超的某些论述。比方梁启超写道："……必取数千年横暴混浊之政体，破坏而齑粉之，使数千年如虎如狼如蝗如蛹如蛆之官吏，失其社鼠城狐之凭借，然后能涤荡肠胃以上于进步之途也；必取数千年腐败柔媚之学说，廓清而辞辟之，使数百万如蠹鱼如鹦鹉如水母如盲犬之学子毋得摇笔

---

① 《新民丛报》：辛亥革命前资产阶级改良派的重要刊物。梁启超主编。初期连载梁启超"新民说"论文，介绍西方资产阶级政治学说，抨击封建顽固派，对当时知识界有较大影响。1903年后反对孙中山领导的资产阶级民族民主革命，曾遭到《民报》的批判。

② 达尔文(1809—1882)：查理·达尔文，英国博物学家，进化论的奠基人。著有《物种起源》，提出以自然选择为基础的进化学说，从而摧毁了各种唯心的神造论、目的论和物种不变论。

③ 穆勒(1806—1873)：约翰·斯图尔特·穆勒，英国唯心主义哲学家、经济学家、逻辑学家。鼓吹资产阶级的民主和自由。主要著作有《论自由》、《功利主义》、《逻辑体系》等。

④ 卢梭(1712—1778)：让·雅克·卢梭，法国启蒙思想家、哲学家、教育学家、文学家。著有《民约论》，其思想极大地影响了法国资产阶级革命。

弄舌，舞文嚼字，为民贼之后援，然后能一新耳目，以行进步之实也。”[①]真是震聋发聩、痛快淋漓，确具一种魔力，恩来为之折服，尤其喜欢梁启超平易畅达，时杂以俚语韵语及外国语法，纵笔所至不检束的文体，只是后来读了《民报》和《苏报》[②]，才不无遗憾地看出梁启超和他的老师康有为“落伍”的所在。他不尽赞同梁启超的观点，但依然敬重这位改良派政治家，而对介绍《新民丛报》给他的毛先生，也像是多了一份复杂的感受。

比起毛先生，语文教员赵纯是另一种类型。他有爱国心和正义感，却很少公开表露出来，而常常在教学中让学生潜移默化地接受影响。

有次，临近年终，他出了道作文题《赵苞弃母全城论》让同学们会考。

赵苞是汉灵帝时辽西郡守。公元 177 年冬，鲜卑万余骑兵于路途掳获赵苞的母亲和妻子，当作人质攻辽西郡。

显然，敌人奢望赵苞囿于孝道亲情全母弃城投降，可是，面临强敌的威胁利诱，赵苞毅然弃母，率兵击溃敌兵，保全了汉朝疆土，结果，赵母和妻子均被害。

赵先生讲了这个故事后，要求大家就此史实发抒议论、申述见解。

“城失犹可复夺，母死不能再生。”一位同学说。

“忠孝两全，不孝何以言忠？不孝不忠，是为耻也。”又一位同学发言。

“倘若既能救出其母，又能保全辽西郡，岂不是两全其美？”另有人说。

---

① 见梁启超《新民说》。

② 《苏报》：1896 年创刊，章士钊主笔，章太炎为主要撰稿人。1903 年，因发表邹容《革命军》被迫停刊。

“你说怎么办?”赵先生问道。

“这诚为难题,诚为难题……”这个学生讷讷重复着坐下。

“恩来,你又是如何看待这件事呢?”赵先生将目光移了过来。

“赵苞弃母使全城黎民百姓免遭涂炭,斯为大孝也! 范仲淹曰:‘先天下之忧而忧,后天下之乐而乐’,赵苞正是。”恩来已回答了先生的提问,可他并未打住,继续说:“方今,东西强盗,占我土地,掳我财宝,戮我国民,而朝廷却屈辱忍让,凡爱国志士,面临这种危局,焉能以私害公?”

这一见解精辟独到,赵先生不禁含笑频频点头。

周恩来珍藏五十年的高亦吾照片

在东关模范学校众多先生之中,恩来和历史教员高亦吾有着特殊的感情。

恩来入校时,高先生已剪去长辫,身著短装,戴顶元宝帽,而非一般人戴的瓜皮帽,这在学校里是独一无二的。

那时,奉天各地张贴着朝廷禁止剪发易服的告示,高先生却视而不见,若无其事一般。他的这一叛逆行为,引起种种议论,不少人为他担心,他却说:“我绝不再做半边和尚。哼,辫子? 那只是条豚尾,留它作甚?!”说罢朗声大笑,恩来觉得这位先生与众不同,他很留心高亦吾的言行。

上课时,高亦吾经常丢开课本,讲述近代中国遭受列强凌辱的历史,讲清政府与列强签订的一系列不平等条约,讲八国联军火烧圆明园,但几乎听不到他的唏嘘叹息,他说:“……面对强大的东、西方列强,朝廷是卖国求荣,民众却奋起反抗,你看,林则徐广州禁烟，关天培虎门抗敌，三元里平英义举，太平天国革命，义和团起义，直至孙中山先生领导的同盟会，在全国各地，组织反清反帝斗争……可谓是百折不挠，前仆后继。”他的激昂慷慨，悲愤难抑，使恩来受到强烈感染。

而高亦吾从恩来“为中华之崛起”而读书的抱负和那篇传诵一时的《东关模范学校第二周年纪念日感言》中，也知道了这个来自南方的学生的卓尔不群，打心里喜欢恩来。

日子一长，像是有一种无形的外力，推动着他们相互接近。终于有一天，高亦吾把恩来邀至自己住所，开始，只是询问恩来的功课和兴趣爱好，谁知两人竟一见如故。

“先生，你的口音，不像是关东人嘛！”恩来望着先生略带忧郁的神色，问道。

“我是山东章丘人。”高亦吾说，“并且，我还可以告诉你，我原名不是高亦吾，而是高守铭，字盘之。”

“那先生为何要改名字呢?”恩来笑了笑，“啊，这……我本不该问。”

“我说给你听无妨，挺有意思的。”高亦吾撸了把脸说，“几年前，我在济南山东高等学堂读书时，有位来自福建的小同学，姓吴，虽说我比他年长十岁，却情同手足，遂相约更名，高为高亦吴，吴为吴亦高，志同道合，如同一人，后来，我又将‘吴’改作‘吾’。”

“是这样……”恩来还是头回听说这样的事，他急着问，“那吴亦高的原名呢，他也跟你一道来奉天了吗?”

“没有，他仍在济南读书。噢，他叫吴蔼宸[①]。”

---

① 吴蔼宸（1891—1967）：福建闽侯人，北京大学毕业，工科学士，长期从事矿业资源开发，在我国，首次发现钨矿。后投身政界，先后出任河北省长公署顾问、新疆省政府高等顾问、国民政府驻捷克布拉格总领事、驻海参崴总领事、外交部顾问，并任职台北特派员公署。著述多种。1954年，在周恩来亲自安排下，自海外返回中国大陆。先被聘为北京地质学院教授，1958年，周恩来正式聘其为国务院文史研究馆馆员，1967年病故。

“那你们干嘛要分开呢?”

“唉,这事说来话长。”老北风狼嚎般地摇撼着窗棂,高亦吾见恩来身子颤栗了一下,忙将一件皮袍子给恩来披上,倏又将窗棂的插销扣牢,这才回到座位上,“在山东高等学堂时,耳闻戊戌变法和义和团惨败,清政府赔款割地、丧权辱国,心中充满了愤怒与耻辱……”

“先生,我也是这样……”恩来说了自己对戊戌变法的感想和在铁岭、魏家楼子的经历。

“想不到你这小小年纪,却如此忧虑国是。”高亦吾深为赞许,“那会儿,我在同学中发起组织了‘乐群学会’和‘玫瑰诗社’,以其为主力,开展反清斗争,不久,即遭通缉,我愤而脱下长袍,割掉辫子,出关投奔族兄高敬之。”

“先生真了不起。”恩来不由得赞道。

“其实,这是每一个仁人志士都应当做的。”高亦吾旋又叹道,“我走后,济南镇守使派人查抄了我章丘的家,把我娘监押入狱,我闻此,心如刀绞,悲愤不已,有家不能归啊!”说至此,他热泪迸洒,恩来也跟着流泪,半天,才又说,“我是被逼下了关东,原来的名和字不能再用,只能用‘高亦吾’了……好啦,不再说了,这都是过去的事了。恩来,谈谈你吧,谈谈你的家。”

恩来谈了老家的衰落破败,两位母亲的病逝,父亲不堪家庭负担,四处谋事,艰难度日,以及两个叔父的一死一瘫。说着,说着,便又泪水涟涟。他抹了把泪,说:“我是多亏了四伯父才离开淮安的。”

“恩来,你看,我们两人,一个是无家可归,一个是有家难回。”高亦吾说,“这能怪我们自己吗,不,种种不幸都归咎于朝廷腐败,国势孱弱……”

这天,两人谈得很晚,外面已飞飞扬扬地落雪了,高亦吾留恩来住下,恩来怕伯父着急,坚持要走。高亦吾摸了摸他薄薄的棉袍,遂将自己一件貂皮的短袄脱下,让恩来加上,他则裹了肥大的皮袍,冒着风雪,一直把恩来送到金银库胡同的绍兴会馆门口。

风雪弥漫，关外的冬天来势凶猛，恩来有些措手不及，棉长袍难以御寒，课间休息时也总待在教室里，透过玻璃窗户看同学们在积雪的操场上追逐嬉戏，他好羡慕。可是，这种几乎能冻掉鼻子的严寒，他还不适应，此番情景，高亦吾看在眼里，心想，恩来这般文弱瘦小，且又畏寒，这样下去怎么行？一天，散学后，见时候尚早，他追上已出校门的恩来，拉着他的手说："走，咱们去北河沿跑步！"

"啊，真冷！"恩来未置可否，不停地搓着冻红的面孔。

"跑跑就不冷了，"高亦吾又拉起他的手，"要知道，跑步不仅能驱寒，还能锻炼体魄。有了强壮的身体，才能从事农、工、商、矿等实业，否则，不可以生存，况欲执干戈卫国家乎？"

"先生说得对，"恩来不好意思地笑了，"走吧！"

雪片在天空搅动着，又硬又尖峭的寒风在四野放肆地呼啸，地面的雪流，像海浪般卷涌着。魁梧的高亦吾带着弱小的恩来在北河沿不停地跑着，恩来踩在雪上，每一脚都没到踝骨，偶而，会陷到深雪里，一双毡靴筒就灌进了雪，立刻感到冰凉。高亦吾教他以跳跃的步伐蹦出雪窝，霎时，雪原上便响起了他快活的笑声。

"歇歇吧！"高亦吾喊道。

恩来停下脚步，气喘不止，头顶热气腾腾，像打开蒸笼一样，不一会儿，身上又冷飕飕的了。于是，他拽了拽先生，两人又跑了起来，他感到从未有过的新奇。自此，他常随高亦吾来到北河沿或跑步，或做操，既炼了体魄，又从中获得了乐趣。

有时候，高亦吾也带他在街上走走，那总在星期天。日本人正在奉天修筑马车铁路，经常可以看到日本人在中国苦力面前吆三喝四，甚至挥舞皮鞭抽打苦力，恩来和先生交递着愤恨的目光，无言地走开。一次，见有一辆装饰豪华的大轿从日本驻奉天领事馆抬出来，竟然有几个路过门口的中国老百姓一齐下跪，轿内的日本人从窗格里看到，遂掀起门帘，放肆地大声嚷道："快活，真快活啊！"

"小鼻子咋这样蛮横？老百姓又咋这样忍辱？"恩来悲愤地

问，“先生，中国有救吗？”

“我不信没救……”先生也颇沮丧，没再说下去。

回到学校，高亦吾递给恩来一本书，他说：“你已读过《史记》、《汉书》、《离骚》，那都是古书。今天，我借给你这本《革命军》……”

恩来一接到手，便翻看起来。

“别急，我先给你讲一讲这本书的著者。”高亦吾让恩来坐下，“邹容，字蔚丹，四川巴县人。此君性情刚直，宁折不弯。戊戌变法失败的消息传到巴县时，年仅十四岁的邹容震惊不已（这岁数跟你差不多）。他尤其敬仰取义成仁不屈而死的谭嗣同，常悬谭氏遗像于座旁，并题写‘赫赫谭君故，湖湘士气衰，惟冀后来者，继起志勿灰’的悼亡诗以自勉。1902年春，他去了日本，进东京同文书院求学。其间，积极投身于中国留日学生的革命运动，凡有集会，他是必到，到则必争先发表演说。他慷慨陈辞，讲述清廷丧权辱国历史，声言不推翻腐朽之清政府，就不能挽救中国之危亡，令与会者无不动容……”

“先生，你也是这样的。”恩来不由自主地插了一句。

“我只是后学，只是效法，比起邹容差远了。”高亦吾继续在讲邹容，“参与革命活动的同时，他还如饥似渴地阅读了卢梭的《民约论》、孟德斯鸠[①]的《万法精理》，再有美国的《独立宣言》[②]和法国资产阶级革命书籍，所有这些对他的思想均产生了积极影响。他对清政府切齿痛恨，发誓效法法、美，以革命手段推翻它，于是，《革命军》问世。”说到这里，高亦吾点燃一支香烟吸了两口，旋又

---

① 孟德斯鸠（1689—1755）：法国资产阶级启蒙思想家、法学家。他反对封建专制和神权思想，主张在资产阶级和贵族妥协的基础上建立君主立宪制，提倡立法、行政、司法三权分立。

② 《独立宣言》：杰弗逊起草，1776年7月4日“大陆会议”通过，宣布北美十三州脱离英国殖民统治而独立、组织美利坚合众国。它宣称人民享有不可侵犯的“天赋人权”；政府的统治建立在人民同意的基础上，人民有权推翻旧政府，建立新政府。

翻到书的《序言》，指给恩来看："这序末署名为'革命军中马前卒邹容记'，可谓立场昭然。写毕，他请章太炎[①]润色，章氏又亲为作序，称之为震撼中国之'雷霆之声'。好了，你带回去看吧！"

恩来的心怦然而动，他捧着《革命军》就像捧着一件无价之宝，在自修课上，几乎是一口气读下去——

邹容写道："我中华欲独立……欲与世界列强并雄，不可不革命，吾大声疾呼，以宣布革命之旨于天下。"革命是"至尊极高、独一无二、伟大绝伦"的；革命是"天演之公例"、"世界之公理"；是"顺乎天而应乎人之伟大事业，献身革命是每个人不可推卸之责任"。

邹容号召全国同胞"仗义群众革命军"，"作十年血战之期，磨吾刀，建吾旗，各出其九死一生之魄力"，以革命手段推翻清王朝统治。

在书里，邹容揭露清政府的卖国行径，赞美西方资产阶级革命成就，鼓吹民主、自由、平等思想，主张资产阶级领导革命，建立资产阶级共和国，高呼："中华共和国万岁！""中华共和国四万万同胞之自由万岁！"

恩来从未读过感情如此充沛、尖锐泼辣的文章，他一连读了几遍。

"恩来，有何感想？"高亦吾问道。

"读之热血沸腾，"恩来兴奋地说，"我也要做革命军中马前卒！"

"这正是我期许于你的。"高亦吾畅快地笑了。

关东的雪，下了一场又一场，时大时小，断断续续，一直下到翌年四月。在这漫长的冬季，除了上课和课外阅读，恩来时常往

---

① 章太炎（1869—1936）：即章炳麟，号太炎，近代民主革命家、思想家，浙江余杭人。1903年因发表《驳康有为论革命书》和替邹容《革命军》作序，触怒清廷，被捕入狱。曾与蔡元培等发起成立光复会。1906年参加同盟会，主编同盟会机关报《民报》，与改良派展开论战。晚年思想趋于保守，但赞助抗日救亡运动。

高亦吾住处跑，年龄相差二十八岁的这两代人，总像有说不完的话，自然，跑步、做操，锻炼身体也从没疏忽过。此外，他还学会了蹴鞠，且十分爱好。蹴鞠，俗称踢行头，这是一种比较古老的体育项目，类似近代的足球比赛。鞠是用皮做的圆形球，内装毛发等软物，也有将猪膀胱灌鼓作囊的，大小似足球。比赛前先在河冰或空旷处划三道横线为界，设有三名裁判，各执一木杆或竹杆立于线上。开赛时，双方列队于线上，一方开球，另一方则横立于线上阻挡，开球后则向对方球阵冲过去，其势勇猛异常，对方自然竭力阻挡，双方来往冲撞，甚是激烈，充分展示参赛者强悍、灵巧和机智的作风。比赛的任何一方将球踢入线内，裁判手中的木杆或竹杆即刻落下，被视为赢家。

只要听说“踢行头去”，恩来莫不参加。他用网兜拎着鞠，和赵希文、郭思宁、何履祯等一群同学，直奔学校附近的万泉公园，在雪地上划线开战，有时也在万泉河冰冻的河面上相互厮杀。酷寒的老北风，一阵阵翻卷过来，锋利地削刮着一张张冻得通红的小脸，被风扬起的雪粒，冰砂似地落满他们的肩头，他们却仿佛浑然不觉。一个个矫健的身影，在比赛场地来回穿梭，鞠，在他们脚下，流星似地闪动，力与美的竞技，编织成雪国少年英姿勃发的生动画面。

岁月在悄然流逝，不知不觉已是暑假，恩来又随何履祯来到魏家楼子。他喜欢这座半是废墟的村落，在这里，他能学到一些在课堂上学不到的东西，何殿甲的才学品行且不说，村民们淳朴敦厚的风气习俗也熏陶着他。他跟村民相处熟稔，几乎成为他们之中的一员，他感到自在舒畅。唯一让他难受的是矗立在烟笼山和台基上的日、俄战争纪念碑，把它们看成是这片土地上的痈疽。他曾把这个想法告诉何殿甲。

“我也曾这样想，甚至欲发动乡民将其推倒。”何殿甲沉静地说，“只是，清朝未垮，日本特权仍在，倘若贸然将碑推倒，后果堪虑。再说，让它立在这里，也可作为强邻辱华的铁证，它可以教育后代毋忘国耻……”

这话，使恩来深为服膺。一天过晌，他约履祯来到村北的台基。

这里原是汉城遗址，据说，附近的坑坑洼洼里曾发现过铜镜和箭矢，而残缺的陶片至今仍能见到，显然，古代这里有过村落甚至城池。无数的朝代更迭，这里经历过多少次兵燹和灾祸啊！空前酷烈的奉天日俄大战，更使它寒烟袅袅，衰草遍地，不忍卒睹！

眼前，十字架形的纪念碑高耸着，它是以灰白色花岗岩砌成的，碑的上端饰有圆形彩色镶嵌的圣母头像，碑身正反两面皆刻有俄文，恩来和履祯都不认识。

“奉天衙门来过人，爷爷见过他们，听说过碑文的内容，”履祯想了想说，“它是纪念那场战争中死伤的俄军将士的，意思是，献给为沙皇的信仰而英勇捐躯的俄罗斯军人们。”

“啥‘沙皇的信仰’？不就是入侵、奴役别国吗？岂有此理！”恩来气愤地说，“这碑身反面又写的啥？”

“让我想想，好像是说，谁为朋友而牺牲自己的生命，谁就比母亲更值得爱戴……”履祯用手在碑上划着，“下面刻的是俄国参战军队番号。”

“这‘朋友’指谁呢？是指俄军士兵，抑或指中国，倘若是指中国，真是莫明其妙！”恩来在碑侧徘徊着，“历史课上高先生说过，俄国人诱使清政府订立中俄密约，占据中东铁路及其附属地带，而后与日本人在中国土地上争权夺利，这难道是‘朋友’所为吗?!”

“大鼻子伪善，小鼻子阴险，”履祯说，“总有一天，要把他们统统赶出俺们中国。”

“你说得对。”

尽管恩来厌恶这块纪念碑，但台基这地方他没少到。尤其是晚上，因这儿地势高，风凉，又没蚊虫，魏家楼子的人喜欢来此乘凉，那也是恩来最高兴的时候。他有时跟小朋友追逐嬉戏，有时和小朋友摔跤比赛，更多的时候，是围在何殿甲周围，听老人讲古。老人从不讲什么鬼狐精怪，总是讲朝代兴废，贤相权奸，或者是大鼻子、小鼻子……这样的夜晚，总使恩来流连，往往夜深了才跟着何殿甲回去。

一天过晌，履祯神秘地说：“恩来，今晚，邻村唱‘粉戏’，去看不?”

“啥叫‘粉戏’?”恩来第一回听说。

“喏，就是‘地蹦子戏’，草台班子，走村串屯地演唱，有《兰桥会》、《白蛇传》、《杨八姐游春》……可好看了。”

“爷爷让去吗?”恩来问。

“去吧，去吧!”何殿甲在一旁听到，挥了下手。

吃罢晚饭，乘天色还亮，恩来、履祯便随魏家楼子的人来到邻村，戏台就搭在村口，四盏瓦盆灯盛满棉籽油，捻子点燃后，火苗在暮色中烧得旺旺的。

随着一阵急促的锣鼓点，角儿登台了，穿着彩衣，施了粉黛，又是说又是唱。

“履祯，角儿的声音咋像假嗓子呢?”

“啊，”履祯笑道：“女角是反串的，也就是男扮女装。”

“这又为啥?”

“女子不能登台呀，她们连看戏也被说成‘邪道’哩!”

“反串原是不得已而为之，”恩来思忖道，“可也不失为一个办法。”

台上唱的是《白蛇传》，恩来兴致颇浓，随着剧情的推进，白娘子的正气、小青的忠义、许仙的善良、法海的邪恶，都给他留下了难忘的印象。散场时已是小半夜,他和履祯又跟着众人回到魏家楼子,何殿甲闻声已举着一支松明迎出村口……

在魏家楼子的日日夜夜,生活充满了乡野情趣,很快,他又回到了课堂。

两个多月后,武昌起义爆发,消息传到奉天,整座城市闹腾开了,剪发易服之举沸沸扬扬。在东关模范学校,恩来第一个剪掉辫子,同时,他还鼓动别的同学也剪去辫子。可是,斗争仍有反复,时任"奉天将军"的汉军正蓝旗人赵尔巽①,撕下了"变法维新"的伪装,露出封建保皇的真相,伙同袁金铠、张作霖②等军界头目诱杀革命志士。这年 12 月是个"黑色的腊月",奉天有百余革命党人及其同情者遭到杀戮,大南门城墙上、新河沿南广场、草仓口北大坑以及风雨坛、八王寺等处,都挂满了革命志士的头颅,一时间,黑云压城城欲摧。

其间,恩来同班同学谭公卿兄弟也剪了辫子,慑于形势的险恶,剪了又后悔起来,不得不将剪下的辫子缝在帽沿内佯装。可是,仍让家里人发现了,被痛斥了一顿,其弟年幼,感到压力太大,哭泣不止,吃饭时误吞鱼刺,喉管出血,惊吓之中,医治未及,猝然死去。恩来前去吊唁,等他弄清了是这么回事时,一方面为同学的早殇悲哀,一方面更加痛恨清王朝的腐败,他想革命真不是一件容易的事啊!

然而,革命之势,如长江大河难以阻挡,高亦吾让他看了《盛

---

① 赵尔巽(1844—1927):清末大臣。历任清监御史、知府、按察使、布政使、巡抚、户部尚书、东三省总督等职。民国成立后,改称奉天都督,后任清史馆总裁兼参政院参政。

② 张作霖(1875—1928):北洋军阀奉系首领。辽宁海城人,字雨亭,土匪出身。清末曾任东北巡防军前路统领等。民国成立后,历任师长、奉天督军、东北巡阅使等职。1924 年,打败直系军阀后,控制北洋政府。1928 年被蒋介石打败,退回关外。6 月 4 日乘火车经皇姑屯时,被日本关东军炸死。

京日报》[1]的一则报道，那上面写道："省城各学堂毕业生统计不下数百人，得有将委者实属寥寥。近因闻新军政府议招贤馆，接纳各省遗才……故省城赋闲各生纷纷南下……"恩来读毕，为之神往。他向高亦吾流露了自己的想法，可是，先生并不赞成他南下，理由是来日方长，有他为国效力之时。

其后，邻近湖北的湘、陕、赣三省，十多天内响应武昌起义宣布独立；接着，晋、滇于 10 月底宣布独立；相继独立的有黔、苏、浙、桂、皖、闽、粤、川等省；苏、浙等省联军在 12 月 2 日攻下南京；1912 年 1 月 1 日，中华民国临时政府在南京正式成立，宣布共和政体，选举孙中山为临时政府大总统；改用阳历，以 1912 年为民国元年。而东三省（辽宁、吉林、黑龙江）这时已为张作霖控制，张氏以高压政策维持其统治。

奉天的政治气氛照旧僵滞、压抑，大街上仍有垂着长辫的遗老遗少招摇过市。未料，天下大势，风云突变，报纸和书刊拥戴袁世凯御用内阁的文章赫然入目，孙中山已把一切国事交付袁氏，自己却去修铁路了。

东关模范学校的气氛尽管还比较自由，但平时曾很激进的先生有的变得消沉起来了，就连高亦吾对时局的骤然变化也显得有些困惑，愤慨失望之余，一再叮嘱恩来用心读书。除了功课，恩来仍不忘《民报》和《盛京日报》，时常翻阅，还抽空重读了《史记》等著述。这个学期，时间于他特别紧张。毕业考试一结束，适巧伯父贻赓调天津充运饷科及管银分号总核员，又到了一个关键时刻，贻赓问他今后的打算。

"我要读书。"恩来说。

"这也正是我所想的，周家第三代中数你最有出息了，奉天有

---

① 《盛京日报》：1906 年 10 月 18 日创刊，日本人在奉天创办的第一份中文报纸。发行人宫房次郎，总编辑菊池贞二。

中学堂，可我主张回南边读书，或是南京，或是天津。”贻赓慈祥地看着侄儿，“南京离淮安近，文化昌盛，语言风俗与家乡相近，只是没有亲戚照应。天津呢，为港口城市，开埠较早，虽说华洋杂处，文化倒也发达，那里有座南开学校，在国内中学里是一流的。再说，我和你伯母都在天津，便于照应。不过，你已小学毕业，去哪儿，不妨说说你的想法。”

“伯父虑事周到，你决定吧！”

“我让你说自己的意见。”贻赓坚持道。

“自然去天津好，南开学校固然令人向往，而跟伯父伯母在一块，我还可以侍奉两位上人哩！”

“噢，”贻赓笑着说，“我再写信跟你爹商量商量。”

现在已是寒假，恩来想，不管去南京抑或天津，新学期肯定要离开奉天了，他留恋在这里度过的三年时光，忘不了东关模范学校的老师和同学，也忘不了魏家楼子与何殿甲老人。

老北风黄牛似地嗥叫着，下了场小雪，不堵路，恩来在南门骡马店见着一个熟人，跟着搭乘骡车，又一次来到魏家楼子。一切仿佛跟从前一样，他与何殿甲老人谈这谈那，帮着掰玉米棒子、储菜、堆柴，直到临走前的头天上午，才把自己即将离开奉天的事说出来。

“这大冷天跑来，我就觉得有点不对劲，”何殿甲讷讷地说，“事已定下了吗？”

“是的。”

“走吧！”老人“叭哒”抽了一口烟，“天下之大，不止奉天一块地皮，你应当飞得更远更高……”

整整一天，何殿甲变得沉默了。入夜，隔着窗户，恩来看见老人在书房兼卧室里伏案写着什么。他躺在炕上，被窝里很暖和，隔壁怕是寒气逼人哩！他睡不着，犹豫了一会儿，隔窗喊道：“爷爷，太冷了，睡吧！”

老人似未听到，仍在低头挥毫。

“爷爷，”恩来提高声音，“你别冻着，快上炕吧！”

“啊，我这就睡，这就睡……”

恩来得到了满意的回答，又钻进被窝，一会儿便迷迷糊糊地睡着了。爷爷究竟什么时候睡的，他一无所知。

翌日，吃早饭时爷爷未到，恩来和履祯跨进书房，见爷爷拥衾而眠，不停地咳嗽。

“爷爷，你着凉了？”恩来靠近床铺问。

“嗨，年迈体衰，总是这里那里有毛病。”何殿甲强作笑颜，“周生，你就要上路了，爷爷没啥送你，昨夜，我写了几首诗，一篇短文，算是我的一点心意……”说着，从案头取过三页“德隆号”竖行信笺递给恩来。

恩来展笺，几首《赠周恩来南归》的律诗跳入眼帘——

辽东江北路迢遥，两地结成义气交。
沈水饯别同洒泪，邮传书信莫迟捎。

同校同班又同学，以文会友话三夏。
焦桐入听谁知己，除却周生即吕生。

君欲南旋怅别离，不知后会在何期？
倘能共到凌烟阁①，自有言欢聚首时。

读书只在性情坚，莫学浮夸那少年。
今日南归无物赠，略将诗句作金钱。

---

① 凌烟阁：唐太宗贞观十七年(643)图画开国功臣长孙无忌、杜如晦、魏徵、尉迟敬德等二十四人于凌烟阁。阁在当时长安，太宗亲自作赞、褚遂良题阁、阎立本作画。

人生海角与天涯，好似飞鸿印泥沙。
倏尔南归去塞北，飘萍无定宦为家。

恩来默诵着，不禁心潮起伏，诗写的是他与履祯的同窗之谊，却满含着老人对他的勉励和期许，盼他有朝一日能像唐初的开国元勋长孙无忌、杜如晦、魏徵、尉迟敬德那样功劳卓著，图画凌烟阁上。他觑了老人一眼，说不出自己此刻是怎样一种复杂的心情。旋而，目光又落到《赠周恩来》一文上——

能为非常之人，必有非常之才。有非常之才，始成非常之业。彼季子①刺骨，后为六国相。司马②题桥，终能乘高车。班超③投笔，果封万户侯。张良④坚忍，卒成汉世业。如四君者，岂不毅然大丈夫哉？自古及今，英雄豪杰，不大困者不大亨，能冒险者方出险，此定理也。观吾人读书，虽不敢言囊称饶裕，亦不如家索清贫，衣食有资，备金不用，正男子有为之日，学生造诣之时。较诸挂角读书、牧豕听经、凿壁偷光、映雪读书，⑤当何如也？义孙周生与小孙有朋友之义，同堂为学，南北距五千里之遥……善则相劝，过则相规。交非浮泛，谊切

---

① 季子：此处指苏秦。夜间读书困倦时，用锥刺股以提神。

② 司马：即司马相如(前 179—前 117)，西汉辞赋家，蜀郡成都人。

③ 班超(32—102)：东汉名将，字叔皮。扶风安陵(今陕西咸阳东北)人，班固弟。在西域活动 31 年，对巩固汉在西域的统治，维护西域各族的安全，促使丝绸之路的畅通，有重要贡献。

④ 张良(？—前 186)：汉初大臣，字子房，传为城父(今安徽亳县东南)人。为刘邦的重要谋士，封留侯。

⑤ 挂角读书：隋朝李密，外出访师时把书挂在牛角上，边走边读。牧豕听经：西汉公孙弘，年老体迈家贫，为人放猪于竹林，用刀削去竹青，抄录《春秋》坚持学习。凿壁偷光：《西京杂记》卷二："匡衡勤学而无烛，邻舍有烛而不逮，衡乃穿壁引其光，以书映光而读之。"映雪读书：晋人孙康，晚上读书无灯，坐在院子里借雪光映照苦读。

同胞。今值南旋,泪洒而别,后会有期,在何时也。吾无黄金万镒、镏铢千提馈赠周生,仅具片语,以作纪念云尔。①

文章虽短,何殿甲却用了一系列典故,以季子、司马、班超、张良等古代先贤相期,又以李密、公孙弘、匡衡、孙康等有为之士相勉,希望恩来能成为建功立业之“大丈夫”,并以“大困大亨”、“冒险出险”之人生哲理启导他。这份挚爱,这份真情,恩来岂无触动,读毕已是泪光滢滢。

“爷爷,我会铭记在心的,”恩来将诗文叠好,装进衣兜,“我永远不会忘记爷爷和履祯……”

“我盼着将来你能成就一番事业,可我老了,倘若真有这一天,我也看不到了。”何殿甲低沉地说,“这不要紧,只要有这一天,我在九泉之下也会欣慰不已的。”

“爷爷……”恩来喉咙像被什么堵住似的。

吃过早饭,恩来向何殿甲辞行,老人硬是起床相送,他拄着拐杖,在履祯搀扶下,坚持送到村口,这才挥手说:“周生,我就不送了,让履祯送你去吴家屯。”

“爷爷——”恩来深深鞠了一躬,“我走了,你多保重。”转身离去,走了一阵,回眸远眺,老人拄着拐杖的佝偻身影,仍伫立在村口……

离开奉天的日子愈来愈近,师友们都依依不舍,奉天也有中学堂,为何一定要去天津呢?他们一再挽留,可是,恩来主意已决,他不能囿于奉天,而要飞得更高更远。但是,他也同样地恋恋不舍,他向老师们一一告别,老师也予以殷切的慰勉。高亦吾仍

① 《赠周恩来南归》诗和《赠周恩来》文,均收藏于中国革命博物馆。

关注着时局的变化，以伺机而动，忧愤、失望只是表象，一腔热血，仍在奔流。

3月底一个飘洒冻雨的日子，恩来又一次来到高亦吾住处。师生抵足而眠，殷殷话别。

“先生，三年来，你教我为人之道、博览群书，带我跑步、做操，想到往后不在你身边了，我……”恩来心中黯然。

“你去天津是对的，那里是对外商埠，凡事开风气之先，不像奉天的复辟势力依然严重。”高亦吾说，“去之后，要选择一所好学校。”

“伯父想让我报考南开学校。”

“这再好没有了，南开乃全国中学堂之佼佼者。”高亦吾为之欣然，“果若能进，在你，真可谓如鱼得水。”

“那我一定要考上，”恩来有点振奋，“以不负先生之期望。”

“唔，唔。”高亦吾点头赞许，想了想，这才问道，“恩来，孔子曰：‘君子有三乐。’你可知晓？”

“‘仰不愧于天，俯不愧于地’，此其一乐；‘父母俱在，兄弟无故’，此其二乐；‘得天下英才而育之’，此其三乐。”恩来应答如流。

“对，对，有你这样的学生，我愿足矣。”

……就这样，师生二人无拘无束唠了大半宿。次晨，临走时，高亦吾将自己的一帧照片相赠，两人洒泪而别。高亦吾成了恩来难忘的人，直到三十多年后的1946年9月，他在跟美国记者的谈话中，仍回忆道：“一个历史教员叫高亦吾（山东人）是革命党人……高亦吾介绍给我读进步书籍，如章太炎（光复会领袖）的书和同盟会的杂志。”[①]而那帧照片，恩来保存了整整五十年，直到1963年，他才亲手交给“荣萱师母”（高亦吾之妻），于此，足见师生

---

① 见《周恩来同志和李勃曼谈个人与革命的历史》。原文（载《中共党史资料》1982年第一辑。

情谊之深。

那几天，何履祯、郭思宁等同学几乎终日跟恩来在一起，想到今后不知哪年哪月才能相见，他不免怅然，思之再三，将自己喜爱的书和砚台送给他们，郭思宁让他题几个字留念，他挥笔写下：

同心努力，万里前程指日登。

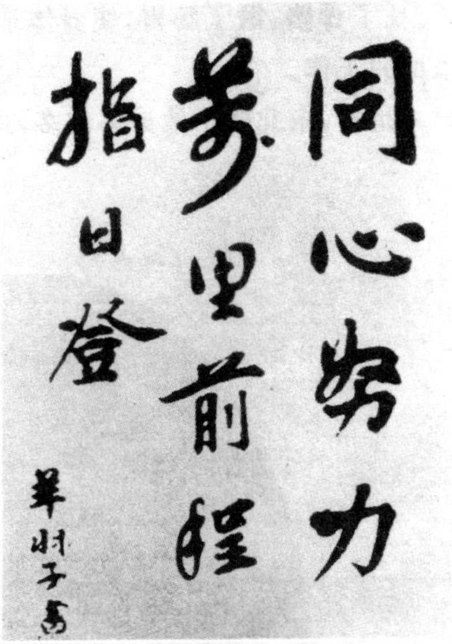

周恩来小学毕业离开奉天时给同学郭思宁的题字

笔力洒脱，气势豪迈，谁能想到这是一个十五岁少年的心声。

春雨潇潇，恩来随伯父贻赓离开奉天奔赴天津。

三年的关东岁月，在恩来波澜壮阔的一生中，留下了深深的烙印。后来，他曾感慨地说过："十二岁的那年，我离家去东北，这是我生活和思想转变的关键。没有这一次的离家，我的一生一定也是无所成就，和留在家里的弟兄辈一样，走向悲剧的下场。"又说："我身体这样好，感谢你们东北的高粱米饭、大风、黄土，给了我很大的锻炼……吃高粱米，生活习惯改变了，长了骨骼、锻了肠胃，使身体适应以后艰苦的战争年代和繁忙的工作。"①

是的，东北赐予他许多许多，那么，天津又会怎样呢？

① 见《中共党史资料》1982 年第一辑。

第三章　负笈津门[1]

南开学校——敬业乐群会——《春日偶成》——免费生

汽笛声声。

恩来乘的客轮缓缓地在塘沽靠岸。海边，泊着一艘艘大型货轮和驳船。码头上，活跃着卸货、装货的苦力……

没多耽搁，恩来又随贻赓伯父换乘内河小火轮抵达天津。

三年前，他跟贻谦堂伯父入关前，曾在天津稍作逗留，印象依稀。这次，却见大街上又矗立起一幢幢式样各异的高楼巨宅，沿街杂陈的货物，四处熙攘的人群……其繁盛，的确非奉天可比。

其实，他看到的只是表面现象，还没有真正了解这座城市的历史和现状。

早在清咸丰十年(1860)，天津即已开埠，成为中外贸易的一处集散地，引起西方列强的垂涎，英、法、俄、德、日、比、奥、意、美九国，竞相在此辟划租界，由头缠红巾的外邦锡克族宪兵和科西嘉宪兵以及日、意等国卫兵，在各自领地巡逻。流经市区的海河，游弋着诸强的军舰和商船，俨然成了他们的内河。英商怡和洋行、菲力普·摩尔洋行、汇丰银行，德商华德银行，日商正金银行，俄商

---

① 负笈：谓出外求学。笈，书箱。此处指周恩来赴天津求学。

元纬路元吉里四号周恩来四伯父住宅

华俄银行等金融机构，在天津最繁华的中街建造大厦，像章鱼似地伸出一个个触角，牢牢控制着这座都市和都市之外的经济命脉。

恩来跟着伯父贻赓来到海河北面元纬路元吉里四号的住所。这是一处砖木结构的长方形平房，规格属中等偏下，一家三口食宿在此，还算可以。

恩来抵津时，南开学校已经开学，他只能到秋季入学。南开是所名牌学校，一向注重教学质量。贻赓担心恩来在奉天东关模范学校所受教育未必能适应，因此让恩来进了“大泽英文算学补习学校”。它设在海河北边三马路求是里口一家店铺的楼上，英文读《英文法程》，算学则是老师编写的，由四则运算到开立方。施教时，老师按各个学生的程度单独授课，随到随教，不规定时间，学一门者收费一元，学两门者收费两元。有意思的是，在这里，恩来遇到了两个淮安同乡魏元晋和胡振名，他们也是来补习的。三个多月后的 8 月 16 日，三人一起参加了南开学校的入学考试，正巧，三人都考取了，恩来在丁班(初为己三班，后改为丁二班)，胡振名在戊班，魏元晋则在己班。他们后来又相继加入了学校的“江浙同乡会”，彼此相互照应。

南开学校坐落在天津旧城西南角，旁边是一条古老、寂静的街道，经过路西的电车公司往南有一溜围墙，从围墙大门进去，迎面一幢西式灰砖楼房即是教学楼，通称“东楼”。

南开学校东楼

开学这天，恩来身穿浅色长袍、布鞋，夹着书包走进东楼，置身在宽阔的过道里。过道左侧悬挂着一面长方形穿衣镜，纤尘不染，人影毕现，这是他未见过的。更使他好奇的是镜子上端设一横匾，上面刻写着“容止格言”。他驻足细看，见是：面必净、发必理、衣必整、钮必结；头容正、肩容平、胸容宽、背容直；气象：勿傲、勿暴、勿怠；颜色：宜和、宜静、宜庄。

恩来看了一遍，又看了一遍，不由得摩挲起头发，整理起钮扣……

是不是所有的中学都有“容止格言”呢？他不得而知，但南开的严格校规给了他以最初印象。

接着便是开学典礼。出东楼，经过一段下设涵洞的短廊，再往前走就到了礼堂，恩来见门楣上悬一块匾，上刻“慰亭堂”三字。

“何谓‘慰亭堂’？”恩来问道。

“这个么，”一位先生捻着小胡子说，“慰亭乃直隶督军袁世凯的号，光绪三十年(1904)学校初建时，他捐了一万块钱盖了这座礼堂，此匾是用以纪念的。”

“噢——”恩来应了声没说什么。谈起戊戌变法时，他听说过袁世凯，但袁氏底细，他委实不详，不便议论。

师生熙熙攘攘鱼贯而入，按班级坐定后，校长张伯苓①即宣布新学期开学典礼开始，奏乐。恩来仰望着讲坛上的张伯苓，清癯的面容上双目炯然有神，蓄有短髭，颇具威严，西装革履，系有领结，一派欧化绅士模样，令人肃然起敬。不等他再想，音乐已止，只见张伯苓恭敬地请身旁一位长袍蓄髭的老先生致词，老先生一番谦让，张伯苓遂按惯例开始讲演——

"……同学们都看到东楼过道上的'容止格言'了吧，这是南开学校的'镜箴'，是每一个南开学生必须做到的。以此规范自己的言行，南开学校则可开 20 世纪天津，不，是直隶教育风气之先。这里，我要特别说一下，'容止格言'乃本校校董严范孙先生亲自题写，我们应当感谢严范老的厚爱……"说着，他侧转身子，向旁边那位长袍蓄髭的老先生鼓掌致谢，骤然间，整个礼堂哗哗的掌声也应和起来。恩来这才知道这位老先生就是校董严范孙，当然，他不会想到，后来，他竟跟这位严范老建立那么密切的关系。

严范孙

"教育一事，非独使学生读书习字而已，"张伯苓清朗的声音又回响起来，"尤其在造就人格，德、智、体三育并进而不可偏废，也即重在品德与能力的培养。在此，我要强调一下南开学校的校训，这就是'允公允能'，什么意思呢？它要求通过教学，培养同学们爱国爱群之公德与服务社会之能力。好，我就说到这里，现

① 张伯苓(1876—1951)：名寿春，字伯苓，天津人。曾任国民参政会副议长，南开大学校长，国民政府考试院院长等职，逝于天津。

在请南开学校创办人严范孙先生训示。”

掌声不绝，严范孙不便推辞，蔼然笑着扫视着济济一堂的师生，说：“……戊戌年我即与张伯苓先生相识，延聘先生在舍下设馆教授西学，迄今已有十五年，两人可谓同声相应，同气相求。张伯苓先生所说的，也就是我想说的。”他喘了口气，沉吟道，“当然，事情还可追溯到二十年前，那是1894年，我曾上书光绪皇帝，奏请废科举而设经济特科，我想的是造就人才，富强国家。如今，仍一本初衷，切望同学诸君遵照校训日日进步，不断进步。”

张伯苓、严范孙，两位风范截然不同的长者，就这样进入了少年周恩来的人生中来了。

一散会，恩来走近会前那位向他解释“慰亭堂”的小胡子先生面前，问道：“先生，你能告诉我校董的事吗？”

“你是问严范老？”小胡子瞅他一眼，放慢了脚步说，“老先生乃光绪年间进士，翰林院编修。他是在贵州学政任上上书光绪皇帝，奏请教育改革事宜的。后来，先生又相继任直隶学务处总办、学部侍郎、学部副大臣等职，多年一直致力于教育事业，跟张伯苓先生配合默契，建树甚多。”

言简意赅的介绍，颇令恩来心折，遂问：“先生，你尊姓大名是……”

“我叫马千里，教你们的算术，并负责指导学生之课外活动。”他抹了抹八字胡又说，“以后，我们会常见面的。有什么事，你也可以随时找我。”说着，又有人唤他，他朝恩来摆了下手，踅入西斋。

热忱，率直，这是马千里留给恩来的最初印象。一到校就认识这位先生，他很高兴。

参照西方学校建制的南开学校，设有国文、英文、数学、物理、化学、历史、地理、生物、簿记、经济学等学科，其中有的属分年设置，有的则为选课。至于体育，除军操是正式课程有教员外，其余如篮球、足球、网球和田径项目均为课外活动，没有正式教员。

恩来喜欢国文，但没有正式课本，而是老师编写的油印讲义，范文选自《古文观止》、《秋水轩尺牍》。学校相当重视作文，这正投他的趣旨。他的英语“非佳”，小学时，基础未打好，南开学校的英语课本名为《英文津迷》，是当时天津北洋大学堂一位美国教员为中国学生编写的，类似乡土教材，有地方色彩，其中不乏“塘沽离天津九十里”这样的例句，但学生不是循序渐进从发音规则学起，而是像认读写汉字那样认读写英文字，先生硬教，学生硬学，天天默单字、背课文，单调、乏味，但它是必修课。算术使用的也是英文课本，据说二年级起，物理、化学也将使用英文课本，这样，能否学好英文已事关全局。

恩来淮安口音重，英文发音差，心中着急，问住同一宿舍的常策欧：“你的英文测验总得高分，有秘诀吗？”

“锲而舍之，朽木不折；锲而不舍，金石可镂。”常策欧引用荀子的话回答。

“荀子说得对，”恩来眨了眨眼，“我知道该怎么办了。”他想到的是唯有在发音上下功夫，他常利用漱洗和早餐的剩余时间，还有午休和下午课余时间，找个僻静地方反复读、反复练，并请英文成绩好的同学帮助纠正发音的不当之处。同时，他又跟同一宿舍的常策欧等商定，凡在宿舍内一概用英语会话，谁讲一句汉语，就罚谁一文铜板，以此逼着学习英文。时间一长，获得明显效果，他的英文成绩有了提高，后来，班上组织“英文讲演会”他被选为该会干事。

张伯苓是位具有民主思想的教育家，他手订“允公允能”的校训，旨在培养学生爱国爱群之公德，一心想为国家造就领导人才。他反对学生死读书，主张德、智、体全面发展，注重学生服务社会能力的培养，因而大力提倡和扶持各种社团组织。在南开校园内跨班级、跨学科、跨兴趣，有稳定形式的社团，相继组建，如雨后春笋，蓬蓬勃勃。

恩来入学前，学校已有不少社团，多为志同道合者交流学业、砥砺品行而组织的，其中影响较大的有“自治励学会”和“基督教青年会”。

“既然学校提倡社团活动，我们何不也组织一个呢？”一天自修课后，恩来对常策欧说。

“好啊！”常策欧目光闪亮，“再找张蓬仙商量一下。”

张蓬仙是他们同班同学，平时，这三人最谈得来，十分投契。不一会儿，常策欧就把他从篮球场找来了。

“啥事这样重要？”张蓬仙汗水淋漓，一脸困惑。

“你喘口气再听我说，”恩来笑着递给他一杯温水，“我和策欧闲聊，也想办个‘会’，志同道合者好在一起活动。”

“行。我也想过这事。”张蓬仙神采飞扬，“说说名称、宗旨……”

“不要急，”常策欧说，“张校长不是号召我们爱国爱群吗？似可在这上面动脑筋。恩来，你以为如何？”

“甚善。”恩来称道，“说心里话，我入南开，处稠人广众之中，所交益多，唯人品不齐，何敢等视？因此识者虽众，而处以深交期以久远者，除二三人外，实不多见。我常想，聚多数团体而成者，曰社会；合若干社会而立者，曰国。国无社会不名，社会无团体不生，是故爱国者，必先及其社会，首必爱其群，斯为爱国之士焉。”他若有所思，少顷接着说，“吾国自改建共和以来，国民之心理，脑中仍复影成昔日夜郎自大、微小自卑之习惯。见官吏而胆怯，视人民而自严。阶级不除，无平等之望。人群不合，无爱国之理。举凡种种，无不蹈之践之，外人之讥吾国民无共和程度，良不诬也。吾国民果欲占颜色于世界也，则当爱国，欲爱国则必先合群，无分畛域，勿拘等级，孤寡者怜之，贫病者恤之，优者奖之，劣者教之。合人群而成良社会，聚良社会斯能成强国。”[1]说至此，他忽儿

---

① 周恩来作文手稿：《爱国必先合群论》。

一笑，“我是否扯远了？其实，我的意思只一句话：爱国必先合群，我们的‘会’名，可否据此考虑？”

“合群必先乐群……”常策欧想了想说。

“对，”张蓬仙喜不自胜，“叫‘乐群会’如何？”

“可不能忘了，我们现在仍是学生，学生以学为主，敬业是重要的。”恩来蹙眉凝思，“再者，我考虑，人之立于世，既不能效禽兽草木之自为生活，要必有赖于司众之扶持，而服役之事，乃为人类所不可免。司众扶持个人，个人则要为司众服役。服役欲收成效，则又必须敬业。故此，是不是在‘乐群’前面加上‘敬业’，叫‘敬业乐群会’……”

敬业乐群会三位发起人合影
右起：周恩来、张蓬仙、常策欧

“妙不可言!”常策欧、张蓬仙同时嚷了起来。

事情初定之后,三人分头去联络,吴瀚涛、吴玉如、李铭勋、陈璋瑄、李福景、于佩文、乔裕昌等同学,纷纷响应。经商讨,最后确定“敬业乐群会”的宗旨为:“以智育为主体,而归宿于道德。”“联同学之感情,补教科之不及。”“辨难析疑,轶出于课程之外,研究各种学术。”为慎重起见,众人又推周恩来、张蓬仙、常策欧等为“新会章程起草员”,根据大家讨论的意见,起草“敬业乐群会简章”十条,并设立了稽古、演说、智育、俱乐、庶务、编辑六部。一应筹备事项,在有条不紊中进行。

1914 年 3 月 14 日,早春的一个晴日。

下午,敬业乐群会成立大会在大礼堂举行,与会者除三百名会员外,还有一些暂未入会的同学。大会先由张蓬仙致开幕词,继请张伯苓校长发表演说。

校长的话不外是讲处世立身之道,由乐群、合群而爱国,层层递进。

他双手撑在讲台两角,注视着众人,说:“我多次说过,教育一事,非独使学生读书习字而已,尤要在造成完全人格,三育(德、智、体)并进而不偏废,故,‘敬业乐群会’之成立,我极表赞同。我投身教育事业有年,唯希望世界改良,人类进步,抱不足之心,求美满之效。惟我生平任事数职,求本校诸位先生之一致之认真之热心,并以余暇竭力扶助学生诸般自治之事业,殆属绝无仅有。”他稍稍松动了一下衣领,继续说,“诸生对师长要爱,对同学尤要爱,同学一语良言,其益往往过于师长终日强聒,盖相习既久,长短互现,无隔靴搔痒之谈,多对症下药之论,收效之易自无待言。交友不必酒食征逐,须择规过劝善之真能益我者,然语云‘无友不如己者’,自爱爱人,人安得不汝爱乎?……彼此相爱,少时练习正当快乐,则一生受其益,今而后遇罪恶排斥之,宁使彼说我美,勿令众笑我弱,际此国家未亡之时大声疾呼,或可补救于万一耳。”

张伯苓的话，使众人感到振奋，阵阵掌声将他接下讲坛。类似的话，恩来在修身课上也听他说过，但没有今天这样精彩，恩来的手拍红了竟浑然不觉。

接着，宣布了经选举产生的负责人员名单，张蓬仙为会长，常策欧为副会长，周恩来为智育部长。

最后，学校新剧社演出了新剧《五更寒》助兴。

敬业乐群会设在校舍东南角的一间平房内，靠近自治励进会、《校风》编辑部和消费合作社。这排平房与东楼平行，它的北头直抵围墙大门。恩来的课余时间，几乎都用于会务，要找他，没准总在敬业乐群会，他成了这个团体的实际主持者和中心人物（后期任会长）。在他的领导、组织下，敬业乐群会经常组织会员课外参观工厂和农场，阅读报纸、杂志，开时事座谈会、辩论会和讲演等活动，评论时局，探讨救国救民的道理。

为便于同学课外阅读书籍，增长知识，除接受别的社团赠书和购买部分新书，恩来还发动会员捐书，他将自己的藏书诸如《大同报》、《东方杂志》、《立国根本谭》、《军人的模范》、《自治模范》、《民国生死问题》等等，悉数捐出。

可是，学费无着，却一直困扰着他。南开是所私立学校，学费是比较昂贵的，恩来知道，尽管四伯父鼎力资助，却力不从心，自奉天读书迄今，四伯父为他耗去许多精力和财力，他实在不想让老人再替他操心，得自食其力。如此一想，他倒觉得心中豁然开朗，旋即直奔教务处。

“先生，”他望着一位教务员问道，“我可以替学校刻钢板和缮写讲义吗？”

“哦，你怎么会有这个想法？”教务员打量着他。

“我欠学费，至今尚未交齐。”他说，“伯父一直勉力支撑，伯母为了我，编织笔套、钱袋去卖，可是，仍无望全部解决，故我才来相求先生。”

“这种事还没让学生做过，”教务员凝思片刻，不知是为恩来的真挚感动，抑或出于怜悯，说，“你写两行字让我看看。”

恩来取过毛笔，在纸上写了两行古诗递过去。

“啊，簪花小楷，笔笔敦实，间架规整。”教务员说道，“缮写，自然是可以的。不过，刻钢板，则另是一回事……”

“我可否也试一试？”

“那就不必了，相信你能行。你不妨先在残缺蜡纸上作些练习。”教务员说，将钢板、蜡纸、铁笔和有关资料交给恩来。

回到宿舍，恩来便刻起钢板，半页蜡纸一会儿便刻完了，原来这并非什么难事，他很快来到誊印室，将蜡纸放在网面上，沾好油墨，手握滚轴推了一遍。谁知翻开一看，整个一张大花脸，上面的字，有清楚的，有模糊的，即使是复印出来的字，笔画也深浅不一。他感到沮丧，愣怔在一旁，一位校役走过来瞧了瞧，对他说：“刻钢板不比写毛笔字，握笔宜紧，用力要匀，横、竖、撇、捺、点、勾，都马虎不得。这活儿，虽不算复杂，却也并非一蹴而就。”说着，拍了下恩来的肩，“再练练吧！”

知道了要领，恩来旋又练了起来，他刻了又刻，在宿舍和誊印室之间跑了几个来回，直到誊印室的校役也满意了，他才在蜡纸上正式刻了起来。节假日、中午、晚上，凡空闲时间，除开社会活动，他总一直握着铁笔。开初，他在宿舍刻，可是，就寝时间一到，灯灭了，便无从进行。走廊有灯，却悬在顶壁，且光线又暗，只得移到敬业乐群会去。电灯，是学校的，他不想用，自己买了蜡烛，那明灿灿的烛光，常常伴着他，摇曳到夜半更深……

南开园内柳条染绿，紫燕呢喃，乡野想必景色更加迷人，敬业乐群会中有人提议去郊外踏青，众人纷纷赞同。

四月的一个星期日，敬业乐群会所属的“诗团”，组织了几十个同学步行出城，沿途花木争荣的烂漫春色令莘莘学子欢呼雀跃，诗兴大发，一个个争相吟诵，挥毫落笔。

“有了——”王家梁率先口占：

风轻花语细，日暖鸟声多。
美景不长有，春归将奈何？

给人一种少年迟暮之感。

“看我的——”陈璋琯略一思忖，吟道：

栏外群花落，庭前乳燕飞。
家书迟不到，南望几时归？

“啊，你是想家了。”于佩文轻拍了一下陈璋琯的肩，“我也来一首”——

风前紫燕舞，雨后碧桃开。
花鸟知时至，湘君何未来？

“佩文，谁是你的‘湘君’？快说，快说！”蔡凤在逗趣。

“那只是一个幻影罢了。”于佩文自嘲地一笑，“蔡凤，你也来一首。”

“我？”蔡凤愣了下，“好吧，献丑。”

侵晨步郊外，披衣受和风。
安得回飙举，吹我入云中。

“你啊，莫非想羽化而登天？”常策欧笑道，他碰了一下恩来，“你也贡献一首吧！”

“我不止一首，两首哩！”恩来说，“可是，你得先来。”

“好，我抛砖引玉。”常策欧收敛笑容，吟道：

鸡鸣人未起，海上日初升。
独向阶前立，花间听啭莺。

“情景交融，颇有王维诗意，”恩来评道，“下面，我就不揣鄙陋，就教诸位。”他背着手，挺直腰杆，朗声吟道：

极目青郊外①，烟霾布正浓②。
中原方逐鹿③，博浪踵相踪④。

“气势壮阔，思谋深远，典用得恰到好处。”张蓬仙不禁赞道，“风格属豪放派。”

“是吗？”恩来忍俊不禁地，“我还有一首婉约的哩！”说罢再吟：

樱花红陌上⑤，树叶绿池边。
燕子声声里，相思又一年⑥。

---

① 极目青郊外：极目，用尽目力远望。青郊，春天绿色的原野。

② 烟霾布正浓：霾（mái 埋），刮风时天空悬浮的尘埃。烟霾，烟雾弥漫造成的阴暗。指当时的战争硝烟和黑暗的政治气氛。

③ 中原方逐鹿：中原，原指黄河流域，泛指中国。此处指孙中山为首的革命势力与袁世凯为首的反动势力之斗争。

④ 博浪踵相踪：博浪，指博浪沙，古地名，在秦阳武（今河南原阳县境）。这里引用的是秦代张良刺秦始皇的事。以这典故比喻革命人民对袁世凯反动复辟势力的斗争。踵相踪，接连不断，一个跟着一个。踵，脚后跟。踪，踪迹，脚印。意思是革命人民对反动复辟势力的斗争前赴后继，从未止息。

⑤ 红陌：陌，田间小路。红陌，即鲜花盛开的郊野。

⑥ 相思：期待向往的意思。后两句是说向往着分别了一年的燕子，在一片呢喃声中又回来了。暗指对祖国美好春天（未来）的向往。

“恩来，这儿‘相思’指谁?”沈大升问。

“泛指呀!”恩来说，“啊，蓬仙，你不能逃了。”

“诸位佳作迭出，我才疏学浅，献一首助助雅兴。”张蓬仙清了下嗓门吟诵起来：

> 四围烟色暝，一角暮天青。
> 映目风帆白，孤舟野渡横。

“好一幅水墨画，”恩来大为称赞，“蓬仙，大作颇有唐诗韵味哩!”

往下，吴瀚涛、马粹等也相继口占诗作。一群风华少年，陶醉于良辰美景赏心乐事之中，乘兴而来，尽兴而归。

其后，周恩来主编的南开学校《敬业》杂志将二十首诗作一并刊出[1]，引起师生强烈反响。诗作多为吟诵花香鸟语，赞赏大自然之美，唯独恩来的，别具一格。

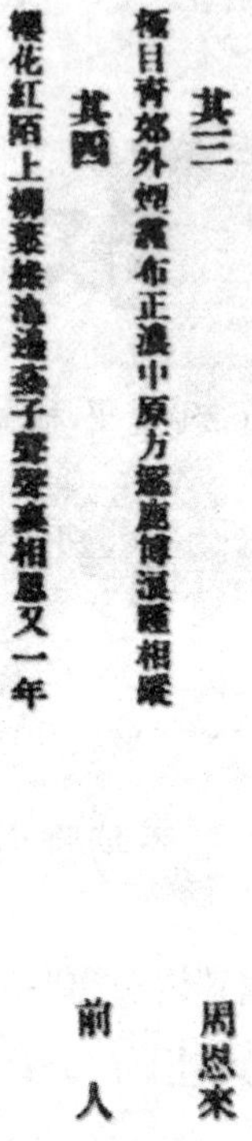
其三
極目青郊外烟霾布正濃中原方逐鹿博浪踵相蹤
其四
櫻花紅陌上楊柳綠池邊燕子聲聲裏相思又一年
周恩來
前人

周恩来《春日偶成》诗两首

去年(1913)3月国会召开前夕，袁氏密谋刺杀了国民党代理理事长宋教仁，旋又勾结东、西列强势力，非法签订善后巨额借款，并罢免了江西、安徽、广东的都督，派兵南下，挑起内战。孙中山当即发动了反对袁氏独裁的“二次革命”。由于袁氏反动势力仍很强大，孙中山受挫，“二次革命”失败，中国又经受着深重的灾难，战争硝烟在中国大地上蔓延，人民又陷入水深火热之中。面对如此糟糕的时局，少年周恩来并未气馁，他思虑着祖国的前途和命运。在他看来，革命遭受挫折是暂时的，他

① 见1914年10月南开学校《敬业》第一号。

希望有更多仁人志士能像刺杀秦始皇的张良、荆轲那样奋起反抗，前赴后继向袁氏反动复辟势力展开斗争，相信祖国的春天总有一天会到来。诗，显示了他的坚韧、乐观和远见。

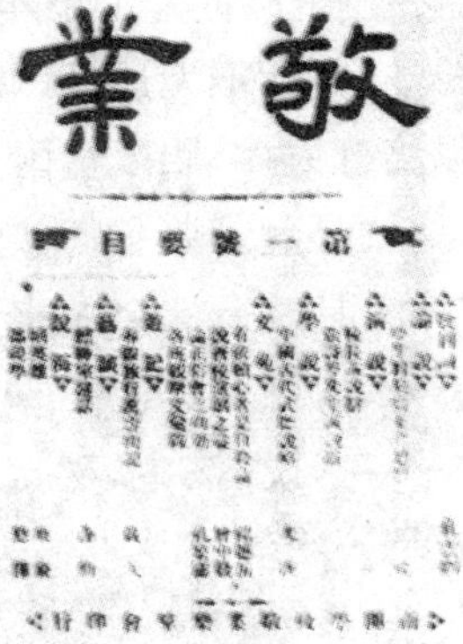
敬業

《敬业》杂志

恩来将这期《敬业》恭恭敬敬地呈送严范孙和张伯苓，两位先生对杂志丰富的内容、清新的文字、优美的图饰固然欣赏，而对恩来的诗则感到震惊。不错，两位先生都致力于教育救国，培养人才，但对袁世凯的统治，尚不具备孙中山那样的立场和气度，这并不难理解。可是，写诗的周恩来才是一名十五岁的中学生，竟如此辛辣地抨击了袁氏的凶残暴戾，揭露了时局的腐败黑暗，这不能不在两人心中激起颇为复杂的感情。

这天，张伯苓来到严范孙寓所拜访。刚在客厅坐下，便瞥见一旁桌上正放着《敬业》，而且掀开处正是刊有周恩来诗作的那一页，他即刻想到，老先生大概也在琢磨它吧！但他暂时放过这一话题，谈了些学校筹办运动会的事，只是，他的目光仍不停地移向《敬业》。严范孙自然领会了，笑道："这本杂志，你也收到了吧？"

"恩来昨天也给我送了一本。"张伯苓说，"未知严范老看了没有？"

"焉能不看。"严范孙吸了口水烟袋，"我大体浏览了一遍，思绪却总集中在周恩来的诗上。"

"啊呀，你我想到一块儿了。"张伯苓接过话，"忧国忧民，才是个小娃娃呀，他怎么想得那样多呢？"

"我一直未见过这孩子的笑脸，总抿着嘴，眉头不展的样子。"严范孙说，"我担心精神负荷太重，会把他压坏的。"

"我曾细心观察过，恩来非一般学生，他颖悟、沉稳、热心公益、办事认真，成绩也不错，这些，我都赞赏。"张伯苓皱了一下眉头，

“可是，他终究是个小娃娃，当今时局之变故，又岂是他能顾念的？”

“此话不无道理，”严范孙似在斟酌，“但是，本校之创立，即期以培育人才，期以全国人民皆能觉悟……”

“是啊。”张伯苓说，“学校犹如一个小试验场，场内之人皆有信心，具改造社会之能力，将来进入社会，改造国家必有成效。周恩来，或许就是这样的人才。”

“据说，该生家穷，生活窘困，时以刻蜡纸和缮写以补学费之不足，”严范孙说，“对这样天资聪慧而又缺乏经济来源的学生，可否予以特殊关照，免其学杂费负担呢？”

“这一考虑甚当，”张伯苓点了点头，“前些日子，马千里先生也向我提过。”

“那就这样定吧！”

从第二学期起，周恩来成为全校唯一的免费生。

《尚志论》——作文翘楚——募捐储金演说——师与真理

人生，路漫漫，人生，是一门艺术，不论多么困顿，少年周恩来一直挚爱着它，在跋涉途中，用笔留下了自己人生之旅的一长串足迹……

1915 年 4 月，周恩来写了《尚志论》①，这是他入学以来一系列文章中的一篇。

文从班超投笔从戎、武侯忠心事汉入笔，探究其成功之秘诀：“固由一种叱咤风云之气，坚忍不拔之操所铸成，要亦其最初之志，有以使之然耳。”可见“志”之重要。那么，什么是“志”呢？

① 周恩来作文手稿。《周恩来青年时代》第七期转载（周恩来同志青年时代在津革命活动纪念馆编）。

文章论述道:“故凡同一人类,无论为何种事业,当其动作之始,必筹画其全局,预计其将来,成一希望,然后按此希望之路径以前进,则其结果鲜有与此希望相径庭。希望者何?志是也。”而志之确立,于人的一生乃为关键,“若不志乎始,而能成乎终者,则未闻之。”

接着,他以冒万险探新大陆之哥伦布、脱专制竖自由旗之华盛顿、闻鸡起舞之刘琨、击楫中流之祖逖、三聘伊尹祷雨桑林之成汤、来朝于商三分天下之文王等成就伟业、彪炳千秋的中外历史人物为例,论证“尚志”这一命题的重要。行文至此,笔锋一转,他尖锐地抨击起时弊:“夫今之号为维新者,终日泄泄沓沓,无所事事,惟知袭取外人皮毛为务,目前之顾,尚未遑计及,又奚足定一生之志?是而人者,使之立于20世纪竞争潮流中,乌得使神州不陆沉耶!”可见尚志已不是个人的事,而是关涉到国家的兴亡,当今之世,还鼓吹什么维新改良,于国家只能是百害而无一利。

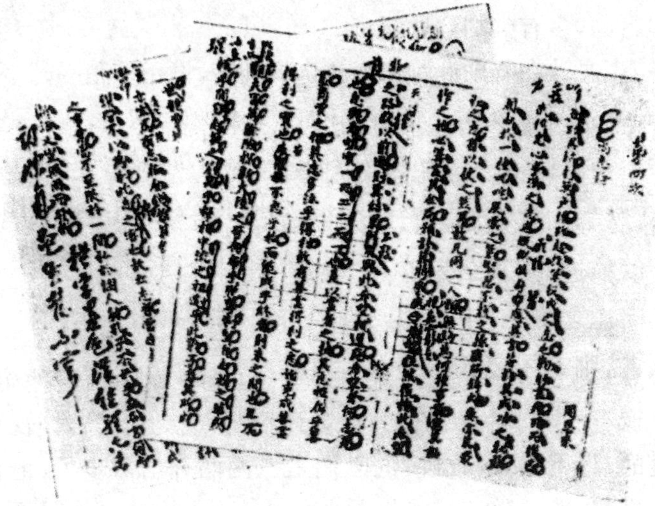

《尚志论》手稿

文章最后，又论述了“志固可尚已，而弊亦生焉”之辩证关系，结语为：“故立志者，当计其大舍其细，则所成之事业，当不至限于一隅，私于个人矣。”

十七岁的周恩来能有这般见识，当非偶然。早在奉天东关模范学校时，他即立下了“为中华之崛起”而读书的意向，并发出过“同心努力，万里前程指日登”的豪迈心声。他深深懂得“志乎始，成乎终”的道理，唯有“备尝坎坷屯蹇”，方可“倜傥不群”，沉稳笃实、尚志躬行，这即是他的奋斗足迹。

与志大才疏者相悖，周恩来始终把功课放在首位。但在学业上，他并非一开始就是一位成功者，在南开学校“初至英文非佳”，接连写了几篇作文，老师的评语亦不佳，这使他很苦恼。

“恩来，你何故如此？”李福景见他闷闷不乐，问道。

“你看看——”他将作文簿递过去。

李福景逐篇翻阅老师的评语。

《中华民国三年一月开学感言》，评曰：“选辞命意，均见匠心，惟字里行间，多有欠圆到处。”

《一生之计在于勤论》，评曰：“选词甚富，惟用笔稍平。”

《春假约友赴山海关旅行短札》，评曰：“条理欠清。”

《春郊旅行记》，评曰：“竭力尚足，造语未尽稳恰。”

《羊叔子平吴疏书后》，评曰：“议论间有是处，而笔太平塌。”

……

“难怪。”李福景看完说，“其实，老师也有肯定之处，你太苛责自己了，再下番功夫，你能写好。”

周恩来睨了睨李福景，他们是至交，这种鼓励颇让他感动。福景不像有的同学拿他的南方口音开玩笑，或对他的苦恼视而不见。是的，得下功夫，临晚，同学们三三两两外出散步了，他在宿舍兀自坐着，半晌，他在《羊叔子平吴疏书后》的空白处写下一段作文评语不佳感言：

人人作此均佳，我独何故而草草塞责？致劳先生之口舌。岂从斯无扬眉吐气之时耶？翔宇、翔宇，汝宜三思，须知人所能为者，己即能为之。汉文落第，英文不及格，尚何面居于丁二班？若长此以往，恐降班有你，南开不久亦非汝插足之地矣！宏图壮志，竟将抛诸大海。活泼精神，亦将沉沦脑外，虽有同志同仇，亦将不汝答矣！岂不羞煞也哉！

纪念日书[①]

他以此警戒、鞭策自己，他发奋读书，读《史记》、《汉书》、《三国志》、《资治通鉴》，他尤为赞赏司马迁"览潇湘、登会稽、历昆仑，周览名山大川，而其襟怀乃益广"、"游者岂徒观览山水而已哉"的卓越见解。他还读介绍新学的著述，如梁启超的《饮冰室诗话》、《饮冰室文集》和《新民丛报》等。此外，他又读了明末清初一些具有强烈民族主义思想的作品，如顾炎武[②]的《日知录》、王夫之[③]的经史论著，以及谭嗣同的《仁学》[④]和资产阶级改良派的《民权报》、《民主报》、《大公报》……

他的目力不限于中国，已十分投入地关注着外部世界，18、19世纪欧洲启蒙思想家的著作，如卢梭的《民约论》[⑤]、孟德斯鸠的

① 周恩来作文手稿。

② 顾炎武(1613—1682)：明清之际思想家、学者，江苏昆山人。少年时参加"复社"反宦官权贵斗争。清兵南下，曾组织起义抗清，失败后，远走华北，不忘兴复。提倡"博学于文，行己有耻"，鼓吹"天下兴亡，匹夫有责"。著述有《日知录》、《亭林诗文集》等。

③ 王夫之(1619—1692)：明清之际思想家，湖南衡阳人。明亡，他起兵抗清，曾几陷大狱，后隐伏深山。一生坚持爱国主义和唯物主义。著述有《周易外传》、《读四书大全说》、《思问录内外篇》等。

④《仁学》：谭嗣同的哲学著述。写成于1896年。内容抨击封建专制和礼教，号召"冲决网罗"，提倡变化日新，尽破一切"不仁"、"不通"的黑暗局面。

⑤《民约论》：即《社会契约论》，主张人权平等，认为资产阶级有权掌握国家政权。原书出版于1762年。

《法意》[1]，还有严复[2]翻译的《天演论》[3]、《原富》[4]和《群学肄言》[5]等，他都找来读，尤以《天演论》予他重要影响。

赫胥黎[6]在《天演论》中，宣扬了达尔文的进化论，阐述了“物竞天择、优胜劣汰”的进化规律，使他感到与中国人“今不如古”的传统观念，是如此尖锐对立。《天演论》当时被认为是一本“尊民叛君，尊今叛古”的禁书，周恩来并不悚惧，他饶有兴致地一页一页凝神通读。他明白了生物界“物竞天择、适者生存、不适者淘汰”的道理，由进化论意识到中华民族必须奋发维新，“自强保种”，才有出路。同时，还由进化论领悟到人类社会进步是不可阻挡的，将来必胜于过去。

这一切，不仅仅是为了提高作文水平，而且，进一步开拓了他的眼界，充盈了他的知识，激发了他对祖国前途和命运的关注与思考，在探索真理的过程中一步步前进。毫无疑问，从这些宏篇巨著或精致短文中，他也学到了作文的技巧，只隔了一年时间，到二年级上学期，他的作文已名列前茅，成为班上传观之第二名，不久，又成为年级和全校的作文翘楚。老师批阅时也不禁击节赞

---

① 《法意》：论述世界各国政治及立法源流得失之巨著。积极鼓吹立法、行政、司法三权分立，认为最好的政体为君主、贵族、民主政体三者之混合物。原书出版于 1748 年。

② 严复(1853—1921)：福建侯官人。主张变法维新，是近代中国最早系统介绍西方资产阶级哲学、社会政治思想的资产阶级启蒙思想家，晚年主张尊孔读经，参与袁世凯复辟活动，背离历史潮流。

③ 《天演论》：“进化论”之旧称，赫胥黎《进化论与伦理学》之前两章。

④ 《原富》：或译作《国富论》，是英国经济学家亚丹・斯密斯所著，为资产阶级政治经济学经典著作。原书出版于 1776 年。

⑤ 《群学肄言》：即《社会学研究法》，是英国庸俗进化论者斯宾塞所著。原书出版于 1873 年。

⑥ 赫胥黎(1825—1895)：英国博物学家。他竭力支持和宣传进化学说，与当时宗教势力作激烈斗争。著述有《人在自然界中的地位》、《动物分类学导论》、《进化论与伦理学》等。

赏,予以佳评。请看——

《本校秋季始业记》,评曰:“文心缜密,层次井然。”

《答友询学问有何进境启》,评曰:“中间茹古涵今,宏中肆外。前后辞气淋漓酣恣,雅进龙门,诚杰构也。”

老师何以作出如此高度赞许呢?文章布局、层次铺设、遣词造句等表现形式是要考虑的,再有,则是作者的见识才具,且摘录其中一些语句读之:

> 学问二字,非仅限于区区功课间,学者事业之基,而问又学之母也,非问无以解疑,非学无以广识。学问,人生立足之本。
>
> ……夫国之立于今而不败者,所恃非仅铁与血也。物质之文明,非足以卫国于永久,而延国脉于不堕者,惟精神上之国魂耳。
>
> 今何时欤?一日千里学术昌明之际,世界潮流,悉朝宗于海,顺之者昌,逆之者亡,时势所趋,非一二国家所可得而止之。证以保旧之邦于大地,殆已寥若晨星。即号称独立者,亦多残喘仅延,朝不保夕。吾华以四千年之历史,最古之文化,得立于今,而尚未若埃及之丘墟,犹太之荒址者何哉?岂非以先民之遗泽未斩,幽幽之国魂尚续,得以维系之乎?然欧风美雨,日遍神州,吾不图存,彼将代之。爱国者筹补救之方,要莫外乎二途,维新复古,冀国安之道耳。但平情论之,有心人皆知其过。彼尚西学者,终日言行无非袭泰西之皮毛,弃其精华而取其糟粕,衣非西式不衣,食非西式不饱。惟新是名,惟西是尚,视旧学如草芥,不惟出之于口,亦且笔之于书。是而人者,吾轻之,吾恶之,非驴非马,不仅为国学之蠹贼,亦外人所不齿,安国者焉用之。尚旧学者,则

务反于前以自重于国人，无所谓新思想，彼直视为仇雠。尧、舜、禹、汤、文、武、周公、孔子之名，君、臣、忠、公、侯、圣德之词，道之不胜其道，书之不胜其书，事实之合否，概置之不问，惟返古是求。虽冒天下之大不韪，倡世界未有之奇制，亦未尝稍有怜色，如斯类者，吾无以名之，谓之为利禄熏心，毫无廉耻辈可也。

……吾等在职言职，今际学生时代，观世应本乎智。出而济世，则又宜入乎情……且学校潮流，多趋于西学，故吾言国学之当视为要。西学非可卑也，兼而学之，要不失将来实用之旨。以国学役西学，吾主之。切勿西学役吾，而国学转置之无用之地也……殊不知国魂国魂，惟斯是附，今吾弃之，国何以立？数十年后，皇皇汉族，其无唯类矣！吾哀之，吾痛之，吾以之告于兄，而不欲兄之偏于国学也。

——《答友询学问有何进境启》[①]

距此百年后的今天，我们读这篇文章，能不赞赏作者见解之精深，逻辑之严密，词语之恢宏吗？而周恩来当时仅十七岁！

此后，在周恩来同一年作文中，我们还读到老师情不自禁的评点——

《子舆氏不言利、司密氏好言利，二说孰是，能折中言之欤?》，评曰："茹古涵今，才思骏发，越后必能高人一等，诚杰构也。前数行词气充沛，而稍嫌宽泛。"

《海军说》，评曰："笔酣墨饱，气势汪洋，青年有此文字，后日不可限量矣，勉旃！"

《或多难以固邦国论》，评曰："才思骏发，波澜老成，中后历陈

---

① 周恩来作文手稿。

时事，犹有贾长沙[1]痛哭流涕之情，诚杰构也！”

《送刘蓉生先生出仕山西序》，评曰：“制摩骈体，法未大纯。然风檐寸晷中得此已非易易。”

《征蒙论》，评曰：“缠绵恺恻，悲壮苍凉，说得征蒙一事，冠冕堂皇。至其造句之工，对偶之巧，确切皆系实事。青年有此文字的，是不可限量之才。”

《说报纸之利益》，评曰：“气充词沛，畅所欲言。苟非养到功深，万难至此也。”

诚然，不是说周恩来的作文篇篇都是“杰构”，也有一两篇存在“惟说话太多，难免有不妥之处”、“惟用笔有稍欠细致处”、“言词间不能一律完整精湛”[2]之不足。但仅是白璧微瑕而已。

下面，我们不妨再读一读这一时期周恩来作文中的一些精彩片断——

> 强弱相侵，杀戮频仍，家国有荆棘之感，宗社有禾黍之悲。大厦将倾，扶危有待众木，国运殷替，光复必俟后人，是诚所谓非常之时势矣。
>
> ……古今东西处非常之时势者，均可以成非常之功业，多难兴邦，刘子诚不我诬也。
>
> 茫茫华夏，中流之砥柱伊谁？弱冠请缨，闻鸡起舞，吾甚望国人之勿负是期也。
>
> ——《或多难以固邦国论》
>
> 以身作则，中流之砥柱谁期？随众模棱，万里之巨浪谁破？况当国家多事之秋，政出诸门之日，欲得良吏，

① 贾长沙（前200—前168）：即贾谊，西汉政论家、文学家，洛阳（今河南洛阳东）人。曾为长沙王太傅。著有《鹏鸟赋》、《过秦论》等。

② 周恩来作文手稿。

以整纲纪，罗致贤才，而警颓风。则亲民之官，根本之考验，诚今世刻不容缓之图也。

——《送刘蓉生先生出仕山西序》

千古仁人志士，所最痛心疾首之事，莫如河山破碎，家室凌夷，祖国有黍离麦莠之悲，社稷有荆棘铜驼之感。

——《申包胥安楚论》

呜呼，亡秦者始皇也，非陈涉也。陈涉以是而亡秦，转以骄而自亡。前车之鉴，始皇不能鉴于六国，而陈涉复踵其后以亡，毋亦大可悲耶！后人之不能自鉴，毋亦与陈涉生一同情之感也？悲夫！

——《陈涉亡秦论》

吾甚望置身舆论界者，秉董狐之笔，为春秋立言；毋阿私、毋寻隙；勿为报纸之贼，勿作文字之蠹，则吾华庶几能受报纸之利益而已。

——《说报纸之利益》

孟德斯鸠尝曰：共和政体者，人人皆治人，人人皆治于人……治人治于人，恒常系诸一人之身，共和之真谛在是，民主之精神亦在此，岂有他哉？

——《共和政体者，人人皆治人，人人皆治于人论》①

……展读这些篇什，不难发现其真知灼见和爱国情怀充沛于字里行间。

诚然，周恩来的作文已属一流，但他并不偏废其他功课，在一次数学比赛中，他所在的丁二班获全校总分第一，他个人成绩则在优秀之列。

周恩来不是那种安处课堂、世事不问的学子，忧虑祖国前途

---

① 周恩来作文手稿。

的眷眷之心，使他难忘急剧动荡的时局。

3月中旬，日本继1月向袁世凯提出灭亡中国的“二十一条”后，又增派三万部队来华，实行武力威胁，引起国人无比义愤。倒行逆施的袁世凯却于3月15日通令全国，禁止排斥日货，禁止民众的反帝爱国运动。

形势的急转直下，使周恩来寝食难安，他与友人约定，利用春假，到日本殖民势力最为猖獗的山东旅行，“借此行以观日人进兵之举，与我国官吏之措置方法”。耳闻目睹的一切使他深受刺激，日人之骄横跋扈固然让他气愤，而中国官吏之腐败无能更令他痛恨。

4月，《敬业》第二期续登了他的历史小说《巾帼英雄》，以一腔忧愤，深刻揭露了官场和社会的黑暗，感叹“世俗浇漓，江河日下”。斥责“钻营狗苟之徒，贪赃枉法之官，肆其所为，恬不知耻，在朝者既导之于上，在野者乃效之于下，相沿成风”。小说背景虽为清季，与现实却十分酷似。

时间在推移，中国坠入更加深重的灾难之中，5月9日，袁世凯接受了日本提出的“二十一条”，其中规定，给予日本在我东北、内蒙、山东、湖北、广东等地以政治经济特权，并由日本以“顾问”方式控制中国的财政、军事和警政，这无异于变中国为日本的殖民地，引起国人极大愤慨。“五·九”成了“国耻日”，反袁浪潮一浪高过一浪，在神州大地激荡，南开园顿时失去平静。周恩来在“敬业乐群会”上发表了激昂的演说，声讨日本和袁世凯北洋政府的勾结，反对丧权辱国的“二十一条”。随后又接二连三地参与召集师生时事座谈会、讨论会和声讨会，愤怒的师生卸下了大礼堂上“慰亭堂”匾额，弃之于地，袁世凯成了众矢之的。这场斗争很快从学校走向社会。

其时，舆论界普遍认为，中国之所以丧权辱国，盖在经济落后，国库枯竭，无钱武装军队。因此，有人发起在民间募捐储金，这一爱国之举首倡于上海，并迅速扩展到南京、北京、天津等大城市。

经过一段时间的紧张筹备，6 月 6 日，天津数万民众聚集海河之畔的"河北公园"，举行"天津救国储金募捐大会"。神州沦亡的危机感激起群情振奋，爱国缙绅、商界人士、学界名流，纷纷登台发表演说。

少顷，一位中等身材、穿浅色长袍的少年走上讲坛，他就是南开学生代表周恩来。

最近，他天天翻阅京、津、沪的报纸，表面看，中日之争已和平解决，但中国付出了惨痛的代价。日本以铁血侮我中华，我亿万民众纵有满腔热血而无黑铁，炮舰奇缺，国力衰竭，这才忍辱含垢、低首言和、签署丧权辱国之"二十一条"，这大概是不得已而势之必然吧？可这样下去怎么办，国库空虚，一线之生机只能是国民热心救国储金了。而他，周恩来，除了献出力所能及的一点储金，只有致力于宣传鼓动了。今天，是个难得的机会，在万目睽睽之下，他开始演说——

> 诸位，此次中日交涉，我政府不得已而承认，推其原因，我爱国人必曰：器械不精，军务不良，有以致之。然非我经济界之匮乏，亦必不致有此之大辱。盖巧妇难为无米之炊，因财政上之不充足，遂不能自立兵工场，造军械等。械不精，虽有亟勇之军人，亦断不能立足于疆场。故此次之失败，虽纯粹名之曰经济之失败可也。设我国之财政非困难如是者，吾恐他人之哀的美敦书[①]未必至，而我国民之热血亦足可洗今日之羞也。

"哗——"仿佛平地卷起一阵风暴，掌声打断了周恩来的演

① 哀的美敦书：即最后通牒。

说。他受此感染，兴奋地环顾四周，掌声甫停，他继续在说——

> 夫因无财而受屈辱，则今后欲图自强，舍谋经济界上之活动外无他道也。欲谋经济之发展，必先图财政之充足，必先使基本金之有着，然后始可振兴实业、立兵工厂、增进军备、提倡教育。而筹此偌大之基本金，方法不外二道：一则借外债。但此种款，用处须有限制，不能任吾所欲为。况债台多筑一层，吾等人民则多一层担负，而经济界尤困难一步。吾知爱国之士，决不愿借外债以度日，而为波兰、埃及之属也……

这番演说，把经济发展之途径、经济与外交之关系、外人借债于我旨在实行殖民统治之实质一一道破，自然，又赢得一片掌声。

接下去，周恩来就募捐储金与爱国的关系阐述自己的看法——

> 至此次救国储金之开，上海有乞丐捐其平日所集蓄之洋一元，北京有狱犯亦捐所作工之洋数十元。彼等身为乞丐、狱犯，犹知储金救国，我等穷不为乞丐，恶不及狱犯，闻其风当作如何之感愧哉？设如万万人咸为彼乞丐，一人一元集之，可得四万万元，则五千万之额不虽满数，而且又八倍之矣。

话音甫落，掌声再起。6月的骄阳下，周恩来红润的脸上汗水涔涔，一绺头发倔强地耷拉在额前，他顾不得去擦去撸，仍在说——

> 况我人民现已不仅四万万，储款又不止一元，若以狱犯之款预推之，其为数又岂仅为以上所述哉。

听众像受到莫名的冲击，一阵短促的风暴又从他们手掌中刮起。周恩来一面欠身致谢，一面也情不自禁地合着众人掌声的节拍鼓起掌来。但是，他的话并未结束，仍像激流般在奔泻——

……且储金一事，无论贫富贵贱，均得以节衣缩食之资，为扶危救亡之举。人人有应输纳之天职，人人有劝导之义务。多集一分储金，即多一分事业。吾爱国志士，果欲免亡，则请先为从极易为之储金作起，以冀达于他日国强之境也。抑吾又有言者，则今日在座诸先生，既已鼓动志气，迨出斯会时，仍祈勿忘斯耻，果能于长期储金亦实行之，则更善，且可时时藉此以警醒之也。①

议论伴着掌声在会场喧哗：

“言宏词峻，理直气壮，极富感染力。”

“剀切，透彻，不由你不为之感动。”

“了不得啊，才是个十七岁的中学生……”

周恩来顾不上去听人们的反应，他揣着敬业乐群会会员筹集的储金走向登记处。这些钱是微薄的，可他们已尽其所有，当他在登记簿签上自己的名字时，他感到少有的欣慰……

“恩来，晚饭前，我在路上遇见校长，他问起你呢。”王朴山说。他们是同班同学，朴山还是恩来主编的《敬业》杂志的编辑。

“问什么？”

“问你最近在忙啥？”

“忙啥？忙储金募捐，”周恩来愀然不乐，“他能不知道？”

---

① 周恩来在天津救国储金团第二次会上的演说词，发表于 1915 年 6 月《南开星期报》第四十九期。原标题为《周恩来君演说词》。

“校长的意思好像是，你怎么好长时间没去他那里了。”

“这……”周恩来想了下，“朴山，你说校长为何对‘二十一条’那样暧昧呢？就拿储金募捐来说，他既不赞成也不反对。听说，他很欣赏袁世凯的办事魄力、应变机警，可是，这‘二十一条’丧权辱国，不正是袁氏外交的最大失败吗？”

“校长这个人么……”王朴山笑笑，“怎么说呢，也许他有他的难处。”

“我看，他思想上有跟袁世凯扯不清的地方。”

“不管怎么讲，校长总还是个好人。”王朴山说。

周恩来未再作声，他不否认王朴山的话，张伯苓的为人，尤其是对教育的热忱和执着，他始终是敬重的。可他觉得校长像是肩着沉重的包袱，他在前进，而每前进一步又不容易。“五九”国耻日迄今已一个多月，恩来的确没去过校长家，而在这之前，他是常去的。王朴山的话提醒了他，他晓得自己是在负气，去，还是应当去的。

周末，他独自来到南马路张府。

“噢，是恩来，”张伯苓上唇的小胡子颤动着，站在客厅一端招呼道，“快进来啊！”

“校长，我很长时间没能来看你了……”周恩来拿定主意避免争执。

“我在想，你啊，是不是不再喜欢我家的贴饼子、煮稀粥、熬小鱼了？”

“哪能呢？”周恩来倒觉得有些不自在了，忽然，他的目光落到桌上一册作文簿上，正是自己的，顿生疑惑，问道，“校长，这是……”

“啊，是我从张诗岑先生那里要来的，都说你这一年作文大有长进，我焉能不看看？就以最近这篇《答友询学问有何进境启》而言，我就很欣赏。”

欣赏什么呢？张伯苓没说。

这篇作文的主旨在于主张学生学习不要拘泥于课本，还宜妥善求书外之学问。

他表示自己——

> 课外事务，则如猬集，东西南北，殆无时无地而不有责任系诸身。人视之以为愚，弟当之尚觉倍有乐趣存于中。盖埋首斋中，温习旧课，此弟之所大苦，即为亦未尝领其益。若置身于课外之学，则虽日习之，亦不为非。[①]

他不知张伯苓要说什么，遂问："校长，你看有什么不当之处？"

"对于课程之预计，我向来主张，第一，勿旷课；第二，每日之功课应温习完毕；第三，宜择自己较弱之课程而补习之，这几条你均能做到。"张伯苓未就文章而谈，"有种学生，做事虽善，然所担任务太多，以致误其课程，此大非也；又有学生专事读书，日夜埋首，除课程以外之事，毫不过问，此又非也。"

话停了下来，周恩来琢磨这里面是否隐含对他的劝导甚或批评呢？他联想到自己参加的社团活动、《敬业》编辑、讲演、演剧、童子军辅导和储金募捐等等，可校长一贯主张："诸生今日之服务于各会，即练习将来做事之基础。"这样一想，刚才校长的话似乎又非指他。校长既然不点明，他也就没再问。他的思绪又转到文章的后半部分。显然，他的笔触带有一些火辣辣的味儿。因为他着重批评了时下教育界普遍存在的一味承袭西方的维新派和一味崇尚旧学的复古派这两种泾渭分明的崇洋、复古思想，这些，校长或许会有看法……

"恩来，你所谓一味承袭西方和一味崇尚旧学的痼疾，在南开恐不复存在吧？"果然被周恩来猜中，张伯苓望着他。

"校长，恕我直言，本校前一种倾向还是有的。"周恩来稍有迟

① 周恩来作文手稿。

疑，说，“譬如说吧，一些教科书，悉用英文课本，几何直线，叫做什么‘a straight line’等等，似此生搬硬套，只知惟西学是求，视国学无所用而不重也遂卑之，这，只能造就洋奴。”

“你这样认为？”张伯苓感到震惊。

“也许我这样说失之过激，”周恩来说，“我只是觉得，学校万不可囿于固有，惰于革新。”

“噢，噢……”张伯苓讷讷难言。

“筹安会[①]已于上月成立，”周恩来试探地问，“未知校长对此有何见教？”

“国家政体问题是很复杂的事。”张伯苓似在回避，“筹安会”诸公，他与之有某些联系，一时他还很难确立自己的立场，一直在观察思虑之中。

“我在作文中写了，此辈日言筹安，安未及见，国将亡矣！言念及此，东瞻朝鲜，西忆印度，不知涕泪之何从！”周恩来说。

“此等爱国心，余能体察。”

“可是，”周恩来叹道，“莽莽中原，尽是斯人足迹。欲求一独立不拔，放眼昆仑，为国家谋久远之计者，吾辄未得一人矣。”

“今晨余至友朝鲜某君谈及亡国之惨，闻之不禁动颜，”张伯苓也不禁感慨，“然则，欲强中国之责任谁归？曰正赖一班新少年。而少年自处应如何乎？曰尽心为学，以备将来之用。”

周恩来闻此，觉得一时没有辩论之必要了。他不愿因看法的分歧与校长对峙，依旧留下吃了晚饭，与小他三岁的希陆[②]聊了一会便返校了。在校门口，不期然遇到马千里。

自从去岁开学典礼那天认识马千里，他们师生间交往甚密，

---

① 筹安会：袁世凯复辟帝制的御用团体，1915 年由杨度出面，联络孙毓筠、刘师培、李燮和、胡瑛等组成。表面宣称“以筹一国之治安”，实为袁世凯称帝进行鼓吹，故当时即遭到舆论界的抨击。

② 希陆：张伯苓之子。

并建立了友谊。马千里对周恩来很器重，除教授数学外，还介绍周恩来加入了由他和时子周先生主持的“练习演说会”，每周都举行演说练习，自己写稿，讲后评议。有时，马千里还作示范讲演。在马千里指导下，周恩来进步很快，开始崭露头角，入学第二年8月，即被选为演说会副会长。师生二人对袁世凯窃夺辛亥革命成果，都有着切肤之痛，以“生一日则尽一日赤心”投入反袁斗争。近来，对筹安会一批人鼓吹废共和、改君主的复辟活动，都感到愤慨。

“去哪儿的？”一见面马千里就问。

“校长家。”周恩来闷声闷气地说，他知道马千里和校长是亲戚，可在这位老师面前他并无顾忌，“我跟他辩论了一番，其实，我也不情愿，可是，我控制不住自己。”

“哦，”马千里笑笑，“辩论什么？”

“学校教育呗！我以为南开潮流多趋重于西学，以西学役吾，恐只能造就洋奴。”

“校长又怎样说呢？”马千里问。

“他很震惊。”

“他震惊一下也好，当今之世，还是中学为体、西学为用、兼而学之为好。”马千里表明看法，忽又瞅了瞅周恩来，“谈到筹安会了吗？”

“他想回避，说国家政体是复杂的事。”

“国家将亡，必有妖孽，筹安会衮衮诸公就是妖孽。”马千里气愤地说，“倘若他们的主张得逞，中国将出现历史的大倒退。”

“校长为何不起而反对呢？”周恩来凝眉问道。

“他兴办教育，培植人才，一心想的是教育救国，可是，事情一牵扯到袁世凯，我这位姻兄的态度便使人失望。”马千里连连摇头。

“先生，你说得对，我也有这印象，”周恩来说，“我一直认为张校长是位好校长。我不会忘记，是他和严范孙先生准我领取南开唯一的一份奖学金，是他常让我到他家去玩，父友般待我。可是，我又感到在思想上与他有着牴牾之处，事实是他态度暧昧，有不对的地方。你看，一个令人敬重的人，却又令人失望，每每想到这点，我心里就不好受。”

“是啊，”马千里说，“倘若张校长在反复辟这件事上，能追随孙中山之后，那么，南开学校以至整个天津的局面恐不是今天这个样子。可是……就别勉为其难吧，只要他不阻止我们的行动，已属不易。”

“唔，校长啊校长，你为什么……”周恩来似在惋惜，在感叹，在期待。

粉墨登场——《吾校新剧观》——人格之修养——习武——寒假——送别张蓬仙

少年周恩来兴趣广泛，多才多艺。

一进南开，就被学校演出的新剧所吸引。

新剧，即话剧，兴起于辛亥革命前夕。1907 年，留日中国学生欧阳予倩[①]等，组织“春柳社”，演出《茶花女》(第三幕)和《黑奴吁天录》，开中国话剧之先河，此后，各种新剧不断涌现。在天津，新剧开展也较早，1909 年南开学校即演出了张伯苓亲自编导的《用非所学》。以后每年都有演出，剧目有《箴膏起废》、《影》、《华娥传》、《新少年》等。

周恩来自奉天来到天津数月，耳濡目染，觉得这个城市社会风气太坏，担心外地来此就读的同学易受引诱。试想一个星期紧

① 欧阳予倩(1889—1962)：演员、戏剧家，名克袁，湖南浏阳人。中国话剧开拓者和戏剧运动倡导人之一。著有《自我演剧以来》、《桃花扇》、《黑奴恨》等作品。

张的课业学完，到了星期六，正是需要松弛、休息的时候，同学们可以自由外出，不受校规的拘束，因而容易出现违纪的事，事实上已发生过。在校长张伯苓支持下，周恩来同常策欧、张蓬仙一起，积极筹划敬业乐群会开展活动，比方练习音乐（唱歌、演奏）、做游戏，特别是星期六，每当夜幕降临，他们便举办茶话会，演新剧。敬业乐群会成立一周后，即3月21日春假的前一天晚上，即与自治励学会、基督教青年会联合举办茶话会，由童子军演出《不平鸣》，“自治”、“青年”二会演出《里里波的跳舞》，敬业乐群会演出《特国结婚》，旋而，三会又合演《父子泪》。该剧描写侠客之义气英风，荒蛮妖异之种种离奇，慈父逆子之伤心末路，使人欲呼欲笑，欲歌欲泣，至夜11点钟始散会，极南开演剧之盛。三天后，又演出了描写社会黑暗、宣扬少年爱国精神的《五更寒》。

新剧社是敬业乐群会的组成部分，受到多方关注，周恩来更是义不容辞地投入到繁杂的筹办中去。到11月17日，在张伯苓的支持和时子周、马千里、伉乃如诸位先生以及周恩来、陈钢、黄春谷等同学倡导下，南开新剧社正式成立。选定时子周先生为团长，尹劭询先生和陈钢为编纂部正副部长，马千里先生和黄春谷为演出部正副部长，华晴午先生和周恩来为布景部正副部长，此外还选定了审定部、庶务兼会计、书记等。自此，南开新剧社以其锐进的气势、出色的演出，活跃于南开园，影响遍及天津、北京。

周恩来不只参与新剧社的筹划，在这之前即已粉墨登场。1914年10月演出《恩怨缘》，他扮“烧香妇”；1916年2月演出《仇大娘》，他扮蕙娘。不过，给观众留下较深印象的却是在《一元钱》中的演出。

《一元钱》的剧情是：富绅赵凯之子赵安，因女仆之子纵火毁宅而坠入窘境，不得已投奔舅舅孙思富。赵凯在世时，孙曾受其惠，感恩图报，议将女儿慧娟许配赵安，时赵安尚在襁褓之中。如今，孙思富发了财，见前来投奔的赵安衣衫褴褛，骤然变卦，推说

新剧《一元钱》第七幕的剧照
右第一人为周恩来所饰女主角孙慧娟

当初与赵凯仅相识，既未借债又未允婚。言毕，仅予赵安一元钱，安愤然离去。孙妻闻此，与女慧娟商议，认为孙所作所为不仁不义，暗中让自家女仆送款与书接济赵安。安在受刺激后发愤图强，把家产恢复过来。后来，孙因与人打官司倾家荡产。这时，慧娟为之斡旋，求助于赵安。安不念旧恶，力助之，使孙得脱重累。孙因此深悔自己以前的过失，与赵家和好如初。

这出戏，严范孙亲为删改，七场幕名为：周急、训子、罹灾、背约、巧遇、诈欺、好合。由时子周饰孙思富，李福景饰赵安，马千里饰赵凯妻，周恩来饰孙慧娟……

在中国传统观念中，人分九等，“优”（即戏子）为第八，与末等的“倡”（即娼妓）排在一起，地位之低下可想而知。而男扮女装则被看作“大逆不道”，马千里、周恩来在剧中反串角色，不能不说是对封建礼教的蔑视和冲击。

周恩来扮演的孙慧娟在第四幕（“背约”）才出场。她头戴珠

周恩来所饰孙慧娟(放大)

翠,高领掩衿,身穿粉红暗花缎小袄,右手系一方帕,下穿一色绸棉裤,身姿窈窕,庄重矜持。演出时,吐词轻言细语,节奏分明,优美动听,羞涩中掩饰不住真诚、纯朴,演到泪落时肩头微颤,神情毕肖。慧娟识大体、重然诺,将金镯赠予赵安的行为甚至感动了女仆田妈也捐出自己的藤镯。周恩来演出时,把一个知情达理、机敏聪慧和坚持纯洁爱情的少女那复杂微妙的心情刻画得入木三分。其后,当父亲落难,又是她提出向恢复了家产的赵安求援,并且,她还向父亲承认了自己当年瞒着他向赵安馈赠金镯一事,显露出其诚实和纯真。周恩来的演出,分寸感把握得恰到好处,加之他那纤长的身材,清秀文静的面容,透出一种诱人的个性魅力,令观众交口称赞。

《一元钱》的演出博得好评,固然与演员们配合默契,各展其才不无关系,但其内容的讽喻性也是一个重要原因。马千里扮演的赵妻,在戏中借"训子"指桑骂槐,矛头指向袁世凯,令人捧腹,人心大快。明明是在做戏,但演员、观众却又不由自主地走入情节中去了。

再有一点不应忽视的,其布景的新颖、真实,也强烈地吸引着观众。全剧上场人物多达二十六人,服装、道具各不相同,从第一幕"周急"到第七幕"好合",每一幕均为新颖布景,从雕梁画栋的客厅到鲜花满地的花园、亭池、假山、刻有"延芳"的月亮门,到孤立旷野的破庙,以至孙宅大门框上吊死的仆人,大多为立体布景;

仅“周急”一幕，展示富绅赵凯客厅陈设及悬灯结彩喜迎新年之布景道具即达二三十件，远近景物，浑然一体，虚实结合，精巧逼真，使观众大饱眼福，如身临其境，受到感染。而这一切，与身为布景部正副部长的华晴午先生和周恩来自有关系。

1915 年 10 月 16、17、18 日，庆祝校庆连演三场，此后，《一元钱》成了南开新剧社的保留剧目。翌年 4 月 1 日，直隶全省学务会议在天津召开，南开学校举办晚会，以表庆贺，《一元钱》又登场献艺。

“是日天色阴暗，晨间雨后，道路泥泞，颇艰于行。乃诸教育家不计跋涉，欣然来会。到会二百余人。余则来宾及同学约七八百人。七点钟开会，首奏军乐，次校长述开会词，次演新剧《一元钱》，内容与前数次演者无异。每幕布景时，有军乐、音乐、唱歌助兴。而校长复于第四幕前，致临别赠言，大旨以‘热心任事’、‘增广智识’、‘激发天良’三事，赠勉各县教育家。逮演毕，门外已雨雪交作多时矣……”[①]

《一元钱》连演不衰，连天津市民也踊跃而至，新剧社甚至受邀到北京，在米市大街青年会演出，甚得北京市民赏识。

周恩来不愧为南开新剧社的中坚分子，在《一元钱》之后，于 1916 年 2 月，在《千金全德》中扮高桂英；6 月，在《老千金全德》中扮童男；10 月，在独幕剧《醒》中扮冯君之妹；寒假，在《华娥传》中扮主角华娥[②]，真乃一发而不可收。

张伯苓曾把“练习演说”、“改良社会”作为新剧宗旨，把编演新剧作为培养人才、改良社会之工具。而今，我们来考察这段历史，新剧演出之意义就非常清楚了，它是中国资产阶级民主革命早期所进行的爱国革命的一部分，以其鲜明的艺术形象歌颂光明

---

① 见南开学校《校风》第二十五期(1916 年 4 月 10 日)《纪事・欢迎余音》。

② 见《南开话剧运动史料》，南开大学出版社 1984 年 9 月版。

南開學校
校風
第一期
民國四年八月三十日
本報目錄
〈發刊詞〉
〈紀事〉
〈特別紀事〉
〈文苑〉
〈雜俎〉
〈小說〉
〈笑林〉

《校风》杂志

正义，宣传民主科学和妇女解放，揭露、控诉了旧社会之黑暗和腐败，批判了神鬼迷信等现象，因此而载入了中国话剧之史册。

周恩来以充沛的精力投入新剧活动，“君于新剧尤具特长，牺牲色相，粉墨登场，倾倒全座，凡津人士之曾观南开新剧者，无不耳君之名，而其于新剧团编作布景，尤极赞助之功。”——写于 1917 年的南开学校《第十次毕业同学录》对周恩来的评价，为后人留下了一份珍贵的历史记录。

周恩来参与新剧的艺术实践，不单是兴趣使然，也是自觉的，且有明确意旨，这从他于 1916 年 9 月发表的《吾校新剧观》①可一窥全貌。

20 世纪初叶，中国民众沦于“贫极矣、智陋矣”之境地，少年周恩来认为，欲“重整河山、复兴祖国”，则必须对民众进行通俗教育，他写道：

夫通俗教育之组织，大都不外演讲事理，出版书说等事。然演讲则失之枯寂；书说则失之高深。既有以演

---

① 《校风》于 1915 年 8 月创刊，周恩来曾任该刊文苑部长、记事类主任、经理部经理。此文是周恩来为南开《校风》写的一篇社论，全文共四节。1916 年 9 月 18 日、25 日的《校风》第三十八期和三十九期，连续发表了第一、二节，第三、四节则未见发表。见《南开话剧运动史料》，南开大学出版社 1984 年版。

> 说中而加入兴趣小语，书报取乎平易近人者，而对于浮躁子弟，又何能使其静心不厌？目不识丁者，又何能使其翻卷阅诵？是知今日之中国，欲收语言文字统一普及之效，是非藉通俗教育为之先不为功。而通俗教育最要之主旨，又在舍极高之理论，施以有效之事实。若是者，其惟新剧乎！[①]

可见，他把新剧之作用，与救国拯民密不可分地联系在一起了。

他的文章中，明确提出新剧“感昏聩”、“化愚顽”、“开民智”、“进民德”之社会功效，即它是有别于其他通俗教育的一种形式，特点在于以舞台形象教育人、感化人。这一论述，涉及到了新剧为何能在资产阶级民主革命前夜产生的问题。民主革命的任务要求用最有效的通俗教育形式唤醒民众，于是，新剧艺术应运而生，并且具有强大的生命力。

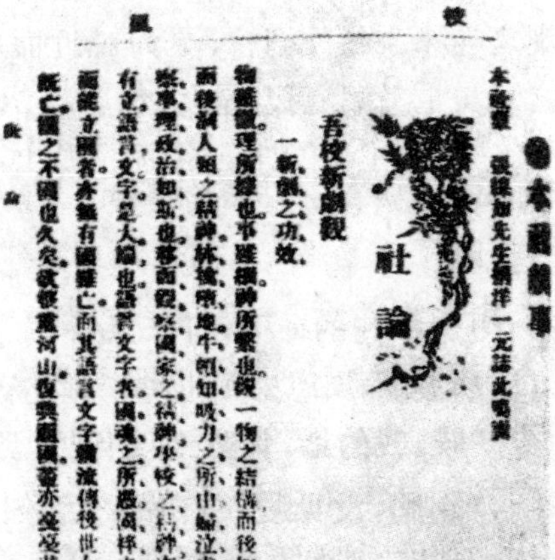
社論

吾校新劇觀

周恩來

一　新劇之功效

周恩来发表于《校风》的《吾校新剧观》

在这篇文章中，周恩来还对话剧艺术的本质特征谈了看法，这就是：“言

① 引自《吾校新剧观》，见《南开话剧运动史料》（南开大学出版社1984年版）。

语通常，意含深远；悲欢离合，情节昭然；事既不外大道，副以背景而情益肖；词多出乎雅俗，辅以音韵而调益幽。”这是针对旧戏“不近人情”、“唱工太多”、“词多鄙俚”、“淫邪不堪入目”的弊病而言的，它对剧本的语言、情节、思想内容、布景等，均提出了具体要求，符合话剧艺术反映生活的特殊规律，这在西方话剧理论尚未介绍到中国的1916年，能作如此科学的认识，实在是难能可贵的。

不仅如此，行文中，周恩来还纵述了世界戏剧发展潮流（分为古典主义时代、浪漫主义时代、写实主义时代），旋再联系南开新剧“于种类上已占有写实剧中之写实主义”。认为“现代写实剧者，乃最近七八十年之戏曲，其意在不加修饰而有自然实际及客观之趣味。此种剧旨，更为锐近而成空前之发达”。而写实剧中之写实主义潮流，乃是“大势所趋，不得不资为观鉴”。

“写实主义”创作原则的提出，在现代中国，周恩来是第一人①，时年十八岁。

9月下旬的一天，自修课后，丁二班同学纷纷离开教室，作课外活动去了，周恩来则走进了理化实验室。

隔了一会儿，李福景兴冲冲地跑来，气喘吁吁地说：“恩来，刚才我见到张校长和严校董啦……”

周恩来似未听到，仍埋头摆弄着试管。

“哎，我的话，你听到没有？”

“别闹，没见我正在做高锰酸钾（$KMnO_4$）分解制氧反应吗？”

“你不想听，我这就走。”李福景转身佯作离开的样子。

“福景，你总得让我把实验做完，行不？！”

---

① 周恩来《吾校新剧观》发表于1916年9月。之后，1917年2月，陈独秀在《新青年》第二卷六号上发表《文学革命论》，才提出“建设新鲜的立诚的写实文学”的口号。发刊于1918年5月的《新青年》“易卜生号”，登载了胡适的《易卜生主义》一文，仅是推崇易卜生，并没有明确、直接地提出新剧应遵循写实主义创作原则。

“你啊……”李福景不作声了，在一旁等着。

“嘛事？”周恩来边收拾实验器皿边问。

“本来校长、校董说的是你，又不关我的事，”李福景故作赌气状，“瞧你漫不经心的样子，我倒没情绪了。”

“啊，对不起。”周恩来笑道，“不过，咱俩谁跟谁呀！你也甭生气，快告诉我，校长和严范老说什么来着？”

“校长夸你那篇《吾校新剧观》哩，说是道尽了新剧社的活动旨趣，也可看作是新剧社的总结……”

“其实，我只是说点感想罢了。”

两人离开理化实验室，走着聊着。

“恩来，你记不记得校长在看我们排戏时说过‘世界是个大舞台，学校是个小舞台，诸生可为新剧中之角色，且可为学校中、世界中之角色矣’……”李福景把话打住，望着周恩来。

“是这样说的呀！”周恩来有点茫然。

“可这回，他说，你已是学校中之角色了。”

“嘿……”周恩来不禁笑道，“我既是南开的学生，自然是学校中的一个角色了。”

“啊呀，你怎么没听懂，他的意思是，你已是南开的一个人物。”

“福景，我们都一样，一样。”

“不一样。”李福景说，“其实，校长小瞧了你，就在校长刚刚说完，严校董接过话茬，言道：‘说恩来为学校中之角色，固然不错，视其入校以来之学业操守、所作所为，将来极有可能成为世界中之角色矣。’”

“我……”周恩来相信李福景的诚实，可这番转述的话，使他不免惶然，“我想这是两位前辈对我的勉励。福景，你听了便罢，万不可再外传，那不好。实在说，别人的评价也是见仁见智，重要的还是自己怎样去做。福景，你我如同兄弟，对你，无话不可说，最近，我想得最多的一件事，即‘人格’二字。人格之造就，正赖良心。人同此心，心同此理。大道所在，正理趋之，处世接物，苟不背乎正理,则良心斯安,良心安,人格立矣。是不是这个理?”

“说得对。”李福景应道,“干嘛不写篇文章?”

“还在酝酿哩,题目就叫《我之人格观》。”①

“那我就等着拜读了。”

“我还想,人格并非是孤立地存在,它与一个人的志向、名誉观等息息相关。”周恩来凝思道,“我们无论做何种事业,当其动作之始,必心存希望,这希望即志向,而志之立也,应关乎神州陆沉,而不在金钱得官,如此计其大舍其细,则所成之事业,当不至限于一隅、私于个人矣。限于一隅、私于个人,必是汲汲于名,犹汲汲于利之徒……”

“是为我辈之不耻。”李福景慨然说。

“是这样。”周恩来仍沉浸在思索之中,“而志向、名誉、人格等等,确非个人之事,我们所思所想,所作所为,都在于改良社会、拯我国家,当务之急,要者,则当开通民智,输灌智识,使国民之思想日趋于高尚之途,则中华庶有希望乎?这大概也是排演新剧之意义所在吧!”

这两人,一敞开心扉,便说个没完。

“走吧,咱们去童子部掷筐球②去。”李福景见周恩来神情沉肃,遂提议。

“噢——”周恩来似被猛然提醒,他看了看西斜的太阳,说:“我跟韩慕侠先生约好,要去他那儿的,你看,差点都忘了。福景,你是敬业乐群会童子部部长,你去跟他们一道玩吧!”

“可你是童子军司令啊!”

“拜托了,下次,我们再一道去……”周恩来说着,便甩开脚步出了校门,急如星火地径往韩慕侠精武馆。

周恩来所说的韩慕侠,乃是一位武林高手,曾在万国赛武大会上,将外籍大力士康泰尔击倒于擂台上而名声远播。他在津门

① 《我之人格观》刊于 1916 年 10 月南开《敬业》第五号。

② 筐球:即篮球。

开设精武馆，在民众中推广国术，以求健身强种，长年义务授徒，在青年学生中有一批追慕者，周恩来即是其中之一。

一次，周恩来、李福景、王朴山等去精武馆，看着这群聪颖、俊逸的莘莘学子，韩慕侠想起一件事，说："我这人，胸有韬略，却乏经纶，至今有一憾事未了心愿，韩氏祖茔迄无堂名，未知在座诸生，可否为之谋划？"

"叫颂德堂吧！"王朴山建议。

"椿萱堂亦可。"李福景道。

"颂德，较为一般；椿萱，仅指父母，"韩慕侠说，"请再琢磨琢磨。"

"先生早年曾师从九位武术名家学艺，这才身怀绝技，威震一方，那么，可否叫'韩九师堂'呢？"周恩来说。

"好，好，"韩慕侠含笑点头，"就叫'韩九师堂'。"自此，他对周恩来颇多关照。

今天，周恩来又到精武馆，登堂入室，墙上"尚武救国"四个斗方赫然入目，让他怦然心动。一旁，身着玄色香云衫短打的韩慕侠正瞅着一柄大刀。

"啊，今天约你来，"韩慕侠殷殷说道，"只想让你见识见识这柄'僧王刀'。"

周恩来凑近一看，只见此刀长逾三尺，鲨鱼皮刀鞘呈深紫黑色，上面缀有精致的彩色梅花数朵，与平素见过的大刀的确不同。

"拔出看看。"韩慕侠说。

但听"嗖"的一声，刀出鞘便寒光逼人。韩慕侠又让周恩来在一摞铁片上试试刀刃，孰料大刀一落，竟削铁如泥。

"真是一把宝刀！"周恩来惊叹不已，"先生，为何叫它'僧王刀'呢？"

"这里面有个故事哩！"韩慕侠托着坚实的下巴，沉入往事的回忆——

"那是咸丰八年（1858）英法联军入侵，炮击天津大沽炮台，炮台失陷，鬼子兵沿海河进入天津，清廷遂与洋人签订了屈辱的《和约章程》，以换取鬼子兵退出天津。”韩慕侠声音沉涩地说，“稍后，清廷派大盐商海张五，协同僧格林沁亲王办理防务，沿白河一带构筑炮台。次年，英法联军调集二十艘炮舰来犯炮台，被我守军打败，击沉敌舰十一艘，鬼子兵死伤亦多达四百余人。是役取得胜利，海张五被清廷任为天津盐务总管，僧格林沁又特地将自己的宝刀赠予他……”

“那么，这刀又怎样到先生手里的呢？”

“这事说简单也简单。”韩慕侠嘿嘿笑道，“后来，海张五与一个浑名‘浪里蛟’的李姓盐商，为十亩盐田勾心斗角。‘浪里蛟’设下鸿门宴，海张五携一十二岁小童赴宴。宴席上，话不投机，‘浪里蛟’令家丁对海张五刀戟相逼。在这关键时刻，小童迅速从腰间抽出一个家伙，顶住‘浪里蛟’的后背，唬得那厮急忙喝退家丁，并礼送海张五上轿离去。”

“这小童莫非就是先生？”恩来问。

“不错。”

“那先生当时使的究竟是啥兵器呢？”

“啥兵器？”韩慕侠一阵豪笑，“那不过是一把形状似剑、无尖无刃、金光闪闪的铜镇纸而已。”

“先生真行！”恩来也不禁笑出声，“这么说，回去之后，海张五便将这把‘僧王刀’送给先生了。”

“是啊，这刀不同寻常，夜间，每遇蹊跷、险恶，必铮铮作响。十多年来，我总随身携带，寸步不离。”韩慕侠感慨地说，“不过，我也不能一直让它藏于密室，恩来，这年把，我见你每次来此，都兢兢业业，心不旁骛，从今天起，这刀就归你使……”

“先生，我不敢当……”

“我让你使，你就使。”韩慕侠嗔道，“今天，我教你八卦拳，你要记住，它的运动结构多采取掌法，而运动形式呢，则按八卦的正四正偶和九宫步运行，故而又叫八卦掌。其练法要求是，顺项提顶，松肩沉肘，实腹畅胸，曲腿蹚泥……”

韩慕侠将整个套路做了一遍，这才带着周恩来练了起来，直练得汗水涔涔，周恩来约略掌握了动作要领，才收功小憩。

“先学八卦掌，而后我再教你八卦刀、剑法、柔术，一如从前。我不仅在武术馆教，还会继续去南开授课。”韩慕侠说。

“先生，我都想学，”周恩来沉吟了一会儿，“只是，我尝想，咸丰年间，英法联军侮我中华，若论武术，义和拳、红灯照，均不乏此道，可是，最终却抵挡不过列强之洋枪洋炮……”

“你的意思是武术不灵了？”

“不，不，先生说过，习武能益于国家社会，近之能育体修身，确实，这是毋庸置疑的。”周恩来作着解释，“只是，我想，救国之道根本还在于改良社会，开发民智。而今，袁世凯已死三个多月，时局依然如故。倘若辛亥一役，不以敷衍结果，直捣黄龙，剪除异类，彼时政治可以一新，又何致有二次三次革命？教育不振兴，工商不发达，农林不垦殖，以肇今日之危险时代哉！”

“啊，有道理，有道理，仅凭尚武还不行。”韩慕侠说，“不过，习武，你可不能停啊！”

“哪能呢！”恩来笑道，“其实，习武与改良社会、开发民智自可并行不悖，我焉能作罢？”

“这就好，这就好啊！哈哈哈……”演武堂旋又响起韩慕侠豪爽的笑声。

年华似水，岁月不居，周恩来负笈津门已有三载。

寒假届临，班上同学纷纷返里省亲，周恩来却别有滋味在心头。追忆曩昔宣统二年（1910）离开淮安，作别恩溥、恩寿，已历六个寒暑。其间，一年铁岭、二载奉天，虽能随遇而安、因时而学，但旅中况味饱尝，未得一日享家庭之真乐趣。自考入南开学校，与伯父伯母时有聚首，聊解思乡之苦。但每每南望乡关归不得，同胞兄弟各东西，心中难免思念不已又无可奈何。

今年寒假，淮安仍在千里之外，聚首依然遥遥无期，同学中除几人外都离校了。想到王维“独在异乡为异客，每逢佳节倍思亲”的诗句，思乡思亲之情像潮水撞击着周恩来的心扉。此种难言的无奈，白天稍好一些，每当入夜，冷案寒窗、孤灯弱火，想起人间的悲欢离合，他不禁发出叹息，同学们共盼之假期，在他却成了堕神丧志的岁月，难道假期与他无缘吗？

只是，周恩来毕竟不是那种沉溺于个人得失的人，有太多的事需要他去做。他想，只要走出沉闷，自可寻得兴味，开扩心胸，快乐假期易逝，未来岁月方长，断不能像以往几个寒假那样于消沉中打发日子，无论如何不能辜负两旬之光阴。同宿舍的常策欧、张蓬仙相继走了，新剧社近日要上演新剧《仇大娘》，而剧本仍在编纂之中，他是编纂者之一。两位同学离校时，他何尝不想去送行，可他脱不开身，只好将遗憾留在心里。

“周恩来——”他正伏案编纂，忽听校役叫他，并且递上一张字条，原来新剧社已在排演《仇大娘》，让他即去。他只得“舍笔而代以舌”，匆匆来到新剧社活动的“思敏室”①。

寒假期间排练《仇大娘》是经张伯苓准许的，也是响应学校“体育会”的要求而作。事因是，春季将于北京举办华北运动会，南开学校的体育曾在东亚运动会上夺魁，代表天津参加这次华北运动会当在意料之中。可是，因参赛人数多，所需款项数额巨大，非一时可以筹集，遂有人提议演新剧以募捐，拟于正月初五正式公演。

一入思敏室，见时子周、伉乃如、马千里等先生和李福景、于佩文、黄春谷、严仁曾等同学基本已到齐，他们分别在《仇大娘》中扮演不同角色，周恩来饰的是“蕙娘”。大家你一言我一语凑了一阵子，将剧情大致定下，但场次、台词仍未形成一个完整的剧本。

---

① 思敏室：为纪念数学教员严思敏而名之。

任务急迫，非周莫属，一连三天，他把自己关在宿舍里，总算编纂告成。除夕前一日清晨，他急夹剧稿访印刷所，因年关迫近，印刷工开始不想接受，周恩来反复申述该剧演出募捐之意义，并允增加费用，这才为彼接受。于此，可见金钱万能，足为凡百事业成功之一助也，这使他颇为感慨。

忙完这一阵，周恩来总算喘了口气。除夕，他回到了元纬路元吉里四号伯父家。

入夜，户外爆竹声声，不绝于耳。依家乡习俗，这会儿，正是合家团聚、一案共食之时，天津亦复如此。可眼下，举桌只伯父、伯母和恩来三人，有点冷清。食毕，似无别的事，他独据一案，甚觉无聊，遂取南开"自治励学会"主办的《励学》杂志翻阅起来。三个小时，全书几尽，而思绪却难以集中，顾念故乡之情往复回环。心想，今天是什么日子，不就是家庭团聚之时吗？可是，嗣父去世已有十七年，生母和嗣母去世也有八年了，虽温榻之梦常入，然北堂久不闻唤子声。回思依依膝下，此情此景，不必读《蓼莪》之章[①]，便已悲慨无垠。

夜色阑珊，外面的爆竹已疏疏落落，邻室的欢笑清晰可闻，伯父伯母的絮叨渐渐平息。这时，屋顶瓦片上溅出细碎的冻雨声，夜是那样凄清，恩来怎么也睡不着，想起谢世的亲人，幼小的溥、寿二弟，还有为生计而飘泊不定的生父，他泪盈枕席，竟夜不寐。

或许是着了凉，加之心情压抑，他患了喉肿症，不得不移居学校的调养室。同室有个叫梦亚的同学，两人谈起家世，不觉彼此同情，感叹病室巧遇。

"同是天涯沦落人啊！"梦亚说着落下泪来。

"余不为君悲，亦不为己悲，余且为举世之不得同俦[②]而一诉

---

① 《蓼莪》：《诗经·小雅》篇名，强调"哀哀父母，生我劬劳"、"欲报之德，昊天罔极"。宣扬"孝道"，旧时并用作"为子必须尽孝"的典故。

② 同俦：伴侣，同辈。

其平生者一痛哭焉！”周恩来也不禁伤感。

几日来，连夕演剧，殊不得闲，他的烦恼反倒大大减少。奇怪，人往往因不得闲而受到困扰，自己却因这而多增幸福。啊，原来闲则生惰，惰生娇，转化为极不堪指使之人。假期如不恰当支配，极易养成闲散之习，消沉、倦怠，以至染病在身，殊多烦恼。这会儿，自己像是又变了个人，这实在是演剧之功，恐怕是庸人难以知道的吧?!

正月初十清晨，南开组织一行二十名师生赴京观剧，周恩来也名在其列。火车隆隆疾驰，窗外，旷野平畴匆匆扑入眼帘；车内，谈笑风生，并不寂寞。尹劭询、伉乃如二先生作趣语，时子周、伉乃如作相声，颇饶兴味，其余的人也都依次各说趣语，语未终，北京巍峨之城垣已在望。抵站后即被天津学界观剧团的林墨青先生接至西河沿元成店住下。黄昏，用膳于杨梅竹斜街亨泰馆，饭毕同往大栅栏广德楼观《因祸得福》(即南开之《仇大娘》)。因京城禁男女合演，因此都是女伶，演出与南开大同小异，佳处甚多，辞句之华丽是最显然的；但词句虽美，只知熟读不甚知说词时之状态。布景多用布帐，绘景其上，奇妙者颇多，惟有时景在幕后，人在幕前，两不相合，布景虽有若无，是为缺憾。至剧场之秩序，殊未免俗，邪好之声，哇哇盈耳，闻之令人欲睡。逮曲终人散，已越午夜，周恩来照护着最小的李福景，与众人联队归栈。翌日午后，全体又去广德楼观看《恩怨缘》，内容与南开所演不相出入，惟凡属戏中之隐场，彼均作实，布景亦多相类，周恩来不以为然。不过，统观全剧，剧本本佳，加之演出聚精会神，遂得圆美之结果。

京城之行，就观剧而言，不能说没有收获，但周恩来之注意力并不囿于此。京城乃袁世凯曾执政的地方，丧权辱国之外交皆发端于此，周恩来睹社会之腐陋，闻政府之黑暗，想到首善之区如斯，知中国之自亡久矣，又奚待外人瓜分而豆剖之?!

三天后自京归来，王朴山问起他的京师观感，周恩来遂告之，朴山也连声叹息。

周恩来(右)与王朴山(中)、常策欧合影

“国事非不可为也。可是,政府之愚民政策,暗民手段,层出不穷。追原祸始,不得不痛恨于障百川而东之者也。”周恩来愤然说道。忽然,他的目光也斜到悬壁的一柄剑上,伸手取下,倏又将剑抽了出来,观之良久,说,“朴山,此刻,我真想舞剑哩!”言毕,大步跨出宿舍,在门外走廊里舞动起来。月色溶溶,寒风飕飕,他腾挪纵跃,动如脱兔,静如处子,朴山也不禁为之赞叹起来。

稍许,周恩来收住剑,沉吟有晌,说:“我吟几句诗给你听听:

华年惜绿鬓,午夜啸青锋。
学道雄心淡,观时热血浓。

下面,你续吧!”

“你一气呵成不就得了。”王朴山笑道。

“合作嘛!”

“这……也罢。”王朴山常以“残夜”、“憨桦”的笔名在《敬业》

上发表诗文，颇有才气，他稍作思忖，吟道：

无成惭画虎，有待爱潜龙。
诗思飞何处？云山几万重。[①]

“好好，结句尤佳。”周恩来甚觉满意。

“恩来，你的字好，把它写下吧！”

周恩来也不推脱，二人回到宿舍，朴山研墨，恩来拈毫，一挥而就。署名：昧爽（昧为王朴山，爽为周恩来）。

这首诗，充满忧国忧民的激奋情怀，为闻者称道。

主编《敬业》，编辑《校风》，演出《一元钱》、《仇大娘》……在全市性公众集会上发表演说……周恩来已成为南开学校众所瞩目的人物。但他并无矜持和骄傲，依然孜孜于学业的进取，跻身于优秀学生之列，国文成绩出类拔萃，代数考试又获足分，化学成绩也颇出色。至于体育，一向为他重视，他所在的丁二班，荣获全校运动会亚军。在班级运动会上，他获跳高第三名。他还活跃在篮球场和排球场上……可他不是一个仅仅满足于课本知识的学生，他的思考超越于书本之外，对真理的探索和追求一直在继续，将自己的见解诉诸笔墨，在《敬业》、《校风》上刊载。

《老子[②]主退让、赫胥黎主竞争，二说孰是，试言之》[③]，这是一篇颇为独特的文章，周恩来竟将 2000 多年前的中国道家创始人

---

① 周恩来、王朴山的诗作见《周恩来青年时代》第五期（周恩来同志青年时代在津革命活动纪念馆编）。

② 老子：相传春秋时思想家、道家创始人。一说即老聃，姓李名耳，字伯阳，楚国苦县（今河南鹿邑东）人，做过周朝“守藏室之史”（管理藏书的史官）。孔子曾向他问礼，后退隐，著《老子》。

③ 1916 年 3 月 20 日，南开校刊《校风》第二十二期，1916 年 10 月《敬业》第五号先后发表此文。《敬业》发表时，署名“飞飞”，个别辞句略有修改，易题为《老聃赫胥黎二氏学说异同辨》。

老子和英国近代思想家、生物学家赫胥黎相提并论，此为一般人难以想象，而周恩来却将二者进行类比，寻找异同，从中提出己见。他主张人们应破除迷信，解放思想，“发挥固有之本性，阐扬独立之学理”。他对长期统治着人们思想的“儒之孔、西之耶、印之佛”的理论提出怀疑，认为“知其生不知其死，孔氏之说也；不死不生，是谓永生，耶氏之说也；色即是空，空即是色，佛氏之说也……吾惟知世界之上，何有乎生，何有乎死，生死无所系，更何有乎色空，是生死色空皆幻相也，皆三子之误也。三子之误，普天下人之公误也”。他热情赞扬赫氏，在“潮流所及，教义偕行”的情况下，“独能发抒怀抱”、“倡物竞天演说，开文化之先河，破耶氏之教论”，并称颂老子“超乎世俗，为忿世嫉邪之言”（指老子学说中“天之道，损有余而补不足；人之道则不然，损不足以奉有余”；“民之饥，以其上食税之多”；“民之轻死，以其上求生之厚”；“民不畏死，奈何以死惧之”等朴素唯物主义成分），与赫氏一样，具有打破权威勇于创新的战斗精神。在这篇文章中，周恩来还以其独特的视角，指出老子不是消极退让，退让中包含着竞争，而赫氏在竞争中包含退让。进而，他又把二者统一起来，不禁感慨系之：“赫氏之说未得行于欧土，亦犹老氏之说垂二千年之久而未得希微散布于禹域中也”，“其有倡老赫二氏退让竞争主义者，吾虽为之执鞭亦欣慕焉。”显然，他不是把退让和竞争在形式上调和起来，而是摆脱了形式上的矛盾，超越了对二氏学说的一般浅见，从道德的积极意义上将二氏学说统一起来，熔二氏主张于一炉。在这里，“退让竞争主义”之创立，则显示了周恩来不同凡响的调和色彩。自然，在这之前，他所写下的众多思辨文章中，其调和色彩和调和格调已很鲜明，并已跳出庸俗调和论的窠臼。生活中无数事实表明，调和不一定是折衷，矛盾不总是分裂才能前进，有时统一也能推动矛盾前进。在多种矛盾处于胶着状态时，调和也是解决矛盾的一种方式，在矛盾中寻找共同点，在一个更高的层面上，把矛盾统一起来推动事物前进，少年周恩来已谙此道。

浸润于周恩来文章中的调和色彩，渗透在他个人风格的各个方面，形成了他特具的个性魅力，而这又与他的温和诚实、富于感情、挚于友谊息息相关，显现出人性的美和崇高。

不久，《敬业》第四号发表了周恩来的《送蓬仙兄返里有感》诗三首（此外，同期还刊出周恩来《飞飞漫墨》四则和《辑张蓬仙东京来函》）。

张蓬仙，即张瑞峰，与周恩来、常策欧（醒亚）同为“敬业乐群会”发起人，并任该会第一任会长。年初的一天，张蓬仙、常策欧、周恩来都在“敬业乐群会”活动室。

“恩来、醒亚，我要退学了。”张蓬仙忽然说。

“怎么回事?!”周恩来诧然，“还有两年才毕业，为何要退学呢?”

“难道东北有比南开更好的学校?”常策欧也大为疑惑。

“我自己也说不清，”张蓬仙亦颇惆怅，“这是家里的意思……”

“你为何没有主张?”周恩来说，“我们在一起志趣相投，服务同学，解疑析难……莫非你不留恋?”

“我留恋，我珍惜。”张蓬仙几乎要落泪，“只是，家中这样做不会没有道理，我……我会记住你们的，我们还可以书信联系……”

事情已不可挽回，周恩来回想起与张蓬仙的两年同窗，想起知己此去前程莫卜，真是感慨万千，种种复杂、微妙的情愫，化作《送蓬仙兄返里有感》三首。

其一

相逢萍水[1]亦前缘，
负笈津门岂偶然。

---

① 相逢萍水：浮萍随水漂泊无定，比喻人之偶然相遇。

扪虱[1]倾谈惊四座，
持螯[2]下酒话当年。
险夷[3]不变应尝胆[4]，
道义争担敢息肩[5]。
待得归农功满日，
他年预卜买邻[6]钱。

淮安人周恩来和吉林人张蓬仙，原是素昧平生、萍水相逢的异乡之客，然而，又都怀着学好文化、探求真理、救国拯民之愿望，同时考入名闻遐迩的南开学校，仿佛前世有缘，才使两人有此际遇。而黑暗腐败的国运，又促使他们结成了志同道合的朋友，他们集会结社，针砭时弊，抨击反动昏愦的军阀统治，探讨国家的前途命运。那种傲视权奸、无所顾忌的豪情，如同晋代"扪虱而谈，旁若无人"的王猛、桓温那样，甚至在吃饭饮酒时也是意气风发，侃侃而谈，出言吐语，气度非凡，这使周围师生也为之震惊。他们相互间述己论人，臧否国是，可谓推心置腹、肝胆相照。如今回忆起这一切，是那样令人快慰而又留恋不已。离别，自然是惆怅难舍的，可是，国家兴亡的责任未了，又岂能沉浸在这缠绵的情感里？惟有继续振奋精神，坚定斗志，"险夷不变应尝胆，道义争担

---

① 扪虱：形容谈话时从容不迫、毫无顾忌的神态。《晋书・王猛传》记载：晋代桓温入关，王猛穿着粗布衣服去拜见他。一见面就谈论起时事来，交谈时，摸着身上的虱子，好像旁边没有人一样。

② 螯：螃蟹的大脚。泛指下酒的佳肴。

③ 险夷：危险和平安。这里作偏义词用，侧重指环境的险恶。

④ 尝胆：形容刻苦自励。

⑤ 敢息肩：怎敢息肩，不敢撂挑子。

⑥ 买邻：择邻而居。《南史・吕僧珍传》记载：宋季雅罢官之后，买了一所房子，和吕僧珍为邻。吕僧珍问房价多少，宋季雅回答说："一千一百万。"吕僧珍因宋季雅出这样的高价而感到奇怪。宋季雅说："我拿一百万买房子，拿一千万买你这样的好邻居。"这里是说将来事业成功之时，与好友同欢共聚。

敢息肩”，不论前程何等艰难险阻，得有卧薪尝胆的精神，披荆斩棘，迎难而上，争挑救国拯民之重担，而不可片刻息肩。倘若能像古代将士出征、凯旋、解甲归田那样，有朝一日，大业告成，彼此再度相聚，共庆胜利，重叙友情，那该是多么幸福！

张蓬仙只身回到黑暗势力同样猖獗的东北，他会怎样呢？周恩来为之担心，但字里行间却没有一丝消沉，而是充溢着关切、爱护和激励。

其二

东风催异客①，
南浦②唱骊歌③。
转眼人千里，
消魂梦一柯④。
星离成恨事⑤，
云散⑥奈愁何。
欣喜前尘影，
因缘文字多⑦。

张蓬仙即将返乡，触动周恩来写下告别的歌，人是天外客，瞬

① 异客：客居外乡之人。此处指张蓬仙。
② 南浦：江淹《别赋》：“送君南浦，伤如之何！”后来泛指送别友人之处。
③ 骊歌：告别的歌。古书《大戴礼》记载：客人临别时唱《骊歌》。
④ 梦一柯：唐代李公佐作《南柯太守传》云：淳于棼在古槐下睡觉，梦到槐安国，槐安国王将女儿嫁给他并命他为南柯太守，享尽荣华富贵。醒时见槐树南枝下有一蚂蚁窝，即是他梦中所历之处。这里是指送别好友时情景，仿佛做梦一样。
⑤ 星离成恨事：比喻朋友间之离别，像牛郎、织女二星因分离成恨事一样。
⑥ 云散：喻朋友之别离。
⑦ 欣喜前尘影，因缘文字多：前尘影，指往事。因缘，指彼此结合的缘分。全句意为，回顾往事，令人高兴，那是因为笔墨结下的“因缘”。

间就会在千里之外，此事想起来恍若做梦。两年相聚，竟是那样短暂，犹如牛郎织女二星即将分离，彩云就要散去一样，令人郁郁不欢。但这是无可奈何的事。值得庆幸的是，两人因文字机缘，毕竟有一段共同切磋学问、砥砺品行的岁月，无论如何，这是令人欣慰和珍惜的。

离情别绪，使周恩来欲罢不能，他又写下一首诗。

其三

同侪争疾走①，
君独著先鞭②。
作嫁③怜侬④拙，
急流让尔⑤贤。
群鸦⑥恋晚树⑦，
孤雁入寥天⑧。
惟有交游旧，
临歧⑨意怅然。

---

① 同侪(chái，柴)：同辈人。此处指同学。

② 著先鞭：《晋书·刘琨传》记载：刘琨和祖逖是朋友，听说祖逖为朝廷所用，刘琨便给亲友写信说："吾枕戈待旦，志枭逆虏，常恐祖生著吾先鞭。"表示"先一著"或"先占著"。此处有走在前面、进步最快的意思。

③ 作嫁：原指为别人作嫁衣；比喻为人做事，自己没有图谋。此处大概是指参加进步活动和编辑刊物。

④ 侬：南方语"我"，作者自称。

⑤ 尔：你，指张蓬仙。

⑥ 群鸦：此处指目光短浅、安于现状、胸无大志的人。

⑦ 晚树：比喻没落的社会。

⑧ 孤雁入寥天：此处指好友奔赴寥廓的前程。孤雁，比喻张蓬仙或当时有志之士。寥天，寥廓之天空。

⑨ 临歧：到了分手的路口。歧，大路上分出的小道、岔道。

周恩来一咏三叹，无数生动的画面纷至沓来。这两年间，同学们都在各自的生活道路上奋然前行，其中，要数张蓬仙跑在最前面，进步最快。回想编辑《敬业》过程中，我能力不强，事业如急流奔涌，数你最有才干。而那些目光短浅、胸无大志的平庸之辈，都安于现状，他们是不能担当救国拯民的重任的。只有你，像大雁一样，展翅翱翔在寥廓的天际，搏击肆虐的风雨，你我是难得的至交，没想到也有分别的一天。蓬仙，你知道吗？此时此刻，我心里是何等惋惜和失望啊！

这首诗，展现了周恩来对张蓬仙的钦佩和对友情的珍惜，显示了周恩来虚怀若谷、扬人抑己的美德。事实上，在“敬业乐群会”里，他规划出力最多，只是，他从不居功。仿佛他做的一切都是应该做的，不值一提。这种人格修养，贯穿于他的一生。

会考夺魁——乡村编纂新剧
——蒋妈至津——振聋发聩的演说

一夜之间，天津的街头巷尾挂起了无数面龙旗，袁世凯黄袍加身，恢复了帝制，改国号为“中华帝国”。骤然间，历史出现了大倒退，这是去年发生的事。

多灾多难的祖国，何处是出路？马千里、张皞如等先生激于义愤，带领一批师生举行抗议集会，校长却无动作，周恩来感到困惑和焦虑，但他并不消沉，于如磐夜色中依然看到微明。他的此种心境，反映在是年冬天写下的《或多难以固邦国论》[1]，内忧外患，他更多地看到了外患的严重危机。他在文章中写道：“自海禁大开，强邻逼处，鸦片之役，英人侵我；越南之役，法人欺我；布楚

① 周恩来作文手稿。

之役，俄人噬我；马关之役，日人凌我。及乎庚子，诸国协力以谋我，瓜分豆剖，蚕食鲸吞，岌岌乎不可终日。”“举国河山，将非我属”，西方列强宰割中国的历史事实，昭然在目。其中，最严重之危机乃日本之侵略。他指出“同种东邻，乘欧战方殷之际，忽来哀的美敦书”；而中国政府却“逐条承认”，国家“事急时逼，非常之势，多难之秋，至斯已云极矣”。他大声疾呼：“莽莽神州，已倒之狂澜待挽；茫茫华夏，中流之砥柱伊谁？弱冠请缨，闻鸡起舞，吾甚望国人之勿负是期也，不然多难既不足以固邦国，时势亦不足以造英雄。”表达了他反对列强侵略，挽救民族危亡的强烈爱国情怀。难怪老师阅后写下这样的评语：“才思骏发，波澜老成，中后历陈时事，犹有贾长沙痛哭流涕之情，诚杰构也！”

此刻，孙中山、蔡锷[①]等发起的讨袁斗争已在神州大地风起云涌，但周恩来还只是一名中学生，他的力量还不足以达到登高一呼、应者云集的地步，而亲属师友的期望，使他意识到必须完成中学学业。他不能终日泡在社会活动中，学业是别人不能替代的，他时刻注意把握自己，功课始终居班上优秀之列。

1916 年 5 月，南开学校决定组织一场不分年级共 11 个班的作文特试（会考），每班推选代表参加，计百余人。此时的南开学生，除陈钢（即《校风》总编辑陈铁卿）和孔繁霱外，周恩来也被公认为校中文豪。熟悉他的同学都知道，他除学习课文外，还通读诸子百家和史书，尤爱司马迁的《史记》，不仅从中学到丰富的历史知识，而且还学习了文章的写作方法，故而，他的文章下笔千言，一气呵成，气势壮阔，读之不厌。他作文往往不打草稿，拈笔直书，在每周一次作文课上，三小时内能写近十篇红格稿纸（每篇两页，每页四百余字）。

---

① 蔡锷（1882—1916）：号松坡，湖南邵阳人。师从梁启超，曾留学日本，后任云南都督，1915 年 12 月，在云南组织护国军起兵讨袁。

这次特试自然非同寻常，丁二班选出周恩来、薛卓东、常策欧、潘世纶、张鸿诰五人作为代表。校方出了两道题：《诚能动物论》、《日相大限伯谓欧战为新文时之产痛睹已往历史是否如斯试申言之》。

“恩来，去年会考是陈钢第一，今年非你莫属。”张鸿诰挺有把握地说。

“不一定。”周恩来的反应颇平静，“不过，最近，我倒是翻看了校长在修身课上的授课记录，我琢磨，试题或许仍由校长定，当然，我也作了多方面准备。”

“难不倒你的。”张鸿诰鼓励道。

“欲论个人，优劣成败倒也罢了，”周恩来说，“而我们是代表班级参加的，事关班级荣誉。鸿诰，我们要全力以赴去争取好的名次。”

进入考场，周恩来审视了两道题，欲就对政治的兴趣而言，第二道题，他当能洋洋洒洒大开大阖地铺陈一番，但题太宽泛，且涉及繁复的历史，一旦下笔，恐难收拢……

第一道题，他觉得能驾轻就熟。他想起张伯苓着重谈过“诚能动物”的道理，不错，记得修身课上，张伯苓这样说过：“……我所望于诸君牢记而守之终身焉者无它，‘诚’之一字而已。”又说“是故‘诚’之一字，为一切道德、事业之本源，吾人前途进取，应一以是为标准，事出于诚，即无不成，偶败也必有恢复之一日”等等，何况，对“诚”之种种，他还看过一些读物。

可以说，周恩来已是成竹在胸。

在这篇作文[1]中，周恩来以其丰富的历史知识，强调在社会生活中必须寄诚信、弃诈伪。他先从正面论述儒之孔、西之耶、印之佛之为人：

夫三子亦犹人也，贵未及于天子，富未比乎陶朱，享

① 见南开学校《校风》第三十期（1916 年 5 月 15 日）。

寿亦若中人，秉权要异将相，而其炫赫于当时，照耀于后世，言中于人心，行垂于史册。虽以天子之贵，陶朱[①]之富，老彭[②]之寿，将相之势，莫能易焉。何哉？岂非以三子之诚能动物也耶！不诚无物，孔氏之言也。守诚坚信，耶氏之旨也。勿讹言，勿欺骗，佛氏之戒也。守真抱璞，感人以诚，秉天道，尽人事，又三子之同行也。

周恩来进而论述：

下车泣过，大禹之诚感罪人。祷雨桑林，商汤之诚格上天。西伯被困，殷纣以其诚而赦其命。武侯治蜀，黔首以其诚而守其法。化干戈为玉帛，孔子折冲齐鲁。反内犯为罗拜，子仪[③]心服回纥。王阳明[④]诚格蛮苗，华盛顿德感民众，是诚也，大之垂举后世，小之造福一身。

继之，他又从反面作了阐明：

新莽自号圣贤，终居窃篡之名；曹操伪礼贤士，卒贻奸恶之讽。司马昭之心，路人皆知；抚特涅[⑤]之毒，万国

---

① 陶朱：春秋末，范蠡居陶朱（今山东定陶西北）作贸易，三致千金，号陶朱公。

② 老彭：即传说中之彭祖，寿八百。

③ 子仪：即郭子仪（697—781），唐大将。肃宗时，任关内河东副元帅，配合回纥兵收复长安、洛阳；代宗时，仆固怀恩叛变，纠合回纥、吐蕃攻唐，他说服回纥统治者与唐联兵，以拒吐蕃。

④ 王阳明（1472—1528）：明代哲学家、教育家。字伯安，余姚（今浙江）人。早年因反对宦官刘瑾，被贬为贵州龙场（修文县治）驿丞。门人辑其著作《王文成公全书》38卷。

⑤ 抚特涅：即梅特涅（1773—1859），奥地利帝国外交大臣和首相。1814—1815年维也纳会议主要参加者之一和神圣同盟组织者之一，力图恢复欧洲封建专制的统治，镇压欧洲革命和民族解放运动。

共晓。

那么，教训是什么呢？周恩来写道：

> 故一人之智慧有限，万民之督察綦严。其以一手欲掩天下目者，实不啻作法自毙。以诈为利，以伪为真，卒至自覆自败，与人以可讥可耻之据。

周恩来笔下汪洋恣肆，感情激越，仿佛面向公众在慷慨陈词，顿足疾呼。文章结尾，他难以抑制愤怒，对当时的反动统治者发出义正词严的痛斥："虚伪可以惑少数人于终世，惑人类于一时，而决无惑世界人类于最长时期也。"统治者妄图驱众人之"生命脑力，以供彼一二私人之指挥，其智可悯，其愚不可及也"。

周恩来是个虑事细密的人，他担心有的老师凭印象予他褒扬，或依成见予他贬抑，因而考试时有意改变了字体，他希望公平竞争。

当晚，考卷集中到国文教员手里审阅。

次晨，国文教员程玉孙遇到周恩来，悄悄地对他说："这次会考，第一可能是你。"

"怎么，你辨认出了我的字体?"

"不，我是从气势、文辞、逻辑、对事理之剖析诸方面推测的，看来，只能是你。"

周恩来想，先生的眼力真厉害呀！凭直觉，他也感到自己发挥得不错，可是，他不敢存侥幸心理，百余人会考，何况有陈钢、孔繁霨、张鸿诰等几名高手，他唯有等待公布结果。

事情未出程先生所料，上午发榜时，周恩来果然一举夺魁。而且，丁二班也获集体第一，奖牌一个，上有严范孙先生题写的

“含英咀华”[1]四字,是不可多得的荣誉。

那么,周恩来的文章究竟怎样呢? 这里,不妨读一读国文教员们的评语:

张诗岑先生评语是:“以孔、耶、释之教诂题,大含细入,高挹群言。少陵所谓‘射人先射马,擒贼先擒王’,作者实得其妙诀。而通体文笔之遒劲,布局之绵密,尤征功候之纯。冠冕群英,断推此种。”

程玉孙先生的评语是:“识见高超,理境澄彻。而通笔章法,复极完整合作也。”

周恩来不负众望,当之无愧!

稍后,这篇文章被南开《校风》作为代论,发表于 1916 年 5 月 15 日出版的第三十期上,成为南开历史之一页。

会考夺魁,本应欢欣鼓舞,可近日周恩来却平添了一桩心事。原来一贯器重他的严范孙,欲将女儿智安许配于他。话并非严范孙本人说的,而是其侄孙严仁曾透露的,而仁曾却是从堂叔智崇(严范孙长子)口中听到的。仁曾是敬业乐群会会员,与周恩来交往甚多,人亦诚实,话中那层意思,并不难琢磨。论说,周恩来已十八岁,按当时习俗,似也到了提亲的年龄。校董相中的,这在一般人不啻是个殊荣,没准会趋之若鹜,可是,周恩来却感到十分为难。一天傍晚,他约张鸿诰外出散步,张鸿诰见他双眉紧锁,遂问:“恩来,有嘛事不开心?”

“唉——”他叹了口气,旋将仁曾的话复述了一遍,“这真难办……”

“严先生是看中你的人品和才干,”张鸿诰笑着拍了拍周恩来的肩膀,“好事呀!”

---

① 含英咀华:英即花,咀(jǔ 举),细嚼。韩愈《进学解》:“沈浸醲郁,含英咀华。”此处指杰出的人才。

“啥好事?”

“你这是怎么啦,严先生是前清翰林、社会名流,又是南开校董会首席,别人想攀都攀不上哩!”

“嗨,你不懂。”周恩来说,“严先生是个好人,我一直对他很尊敬。可是,说到婚姻则是另一回事,我是个穷学生,假如与严府结了亲,我的前途就要受严府支配了,而我不想受制于人,对未来,我有我的打算。再说,十八岁谈这事,我也觉得早了些。”

“这话也对。”张鸿诰深以为然,“那你怎么办?”

“唯有辞却。”周恩来说,“我知道这样做有负于严先生的厚爱,但只能如此。”

“恩来,你真不简单。”张鸿诰说,“要不要我去跟仁曾说说?”

“谢谢,还是我自己说为好。”

两人踏着落日的余辉回到校园。

时光流逝,不舍昼夜。

“期考毕,暑假放,校中寂,学子归。人人提囊携箧,或赴江干,扁舟返里;或循故道,由陆旋乡。行色匆匆,心无他系,惟家是恋……”这是周恩来《避暑记》[①]开头的话。

1916年的暑假,如同每个假期一样,在周恩来心中,总涌起难以名状的复杂感情。

想象之中,同学们一旦抵乡,载欣载奔与家人团聚,“话桑麻旧状,诉别后情思,问故老无恙。堂前彩舞,欣双亲俱健;案上分梨,庆埙篪[②]再逢。父子兄弟,团聚一室,豆棚瓜架,旧语如丝。”[③]这是何等快乐的事!可是,他没这个缘分。经济拮据,他只能留

---

① 周恩来作文手稿。

② 埙(xūn 勋)篪(chí 池):皆古代乐器名。埙,土制;篪,竹制。两种乐器合奏,声音和谐。“如埙如篪,言相和也。”(《毛诗传》)赞美兄弟和睦之辞。

③ 见《避暑记》。

在校内，难以省亲，“南望乡关，欲归不得”。于车站、码头送别同学时，尽管他故作洒脱，殷殷叮咛，但触景生情，内心深处对家乡亲人的思念越发难以克制，想到假期是那样漫长，而自己却蛰伏津门，心中愈添惆怅。张鸿诰等有北京西山之行，他未参加；芝罘[①]之游亦无缘。斗室蜗居，几同老衲。而溽暑侵入，尤令他郁闷。所好敬业乐群会安排有暑期活动，作为会长，尽心尽责，众人终朝聚首，正好破除岑寂，解去忧思。几天后，他随新剧社诸人赴京观剧，也算休息，都门胜地，略涉一二。

南开惯例，每逢校庆（10 月 17 日）纪念会，辄演新剧，以志庆贺。刻下离校庆虽然还有两三个月，但如像过去，总在开学后才编纂剧本，时迫事繁，难免有潦草不尽人意之处。今年，张伯苓改变了做法，决定提前准备，集中新剧团中数名师生，由他亲自带队，避开城市的喧嚣和学校杂务的缠扰，前往近郊高家庄李氏小学编纂新剧。

此行，除张伯苓，成员有时子周、尹劭询、王祜辰、华晴午、姜更生、伉乃如等先生和于佩文、李纶襄、李福景、周恩来四名学生并带堂役一人。

高家庄距天津不远，此地虽无名山胜水，但林木之幽深、民风之淳厚，亦足以悦目娱心。周恩来对校长这一举措颇感兴趣，一则，可以充实假期生活内容，免却思乡之苦；再则，一行师友都是平时过往甚多、志趣相投的，其中，李福景跟他交契尤深，两人形影不离，令他快慰异常。

这次下来，张伯苓规定每人需编三四本，但这不是一件容易的事。他们三两成群，搔首构思，或蛰处教室之内，或徘徊树荫之下。所好张伯苓并未设下什么框框，题旨自定，任其发挥，这样就极大地张扬了各人的个性和才智，出手都很快，三天后即按时交

① 芝罘（fú 浮）：山东半岛北侧，烟台西北之陆连岛，东隔芝罘湾与崆峒岛对峙，旅游胜地。

卷。而后，一行人在郊野徜徉，或旅行三五里外，或泛舟河泊之中，或访问农家，或促膝交谈……

等到上弦月升起，众人则沐着月华的清辉在校园内边纳凉，边品评幕表或详志，后经张伯苓选中者为时子周和尹劭询的“详志”。事情有了定夺，第四天旋经原路返回南开。接着，由时、尹二位先生将故事编出，誊印后分发众人加工削改，所费手续，计经四次。这样，一个完全剧本，8 月间才脱稿，而所谓“完全剧本”也只是文字本，演出时则又有变化。

返校后，李福景即病倒了，周恩来很着急。他们之间的关系的确并不一般，李福景的父亲李金藻系南开校董之一，与周恩来的父亲周贻能和四伯父周贻赓友情甚笃，属世交。李福景比周恩来小两岁，低两班，可他俩与薛撼岳、蔡凤同在南开西斋三十六号度过三年之久，而且两人一起演过新剧，赴京观摩过新剧，这次，又一道应张伯苓之召去高家庄编纂新剧。返程木船载客超员，加之天气燠热，李福景中暑了。周恩来将他送回家，此后一连数日，天天去探视，递药端水，化解寂寞，两人还一起商量新编剧本的削改，直到李福景病愈。

时子周先生为新剧团团长，由他主纂的剧本取名《一念差》，由新剧本演职员商榷，于 9 月下旬才决定采用。剧分五幕，原稿只保留了十之三四，而立意不变。

1916 年“双十节”（10 月 10 日）南开新剧团同时试演独幕剧《醒》和《一念差》。

《醒》是张伯苓胞弟张彭春在美国留学时编纂的。演出后，参与评判的严范孙和张伯苓认为，该剧情旨较高，理想稍深，写实述景，历历在目，可以改弊维新，发人深省；无奈事涉遐高，稍失枯寂，似与今日社会心理不合，遂临时取消在 10 月 17 日校庆上的公演。但《一念差》艺术上也有不足之处，评判认为它事繁幕少，不足以引起观众兴趣，决定将其改为六幕，结果与五幕无甚出入。

《一念差》的剧情并不复杂。

主人公叶中诚在栽赃害人谋得官职后，受到良心谴责，常常语无伦次。儿子也因此生活腐化，染上性病而一命呜呼，叶在极度烦恼和痛苦中自杀身亡。

显然，它描述的是官场之黑暗，人心之残酷和报应之迅速，枉费心机而终无好下场。

时子周、伉乃如、王祜辰、尹劭询等先生和李福景、黄春谷、于佩文、严仁曾等同学都在该剧担任了不同角色，周恩来作为"副布景"，协助"总布景"华晴午先生精心设计了布景，用布景烘托剧情，造成情景交融的意境，使剧情更为感人，收到了辅以背景而情益肖之效。同时，周恩来还是第二幕和第四幕的"管幕"（其余四幕"管幕"皆为老师）。

该剧由张彭春导演，演员的表情说白都臻上乘，演出获圆满成功。布景之妙较前更加进步，其中角色们一开窗，见皓月当空犹如白昼，使观众为之惊奇。此乃新剧团之发明，自然与周恩来不无关系。

周恩来另有一个贡献是，在演出中，他还现场对一切动作、台词和神情作了记录，致使《一念差》剧本得以流传。

嗣后，周恩来并写了《观本校新剧〈一念差〉感言》[①]。

此文就"人性"、"国性"立论，大处落墨，详加剖析：

> ……国性之失基于人，人性之差起于一念。语云："失之毫厘，谬以千里。"果国民于一事之始也，慎其念，谨其行，俾事之既作，无利己害人之虑，则其事举而利溥，众人蒙其赐矣。一人如是，十人效之，万事行之，而后人性复，国性定矣。是国性之挽救在于人性，人性之

① 周恩来作文手稿。

存留由于一念，一念之始，系乎国之安危。

这大抵也是南开新剧团演出《一念差》之本意，周恩来注意到，每当演出时，喜笑怒骂、悲欢离合，观众以演者之声色为转移，他不由得发出感叹："其感人之深有如此者，然则新剧乎？人性之立，国性之救，风俗之挽回，其将赖诸斯乎，其将赖诸斯乎？"

一天，他正在西斋宿舍整理《一念差》剧本，忽然，校役在门外唤道："周恩来——"

"嘛事？"他搁笔迎上去。

"淮安老家来人啦！"校役说。

"谁呢？"他心中嘀咕着跨出宿舍大步流星奔到校门口。

"蒋妈……"恩来惊喜地喊道，"你是怎么找到的？"

"我记住南开学校四个字，到了码头我就打听，路在嘴边哇，拐七绕八也就找到了。"蒋妈说。

"事先打个信来，我一定会去码头接的。"

"不用，不用，谁知船在路上会不会耽误。"说着，蒋妈拉着恩来的臂上下打量起来，"离家五六年了，长得这么高啦，你这孩子，一直让人牵肠挂肚啊！"

"蒋妈你……"恩来见她苍老多了，心中一阵酸楚，"千里迢迢，你还来看我……"

"你娘和亲妈都不在了，八婶又走不开，也只有我来看你了。"蒋妈说。

"川资很贵哩……"

"我一心想来，便什么也不顾了，借了印子钱[1]就动身。"

---

① 印子钱：亦称"折（摺）子钱"，旧中国的一种高利贷。放债人以高利放出贷款，限借债人分期偿还，每次还款，都在预立的折子上加盖一印，故名。

“噢!”恩来再也控制不住眼泪了,对于这位母亲般的农妇,他有太多太多感激的话要说。十二岁之前那段岁月,无数画面倏地闪现在眼前:婴孩时承欢在她膝下,暑天在她家嬉游,母亲病故后,她一家人对自己和弟弟的照料……可他一时不知说什么好,拭了下泪,道:“真难为你了,蒋伯好吗?还有大文哥和小妹呢?”

“好,都好……”蒋妈的眼角也盈满了泪水,“他们也时常叨念你啊!”

“恩溥、恩寿怎样?”

“有八婶照看,只是没法念书。”蒋妈说,“这次,两人也想来,哭哭啼啼的,可是……”

“唉,我枉为人兄啊!”恩来泪水又潸潸而下。

“你才小小年纪,不能怪……别难过。”

“看,只顾说话了。”周恩来竭力摆脱感情的折磨,“今天下午没课,蒋妈,我们到四伯父家去。”

他左手搀着缠足的蒋妈,右手提着蒋妈的蓝印花布包袱,来到四马路口,叫了辆黄包车,把蒋妈扶了上去,他让车夫拉慢些,自己则跟在一旁步行。

待到了元纬路元吉里四号,四伯母见了,自然十分高兴。

晚上,四伯父贻赓也回来了,四伯母特地烧了几个菜,算是“接风”,好不热闹。饭后,一家人又说了个没完没了。

次日是礼拜天,饭碗一丢,恩来就搀着蒋妈去逛街,还买了几只“狗不理”包子,请蒋妈品尝。

“味道怎样?”他笑着问。

“不如文楼汤包。”

“对,还是家乡的文楼汤包好吃。”

“文楼汤包,配料、做法、吃法与这不同……”蒋妈说。

“是啊,是啊。”蒋妈的话,唤起了恩来儿时的回忆。记得有一次,蒋妈带他到街上去玩,曾买了几只让他品尝过。文楼汤包,面皮极薄。包内馅心，以肉皮、鸡丁、肉块、蟹黄、虾米、竹笋、香料、绍兴酒等二十多种配料混合而成，先加温成液，后冷却凝固。把冷冻后的馅心纳入包内，入笼而蒸，出笼汤包中的馅心则成液状，用手撮入碟内，倒上香醋，撒上姜米，再用上香菜，上席后，食用时以餐具点孔，用嘴吸入，汤鲜味美可口。

“真不知什么时候再能吃到文楼汤包。”恩来颇为感慨。

“毕业后回淮安不就吃到了吗？”蒋妈说，“这回，原本我也想带些，可是，路途太远，怕沤烂、挤坏，也只能带些茶馓了。”

“毕业后还不知能否回去呢？”

“一定要回去看看。”蒋妈似在命令，“回去后，我让你吃文楼汤包、平桥豆腐和荤烩蒲菜……”

“好，好，回去。”恩来笑道。

离开店铺，他们边走边谈，不期然，从斜巷里拥出一群男女老幼，一个个衣不蔽体，神色凄惶……

“啧、啧，这样多的要饭花子。”蒋妈摇头叹道。

“是灾民。”恩来说，“天津，五河贯通，年年都有水灾，乡下蹲不下去，只好漂泊到都市。”

“唉，天下处处都一样，不曾想到，这里的灾民比淮安还多，”蒋妈眼里噙着泪水，“衙门的老爷能不管吗？”

“他们只管自己升官发财！”

“那灾民们怎么办？”

“有的卖身为奴，有的被逼作寇，多数是饿死、冻死……”

“给——”蒋妈抖抖瑟瑟从怀中掏出一个铜板，塞给身边的一个小童，未料，竟有几个灾民围了上来。

“快走！”恩来拽着蒋妈慌忙地走开，“一个两个铜板不顶用，我也给过，而且不止一次，只能是杯水车薪。”

“这世道就没法救了吗？”

“救？”恩来想说，又觉得一时说不清，“蒋妈，我们回去吧！”

过了礼拜天，恩来又去上学了，蒋妈待在四伯母处，陪四伯母聊天，也帮着做些家务活，还替恩来重翻了小袄，补了内衣。

隔了几天，一个午后，恩来回到元吉里，说是晚上学校演戏，接四伯母和蒋妈去看。于是，提前吃了晚饭，搭乘一截电车，又换乘黄包车来到南开。

马千里、时子周等先生和李福景等同学，见恩来带了四伯母和蒋妈来，也都围拢上来问安。恩来为她们安顿好座位，便走进后台化装去了，不一会儿，帷幕缓缓拉起。

"这是一出新剧，叫《一元钱》，"四伯母向蒋妈解说着，"恩来还在里面演个角儿哩！"

"是吗？"蒋妈惊喜道。

恩来直到第四幕才出场。

"看出恩来演谁吗？"四伯母问。

蒋妈眯起眼睛，她的目光只注意男角，看了半晌摇摇头："恩来没上台呀！"

"你看，那个叫慧娟的姑娘像谁？"四伯母笑问。

"我瞅瞅，"蒋妈身子前倾，细细地看了看，"莫非是恩来男扮女装……"

"正是。"

"这孩子真行，瞧，模样多俊！"蒋妈说。

随着剧情的推进，蒋妈被感动得时而流泪，时而展颜，目光一瞬不转地盯着周恩来。

演出结束了，周恩来匆匆卸完装，便来到她们面前。

"恩来，没想到你能演大戏。"蒋妈乐滋滋的，倏又对四伯母说，"他呀，起小就是个能豆儿，学什么像什么。"

"蒋妈，看懂了吗？"周恩来问。

"懂，不就是好人有好报，坏人遭报应吗？"

"对，对，就这意思。"周恩来因蒋妈看懂了而显得很快活。

蒋妈在天津住了十天，她要回淮安了。四伯父贻赓给了她一笔钱，让她回去快把印子钱还了。临行前，恩来给她买了船票，还买了一块布料和途中吃的茶点，又给大文、小妹买了东西，并将几本启蒙读物和自己省下的两件半新衣服带给恩溥和恩寿。这样，他替学校刻印蜡纸讲义、誊写资料攒的钱全都用光了。

恩来搀着蒋妈到了码头，又把她送上了轮船，找到座位安顿下来。

开船的汽笛响了，恩来不得不离船上岸。蒋妈站在舱门口，不停地向他挥手。他目送着客轮转了个弯，渐渐在视线内消失，这才转身离去，心，忽然变得空荡荡的。

蒋妈回去不久，淮安来信，说八叔贻奎病危，四伯父贻赓驰电问讯，得复，报以稍佳，可是并无详述。八叔自小残疾，辗转床褥三十年，经历了无数磨难，恩来心中默祷着八叔于兹安康，旋又发函再问，可一直不见回音。这使他常常掷笔沉思，悬念不已。种种困扰，增添了他的忧虑。他并不是一个悲观的人，也想自作解脱，可是，自幼失去嗣父母和生母，十二岁起依于四伯父，先铁岭，再奉天，再天津，匆匆已是七载。其间，经常梦牵魂绕的，依然是思瞻乡土，乐其兄弟，省其伯叔而已。终因境遇困人，难遂心愿。在津，他事伯父母如椿萱[①]，以校为家，以同学为兄弟，知足自恃，性勿以境变，这层道理他是清楚的，可做起来并不容易。他企望能乘长风破万里浪，但事实上又不行。家乡种种，使他心挂两头，而最令他焦虑的是八叔病重，音信杳无。近闻淮安一带又发大水，淮河、运河肆虐泛滥，家舍、墓庐皆遭波及，自己却不能前往救助和瞻仰，想起这一切，他悲愁交集。看来，人生在世，谁都难免有遗憾的事。

周恩来心地坦荡，他没有矫情，不作掩饰，将暑假种种述作文

---

① 椿萱：即父母。古称父为“椿庭”，母为“萱堂”。

字，题为《避暑记》。孰料这篇新学期的作文又博得老师好评，谓之：

> 刘舍人[1]著《文心雕龙》，第三十一曰‘情采’，所谓因情以博采也。斯文有焉。

最近，有消息说，张伯苓从张家口、山东等地旅行归来，准备向《校风》杂志成员发表演说，周恩来翘首以待，可开会前夕，张伯苓却因故未能与会。

周恩来等不及了，匆匆赶往张府，张伯苓正在紫檀木花架前观赏一株虬干屈曲的千叶石榴，见他来，一如既往地让座，并着女佣沏茶递上。

“校长此行辛苦了，未知有何观感?”周恩来问道。

“受刺激颇多。”张伯苓喝了口茶叹道，“当今之世，作事须如驾车之要，不能外视，方不致见社会之腐败而灰心。然如此作事不出学校则可，若当旅行之际，则不能不观。观察之后，乃不禁感触频来。在校时对此大多青年颇生快乐，以为他日学成当能救国。及与外界相较，则不过杯水车薪耳，况学生中未必尽善耳。”

“你究竟看到些什么呢?”周恩来又问。

“前此由津至京，车中即有打麻将牌者；此次赴鲁，又见有大辫子兵数人在饭店中打西洋牌。及至各处，苟其人有二三能出良心作事者，犹可稍慰。乃旅行所及，观其人非在沉酣之中，即无思想之徒，再则愚陋腐败，如此社会其有望兴之日乎?”张伯苓伸腰松动了一下筋骨，“中国指望现之在官者，至好不过维持现状；为绅者智浅识陋，不可期望；办学者虽不能一笔抹煞，然不足其格

---

① 刘舍人：即刘勰(约465—约532)，字彦和，祖籍东莞莒县(今山东莒县)，世居京口(今江苏镇江)。其著作《文心雕龙》十卷，为中国古代文学理论批评史上之巨著。

者，实繁有徒。其次者则随波逐流，此犹可置之；再求留学界中，则余见某博士新由某国留学回国，在某处作事，以为必能牺牲一己为国尽力，乃其行为既不能振拔流俗，又不能独善其身，而嫖赌恶习无所不为。各方面皆如此，救国尚期诸谁？”

张伯苓一席话，是为实情，社会腐败之种种，周恩来虽未如校长观察所见，但他从京、津二地的耳濡目染中，已是有过之无不及，中国确乎出现了真正的危机，但出路在哪儿呢？

“校长，国家若此，依你看怎么办？”

“昔人欲唤醒国民，今则应新造真国民，以造新国。”张伯苓说，“所谓新造其国，应以何者为目的？现时世界各造其国，吾则以为国家、为人道，两相预备于将来之大同，如持此意往前，则爱国之心当倍于寻常矣！”

话诚然不错，却很笼统，校长总是这样，坐而论道，言不及义。袁世凯虽已死了，而袁氏余孽仍在，校长却不触及，反认现之在官者能维持现状，可现状如此糟糕，维持它有何作用？唉，真不知校长内心究竟是怎样想的？周恩来有点失望，遂告辞。

他一回校，便在通往教室的楼梯旁遇到孔繁霱，不等他开口，孔繁霱便对他说：“恩来，我这里有一份校长拟对《校风》会员演说的要点，你看，是不是向编辑部的人传达一下？”

“你先给我说说嘛。”

“校长认为，时至今日，吾国大局殆已不可救药，无庸讳言。然而天不能亡我，惟我自亡。”

“他有些消极。”周恩来说。

“不，你听我引述完，校长认为：前途苟有分寸余地，即吾人犹有可为之机。中国近来之巨患不在有形之物质问题，乃在无形之精神问题。精神聚，虽亡，非真亡；精神涣，不亡亦必抵于亡……”

“嗨，繁霱，你让恩来自己看吧！”一旁的陈钢说。

“对，对，瞧我……”繁霱忙将“要点”记录递给周恩来。

周恩来接后往下看——

> 吾国人心颓靡久矣，甚至麻木不仁，毫无生气，屡经政变，徒杀人耳，而乱乃益甚。是故欲图转机，物质上之运用无穷，不得不深入一步，直接从根本上着想，以振已死亡之心。人心之利器有二，曰演说，曰报纸……

“对，这正合我意。”周恩来挥了下胳臂说。

“你往下看。”陈钢说。

“啊！”周恩来的目光又倾斜过去：

> 二者各有所长，惟报纸为能致远而经久，吾所望于诸君者也，须藉此练习以备将来，苦口婆心，正言劝世，以振起国民精神，以重续国家新运命耳。

“其实，演说和报纸二者并不矛盾，”周恩来看完后说，“好的演说词，自可在报刊上发表。”

“可你别忘了，校长这话是准备对《校风》会员说的，”孔繁霨说，“他当然要强调报纸的重要。”

“细想想，‘惟报纸为能致远而经久’，校长这话，也是至理名言。”周恩来笑道，“可我……”他没说下去，心想，刚才在校长寓所，听他那一番话，便有些失望，是否把校长看得过于消极了？可他毕竟是南开的校长，确有其可敬之处哩！

张伯苓之期望，加重了《校风》编辑的责任，周恩来既然是该刊记事类主任和经理部总经理，其辛劳可想而知，但对演说，他仍怀有极大之热情。10 月初，南开又举办了全校演说比赛。

这期间，“老西开事件”在天津正闹得沸沸扬扬。

老西开为华界与法租界接壤处。1914—1916 年，法国人多次越界建筑教堂、医院，强迫居民交税，还派武装人员巡逻警戒，其目的，在于造成事实，霸占老西开。1916 年 10 月，法方发出“最后通牒”，蛮横要求中国警察撤出老西开，不久，法方干脆派兵占领了老西开。天津民众为之激愤不已，南开园也失去了往日的平静。周恩来感到中国的危机，已是日深一日。

演说比赛在即，这事是马千里先生一手操办的，他了解周恩来的演说才能，但不知是否参加，遂问道：“恩来，对这次演说比赛有兴趣吗？”

“我拟参加，而且，题目都想好了：《中国现时之危机》，行吗？”

“现时之危机？”马千里重复了一句，“这题目不太好讲，我不担心你讲不好，而是觉得有点儿冒险。”

“那么，你的意思，是不是另选一个题目？”

“不，”马千里说，“你讲吧，万一遇到了麻烦，我来交涉。况且，爱国之忱，即便言之有失，也不为过。”

“谢谢。”

事，就这样确定了，周恩来把握要点，熟读讲辞，直至背诵下来。一连几个晚上，他对着镜子，一面背诵，一面说辞，还配以各种手势反复练习。

讲演会，轮到周恩来，他一上讲坛，便开宗明义地说：

> 中国现时已处于极危险地位，诸君尽知之矣。然人各有见，鄙人所见解者未必均合诸君之意念，其所以不惮喋喋，举以语诸君者，不过揆诸良心，不得不言，不忍不言。心所谓危，不敢不告。言之以资诸君之警醒耳。

猛可里，便把听众的注意力吸引过来了，而且，毫不含糊地交代此番演说之旨，盖在“警醒”民众。

接下去，周恩来从事实和精神两层，分别论述中国现实之危机。

“就内患言，国中无论何种事业，当其兴也，如火如荼，及其渐也，无声无臭。考其弊，莫不由于取敷衍手段、姑息手段以养成之。”他列举民国以来徐州会议、违法借款、私聘顾问和行政裁判等封建军阀“武人政治之害”，明确指出正因为“政治之不良”，“有以致百事之停滞”。他一针见血地批判了辛亥革命的不彻底性，认为“新旧不并立，冰炭不同炉”，指出“使辛亥一役，不以敷衍结果，直捣黄龙，剪除异类，彼时政治可以一新，又何致有二次三次革命？教育不振兴，工商不发达，农林不垦殖，以肇今日之危险时代哉！”

至于外患，在讲演中周恩来指出，正是由于帝国主义列强侵略才使中国陷于困难之境，特别是“得寸进寸，得尺进尺”之日本，其侵略行为“已陷吾人于危险”之中。他预见到第一次世界大战后，帝国主义为取得“休养补助之料”，将进一步侵略我国，并断言此种现象“五载之内，发生必矣！”

周恩来从事实角度论述了中国现时之危机后，又从精神上予以阐述，揭露了“在朝者处现今之时势，国务员私利之争无时或息，议员欲得优薪，督军意思攘利。在野者或自命圣哲，启宗教争端；或自命清流，置国事于不顾；或灰心国政，作种种不道德之举，以为亡国之预备；或聚集金钱，以作富家翁。凡此种种，无非泯国性、丧国魂……至一般无智愚民，昏昏噩噩，不知国家为何事者，按之以国性国魂之说，尤格格不相入矣”。

显然，周恩来在演说中，清楚地揭示了封建军阀与人民大众的矛盾，帝国主义列强与中华民族的矛盾，既如此，国家前途在哪里？青年学生的责任又在哪里？周恩来慷慨陈词：

> 呜乎，危险之期，困难之境，孰有过于今日之中国也耶！然而国诚危矣，吾党青年，际此时势，知之可，欲奋

起而救之则力有未足，恐谦让未遑。故吾今日之言，愿吾最可敬可爱之同学，闻而兴鸡鸣起舞之感，天下兴亡匹夫有责之念，而不欲有弱冠请缨之举，于国事无大补也……

这篇演说，时在1916年10月，及至1918年第一次世界大战结束，1919年巴黎分赃会议召开，帝国主义列强果然对我虎视眈眈，日本继而接管德国在山东的各种特权，时隔三年。周恩来“五载之内，发生必矣”的预见为事实所证实，足见他目光之锐利和见识之超群。

《中国现时之危机》，经张伯苓和马千里等五位教师组成的小组评定为第五名，后作为“代论”全文刊载于同年11月8日《校风》第四十五期上，对推动南开以至天津的反帝爱国运动是起了一定作用的。

《伤时事》唱和——梁启超南开演说——国家、社团之健全与改革——何去何从——在沈阳——赋诗明志

周恩来正处在少年向青年的过渡时期，目光远大，思想活跃，以一种积极的姿态，接触纷纭复杂的社会思潮和各种各样的人物，从中推求比较，择善而行，张皞如是他过往甚密的一个。

这位南开的国文教员，系河北盐山县人。他蹙处教席，不甘沉沦，关注时局，忧国忧民，具有爱国主义思想，支持学生的进步活动。以宿学鸿儒，尤工古文辞，于国故文学，可谓三折其肱。他应周恩来之邀，曾参加敬业乐群会的“诗团”，师生间时有诗词唱和，并撰有政论。诗与政论，多为讥讽时弊、申张正义的慷慨激昂之作。

1916年张皞如离任前夕与部分作文优秀学生合影
前排中为张皞如，后排左二为周恩来

1916年6月，张勋[①]在徐州成立北洋七省同盟，妄图复辟封建帝制。张皞如先生获此消息，异常愤慨，写下《伤时事》一诗。诗前并有一小序：

9月28日阅报，见徐州会盟，祸已近在眉睫，政府犹用敷衍主义。国家生命已断送于数人之手矣，不禁掷书流涕，遂成口号：

太平希望付烟云，误国人才何足云。
孤客天涯空涕泪，伤心最怕读新闻。

---

① 张勋(1854—1923)：北洋军阀，江西奉新人，行伍出身。早年投靠袁世凯，曾任长江巡阅使。1916年袁氏死后，在徐州成立北洋七省同盟，不久，任安徽督军，扩充至十三省同盟。1917年6月率兵入京，解散国会，逼走总统黎元洪。7月1日宣布复辟，年底被皖系军阀段祺瑞击败，后病死天津。

忧愤之情，溢于言表，却又难以自抑和排解，对时局流露了一种无可奈何的低沉情绪，未能看到民众的力量，诗中出现的是个孤独的形象。

周恩来读后感慨万千，心中如捣，随即和了一首《次皞如夫子〈伤时事〉原韵》：

茫茫大陆起风云，举国昏沉岂足云。
最是伤心秋已到，虫声唧唧不堪闻。

1916 年 10 月，周恩来以“飞飞”署名，将该诗发表在《敬业》第五号上，正是在这个月，周恩来发表了《中国现时之危机》的演说，其中，对张勋等的复辟行径，予以义正词严的抨击：“试问督军何人？徐州何地？乃竟有十三省联盟之事，自为盟主，干涉宪法，取消国会，改组内阁，排挤总长，甚而至有废旧约法之议……此而不为违法，天下宁复有违法之事乎！而当局者犹日事敷衍姑息，藉缓时机。夫以此种蛮横之人，仅知固其势，保其位，焉有所谓国家思想哉！”

实际上，斗争矛头已不局限于张勋等北洋军阀，而且，指向了北洋军阀政府的最高统治层。

联系这些言论，再来看《次皞如夫子〈伤时事〉原韵》这首诗，便不难透析底蕴了。

诗的前两句是说，在祖国广袤、深远的大地上，到处弥漫着军阀割据、称雄角逐而掀起的战争风云，但是，军阀们造成的“举国昏沉”的黑暗局面是不足道的。这就一反张皞如诗中“付烟云”、“空涕泪”的悲观情绪，显露出周恩来蔑视反动势力和立志变革现实的胆识和操守。

诗的后两句，借用草木凋零的秋天和凄切哀惋的虫鸣，表达了他对北洋政府的不满和失望，隐喻张勋之流的倒行逆施虽猖獗一时，只不过是秋虫临死前的绝望哀鸣而已。

在《敬业》第五号与诗同时发表的《我之人格观》中，周恩来对时局的观察与思考，有更具体、明确的表述：

> 辛亥光复，于今五载，拥共和之名，行专制之实，民可以无议院，政治可以揽独权。然专制设果有裨于国是也，则为之何伤。无知良心已失，人格已丧，靦颜为无廉耻之行，使举国尽由妾妇之道。民意可造也，私法可定也，翻手为云，覆手为雨，暮四朝三，愚鼓黔首，忽而帝制，忽而共和，腾笑万邦，贻羞后世，使居世界四分之一之人民，蒙不洁之耻……吾为国耻，吾为民愧，吾益为世界之人种辱、世界之土地羞也！

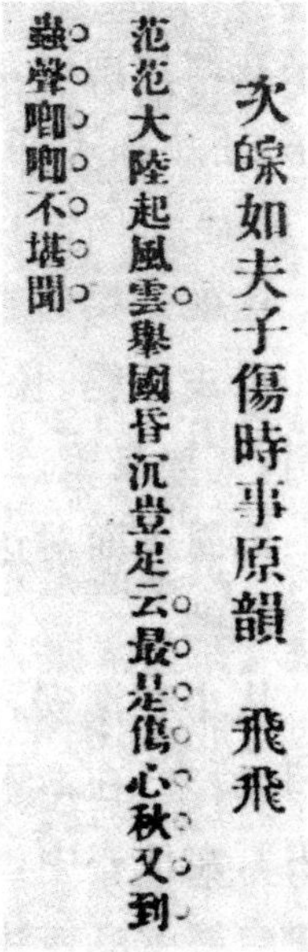
次皞如夫子傷時事原韻 飛飛
茫茫大陸起風雲。舉國昏沉豈足云。最是傷心秋又到。
蟲聲唧唧不堪聞。

周恩来和张皞如诗

这里，揭露之无情，忧愤之深广，读之，令人惊心动魄，感慨不已。

事情不止于此，周恩来旋以满腔爱国热诚，大声疾呼：

> ……返顾国中政体虽已复原，而昏暗愈甚，招魂不返，凭依失所，茫茫宇宙，芸芸众生，哀人格之失，怅知音谁是？吾党青年，有兴起者耶，时乎时乎，不再来矣！

为革命争担道义之紧迫感激荡在字里行间，十八岁的周恩来站在时代前列，寻觅“知音”，扩充力量，图报国之志，兴救亡之举，不由人不刮目相看。

这就是梁启超么？

瓜皮小帽，长脸，双目炯然有神，说一口夹杂京腔的浓重粤语，气势豪迈，口若悬河……

周恩来面对这位百科全书似的人物，中国的伏尔泰，不禁浮想联翩。

从小在淮安，他就从表舅龚荫荪的谈话中知道了这个梁启超，后来，在奉天东关模范小学，高亦吾先生向他推荐了《时务报》，在他心中，对梁启超便有了“高山仰止”的感觉，不仅惊叹梁启超改良变法的胆识，而且佩服他那些叱咤风云、振聋发聩的雄文。

后来，当孙中山等一批资产阶级民主革命代表人物登上中国历史舞台，梁启超落伍了，成了立宪保皇派首领，这曾使周恩来颇为失望，其中又掺合着惋惜和遗憾的成分。但不管怎样，梁启超在他心目中，始终占着一席位置。近年，梁启超陆续介绍了一些西方资产阶级社会政治学说，也是周恩来读之不倦的。

今天，1917 年 1 月 31 日，梁启超应张伯苓邀请来到南开，并在大礼堂向全校师生发表演说，终于使周恩来得以一睹丰采，并聆听其诲示。他庆幸夙愿的实现，且把这视为殊荣。

“……贵校校风之佳，不仅国内周知，即外人来参观者，亦莫不称许……现今国内对于贵校学生，甚希望大有作为于社会，并望贵校荣誉日与俱长。”梁启超说，“负斯责者，是在诸君。惟现今之荣誉，既不易保持，而未来之责任，尤属艰于担任……是今后国家之兴衰与否，实以诸君之能力为断。”

周恩来“刷刷”地作着笔记，偶尔瞥一眼讲坛上的梁启超，生怕漏掉一个字。

梁启超由南开谈到国家，气度雍容，言若金石：“至若吾国处飘摇欲倒之境，所恃者厥惟青年，而青年尤贵乎建设之长，排难之力。方之齐家者，处败坏家庭，必先改良其家风。而此家风又为素所熏染，改之维艰。然舍此一道，别无良策。是非有大毅力排万难以创之，不易成功。诸君之于国家，亦宜以改革家风之道改革之，决无用其迟疑。盖青年今日之责任，其重大百倍于他人，而又只此一策，足以兴国，自寻生路于万难之中。”他的手从长袍袖口抽出来，挥舞着，“吾希望诸君处现今之地位，先定一决心焉。知其难处，必破其难关，而后立志定方针，以从事于建设。决心定之于先，方法研之于后，斯不至无所措手足矣……”

梁启超循循启导青年学生树立良好的人格，他说：“吾人欲改革国家，不必思及他人，先以一己为主位，敦己之品，坚己之力，如此各人之人格立，一己之根基固矣。”他没有过多地阐述自己对时局的看法，他的演说对象是青年学生，故只能就此言其心声：“……但决心定矣，此后欲在社会上得一立足地，其根本预筹之方法维何？曰：在中学校锻炼之时代……且在中学校时代，一切习惯品行，皆于是立其基础。善者因之，恶者舍之，一生之人格立矣。不然，时机一过，毕业中学，或出而问世，或投身大学，入自由教育时代，其恶习惯，吾人虽欲排去，而种种方面，已挟之使不得遁，其难犹变更帝制而复共和也。”

听到这里，周恩来的心为之一动，梁启超不只反复强调了人格确立之重要，而且也透露他对共和行将取代帝制的思想演变，这正是他所期望的。

在梁启超看来，人格之确立并依人格实行，关键还在意志。他继续说：“今吾人欲作一事，以必达其目的为指归，艰难困苦，非所计也。此为成功秘诀……养成意志坚定之方维何？曰遇事循其理而行……再此种意志当发动时，必须审慎周详，叩之良心而无愧，问之师长而称善，然后倾吾力行之。非则滥行不审，徒见其害也……逮入社会，以其坚定之志，敏捷之思，入困难之境，亦无所谓困难矣。盖内界能力可抵抗外界艰难，今日学校之修养，即预储此项能力，磨练多年，他日之结果当然所向无敌……”

梁启超的演说洋洋四千余言，涉及青年学生之人格、意志的确立和社会职责，有着现实的启导意义，不断为掌声打断。周恩来聚精会神笔录，不敢稍有疏忽。会后，将它整理成文并于文前撰“志”，述其印象。教师将这篇《梁任公先生演说词志》批阅后评曰：

> 叙述周详，而文笔之汪洋灏瀚，亦足以达任公先生之妙谛，此才岂可斗石量！

评文、评人，教师对周恩来寄以无限希望，这对周恩来自然是个鼓舞。后来，他将梁氏演说词并自己所撰的“志”，一并发表于1917年2月28日的《校风》第五十六期和3月7日的《校风》第五十七期上，而广为传播。

事实上，梁启超所说种种，证之以周恩来在南开的言行，他正是这样做的。当然，他已远远超越一般青年学生，忧国忧民之志，刻刻不舍。就在梁氏发表演说的当月，他写了一篇题为《诸生于旧历年假中欲事何事，盍预言之》[1]的作文。其中有这样的佳句：

> 然天下无父无母之孤儿，几何如生之得覆荫哉！[2]杜子诗曰‘安得广厦千万间，大庇天下寒士俱欢颜’，生读至是，不禁泪涔涔下，叹世之有蓼莪之悲者，又安得千万庇荫之所，以覆育之耶！……然生殊弗欲埋首窗下，孜孜于字里行间，而置他事于不问也。晨兴思清，读书为宜。读而有读，继之以思。踯躅途中，睹乞丐成群也，则推己及人，视天下饥如己饥，溺如己溺……

---

① 周恩来作文手稿。

② 此处意思是：周恩来幼失怙恃（嗣父母），长依伯父（贻赓）。

读之，不由得使人想起杜甫写于安史之乱后的那些诗篇，苍凉悲壮，令人恻然。难怪教师阅后评曰："历叙情事，俱从天真写出，读至中间，几如李令伯[1]《陈情表》，其诚款洵可嘉也。翔宇弟本多才，孰知其情之笃竟如此。"

4月初的一天，同学墨青见到周恩来，说是严范孙约他去看志德社演出的《一元钱》，这原是南开新剧社的保留剧目，不过，能有机会观摩、借鉴人家的演技，在他，还是乐意的。

晚饭后，他来到剧场，见严范孙、张伯苓、梁巨川父子（即梁漱溟父子）、智祟、墨青等已入座，严范孙招呼周恩来紧挨着自己坐下，这般青睐倒使他不自在起来。他不知老先生是不是有什么话要跟他说？但开演之后，谈的尽是剧情、角色、布景方面的事，校长也不时发表看法，评头论足，唏嘘感慨。这样，他心中倒也安然下来，一切跟昔日观剧时并无两样。

待演出结束，严范孙却让周恩来稍留一下，他心中嘀咕开来，老先生究竟要做什么呢？他不由得想到几个月前那件提亲的事。那次，他跟张鸿诰交谈之后，即找了仁曾，说了自己的想法。仁曾当时只对他说："你甭担心，没事……"自那以后，他跟仁曾又见过几面，双方未再提起此事。可是，严老先生又是怎么想的呢？自己那样回答，传到老先生那里，会留下什么印象呢？这些，他更不便打听。还有一桩事，那就是前不久，老先生让墨青向他要了家世单，这使他颇感纳闷，要这干嘛？会不会是老先生仍在想着那件事？

"恩来，我已读罢你笔录的梁任公演说词，"严范孙开口道，

---

① 李令伯(224—287)：即李密，西晋犍为武阳（今四川彭山东）人，字令伯。少仕蜀为郎。蜀汉亡后，晋武帝征他为太子洗马，他以父早亡、母再嫁、与祖母刘氏相依为命为由，上《陈情表》固辞。

“翔实精当，几无遗漏，梁任公倘能一阅，想必也会赞赏不已的。”

“那都因为梁任公之演说流利畅达，见解独到，闻之令人摄魂忘疲，”周恩来笑道，“我真不敢遗漏一字，可遗漏总还是有的。”

“难免，难免，”严范孙亲切地做着手势，“主要意思在录，难能可贵啊！梁任公说：‘吾国处飘摇欲倒之境，所恃者厥惟青年’。期望之殷，使我这样的老者也感奋不已。”

“先生，你不知道，听他演说时，我感动得直想哭，记录时，笔颤栗不止。”周恩来说，“他说得多好：‘吾人欲作一事，以必达其目的为指归，艰难困苦，非所计也。’又说：‘凡事欲计其成，必须有一种坚忍不拔之气随之。’……”

“梁任公此番演说，都关涉到人格之修养。”剧院休息室的灯光照着严范孙圆阔的脸膛，他凝睇着身边的学生，说，“恩来，我读过你写的《我之人格观》，知道你尤为重视人格之确立。四年光阴，匆匆即逝，你要把握时机，专心致志温课迎考，一切杂念都要抛置脑后，以优良成绩获取毕业文凭……”

“我一定记住先生的话。”周恩来即刻领悟了严范孙的善意。尽管老先生没明说，却以其博大的胸怀接纳了他在“婚事”上的想法。他悬念尽释，真想说上一声感谢，可是，没等他再说，严范孙抹了下唇髭又开口道：“我看了你的‘家世单’，原来你的始祖就是莲溪先生周敦颐，我想，你是不会辜负功名奕世的先辈的。视你的学识、才具、人格，料你前途无可限量。”停了停，倏又凝重地说，“然而，毕业考试务必要考好。”

“知道了，我不会让先生失望的。”周恩来心中甚是激动，“只是，仍有些课外的事，比如《校风》什么的，还得尽责。”

“那就抓紧去办。”严范孙说完，这才与周恩来作别。

看着老先生登上黄包车，在夜色笼罩的街巷渐渐远去，周恩来只觉得眼角发湿，心，暖暖的，他伫立片刻，旋而转身向四马路方向走去……

是的，毕业日期一天天临近，周恩来在温课迎考的同时，还得继续完成自己所担负的一系列社会工作，其中，尤为重要的当属《校风》。

《校风》不是一个社团的刊物，有别于《敬业》、《励学》、《青年》等，它是南开的校刊，从校董校长到老师同学，对它都要求甚高，期望甚殷。他除担任编辑部纪事类主任、文苑部长、课艺栏编辑外，主要职务是该杂志之总经理，负责财务收入、印刷、校对、广告、发行等事务，繁重而琐碎。此外，他还为该杂志撰写评论文章和新闻报道，从政治、经济、文化到地理、风俗，从国内外大事到体育比赛，他都有所评论和记述。他像以前主编《敬业》一样“倍竭其力”。想到自己即将毕业，而《校风》还要办下去，觉得对这份浸润着自己心血的刊物，应当有所交代，这样，他撰写了《本社之责任观》在《校风》第六十三期至第六十九期连载①。文章虽是论述《校风》如何履行校刊之责任，却涉及到国家、团体的健全与改革，发表了一系列深刻见解。其要点有：

（一）明确提出“人民，国家之主人也”及“共和国之统治权在全体国民”的论点。此为周恩来早期革命民主主义思想之重要组成部分。

（二）指出“今日之学生，未来社会中心之人物也”，对青年的培养寄予厚望，要求学生读书期间即要努力锻炼“处事接物”的“评判之力”。因为“今日能观察校事，他日即可洞知世情”。

（三）认为不论是国家、团体或个人，要谋“健全之道”，就必须锐意进取。“健全之道，首贵舍浮取精，万不可囿于固有，惰于革新之作，偏于己见，恶其异议之生。”

（四）对一种事业，要有提倡，善于提倡，“未来兴腾之事业，须待提倡者出以热心，见以深远，开其幽邃之道”。“凡事一经提倡，

---

① 第六十七期未刊登。

未有不响应四起，从善如流，随恶亦如之”。“所期者登高振臂，慎之于始，妨其偏侧，则结果自有良美可观”。

(五) 主张有关部门要各司其职，勿乱法规，“事权不一，必误事机，习惯养成，传为恶例。董事者苟囿于一时苟安，则长久之策必破，是斯弊不可不防。”

(六) 认为应坚持做到“勿苟安，勿自诿，勇往直前，百屈不挠，勿临渴掘井，勿缘木求鱼，预备于先，持久于后”。“勿囿于目前，致贻事后之悔；勿姑息附就，致弊重而难返”。

在这里，周恩来所谓“健全之道”、“幽邃之道”的含义，尽管还较含混，还没提升到革命的高度来认识，但这些见解和主张，不唯同侪达不到，甚至师长也难企及。诚然，周恩来尚未到达真理的彼岸，仍在执着地探索着。但他救国拯民之愿望，变得越发强烈。这在此后不久，他撰写的南开学校《第十次毕业同学录》中又一次表露出来：“大厦非一木可支，群策群力，求为社会干才，是尤宜守志勿变，共趋于一道也。”此“道”即救国拯民，正是他矢志不渝、孜孜以求的。

毕业的日子终于到了。

6月26日，南开礼堂布置一新，校方这次特地请了徐世昌[①]、陈独秀[②]和本埠一些名流出席这个盛典。徐、陈二位，周恩来久闻其名，今天才得以一见。徐氏著一身茶色杭纺中式褂裤，

---

① 徐世昌(1855—1939)：字卜五，号菊人，直隶天津人。光绪进士，清末协助袁世凯办北洋军，曾任东三省总督、邮传部尚书、内阁协理大臣等职。1914年任袁氏政府国务卿。1918年由段祺瑞的“安福系”选为大总统。1922年第一次直奉战争后，被直系军阀赶下台，1939年在天津病死。

② 陈独秀(1880—1942)：字仲甫，安徽怀宁人。早年留学日本，1915年主编《新青年》，1916年任北京大学教授，1918年和李大钊创办《每周评论》，提倡新文化，提倡马克思主义，为“五四”时期的激进民主派。1921年中国共产党成立，被选为总书记，1927年被撤销此职，1929年被开除出党，1942年死于四川江津。

留一撇八字胡，神情柔媚圆滑，袁世凯称帝之后，徐氏即谢职家居，示未与闻。可他对袁亦未谏阻，袁封其为“嵩山四友”之一，徐亦受之不辞。周恩来认为他是翻手为云、覆手为雨式的人物，难生仰慕之感。而陈独秀呢，犀利的目光，紧抿的嘴唇，一脸的冷峻，蕴蓄着愤时嫉俗、翻天覆地的风暴，周恩来清楚他是一位新派代表人物，可是，有关他的思想学问，却知之不多……正在他察颜观色、舒张想象之际，军乐队开始奏乐，音调铿锵，鼓人兴致。

先由张伯苓致开会辞，略谓今日毕业式与庆祝会同时并举，为时甚促，不得多所赘言，以费时间。

接着，徐世昌登坛就席，颁发毕业文凭，毕业生以次递进领毕。

次颁发奖品，周恩来获“国文最嘉”金质奖章并奖品一份。续有毕业生代表向学校赠送礼品。

次毕业生致谢师长，校中教职员环立礼坛下，毕业生起立，相对行一鞠躬礼。

次周恩来代表毕业班同学讲话，答谢师长、来宾，致同学之殷殷祝贺，表达了保存南开荣誉于永久之愿望。

次演出文娱节目，中国音乐会之笙笛弦琴合奏、唱歌团唱歌、变戏法、演新剧。

最后，张伯苓登台发言。他说：

“……中国今日教育之精神，是否能造强有力之国家，鄙人办教育十余年，对此问题，殊觉惭愧。然士气不振，今日掌教育者，实习其咎。东邻日本，民气发扬，人知自治，较以吾国今日之社会，何啻霄壤。救国问题，甚属紧要，学生今日果有预备乎？有精神方有物质，故欲造物质，必须先造精神，教育事业，强国之最善股票，吾族如强，吾人无疆之福也。”说了这一番“教育救国”论后，对毕业生又多勉励。

周君恩來

君字翔宇號飛飛浙江會稽人自大父宦於吳遂徙居焉君生於淮安六月而孤承嗣寡母陳幼羸弱多病扶持將護君母備極劬勞五歲從母教明年入家塾師讀諸父憐其孤慨少資假而慈母則督之甚嚴九歲遷寶浦生母嗣母相繼逝世君悲痛之餘佐理家務井然有序少游江淮遍覽名勝年十二從伯父召趨遼東入瀋陽模範小學肄力學科兼好讀歐美小說及新聞雜誌十五來津門遂入南開初至英文非所嫻發奮攻讀始同儕步而國文則早露頭角旋與同學張常二君發起敬業樂羣會君規畫之力最多復繼張君掌會務者二載熱心從事於學報尤倍竭其力編輯印刷之習遂為全校社以著交蓋到處逢人歡迎曾為校風報總經理演說會副會長國文學會幹事江浙同學會會長新劇團佈景部長學假樂業會總幹事及班小各項幹事凡此均足證其學識毅力之勝於人也君於新劇尤具特長稿幹色相粉墨登場傾倒全座原是凡津人士之曾觀南開新劇者無不耳君之名而其於新劇團編作佈景尤極贊助之功嗜說部得暇輒手一卷著演說能文卓工行書會代表本班與全校辯論於全校文試奪得首席習字比賽復列其名長於數學往往於教授外自出新法捷算賽速兩列前茅班中事無不竭力卽此同學錄之經營君實為其總編輯焉君性溫和誠實最富於感情篤於友誼凡朋友及公益事無不盡力其於課程前二載俱臻上乘嗣以理事日繁乃稍遜前然絕未以他事妨學業致失正鵠故畢業成績仍屬最優君家貧處境最艱學費時不濟而獨能於茲若干難中多才多藝造成斯績殆所謂天將降任於是人必先苦其心志勞其筋骨者歟

南开学校《第十次毕业同学录》
所载周恩来小传和照片

这届毕业典礼，能把政治主张迥异的徐世昌、陈独秀请来，固然显示了张伯苓在教育界之地位和纵横捭阖之能力，也体现了学校对毕业生之重视，奖章、勉励，使周恩来甚为感动，但他更多考虑的是未来。以 89.72 分毕业，当然属优秀之列，可一纸文凭又能解决什么？那天，同学间相互赠言留念，他在王朴山的本子上写下：

浮舟沧海　立马昆仑

“浮舟沧海”与孔子“道不行，乘桴浮于海”的消极避世不同，其目的是“立马昆仑”。“昆仑”为华夏的代称，“浮舟沧海”为的是振兴祖国，周恩来以昂扬之志迎接未来。可下一步怎么走呢？

国内有清华大学、北京大学、燕京大学和金陵大学等名牌大学，同班同学潘世纶已考上金陵大学，常策欧拟考清华大学，而张蓬仙、王朴山、张鸿诰等已先期到了日本，比他高两届的好友冯文潜（柳猗）则考取了美国葛林乃尔大学，而且，更有意思的是校长张伯苓也即将赴美国哥伦比亚大学师范学院研究教育……

周恩来的思想在动荡之中，留学，是他所向往的，但他面对两个问题：一、经费；二、去哪个国家？

周恩来的事瞒不过与他关系密切的马千里，一天，马千里找到他的西斋宿舍。

“恩来，这些天你总忙着替出国留学的同学送行，你自己呢？”马千里抚着小胡子问道。

“我，”周恩来笑笑，“也不是不想，只是……”

“我知道你经济上困难，可从来没有什么事难倒过你啊！”

“这次不同，留学费用很昂贵，不比在南开读书，我得慢慢想办法。”

“有嘛头绪？”

“王朴山留日，先走了一步，给我留了些钱……”

“噢，”马千里应道，“你去哪儿，主意拿定没有？”

“去日本。”周恩来说，“校长说过，东邻日本，民气发扬，人知自治，明治维新，国门大开，汲取了欧美的治国之道，全力推行欧美工业化和现代化，这才国力大增，令世界瞩目。再者，日本与中国同文同种、习俗相近，本班吴瀚涛、张蓬仙早已在彼，而张鸿诰、王朴山又相继去了，我当尾随其后。”

“去吧，费用，你就不用愁了，”马千里说着从口袋掏出十元大洋，“这钱，作燃眉之急，你先购置些必备之物，此外，我再想办法。”

“先生，你……”周恩来未说下去。

之后，马千里又相继见了张彭春、华晴午、时子周诸位先生，告以周恩来的实况。他们都是与周恩来交往密切的老师，也都赏识周恩来的为人与才学，均表示予以资助。

有了资助，周恩来留日的事大致定下了，只是，走之前还有些事要办。这年，他父亲贻能已在北京京兆尹财政厅谋事，可是，四伯父贻赓先前又调往黑龙江，任公债币制主任兼制用科科长。周恩来曾在一篇作文[①]中写过：“伯父无儿，视生犹子。呜呼，十岁前，生我育我者，父母也；十岁后，育我教我者，伯父也。”可见，他对四伯父感情极深，此番出国，不知何时能归？他眷恋不已，决定利用行前有限的时日，去哈尔滨拜望伯父。

由天津坐火车，他先到了奉天（沈阳）。在这座生活过两年的城市，作了短暂停留。他去拜望了高亦吾，此番重逢，使高亦吾惊喜异常，硬是要恩来留下用餐、过宿。7月的天气十分燠热，两人先在院子里纳凉畅叙，夜深露重，旋又移至屋内。恩来告以在南开四年的种种经历和赴日留学的打算，高亦吾闻之，颇觉快慰。他也谈了奉天旧势力之强大冥顽和自己易地另谋职业的想法。师生二人愈说话愈稠，竟不知天已破晓，直到窗外阳光灿烂，二人相视大笑，仍欲罢不能。

“孟子曰‘天将降大任于斯人也’，”高亦吾说，“我没看错，恩来，你就是担当大任的人。去吧，去日本汲取知识，增长才干，待留学归来，为拯国救民，做一番大事业。”

---

① 见《诸生于旧历年假中欲事何事，盍预言之》，周恩来作文手稿。

“先生，你的教诲和鼓励，我始终是记住的。我想，前程或许曲折不畅，可我不会放弃努力。”

“这正是我所希望的。”高亦吾边说边将恩来送出门，并伴着走完一条长长的街巷。

稍后，他又拜访了小学同学，见到郭思宁时，遵嘱留下了临别赠言：

志在四方
愿相会于中华腾飞世界时

这表达了他为寻求真理、远走海角天涯的革命精神和中华民族定能立于世界民族之林、像巨龙腾飞般的信念。

周恩来向郭思宁打听何履祯，郭说，何已去了北京，是读书或谋事，不得而知。

“那么，听说过履祯的祖父吗？”

“两年前已去世。”

周恩来闻之黯然神伤，半晌才说：“人生怎么总有憾事呢……”

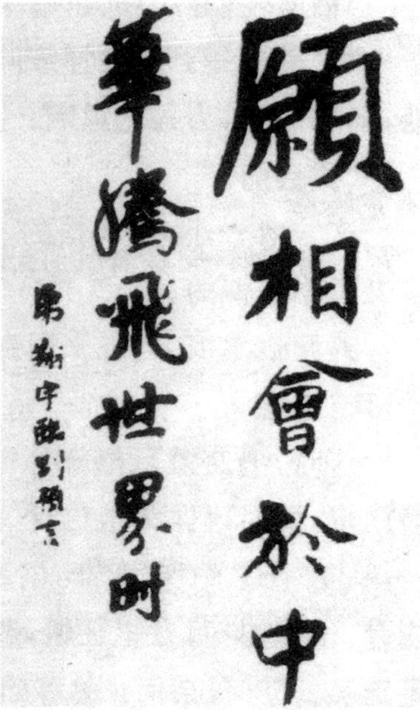

周恩来赴日前夕
为小学同学郭思宁的题字

在沈阳盘桓三日，见了一些老师同学，他又乘车北上，直抵哈尔滨。贻赓对侄儿的到来，倍感欣慰，从十二岁到十九岁，他是看着恩来长大的。在天津，他见过严范孙、张伯苓、李金藻诸位先生，从他们那里知道侄儿非同寻常的表现，深感这些年自己对他的栽培没有白费，相信这孩子日后肯定有出息，而出国留学，似为必经之途。

“伯父，我想赴日留学，你看行吗？”

“行！”贻赓高兴地说道，“只是……”

“费用，伯父不用担心。”恩来看出了伯父的心思。

“不，我一定想办法，我要一直负担到你留学归来。”贻赓近乎固执地说。

“伯父，如今恩溥、恩寿那里，也还要你负担，再有伯母的生活……”恩来说，“告诉你，马千里等几位先生已给我凑足了钱。”

“是吗？”贻赓惊道，“不是讹我吧？”

“伯父，我起小到大，啥事讹过你？”

“这倒也是。”贻赓详细问了情况，说，“那要记住人家的好处，知恩必报，为人之道啊！到了日本，有难处就写信给我。”

“我会的。”

这一老一小，白天谈得不够，晚上又睡在一条炕上闲唠，总也说不完似的。

离开哈尔滨，周恩来回到天津，又约李福景去北京筹划赴日留学事宜。

这时，冯文潜已拟8月初赴美，周恩来和李福景曾与冯文潜约定，届时返津为他送行。可因事逗留北京，不能如约，遂投一函，信中述及“自抵都，俗事扰人，困不得归，趋送之约万不能赴。怅望津门，万里征帆，翘羡孑满召旧侣送兄行，无弟等插足地矣！奈何，奈何！弟等归期拟在8月11日。后兄四日，竟别四年，思之黯然……”[①]信后并附言：“十万告急通讯处，白水煮豆腐哎哑！”[②]

---

① 见《周恩来青年时代》第八期（周恩来同志青年时代在津革命活动纪念馆编印）。

② “白水煮豆腐哎哑”，是周恩来对他和冯文潜清苦学生生活的回忆，难忘同窗友谊。在南开求学时他们经济条件都很差，有时只能到校门外豆腐坊买白豆腐充饥。

在京期间，周恩来和李福景形影相随，交涉、办理出国手续。他很看重这种友谊，将近一年前，他在《峙之日记节录志》[1]中曾写道：

> 余性恶静，好交游，每得识一友，辄寤寐不忘。既入南开，处稠人广众中，所交益多，惟人品不齐，何敢等视。以故识者虽众，而处以深交、期以久远者，实不多见。且余年非长，天真未变，素结交小友，乐我性灵。因是识者孔多，然欲相勉以道德，相交以天真，相待如兄弟者，仅得二人焉。一曰李新慧(福景)，一曰吴峙之(国桢)[2]。新慧年长峙之三龄，聪敏异人，非同凡俗……而吾每睹新慧，辄令吾化愁作喜，推心置腹，有愿作竟日谈，何可一日无此君之慨……

李福景是陪周恩来赴京的，他们住在东直门大街柳树井对面的恩来堂叔父嵩尧家，两人黎明即起，在天井做操、练腿，早饭后便外出办事。两人边走边聊，畅所欲言。一日，李福景半是认真半是戏谑地对挚友说："恩来，我尝想，你是光武[3]，我乃严光[4]，以为如何?"

"善也。你我同窗数载，锻炼切磋，晨昏无间，出入与偕，声气相求，一如光武、严光。"周恩来略停，旋又笑道，"不过，我倒不想

---

① 见1916年10月出版的《敬业》第五号。

② 吴峙之(1903—1984)：湖北建始人，留美哲学博士。民国时期先后任武汉市长、外交部政务次长、国民党中宣部部长、上海市长等职。1949年去台湾，1956年被开除国民党籍。

③ 光武：即汉光武帝刘秀(前6—57)，以推翻王莽、匡扶汉室作号召，统一全国，建立东汉王朝。

④ 严光：东汉高士，字子陵，少时与刘秀同游学，秀即帝位后，备车聘其至京，授以高官，光不就，归耕富春山。

当皇帝，只想改良社会，复兴中华。而你，将来也不能世事不问，归隐躬耕于富春山啊！”

这话把李福景逗得直笑，说：“恩来，你总想得那么深远。诚如你说过的，大厦非一木可支，需群策群力，我当与你共趋于一道也。”

如斯交谈，彼此都觉得获益匪浅。余暇，恩来也不忘与堂弟恩霔在一起。恩霔已九岁，家里请了先生，东厢房做书房，恩来或纠正恩霔的握笔姿势，或考他功课。恩霔喜读演义小说，一次，他让恩霔背出《水浒传》上的好汉绰号，恩霔崇拜梁山好汉，记忆不差，背出后，引得恩来笑逐颜开，并赠送一本商务印书馆出版的《西湖风景》作为鼓励。

一应手续办齐，周恩来和李福景即回天津。

9月，周恩来登轮东渡日本，行前，他写下七绝一首：

大江歌罢掉头东[①]，邃密群科济世穷[②]。
面壁十年图破壁[③]，难酬蹈海亦英雄[④]。

周恩来赋诗明志，气势豪迈，含蕴深邃，反映了他高远旷达的精神世界。

---

① 大江：由苏轼词“大江东去……”衍化而来。掉头：毅然掉转身躯。杜诗：“巢父掉头不肯住，终将入海随烟雾。”

② 邃（suì遂）密：精深的意思。群科：指各种科学。济世穷：挽救国家的危亡。济，拯救变革；世，社会国家；穷，濒临绝境，危亡。

③ 面壁：面对墙壁坐着。《五灯会元》：“初祖菩提达摩大师，寓止于嵩山少林寺，面壁而坐，终日默然，人莫之测，谓之壁观。”形容刻苦磨炼。破壁：《名画记》载，南北朝著名画家张僧繇在金陵（今南京）安乐寺画四龙，不点目睛，谓点即腾空而去。别人以为荒诞，他于是落墨点睛，才及二龙，即雷电大作，轰毁墙壁，巨龙腾云飞去，而未点睛的龙依然在壁。

④ 难酬蹈海亦英雄：难酬，壮志未酬，目的未达。蹈海，跳到海里，以身殉国。《史记·鲁仲连邹阳列传》记载：鲁仲连义不帝秦，宁蹈东海而死。

周恩来东渡日本，临行前作诗《大江歌罢掉头东》

这首诗首句“大江歌罢掉头东”，抒写作者出国时的激动和豪情。北宋苏轼有《念奴娇·赤壁怀古》一词，开头即有“大江东去，浪淘尽，千古风流人物”的诗句，周恩来赞赏其豪放壮阔之美，不由得吟诵起来。吟罢“大江东去……”毅然掉头东渡，去国之决心不可摇撼。第二句，则抒发了他为“济世”而刻苦钻研多种科学，磨练自己的博大胸怀。第三句，写出了他东渡日本的目的、决心。“面壁十年”，蕴含排除各种障碍和干扰，一心求学的信念，而这样做，旨在“破壁”，即打破黑暗统治的牢笼，创建一个新的中国。末句的意思是，即使自己的抱负不能实现，那么，投海殉国也不失为一种英雄壮举。

通篇意境壮阔，格调高昂，含蕴深刻，读之，一位英姿勃发、气度不凡的爱国青年形象便突现在人们面前，使人油然而生景仰之情。

惜别不是永别，去国为了救国，周恩来乘风破浪，东渡日本。

日本，等待他的又是什么呢？

下　卷

第四章　东渡日本

入乡随俗——复杂的留学生群——
迷惘与“三个主义”——《新青年》
——风雪残留，红日东升

九月肃霜，天淡云闲。

轮船自海河起锚，缓缓向前，驶离塘沽港。周恩来站在甲板上，压抑着心底的惆怅，向岸边的新慧、峙之等挥手作别。船平稳地行驶了一段航程，加速进入公海，这时，大风掀起巨浪，船体急剧地颠簸着。周恩来感到头晕，胃里一阵阵痉挛，作呕想吐。他强撑着，抓牢床架，随船体的摇晃而摇晃，不时发出一阵阵无奈的笑声。突然，一个趔趄截断了笑声，他的脸色变得很难看，重又抓牢床架，尽量让自己适应。总算好，他居然能倚着船舷，观赏黄昏夕照，夜暮秋星，于碧空沧海中，享受与鸥鸟为伴的自由情趣。两昼夜航程结束，船抵小岛纵横、山青水碧的长崎。停泊半日，他没走远，只在港口一带转了几条弥漫着鱼腥味的街道，初步感受了异国风情，尤其是那些身着和服，穿着木屐迈着急促的小步，吧嗒吧嗒地擦地而走的日妇容姿，让他觉得有些特别。午后，船又起锚，当晚驶入景色如画、令人陶醉的濑户内海。在神户登岸，继坐火车，经大阪至京都，见到了昔日南开读书时座位紧挨的同学吴瀚涛。吴瀚涛正在京都第三高等学校就读，他是特地来车站迎接周恩来的。知交海阔天空诉说别情之后,他又上车,经名古屋抵达东京。

王朴山已先他三天到了东京,住在一处叫三崎町的地方,这时,已约了张蓬仙、张鸿诰一道迎接他,好友异国相逢,倍感亲切。

日本一般大学,包括东京帝国大学附属的高等学校,都是春季开学,招考日期则在阳历 3 月,这样,就有几个月的准备期。周恩来与王朴山同入东京神田区仲猿乐街七号东亚高等预备学校补习。开始几天,周恩来跟张蓬仙住早稻田区的一座公寓,稍后,即搬到吹町电影院附近的一个家具店二楼,与一位陈姓中国留学生共住一"贷间"[①]。周恩来进预备学校,主要是学习日语,补习大学考试课目,如英文、物理、数学等。

东亚高等预备学校旧址

在这之前,日本政府和清政府订有由日本代培中国留学生十五年的协定,其中规定,日本几乎所有的名牌大学,中国留学生皆可报考。周恩来准备报考的,是东京高等师范学校和东京第一高等学校,只要考取其中的一所,即可得到政府的官费补助。张鸿诰也准备考这两所学校。

---

① 贷间:房主将多余房屋出租,同时承办客人伙食和一般生活照料,称为贷间。

初来乍到，一连许多天，周恩来仍沉浸在昔日同窗欢聚的氛围里。王朴山住的离他不远，一天，他在王朴山处，见到朴山保存的“师友赠言录”，他翻看了几页，陷入往事的回忆中，忽儿合上，见封面一片空白，遂说：“是不是得有个名字？”

“对，对，恩来，你给想一个。”

“赠言原为切磋，切磋之惠，无日可以忘之，就叫《切磋集》如何？”

“好，就这样。”朴山乐不可支。

周恩来欣然拈毫在这本赠言录封面上题了“切磋集”三字，沉吟有晌，旋又补写一行：

> 朴山东来后三日，余亦追踪至异域。晤故人，诚乐事也。偶造其寓，翻阅书簏，得是册。中汇录师友切磋之语最多，因取斯二字题其前，寄同情耳，匪敢谓得当其称也。中华民国六年九月下浣。翔宇周恩来题。①

朴山接过一看，啧啧称善。

在此期间，周恩来又相继会见了严智开（严范孙之子）、陈钢、童冠贤、高仁山、杨柏安和卢开运、卢开津昆仲……

最初的欢聚之后，周恩来在补习功课的同时，努力使自己适应日本的习俗。日本人爱好天然，崇尚简朴，讲究礼貌和清洁，出外要穿木屐、草履，入室则要脱屐、履于户外，房间无门户窗牖，以纸为屏，下承以槽，随意开合。对周恩来而言，穿脱木屐、草履都好办，难的是坐姿，它不像中国的席地而坐，而以足承尻后，倘若趺坐、蹲踞或箕踞，皆为不恭，坐必设褥。平常，没有日本人来，倒也随便，怎么坐都行。可是，一旦房东或别的日本人来或因事去

① 见《周恩来青年时代》第五期（周恩来同志青年时代在津革命活动纪念馆编）。

寓所见日本人,被邀入席,则要受罪了,但入乡随俗,既然来日本留学,也只好练习这种坐姿。

他的居室仅四席①半,四壁萧然,除了蹋蹋米、茶具、小机,就没有别的陈设。蹋蹋米是草编的,四周以蓝色木棉布包边,据说,此乃地位最低者用的,俗称“田舍叠”。他顾不得这些,入夜,从壁橱取被摊开即睡。

伙食是房东提供的,无非是蔬菜、牛蒡独活(芦笋)、味噌(豆瓣酱)、味汁(干菜汤),有时也加点寿司(鱼鲊),猪肉、鸡肉少见,但鱼多。周恩来对这倒无所谓,当年,在铁岭和奉天,高梁米饭、苞米都吃过,他不在乎。他是来求学,不是来享受的。何况,旅费、学费都是亲友资助的,不能丝毫浪费。

生活清苦倒也罢了,最难的是日文。日语的书面形式组成复杂,其中既有汉字,又有日本自已发明的平假名和片假名;既夹杂有罗马字,又有阿拉伯字。他试着日语汉学,开初产生好学之错觉,孰知,愈学愈难,学到多变的语法和复杂的敬语时,实在挠头。而且,近年,东京街头的招牌广告以及印刷品中,汉字在减少,而假名(字母)却在增多,日文不再是可以“眼学”的文字,须用耳听;不再是书上的本文,而成了社会上流动着的语言。他像一般留学生那样买了富山书房出版的《袖珍名著文库》和三教书院出版的《袖珍文库》,里面收有“狂言”、“落语”、“俳句”②。许多人皆从熟读这些作为学习日文入门的,但他觉得掌握起来并不容易。每天,他都去东亚高等预备学校补习,来年的官费考试,对他乃是“背城一战”,“成败与否不曾预料”。他虽不敢懈怠,但收效不大,使他多少有些担忧。

这期间,他仍关注着国内,尤其是南开的事,他为母校“精神

---

① 席:日制,每席约长六尺,宽三尺。

② 狂言、落语、俳句:均为日本不同文体的类别。

为之一新，九先生[1]亦愈见信任于学生”而高兴。他牵挂着在清华大学和金陵大学读书的潘述庵等同学以及远在美国的冯文潜、黄钰生等同学，时有信函联系。

年底，他投书陈颂言（尚文）[2]，对留在国内的这位同窗，备述抵日的种种感触：

> ……弟自居此，饮食起居尚无大不顺，乍至，席地而坐，而饮，而食，而读，而卧，颇觉不惯，久之亦安……食日本餐，食多鱼，国人来此者甚不惯食，弟则甘之如饴，大似余家乡食鱼风味；但无油酱烹调，以火烤者居多。国人咸住中国人开设之馆，为便于食味。故日馆较中馆清静，无喧哗声，便于用功。

信中，他也坦言了自己对考试的担忧：

> 弟现预备日文，无大困难，所难者懒病时发，不肯向书堆里求快乐，是为病耳。官费考试在明夏，届时背城一战，十有九必败，缘来此日文程度一年，用功者可保考入，若弟优游性成，诚难有把握矣。

周恩来何以预言“十有九必败”？原因在于他心有旁骛，不能专一，他既要关注四海窗友，又要与留日同学“常相聚会”，还留心观察日本社会之种种现象，而距考试仅有半年，时间过于仓促，他的担忧并非没有道理。

那么，两个多月下来，他对日本的观感是什么呢？信中有简

---

① 九先生：即张伯苓之弟张彭春，时任教南开学校。

② 此信原件存中国革命博物馆。

单的概括："日本风俗，不见优美，好在谨言慎行，无不可居之地。倭国虽小，安分克己，尚无不合式也。"

但是，他对中国留学生的观察却仔细、深刻得多：

> 留东学子在此，约分三派：一埋首用功，不闻理乱；一好出风头，到处声张；一糊涂到底，莫名其妙。此外，持求学济世，以用功为根，交接为道，糊涂藏隐者，乃属上流不可多得之士。若胡作非为，则下之下矣。留东学生好出风头之习，在东京已司空见惯，明哲多裹足不入是非之场。

在这之前，曾发生过留学生因经济困难，围打中国驻日公使馆事，周恩来亦在场。目睹一群无经济能力之国民，叫跳怒骂，他理解亦钦佩，但他不赞成这种缺乏谋划的鲁莽行为，并感到伤心。那天，大雨骤降，同学们一个个都淋湿了，却忘其为苦，一直坚持，这使他颇受刺激。他把此事也告诉了陈颂言，生出无限感慨。他在信中写道：

> 家国恨，天下事，不堪一提！极目神州，怆怀已达极点！乃争权者犹红其眼，摩其拳，不顾生死，哀哉！苦吾民矣，为之奈何！

在这里，人们仿佛听到了屈原[①]《离骚》中那悲天悯人、忧愤深切的浩叹。

信的附言，周恩来又特地问到《南开思潮》的出版事宜。在他

---

① 屈原（约前340—约前278）：中国最早的大诗人，名平，字原，战国楚人。著有不朽诗篇《离骚》、《九章》、《天问》等。

毕业之前，南开有敬业乐群会、基督教青年会和自治励学会三个学生团体，并各以其名编辑刊物，鼎峙势分，难展宏图，遂集中精力合而为一，是为《南开思潮》之问世。所有内容，亦以三者之精神并存而不废为旨归。周恩来写这封信时，第一期已出版，只是，他未收到。第一期总编辑为段茂澜；第二期明年6月出版，总编辑是张轮远，副总编辑是李福景，总经理即为陈颂言。周恩来并未参与《南开思潮》的编辑，但非常关注。后来，他收到该刊后，曾与留日同学传观、讨论。

他依然在东亚高等预备学校补习。一天，他出校门，就到三崎町王朴山处，不意碰见徐达九。交谈中，达九告诉他想考医学，以为既可替人治病，又不求人，能自理生活。他希望听听周恩来的看法。

"经济是社会的基础呀，"周恩来说，"经济变了，其他一切都要发生变动。"接着，他讲了文化、教育、国家机关与经济基础之关系，"达九，何不考经济呢？当然，我只是建议。"

"恩来，你说的有道理，我再想想。"

后来，徐达九放弃了学医的念头，考入京都帝国大学经济系，受益于著名学者河上肇①。

补习之外，同学间仍免不了相互走动，周恩来时常来见王朴山，他发现朴山因健康不佳断续辍学，因此而意气消沉。这天，他又来串门，见朴山卧床不起，其妻杜栗堂随侍在侧。

"近日感觉如何?"周恩来凑近问道。

"一直在服药，"朴山恹恹地说，"不像有大病，可怎么就好不了呢?"

"朴山，我看你是精神负担太重，既然不是什么大病，就不要

---

① 河上肇(1879—1946)：日本经济学家，日本马克思主义的先驱者，社会主义运动家，京都帝国大学教授。主要著作有《贫乏故事》、《唯物史观研究》、《社会组织与社会调查》、《经济学大纲》、《资本论入门》等。

整天躺着,活动活动也好嘛。"

"是啊,"杜栗堂答腔,"他是愈躺愈没劲,愈躺心愈沉。"

"这不,病根怕就在这儿,"周恩来笑道,"朴山,你要像在南开时那样生龙活虎,搞活动、撰诗文、讲演、辩论……不信你试试看,准能一天天好起来。"

"恩来,你一直关心我,照料我,我焉能辜负你呢?"王朴山坐了起来。

"哎,你还记得我们在南开舞剑时联的诗吗?"周恩来问道。

"哪能不记得,"王朴山有些激动,他不假思索地背诵出来:"华年惜绿鬓,午夜啸青锋。学道雄心淡,观时热血浓。无成惭画虎,有待爱潜龙。诗思飞何处?云山几万重。"吟罢,坠入沉思。

"当年,我们真是壮怀激烈啊!"周恩来说,"回想起来,令人眷恋不已。可我们不能生活在过去,还要前进,对吧?"

"对,"王朴山应道,"我知道自己缺乏磨练,我要振作起来。"

"朴山,你这样想就太好了。"周恩来颇觉兴奋,"怎么样,我们来联句,我出上句……"他盯着王朴山。

"这……"王朴山笑了,"试试看吧!"

"好,我这上句是:共扶元气回阳九。"

"各放光明照大千。"王朴山略一寻思应对出来。

"我说哩,朴山终究是朴山!"周恩来畅快地笑出声来。

杜栗堂站在一旁,淡淡地笑着,为恩来、朴山的友谊和朴山精神焕然一新而庆幸。

王朴山对这首充满豪情、志在救国拯民的联句无比珍惜,事后将其篆刻在自己的铜印章上,以时时激励自己。

尽管寒凝大地,北风肆虐,1918年依然从容地来到人间。

新年伊始,周恩来一早就到了神田区基督教青年会,这是一幢尖顶的哥特式建筑,枯黄的爬墙虎,仍斑斑驳驳地依附在壁上,苍翠的雪松耸立一侧，形成色彩的强烈反差，晨祷的钟声，在稀薄的雾霭中回荡，周围显得很是恬静，可他不是基督徒，自然不是来诵经的。因为这里有几间活动室，旅日南开同学经常在此聚会。此外，寄他的信函，也都由此转他。这天，他终于收到陈颂言寄来的第一期《南开思潮》，不待坐下便急切地翻阅起来。其中有他的故交张信天的《致中国有志青年书》，可谓扛鼎之作。文章通篇热情洋溢，旨在启发中国青年发愤图强，忘私忘我，牺牲一切，力挽狂澜，救民水火，而使中国跻于西方强国之列。次之，好友潘世纶撰写了《论青年当忍辱负重》，鼓动爱国救民之青年力任艰巨以挽国家之危亡。此外，还有好友张轮远的诗歌六首，也是积极向上之作。整本刊物，分为插图、发刊词、论说、学术、小说、文苑、杂俎等，可谓洋洋大观。周恩来对这份刊物的筹办，一直悬念不已，不知它会是怎样一副面孔，担心有失《敬业》、《校风》的传统。读后，他为之释然，自然，不满意之处也有。当晚，他去早稻田找陈钢。陈钢曾是《校风》总编辑，周恩来是其继任。见面后，话题便围绕《南开思潮》展开，两人对它的所长所短，看法一致，以为日前留日同学会中有人一口否定它，似为不公，今后当继续与之保持联系，关心它的成长。

无论是对达九，对朴山，甚至对《南开思潮》，周恩来都倾注了热心，就像是分内的事。可一想到自己，却总觉得已失去南开时代那股活力，虽说还是留日同学会的评议员，却为学业所困。这时他已搬到神田住，孤单独处，看着世上一切的事情，都是走绕道。想起佛说“苦海无边，回头是岸”。不如排弃万有，走那“无生”的道儿，倒是很省事的。显然，无生主义[①]正纠缠着他，一时难

① 无生主义：佛教名词。认为一切现象之生灭变化，都是世间众生虚妄分别的产物，本质在于“无生”。修得无生，便是涅槃，即熄灭生死轮回，而后获得的一种精神境界。

以摆脱。他时不时地焚香阅览《真言净菩提》、《禅议》、《般若经》等佛教经书，但他不是一个意志薄弱、浑浑噩噩的人，他时时在解剖自己，反省自己。

从陈钢那儿回到住所，夜已深了。一月的日本，严寒笼罩着一切，房东的卧室有壁炉，而他是享受不到这份清福的，凛冽的北风在户外号叫着，可这些像是跟他无关，他取出一本硬壳簿子写日记：[①]

> （修学）慎则为佛，迷则众生……我今年已经十九岁[②]了，想起从小到今，真是一无所成，光阴白过。既无脸见死去的父母[③]于地下，又对不起现在爱我教我照顾我的几位伯父、师长、朋友。若大者说什么国家社会，更是没有尽一点力了。佛说报恩为上，我连恩还未报，又怎么能够成佛呢？俗话说得对："人要有志气。"我如今按着这句话，立个报恩的志气，做一番事业，以安他们的心，也不枉人生一世。

显然，周恩来的思想仍在波动之中，自谴自责，溢于言表，既想到国家社会，又想到至爱亲朋，"报恩"思想占据着他的大脑。

这些天，南开留日同学会的事仍困扰着他。翌日，童冠贤[④]、吴涤非等来找他，商量留日同学会的庶务、书记的人选，原拟让陈钢担任书记，陈钢未答应，他还得去劝说。本来这个职务，童冠贤的意思是让他干，可他要预备功课，以参加 3 月间东京高等师范的考试，哪儿有此闲功夫，连评议员一职都想辞掉，真是烦不胜

---

① 此为周恩来 1918 年 1 月 1 日的日记。

② 指周岁。

③ 此处指过继父母。

④ 童冠贤（1894—1981）：原名启颜，字冠贤，原察哈尔省宣化人。曾任中山大学教授、中央大学法学院院长、国民参政员、立法委员，逝于加拿大。

烦……

冠贤、涤非走后，周恩来焚好了香，将携带至日本的嗣母亲笔写的诗集打开来念了几遍，静坐一会儿，当年在淮安、淮阴和宝应，随侍嗣母身边，那逝去的岁月，一幕幕恍然重现面前：嗣母教他诵读诗文，带他游览胯下桥；讲述《天雨花》、《再生缘》，引导他读《镜花缘》、《水浒传》和《红楼梦》，生母病故后，嗣母支撑着家中的一切……想起这些，他心里非常难受，眼泪忍不住要流下来。计算嗣母写诗的年月，离现在整整二十六年了，那时嗣母才十五岁！嗣母除了擅长诗词，琴棋书画也无所不精，可是，自下嫁周家，就没过过一天快活日子，以至后来也染上肺病，猝然离去。时光易逝，遗墨尚存，想想嗣母离开人世也整整十年了，不知她在天之灵，是否还想着他这个儿子没有？

写完这天的日记，周恩来拥衾而眠，可是，思绪仍沉浸在儿时的年月，在这异国的寒冬之夜，承受着感情的煎熬。

最近，他几乎天天去基督教青年会，那里有许多国内和日本的报刊，他不能放弃阅读的机会。此外，在那里，他陆续收到许多来自国内和美国的贺年片、信函，其中，有新慧、峙之的，勾起他不尽的思念。

4日这天，留日同学会假基督教青年会活动室召开会议，到会十七八人，会上由童冠贤宣布了同学会的相关职员名单：总干事：童冠贤；副总干事：吴涤非；会计：王善之；书记：陈钢、刘东美；庶务：高仁山、江安甫……周恩来被获准辞去评议员一职，使他如愿以偿。此外，原拟会上抨击《南开思潮》的事，也因他的反对被取消了。一天下来，心境不错。孰料晚上刚回到住处，房东又来向他索取房钱，生活的窘困使他沮丧。第二天，他设法将房钱如数交给房主。

“对不起……”女主人梳着大圆髻，穿一身棉铭仙织花的和服，躬腰含笑，不再多说一个字，踏着木屐匆匆走开。

见房东前后的不同脸色，周恩来感到日本人的眼光真可谓又小又贱了，他对日本社会的观察又深了一层。

新年后，一个星期倏忽过去了。周恩来的日程，不外是补习日文，往基督教青年会取信、看报、会友，直到昨天，东亚高等补习学校开学，他去了单人教授办公室，上了一个钟头的课，这位日本先生对他多有指点，且颇有耐心。

今天，他照例去学校补课，刚进教学大楼，校役递给他一封家信，他忙拆开，“八叔父故去”几个字赫然入目。噩耗袭来，倏然间，他心中不知是痛是悲，木愣愣地捏着信，倚墙站着，仿佛失去知觉似的。想起爷爷膝下四子，嗣父在他一岁时去世，而八叔幼以疾废，缠绵病榻三十余载。民国六年(1917)秋曾有“病危”之闻，急得四伯父驰电问讯，距今一年多，八叔身体时好时坏。自己来到日本后，淮安消息不畅，可他对八叔一直思念在心，没想到竟盼来这个信息。他不禁发出浩叹：“天不谅人，叫我们这支四房头鳏寡孤独全都占全了，真是可怜可怜到极点了！”

午后，张蓬仙、王朴山、吴涤非和童冠贤闻知，都来慰问，使他感到友情的温暖，只是悲恸的心境一直在延续。第二天(9日)，他的日记写下这样的文字：

> (修学)东南西北，鳏寡孤独。
>
> 想起家中一个紧要的男子也没有，后事如何了法？近几年来八伯同八妈[1]的苦处已算受尽了，债务天天逼着，钱是没有，一家几口子饭是要吃的，当也当尽了，卖也卖绝了，借是没处借，赊是没处赊，不要说脸面是没有了，就是不要脸向人家去要饭吃，恐怕也没有地方去要。八伯这个病，虽说是老病，然而病到现在，何曾用一个钱

---

① 八伯八妈：恩来因过继给十一叔贻淦，他随嗣父母称贻奎夫妇为八伯八妈。

去医治呢？简直说是穷死了。

接连三天，周恩来沉浸在八伯病故的伤痛之中，夜里总睡不着，愈想愈难受。淮安家里不知如今是什么样子了？想必四伯父急得更不用说了，只恨自己身在海外，不能够立时回去，帮着四伯父和生父做点事。可处在今天这种地位，是进也进不得，退也退不得。再说，假若去年暑假后不来日本，留在国内，一个中学毕业生又能做多大的事呢？那样，恐怕于家里既没有帮助，于自己反倒有害了。八伯病故诚然是悲痛的，而拂于己又有何助？见小利而大事不成，倘若总想着自家的事，那么，当年信誓旦旦“济世穷”、“图破壁”岂非成了一句空话？

此时，他搬出了玉泮馆，每天饭食总在外边零吃。为了省钱，接连往各处食堂去试口味，有时觉得很不好吃，不过，钱是比包饭省多了。此后，他又改吃两餐，废止朝食。换了贷间之后，用度既省，地方又清净，正是埋头用功的日子，任什么事，他也不管了。他在努力摆脱自己的迷惘，在此后日记的“修学”栏内，他连续多天写下“行其心心所安”、“人定胜天”、“尽人事”、“白发衰颜非所意，壮心横剑愧无勋”、“乘风破浪会有时，直挂云帆济沧海”这样一些蹈厉、豪迈的句子，与月初之心境已是大相径庭。在东京，他跟朴山、蓬仙等仍频频接触，与国内信函不断，四伯父、生父、胞弟，伉乃如、李福景、潘述庵等都有信来，尤为使他感动的是，沈阳东关模范小学的高亦吾老师知道他日用不充分，来信表示自己愿兼差，每月接济他。这位先生一直为他所敬重，可是，一个小学教员，收入不丰，他岂敢惊扰呢？遂作复，婉谢加诸感激。

一天晚上，他独坐贷间，又拿起梁启超的《饮冰室文集》，当读到“十年以后当思我，举国如狂欲语谁；世界无穷愿无尽，海天寥廓立多时”几句诗，他的眼泪快出来了。想到梁启超做这诗时不过二十七八岁，而自己如今已痴长十九岁[1]，仍一事无成，学还没有求到，实在是有愧前辈了。不过，天下事没有不预备就能成功的。他又想起十年前留学日本的学生，坏的不说，知道爱国的人，大半分为两派，一派是服从革命，一派是赞成君主立宪。诚然，这两派全是希望把国家弄好，但因主意不同，竟互相攻击。激烈派看着稳健派没有大出息，有奴隶性，极力排斥；稳健派看着激烈派暴跳乱骂，毫无建设思想，成事不足，败事有余，也持着反对的主意。这两派天天打着旗子排斥人，究竟他自己预备了没有？结果还是毫无实力。等到回国做事的时候，一个个的狐狸尾巴都现出来了，哪里还能为国呢？

周恩来于国事的思考，如蚕丝般细密而延绵。

他想到，国内现在政界做事的人，除去老官僚旧武人以外，大半就是当年留东[2]的两派人。可是，这六年来的成绩是这样子了，以后的情形还不敢预料。单说激烈派，自从革命以后出了两次风头，毫不容人，气盖一世，到临事是一败涂地。要说他们不爱国，是真冤枉他们。但是，其心可款，其行可诛。至于稳健派，每遇着得意的时候，多半跟着就是失望的事情。如二次革命[3]后，帝制取消，复辟失败后，多半是他们得意的时候，然而不久必然是被人家推倒了。此外，如同老官僚旧武人等，更是脑子简单，无可救药。看起来他们这两次失败的原因，大半是从前没有预备，才闹出这样的结果。如今，国内政局，多半仍是这两派人支配。至于留西[4]的学生，全部都在这两派统治之下。不然就是自命清高，在办教育。然而教育机关必须受到行政的分派，到底还是没出了留东两

---

① 十九岁，依上说法，周岁。

② 留东：即留学日本。

③ 二次革命：即“讨袁之役”。1913 年孙中山继辛亥革命后发动的反对袁世凯独裁的战争。

④ 留西：指留学欧美。

派的范围。若论这两派留东时没有预备的事情，求学不足还是小事，最大的就是没有真正立身的根本去与这个恶劣的社会交战。所以，每临到自己头上，一战就败。平常任他骂人夸嘴，自己上了台，依然是不行。这并不是旧官僚的厉害，手段比别人高，武人的枪炮指使，还得说自己的力量薄弱，经不起抵抗。

由国事和历史引发的这些思考，使周恩来受到深刻的启迪，1月26日的日记中，他写道：

> 论起这个，我们现在来到这里求学，第一样事情就得炼铁石心肠，钢硬志气，不为利起，不为势屈，才能有效。要是连自己还靠不着自己，那就莫如快死为妙。[①]

虽说周恩来心忧国事，但现实问题是，高师考试快到了，如不加紧用功，不要说丝毫没有取的希望，就是下场再考的希望，恐怕也没了。他告诫自己："我一个人，除了念书，还有什么事做呢？用功呀，用功呀，时候不再给我留了。"

然而，周恩来仍沉静不下来。几天后，张蓬仙由国内结婚返回东京，谈到有关东三省已入日、俄势力范围的种种传闻，王朴山的吉林老家也有信来述及这方面的事，这使三人都感慨不已。

"拿现在国势论，欲救东三省是非常的难了。不救，则关系到中国全部危险。"周恩来说。

"可现今中国国力能行吗？"张蓬仙接道。

"难矣。"王朴山摇了摇头。

"东三省不必仰仗腐败的中央政府，而要自谋出路，招收红胡子[②]、造枪炮，先从军政两方入手，如果能练兵十四个兵团，日本就

---

① 周恩来旅日日记手稿。

② 红胡子：指西洋人。

不足怕了。”周恩来说。

“恩来，你这是‘军国’主张。”王朴山说。

周恩来笑而未答。是的，这是“军国”救国主张，如今，并非他一人才有，在国内亦是颇为流行的。持这种看法的人，认为将来的政局非励精图治，在军事上头着手，除此不能将“北洋系”和“士官系”军阀推翻……

三人都未及弱冠之年，这样的交谈当然还得不出什么结论，他们仍在探索、在思考。

时间匆匆，眼看已临近旧历年岁末，窗友中，高仁山因家里有事已回国，而严季冲也因为要准备赴美深造而离开日本了。周恩来与严季冲不同级，他在南开时，季冲已毕业离校，但因其父严范孙看重周恩来，两人相识后竟一见如故。恩来到日本后，季冲待他如同亲兄弟一样，一切的帮助是很尽力的，恩来对他一直感激得很。未想到，这样好的人，却不能再聚，从此天各一方。想到此，他心中实在不好受。但他是个有自持力的人，无论是在奉天东关模范小学或天津南开中学，每当困惑、迷惘、情绪低落的时候，头脑中便盘旋起“立志”的事，孟子曰：“夫志，气之帅也。”他焉能失去这“帅”？

这时，在美国留学的孔云卿寄给他一封信，引发他一番感慨。

云卿写道：“……留美学生有一种习气，好出风头，弟视之如上海时髦，攫得一会长、书记，便以为大功业就，即此归国，便可骗人骗钱，阳面公，阴面私，造成一种最时兴争权夺利之人物……”

留学，无论是到日本、到美国，原本是学成之后，以自己的知识技艺，去挽救祖国的危亡，周恩来一直是这样想的，也希望留学生都能这样。可是，留美学生的现状竟如此糟糕，闻之，心中实在难受。这与现在留日学生没有区别，只是，从表面上看，留美的主稳健，留日的主激烈。自然，激烈的回国去到底不如稳健的香，受人欢迎。由此可见，留美学生的手段本领要比留日的高。

然而，留学生也并非人人如此，云卿信中还说："真正的志士实在是到处都有，不过不爱出风头，就没有人知道了。"这话，他是极赞成的。

外面婷婷袅袅飘着雪花，小院内一株弱柳已被压弯了枝头，周恩来伫立在窗前，思绪一如纷飞的雪片。他想，大凡天下的人，有真正本事的，必定是有涵养，能虚心，看定一种事情应该去做的就拼命去做，不计利害；不应该做的，便躲着不出头，或者极力反对。这样的人，总是心里头有一定主见，轻易不肯改变的。成败固然不足论，然而当他活着的时候，总要想把他所办的事办成功，不能因为有折磨便灰心，也不能因为有小小的成功便满足……

正想到这里，王朴山扣门来访。他说："朴山，你来得正好，喏，刚收到云卿的信，你看看。"

王朴山在门道边搁下伞，一脚跨进门，急切地看起云卿的信。

"阳面公，阴面私，争权夺利，人性之丑恶一至如此。唉……"朴山读罢叹道，"不爱出风头固然很好，还需有坚韧不拔之志，是不是？"

"太对了，"周恩来应道，"梁任公有一句诗'世界无穷愿无穷'，我极赞同。所谓'愿'即'志向'，人生在世，总要有个志向，平常的人，不过是吃饱了穿足了便以为了事；有大志的人，便想去救国，尽力社会。老实说，活着一天，吃还能有完的时候吗？穿还能有完的时候吗？至于国家社会的事，那更是无穷无尽的了。所以，世上人的志向，是永远没有做完的了……"

"是啊，恩来，我始终相信，你会成为一名真正的志士……"

"我？噢，我自然要朝这方向去努力。"周恩来目光一掠，"朴山，你怎么不说自己呢？"

"我跟你不同。"

"有什么不同？"周恩来直嚷，"我们来日本求真学问，难道不都是为着救国、爱国吗？"

“这话诚然不错。”王朴山苦笑笑，“旧势力本已十分强大，而口口声声与旧势力斗争的，又是一般假公济私、行其奸险的人，而且，留学生中也不乏其同类，难啦！”

“朴山，我跟你一样，以为这种假公济私的人可怕得很，中国要亡，必在他们手里。”周恩来说着在房内转了个圈，“可是，我们总不能听之任之。我们非但要警惕其行骗，更应反对啊！”

“我是立定主张，自己决不做这类人。”王朴山说，“救国、爱国，我当然也不会置身度外。”

“你啊，”周恩来笑道，“我了解你。我们换个话题，怎么样？”

“哎，恩来，咱们能不能歇一歇脑筋？”王朴山说，“我原本是想约你去上野公园观赏雪景的。”

“那这就走！”

“你没见已是日暮时分？”王朴山瞅着窗外晦暗的景色说道，“你一入话题，就忘了一切。算啦，我得赶快回去，妻还等我吃晚饭哩！要不，你也过去一道用餐？”

“不，不，我送你一段。”周恩来说着，取了一把伞，和王朴山出了门。

雪，愈下愈大，一盏盏街灯，在浑沌中亮着朦胧的光，尽管街道两边毗邻着高高矮矮的建筑物，依然能感到寒风凛冽。

“啊，真冷。”周恩来不禁说道，“古人云：寒不能语，舌卷入喉，怕正是这种时刻。”

“寒不能语，舌卷入喉。”王朴山重复道，旋又发出嘿嘿的笑声，“恩来，别送了，快回去……”

孰料话未说完，不意撞到一个日本男子身上，那人瞅了瞅他们两个，骂道：“亡国贱种，到我们这管理你们的大日本帝国来做什么？”说完，猛地推了王朴山一下，转身走开。

“你……”王朴山先是一愣，接着紧跟了两步，想上去理论一番。

“算了，跟这种人不值得计较。”周恩来劝道，“可是要记住，这就是我们中国和中国人在日本人心目中的地位。”

“娘的……”王朴山狠狠地骂了一句移动脚步归去。

周恩来目送着风雪袭裹中王朴山单薄的身影，想起刚刚过去的一幕，沮丧中颤动着忧愤。他不能不想到中国之命运，可是，救国之道在哪里？一个穷学生，迄未取得入学资格，空谈救国、爱国又有何用？一时间，他陷入茫然……

回到贷间，他显得无所事事，不意目光又碰到小几上伉乃如的信。乃如虽是他的老师，相互间能推心置腹，犹如兄弟，这封信，乃如诉说了自己婚姻的苦恼，那番滋味实在难堪。他不由得又拿起信看了一遍，竟生出“自由恋爱无男女，人生何必有妻孥”的想法。未几，取出日记写道：

> ……我想人生在世，恋爱是一种事，夫妻又是一种事。恋爱是情生出来的，不分男女，不分美陋，凡一方面发出情来，那一方能感应的，这就可以算作恋爱，所以马狗都可以有报恩的事体。至于夫妻，那纯粹为组织家庭，传流人种的关系，才有这个结合。

室外流动着风的呼啸，日本深冬的夜晚是相当寒冷的，他呵了呵手，想了想，接着往下写：

> 不过夫妻由恋爱中生出来的，是真夫妻；若随旁人的撮弄，或是动于一时感情的，这个夫妻实在是没有什么大价值。按着这理推，是恋爱的范围广，夫妻的范围狭，恋爱里可以有夫妻这一义，而夫妻绝不可以包括恋爱的。①

① 1918年2月9日周恩来旅日日记手稿。

这，便是二十岁的周恩来的爱情、婚姻观。

除夕，王朴山、张蓬仙应邀到周恩来的贷间相聚，三人无所不谈，谈时局，谈人生，谈家国之念，思亲之苦，不免又生出许多感慨，直到凌晨三点才睡。

只是，周恩来睡不着，一晚上当着两位挚友的面，他不愿多谈自家的事，怕勾起他们的伤感，冲淡相聚的欢乐。

灯熄了，他静静地躺着，思绪纷纷。此时此刻，四伯父供职于冰天雪地的哈尔滨，身边无一亲人，那是何等孤寂！生父呢，奉事北京，每月的薪水仅够自己用，连一件皮衣都买不起，听说北京今年的冬天特别冷，光凭一套单薄的棉衣，又怎能御寒？至于吃，也吃不着好的，他这一辈子总是这样困顿地挨过来的。淮安的八妈，自八伯死后，心里头也不知难受到什么地方。想到两个弟弟，尤其伤心。弟弟真可怜，有爹爹，却远在北京看不见，有他这个大哥，却又远在日本更不能照管，心里的难受又不知怎样呢？至于天津的四伯母，在这年关不知担多少愁呢！……唉，这个家实在是极难堪了，东南西北，分散各处。比较起来，还是自己处境称优，扪心自问，真是不安。翻来覆去，也睡不着了。忽然，他又想起爷爷奶奶、嗣父嗣母，听说他们的坟无人过问，棺材都暴露在外日晒雨淋；再有，生母的灵柩暂厝于清江浦兹云寺，已逾十载，难以回迁，如今也不知怎样……这是怎样痛苦的人生啊！他愈想愈难受，恨不能立即回国，为家里处置这些事情才好。可是，他回不去，他要考试，首先取得入学资格，将来才能“铁肩担道义，妙手著文章”、“破壁”、“济世”……直到淡青色的黎明悄悄降临，他才迷迷糊糊入睡。

最近，周恩来依然细心地观察日本国情。他发现日本也是实行军国主义的国家。军国主义的第一个条件是“有强权无公理”，两个军国主义的政策碰到一块儿，自然是要比比谁强谁弱了。而且，军国主义必定以扩张领土为最重要的事，将来欧战完后，德意志的军国主义怕难保住了。日本的军国主义，不知又教谁打呢？看来，军国主义在20世纪上，是绝对不能存留了。周恩来如此一想，联系自己从前所认为的“军国”、“贤人政治”这两种主义可以救中国的想法，实在是大错了。20世纪的进化潮流上，要不行国家主义、世界主义，那是自取灭亡的，可是，国家主义、世界主义于中国能行得通吗？他未作深入的思考。

社会、人生是这般复杂，“无生主义”似乎解决不了周恩来的窘困，闹了多少日子，总破不开情关，与人类总断不绝关系。虽不能像释迦牟尼所说“世界上有一人不成佛，我即不成佛”，可长这么大，要将与自己有缘的一一断绝，他却不能，哪能够再学达摩面壁呢？“无生主义”诚然高超，然而却难以实行，既如此，又何必自寻烦恼，只好疏离它、摆脱它。他将家庭不幸所引起的苦闷放在一边，“埋头用功”迎考，同时，于国家大事，他否定了“军国”救国之道，以一种较为轻松的心情，迎来了中国的传统节日——春节。这天，他写下了不寻常的一页日记：

> 我们家中有两句俗语：“大年初一不高兴，一年晦气。”现在又是大年初一了，叫我高兴我从哪里高兴起，叫我不高兴我的不高兴的事情可多了。守着家规暂把那不高兴的事情不去想他，先乘着今天是元旦，立个这年内应行的方针。我平生最烦急的是平常人立了志向不去行，我嫌他是多事，今天我也立志了。但是我这志是早定了，不过今天想的是这一年内进行的方针问题……我先把它写出来，做个旧历元旦的开笔篇吧：第一，想要想比现在还新的思想；第二，做要做现在最新的事情；第三，学要学离现在最近的学问。思想要自由，做事要实在，学问要真切。①

① 1918年2月11日日记手稿。

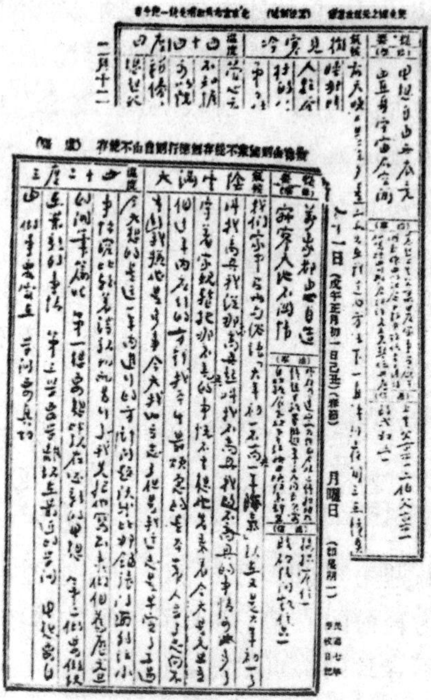

周恩来旅日日记 1918 年 2 月 11、12 日手迹

周恩来将这一方针谓之“三个主义”，并以此勉励自己、规范自己。

天地混沌，世事芜杂，周恩来有过迷惘，但他没有停下脚步，更没有倒退，而在摸索中前进。尽管步履不那么迅捷，也不那么坚实，可这都不重要，重要的是他在一步步走向真理。

自元旦确定他的“三个主义”后，为了寻找“新的思想”，周恩来广泛涉猎各种书籍报刊。梁启超的《饮冰室文集》仍为他所偏爱，其中如《新民说》等诗文，他已熟读成诵。可是，时代毕竟发生了变化，梁氏的思想观点，与现实的距离拉得愈来愈远，显然，周恩来对此已不满足。他翻箱倒箧，《新青年》忽又重现于他面前，他取出想再看看。

《新青年》，最初叫《青年杂志》，创刊于 1915 年 9 月，正值周恩来在南开读书期间。它一出版，即使沉寂的中国思想界显示出生气，但并未引起周恩来的特别注意，“有时从书铺里买来看时，亦不过过眼烟云，随看随忘的”，他后来曾这样回忆。离津赴日前夕，有位朋友送了他一本《新青年》第三卷第四号，旅途中他翻看过，倒还喜欢。后来，在东京，从严季仲那里又见到《新青年》第三卷全部，索性借回阅读，颇受启发，“觉得把我那从前的一切谬见打退了好多”。但未继续寻找再读，这与初到日本时的困窘和心境不佳有关，而且，“无生主义”和“军国”思想仍困扰着他，又有何心绪关注这份杂志呢？

一个人举凡接受一种学说或一个主义，总不是无缘无故的，需要有诸多的主客观条件。当他从一种愚昧、荒诞、错误的学说或主义中碰壁，而感到极端苦闷、失望之后，才有可能弃旧图新，去探寻另外一种学说或一个主义。这大概也是个规律吧！

《新青年》宣传了资产阶级民主主义思想，宣扬积极进取的人生观，反对保守落后的人生观，提倡资产阶级个人主义和民主主义，有力地冲击着仍弥漫于中国的封建主义。此外，它对于封建文化的代表人物孔子，予以批判和否定；有的文章还否定了封建宗法制的重要一环——家族制度。

周恩来手头这本《新青年》上，就有一篇题为《儒家主张阶级制度之害》的文章，它是吴虞[①]写的，其中有这样精辟的论述：

> 孔氏主尊卑贵贱之阶级制度，由天尊地卑，演而为君尊臣卑，父尊子卑，夫尊妇卑，官尊民卑。尊卑既严，贵贱遂别，几无一事不会有阶级之精神意味，故二千年

---

① 吴虞(1871—1949)：字又陵，四川新繁人。“五四”运动前后，在《新青年》撰写文章，大胆冲击旧礼教和封建文化。1920 年任北京大学教授，晚年任职四川大学，1949 年在成都病逝。遗著有《吴虞文集》。

来不能铲除阶级制度。至于有良贱为婚之律，斯可谓至酷也。守孔教主义，故专制之威，愈演愈烈。

这里，批判已进入到封建伦理的父子、夫妇等许多方面，而锋芒所向已直指孔子本人，其大胆，可谓前所未有。此外，该刊还有一些宣传新思想、批判旧礼教、鼓吹个性解放、倡导文学革命的文章，同样吸引着周恩来。掩卷沉思，他不由得喜欢起半年前南开学校毕业典礼上那个冷峻、难以接近的陈独秀，他觉得当时似乎有点误解了他，因此多少萌生点内疚。如今，正是这位北京大学文科学长主编的《新青年》杂志，予他以思想启迪。他想起赴日后的种种曲折经历，眼前忽然豁亮。

这天，2月15日，他难以抑制自己的兴奋，在日记中写道：

晨起读《新青年》，晚归复读之，对所持排孔、独身、文学革命诸主义，极端的赞成。①

此后几天，他继续阅读这份刊物，思想一直萦绕在它所带来的联想、反省、检视之中。

次日，2月16日，日记中这样写道：

……收练了几天，这个月以来觉得心里头安静了许多。这几天连着把三卷《新青年》仔细看了一遍，才知道我从前在国内所想的全是大差，毫无一事可以做标准的。来到日本，所谓的“无生”主义虽然是高超了许多，然而却不容易实行。总起来说，从前所想的、所行的、所学的，全都是没有用的。从今后要按着2月11日所定

---

① 周恩来旅日日记手稿。

的三个主义去实行。决不固持旧有的与新的对抗，也不可惜旧有的去恋念它。我愿意自今以后，为我的“思想”、“学问”、“事业”去开一个新纪元才好呢！①

他的情绪一直处于兴奋之中，他已与“无生”主义决裂，不再像达摩那样与世绝缘，他要直面人生，积极进取。此种心境，在2月17日的日记中有所反映：

我自前天忽然的醒悟，将以前的一切事体都看成了不足重的事，不足取的事，心里头非常的快活。“从前种种譬如昨日死”。我这时候的思想，与这句话一点儿也不错。我这时候的喜欢，好像比平常人信宗教还高兴十倍。宗教家常说人要信宗教就是“更生”、“重生”，我觉得我这回大领悟了，将从前的全弃去了，另辟“新思想”，求“新学问”，做“新事情”，实在是同“重生”、“更生”一样子了。法国女优倍那儿常说自己是小儿，我今天借用她这句话，我看我自己现在实在是小儿了。哈哈！②

接着，18日的日记又写道：

……我说我现在心里非常快活，想起我从前所“思”、所“学”、所“行”，实在是无一可取……我但期望我的“思”、“学”、“行”三者，能顺着进化的轨道、自然的妙理去向前走……③

他的思想现状，正应了三天前日记开头“修学”栏里的那句

①②③　周恩来旅日日记手稿。

诗:“风雪残留犹未尽,一轮红日已东升。”他已摆脱了迷惘,克服了苦闷,不再是初抵日本时的周恩来了,他的欢快可想而知。

“红日已东升”,表明他已开始接受《新青年》所传播的新思想,但他并未因此而陶醉,而是清醒地看到“风雪残留犹未尽”,那种难遂人愿的事仍随时可能出现。

此后几个星期,周恩来投入了“背水一战”的东京高等师范学校的入学考试,日期为3月4日至6日,科目有日语、数学、地理、历史、英语、物理、化学和博物,还进行了口试,结果,名落孙山。这对他无疑是次不小的打击,但他并不颓丧,较能平静地对待,似乎这在预料之中。尽管未能考取,但经历了这番考试,对于日本官立学校考试之内情,稍为明白了点,题目也知道怎么出、怎么答了。有了这种经验,7月间再考第一高等学校,心里觉得有点门路了。如此一想,虽然为这次考试忙了许多天,也不算白费劲,到底是功夫没有白用的。

跟他同时报考“高师”的张鸿诰被录取了该校物理科,他为鸿诰庆幸和祝贺。但鸿诰却另有想法,希望进第一高等学校,他的愿望是学工科。可是,如报考“一高”,则必须从“高师”退学,退学并不复杂,但退学后能否一定考取“一高”呢?鸿诰没有把握,他踌躇不决,找到恩来商量。

“你不能只顾一时的得失,动摇多年的志愿,”周恩来说,“应该根据国家的需要与个人在哪一方面能发挥更大作用来决定取舍。你既然能考上‘高师’,为何怕考不上‘一高’呢?”

“对,我不能去学自己所不愿学的东西。”张鸿诰应道。

在周恩来的鼓励下,张鸿诰毅然退掉了“高师”学籍,努力准备,与周恩来一起迎接7月间“一高”的考试。

周恩来深知“一高”比“高师”难考,3月10日,他在日记中写道:“我自从考完了师范后,心里头非常的着急,以为7月里考第一高等学校,功课若不预备好了,定然没有取的希望。要打算取上,非从现在起首用功,断然没有把握。”为此,他制定了一个课程表,每天睡觉七小时,读书十三个半小时,休息和其他一切事情三个半小时。星期天,除跟朋友交谈外,也不忘找个清静的地方,或是公园,或是郊外,带着书去看,一毫的杂念也不去想,全力以赴,为了那关键的7月。

可是,客观现实却又不以他的意志为转移。说是朋友的来往、阅读的报纸都要减掉,可是,朴山、蓬仙、涤非等仍时相往来;同学会的事又不能完全拒绝;信函又多,作复也要化费时间;李福景函约他为《南开思潮》写篇小说,他不便推辞。他忙不胜忙,日子一天天浑然不觉地过去了。

岛国的4月正是暮春,柳絮乱飞,子规乍啼。

中旬,严范孙和张伯苓联袂访美,在东京稍作逗留。南开的留日学生纷纷前去拜望,周恩来自然不落人后,匆匆赶往严、张下榻的旅社。在这里,他还见到了随侍严、张访美的严季冲,令他好一番激动。半年后的重逢,师生间有许多话要说,可到的人多,没个中心话题,无非是叙说别后彼此的情况。随后,周恩来、童冠贤、王朴山等陪同严范孙和张伯苓游了上野公园。

上野公园,是东京的一处游览胜地,鸡爪枫、枞树、银杏……遍植园内,葳蕤茂盛,呈现出浓郁的绿韵。尤其令人赞赏的是那连片的垂樱,那淡红华丽的色彩,仿佛浓缩了京城之春,树上开的灿烂夺目,地下却连一片落花也没有。游人如织,赞赏之声不绝于耳。

“啊,难怪日本人称之为‘国花’……”严范孙不禁感叹。

“日本赏花习俗,据说在奈良时代即已出现,距今有了千余年的历史。”周恩来说,“有一首诗写道:‘大地天光照,春时东事隆。此心何不静,花落太匆匆。’花期短暂,当开时开,当谢时谢……”

“是呀,是呀,”张伯苓观赏良久,接过话说,“这叫有所为,有所不为,它将一生的美丽和柔情,化作一时的绚烂和夺目,倏又飘然离去,让人在惆怅中留恋不已。”

“日人还有一个说法哩，”王朴山凑近严范孙，“即‘花数樱花，人数武士。’”

“把樱花比作武士……”严范孙抹了下唇髭，没说下去，目光却移向了周恩来。

“日本古代武士几无例外地都酷爱樱花，在他们看来，人生如樱花一般短暂，则应活得像樱花一样璀璨美丽。”周恩来似在解释，“一些武士在事败后，往往选择在樱花树下切腹自戕，以示像樱花凋零般壮烈。”

“呵，一个民族有一个民族的喜好，就具体人而言，喜好也并不一致。”严范孙笑道，“恩来，你见过我家院子里那株梅花吧，对它，我可谓情有独钟。你看它笑傲冰雪，无意争春，生得清幽，死得凛然，展现了不屈不淫、淡泊高洁的风骨，此乃是中国之国魂也。”

“严范老之说，甚合吾意。”张伯苓沉吟道，“不过，我想，人之喜好，或许也会因年龄而异，年轻人往往喜欢樱花，而老年人则喜欢梅花。”

“校长是说在中国吧?”周恩来说，“在日本则不尽然，喏，看——”他手指处，有几个日本老人正杂在人群中，在草坪上面对一株繁茂的樱花树，婆娑起舞，他们和年轻人一样，舞动着手足，跳得如痴如醉……

严范孙、张伯苓驻足观赏了片刻，旋又参观了公园内波荡水藻的池沼和清澈见底的溪流，之后才尽兴而归。

三天后，吴瀚涛自京都来，周恩来又陪同去见严、张二位，只见满屋子都是人，东拉西扯，相谈甚欢，直到暝色四合，吴瀚涛等才散去。严范孙要周恩来留下，这使他感到非常高兴，从两位先生那里了解到南开的现状和他们此番赴美考察，意在改良南开教育的想法。两位先生问到留日学生的种种，他则据实告之。他坦言了报考“高师”的失败，却未说及自己曾有过的苦恼和迷惘，也隐瞒了经济上的拮据。

“恩来，你下步打算是……”张伯苓关切地问。

“再考‘一高’，还有两个月的准备。”周恩来说。

“那你要抓紧时间温课迎考，”严范孙说，“季冲熟悉东京，你就不必陪我们了。”

“既来留学，无论如何要考上，接受高等教育，对人的一生是至关重要的。”张伯苓接着说。

“这我知道，我想，只要我的志向坚，所期望的事没有不成的。”周恩来笑道，“再说，两位先生难得在东京逗留，每每想起你们对我的关照、爱护，陪陪你们也是应该的。”

“你要合理安排才是。”严范孙不想拂了周恩来的好意，叮嘱道。

翌日，周恩来又陪同严范孙、张伯苓一行游了浅草公园，只是，游人虽众，樱花已残，与四天前在上野公园所见大相径庭，意趣迥然。

归途，他们拐进一家门口挂着印有汉字帘子的日本小吃店。众人坐下后，季冲点了寿司卷、煮牛蒡、甘薯泥、栗子甜团，外加啤酒、生鱼片。

未几，身着和服的年轻女子，垂首持盘靠近餐桌，双腿跪下，将食品一一放好，口中叽哩咕噜地说着，声音柔弱，竟听不清说了什么。严范孙见状，不禁笑了起来。

邻桌有几个日本人正在举杯对酌，并不见豪饮，而是抿一口酒，夹一片生鱼，吃相从容优雅，吸引了严范孙的目光。

“父亲，”季冲笑道，“我们也来喝酒吃生鱼片。”说着，他将芥末放入酱油碟子，放在严范孙和张伯苓中间。

生鱼片白中带红，色彩鲜艳，看上去颇能引人食欲，可是，两位老人也只望望而已，总伸不出筷子。

“喝点啤酒，吃寿司卷吧！”周恩来边说边作着解释，“这寿司卷，用紫菜卷米饭，在米饭里放生鱼片、黄瓜、菠菜、香菇、葫芦条等，据说，味道不错哩！”

“‘据说’？你没吃过？”张伯苓看了看周恩来。

“啊……”周恩来笑而未答。

“那么，恩来今天就多吃几个。”严范孙说着也夹了一只尝了起来。

“味道还可以，”张伯苓尝后说，“不过，总还不如中餐好吃。”

接着，又都随意地品尝了其他几样食品。

餐毕，周恩来将严范孙、张伯苓送至旅社这才离去。

一夜过后，周恩来第三次登门，不过，交谈对象已换成严季冲。季冲谈了自己留美后归国从事实业、报效国家的夙愿，对周恩来也寄以厚望。

“我现在是实行‘素食’、‘不婚’两大主义，”周恩来说，“这样，生命不用说可以延长好些年，就是我那‘报恩’后离去世界的念头，也觉容易行了许多，思想起来我觉得非常痛快了。”

“恩来，你怎么这样说？”季冲惊愕道，“你实行两大主义，我无异议，‘报恩’的想法也在情理之中。可是，‘报恩”后离去世界却不对，你是不是仍在信奉‘无生主义’？”

“啊，不！”周恩来摇摇头，“我这人凡心未收，尘缘未了，‘无生主义’于我无益，不过，我承认，它仍残留在我头脑里，偶忽即冒了出来……”

“恩来呀，可见人的醒悟不是一件容易的事。”

“是啊——”周恩来一摆头，“请你相信，我不会轻易离去世界的，我还有太多太多的事要去想，去做。”

“你应当把《新青年》多看几遍。”

“对！”周恩来说，“我已抱定决心，想要想比现在还新的思想；做要做现在最新的事情；学要学离现在最近的学问。思想要自由，做事要实在，学问要真切。”

“这就好，我听了太高兴了。”季冲一脸笑容，“那么，眼前，你务必要考取‘一高’。”

“我会尽力去做。”

这天晚上，留日南开同学会二十人，假神田“汉阳楼”聚会，严范孙、张伯苓欣然出席，觥筹交错，畅谈甚欢。

此后两天，周恩来独自留在贷间温课。20日，是严范孙、张伯苓一行赴美的日子，他不得不放下书本，和吴瀚涛、童冠贤一道，将他们送上轮船，挥手作别。

这之后，心该沉下来了吧？周恩来这样问自己，也想这样去做。可是，都市里盛行的音乐会、博览会、马戏等，有同学相邀，他碍于情面，不好不去。此外，报刊仍对他有巨大的诱惑力。报上披露，日本政府向中国又提出“二十条”，加紧对中国的掠夺，而中国政府却“愦愦然”，这使他为之忧愤。一份《露西亚[①]研究》杂志，则把他的思想牵引到俄国的党派纷争中去，这个北方邻国正在发生的事，引起他浓厚的兴趣……这一切，对于他的备考不能不产生影响，他能否如愿考取“一高”呢？且等着看吧！

动荡的五月——新中学会——回国探亲——吴瀚涛——《社会问题研究》——京都之旅——别了，日本！

风谲云诡，4月初，从国内陆续传来消息，说是日本乘俄国布尔什维克政府与德国政府单独媾和之际，准备同段祺瑞政府，秘密签订《日华共同防敌军事协定》，出兵西伯利亚，干涉俄国内政。有此藉口，短期内进入东北的日军即达七八万之多，日本迅速取

① 露西亚：即俄国。

代了沙俄在东三省北部的殖民地位。这事给有民族意识的中国留日学生以巨大震动。

周恩来尽管在温课迎考，却不能漠然置之。他在日记中写道："阅英文报，知日政府又提出'二十条'要求中国矣。""早起因思昨日日本要求事，我政府尚愦愦，奈何！"

其实，早在去年8月，段祺瑞政府向德、奥宣战后，即愈加投靠日本，日本内阁则利用其在世界大战时所赚的大量资金，对中国进行侵略性投资，以控制段祺瑞政府，而段遂将铁路、矿产、森林、电讯等诸多权益出卖给日本。他又利用日本的借款和军火，并由日本军官训练皖系部队，以扩充皖系军阀势力。这些，也并非什么秘密。

进入5月，国内时局越发让人忧虑，段祺瑞的卖国行为比袁世凯有过之无不及，5月2日，周恩来在日记中写道："观报多时，国事益坏矣！"

现实的危机，迫使中国民众掀起了又一次大规模的爱国运动。

在东京，先是"一高"的中国留学生倡议全体中国留日学生悉数归国，以示抗议。他们派出代表四处游说，发出传单征求各省同乡会、各校同学会的意见。其他学校的中国留学生纷纷响应，有的学生甚至破指写下血书，表示抗争的决心。

"恩来，给你——"一天傍晚，王朴山闯进周恩来的贷间，喘息未定塞给他一张传单。

"《敬告中国留日学生书》……"周恩来念完，目光焦灼地移动着：

……倭奴的野心！！！亡国的惨祸！！！诸君！！！其速归国！！！速救祖国！！！……诸位热血沸腾之志士，祖国危急，岂能坐视！诸位从速归国！而祖国前途敢于断言：国民决心使祖国不亡，则祖国必不亡，诸君勉之……

读罢，他已是热泪盈眶。

“我们怎么办？”王朴山望着他。

“应当取一致行动，回去！”周恩来捏紧拳头说，倏尔，“可是……”

“回去难道是唯一的选择吗？也得有人留在东京。”王朴山说，“其实，我现在想的不仅是救国，想得更多的是你。”

“胡说！”周恩来怒斥道，猛可里觉得自己失态了，正当王朴山惶然之际，他一下拥抱了朴山，声音颤抖着，“对不起，我知道你是为我好……”说着，泪水潸潸。

“恩来，”王朴山也落泪了，“你不能放弃‘一高’的入学考试。”

“好兄弟，听你的，”周恩来凝睇着王朴山，“让我们在东京推动爱国、救国运动。”

5月5日，留日各省各校学生代表举行会议，“以外患紧急，祖国危殆，群议组织团体，共图挽救之法”。决议成立“大中华民国救国团”。周恩来参加了这次会议，对会上议决的多项“组织方法”，无不赞同，并在当日日记中详作记录。第二天，“救国团”四十余人，在东京神田区中国饭店“维新号”楼上秘密集会，孰料，日本警官和侦探数十人突然持刀而入，拳打脚踢，将与会留学生全部双手反缚，送往西神田警署，途经中华青年会门口时，许多中国留学生从楼上窗口往下望，对日本警方的强暴和侮辱，无不义愤填膺。

5月10日，中国记者彭翼仲于八天前，从轮船上蹈海报国的消息传来，周恩来悲愤难抑，在当天的日记中录下了彭翼仲的两句绝命诗：

霹雳一声中日约，亡奴何必更贪生！

为了救国,不作亡国奴,彭翼仲不是第一个蹈海而死的,早在1905年,陈天华[①]即因国事蹈海自沉。这种悲剧性的壮举,使周恩来深受刺激,他怎能沉埋学业,于家国不顾呢?

16日,段祺瑞政府无视国民反对,与日本政府秘密签署了《日华共同防敌军事协定》,引起留学生无比激愤,罢学归国者达千余人。但日本人假造"中坚会"传单,进行挑拨离间,少数亲日学生散发署名"归国同人"的公启,警告爱国团体"救国团"和"铁血团"……

斗争变得复杂、尖锐,但恐吓和镇压都不能阻止爱国潮流奔涌向前。留学生举派代表面见日本文相、外相和警察总监,提出质询。外相发言,竟说日华协约无他事,仅关系于西伯利亚出兵问题,军事行动当然得守秘密,报纸尽属虚构。想以此诡辩来蒙混留学生。此后,日本一家杂志载文《支那民性与豚性之研究》,对中华民族恣意诋毁和诬蔑,以配合日本政府的侵略行径。中华青年会的余偕玉将此文公之于众,激起了留学生的公愤……

周恩来不仅关注着事态的进展和变化,而且,卷进了这场斗争的漩涡。5月19日,他毅然加入了爱国团体"新中学会"。

"新中学会"是以天津南开学校和天津政法学校的留日学生为主建立起来的,中心人物童冠贤、高仁山均是南开的,比周恩来早到日本半年,彼此是熟悉的。

童、高提议组织这个团体,意在"敦品励学,积极救国",并以复兴意大利的三杰事迹以自励。其《会章》规定,以联络感情、砥砺品行、阐明学术、运用科学方法刷新中国为宗旨。

所谓"刷新中国",即改造中国。

---

① 陈天华(1875—1905):近代民主革命家。字星台,号思黄,湖南新化人。1903年留学日本,参与组建兴中会、同盟会。1905年12月,在东京参加抗议日本《取缔韩清留日学生规则》的斗争,愤而投海自杀。著有《猛回头》、《警世钟》。

但怎样改造中国，答案并不明确，大致是科学救国、实业救国之类主张。

“新中学会”吸收会员很慎重，注重会员品行是否纯正，同其他会员是否相知有素、感情笃厚？学会规定以“赤心”为会徽，表示赤胆忠心为国为民，且含有热烈勇敢、赤诚相见的意思。这些，周恩来自然是可以接受的。

这天，在中华青年会会馆，周恩来借入会的机会，作了一次讲演①。

周恩来分析了中国衰弱之原因，对比了中国与泰东西（东、西方列强）文化之差异，并探讨了中国的出路。

他席地而坐，看了看济济一堂的同辈，说：

> 我们中国所以如此衰弱的缘故，全是因为不能图新，又不能保旧，又不能改良。泰东西的文明所以能够发达的原由，是因为民族的变换，地势的迁移，互相竞争，才能够一天比一天新。中国的民族是一系的，地位是永据的，所以无进步而趋于保守。文化不进则退，所以旧的也不能保了。

周恩来见众人都甚感兴趣，遂敞开思路，继续阐述自己的想法：

> 再说我们两千年的历史，思想学术全都是一孔之见，泰东西的文化比较我们的文化，可以说是新的太多。他们要是主宰中国，决不能像元、清两朝被中国的民族软化了。我们来到外洋求真学问，就应该造成一种泰东西的民族样子，去主宰我们自己的民族，岂不叫比着外

① 周恩来1918年5月19日日记手稿。

人强万倍不止了么？

这里，周恩来指出了泰东西发达乃源于变革（“民族的变换，地势的迁移”）和“竞争”，而中国落后乃由于僵化（“民族是一系的，地位是永据的”）和“保守”，而儒学思想（“一孔之见”）的两千年统治则是问题的症结。在他看来，只要变革，竞争，中国一定能摆脱被奴役之地位，比“泰东西”要强万倍。这实在是极有见地的理性思考。

在演说中，周恩来表示：

……我刚入会，见着这个“新”字，心里头非常痛快。望诸同志人人心中有着这个‘新’字，中国才有望呢。

接着，他分析了到日本求学的两大利害，一个是“主动的观察力”，一个是“被动的熏染力”，务求的应是前者，防止的则为后者。说完这两层意思，最后，他以两句要紧的话赠给大家，即：

“哲学的思想，科学的能力。”

“新中学会”注重集体生活，在牛込区鹤卷町一百四十一番，租了个会址，有十七八间房子，名为“新中会庐”。每逢星期天上午举行例会，由会员座谈国家大事或个人心得。学会有严格的作息制度，不许无故迟到或早退，凡无故迟到者，只能站在一旁，等主席招呼后方能入座。会员除确有困难者外，都搬至“新中会庐”的宿舍集体居住。他们不用杂役，凡烧饭、洗碗、看门、打扫等一应杂务，由会员轮流担任。各人所有现款交公存储，众人按需支用，不许浪费，经济比较宽裕者，还一次或多次缴付互济金，帮助有困难的会员解决学膳费。

周恩来和其他会员一道，参加了在“新中会庐”和中华青年会会馆等处召开的留学生反日爱国集会，他书写传单，起草宣传文件，在集会上发表演说……

“新中学会”是个爱国团体，却不是革命团体，救国拯民缺乏明确纲领和行动规划，对此，周恩来并不满足。是的，他对这个团体的“新”，心里头有过“非常痛快”的感觉，但却是短暂的。国家现实的危机感和生活的困顿一直烦扰着他，未来的社会是怎样一幅图景，又该怎样去奋斗，在他思想上也较模糊，这就不能不影响到他的情绪。

5 月 28 日的日记是这样写的：

> 今日我心里头闷的异常，一个人跑到神田剧场去观新剧，为的是解闷。现在的家国艰难，友朋困苦的时候，我哪有心取乐？也不过是像“对酒当歌”的意思，出出胸中的烦恼罢！①

家国之忧，爱国之举，使周恩来对 7 月初“一高”的考试不可能作充分准备，终因会话（口语）不好，录取无望，心中难堪异常，他苛责自己“来到日本，还说不好日本话，岂不是太可羞了吗？这叫做自暴自弃，还救什么国？爱什么家呢？不考官立学校，此羞终不可洗”。进而发出“二十年华尘与土，愧对周郎”的感叹。

7 月 13 日，他去“一高”看榜，寻找不到自己的名字，果然落榜。对此，虽说多少有些思想准备，可一旦成为事实，却又是一番心境。想起自己来日本的旨归，想起在严范孙和张伯苓面前的慨然表示，想起两位先生和亲友对他的期望，他陷入深深的懊丧和痛苦之中。整整半天，他在东京的街巷里盲无目标地转悠，直到

① 周恩来旅日日记手稿。

天黑，他想去王朴山那里，走了半截，又转回来，疲软无力地进了自己寄宿的贷间，就地一躺，头脑里杂乱无序。突然，他一跃而起，拽亮电灯，从小几上拿过酒瓶，“咕噜咕噜”，将半瓶酒喝了个点滴不剩，醺醺然“嘣”地倒在蹋蹋米上……

但懊丧和痛苦毕竟是短暂的，他并未被击倒，就在这样的日子里，他的目光又投向欧战这一关系到人类命运和未来的世界大战。在他的日记中，详细记下了这场战争所化的军费，死亡、受伤、从军人数，真是万家忧乐在心头。

暑假开始了，7 月 28 日，距“一高”看榜落第半个月，他离开东京回国探亲。次日晚抵下关，登船穿过对马海峡，于 30 日抵韩国釜山，经汉城、平壤，于 31 日跨越鸭绿江抵安东，再转车经沈阳、锦州、山海关、唐山，于 8 月 1 日下午四时到达终点站——天津。回津后不久，他即去母校，见到了思念中的马千里、伉乃如、张彭春等先生和好友李福景、吴峙之、潘述庵、陈颂言等，海阔天空，把晤畅谈，也不失为人生一大乐事。其间，他还去北京看望了生父贻能，谈了自己在日本的大致情况，只是瞒了曾有过的困顿和痛苦。父亲边听边问，勉慰有加，并和他至东安市场合影，使他重温了那份舐犊之情。此番相聚，稍减了他的思念之苦。可是，贻能又要去南京谋事，恩来凝望着父亲脸上罩着一层忧郁和无奈，脚步也不如从前矫健了。想到父亲半辈子就这样四处颠簸，像鸟儿似地在觅食，可终究与家无助，感慨、内疚伴着父亲度过无数忧伤的岁月，而自己已届弱冠，却不能助父亲一臂之力，替他分忧，心中很难受。贻能和儿子先到天津，在贻赓家住了一宿，次日清晨四时即赴南京。儿子执意要送，贻能却只让送至巷口，望着父亲伶仃的身影悄然远去，想到自己青春年少，却家世难言，孑然一身，他的泪止不住流下来。

在天津又盘桓了数日，9 月 4 日，周恩来黯然返回东京。这次，他还带了一位叫罗泽霖的南开同学来日本，并帮他在东京找了“贷间”，办了进预备学校等相关事宜。

在周恩来回国度假期间，日本爆发了一场席卷全国的“米骚动”，他回来时，斗争仍未平息，无论是报刊的文章，抑或街头巷尾的谈论，也都不离这个话题。他深入地进行社会调查，想弄个明白。原来第一次世界大战，使日本出口急剧增加，大笔资金流入岛国，引起物价暴涨，严重影响工人、农民的生活，劳资纠纷增加。年初，入侵西伯利亚，更使这种社会危机雪上加霜。

7 月，富山县中新川郡西水桥町，有一百七八十个妇女袭击了米店和财主家，要求大米减价。

“发生妇女暴动”的新闻在《大阪朝日》、《大阪每日》等全国报刊一登，暴动立即扩大到日本列岛的许多城市和乡村。

8 月 9 日，京都壬生停车场的市区电车公司职员成了城市抢米暴动先锋。

8 月 12 日，神户三菱造船厂工人暴动，遂有数万市民参与纵火破坏活动。

这一斗争迅速蔓延到东京，几乎各个阶层的人都卷了进去，这给日本政府以极大震动。鉴于一年前推翻罗曼诺夫王朝的俄国二月革命也是以首都彼得堡的“妇女暴动”引起的，日本内阁对这场全国规模的“米骚动”，出动大批警察予以镇压。

暴动、镇压，镇压、暴动……民众的血没有白流，寺内内阁被迫总辞，随后出现了日本第一个政党内阁和普遍选举权运动的新高潮；工会和农民协会，进一步形成有组织的群众团体；社会主义政党也相继建立。这一切，使周恩来深受鼓舞，认为这是“受世界新思潮的波动”，是“国民自觉的事绩”。

对“新思潮”，周恩来不仅关注，而且在思考。早在今年 4 月，他从日本出版的《露西亚研究》杂志上，即注意到了“露西亚”（俄国)的党派斗争,从中,他知道了十二月党人对沙皇的反抗,和推翻沙皇后建立的临时政府。他把俄国的党派分为三类,即立宪民主党、社会民主党和社会革命党,研究了各派之政治主张,特别注意到社会民主党内的“过激派”(相对立的为“温和派”)。这一派“主张完全的民主,破除资产阶级的制度,实行用武力去解决一切”。“他的行为大半与社会革命党很接近,党魁就是‘赖宁’[①]氏”。他并认识到“过激派的宗旨,最合劳农两派人的心理,所以势力一天比一天大。资产阶级制度,宗教的约束,全都打破了。世界实行社会主义的国家,恐怕要拿俄罗斯作头一个试验场了。”[②]他把这些写进日记,时为4月23日,距1917年11月7日俄国十月革命仅五个多月。“社会民主党”、“赖宁”、“社会主义”这些属于“新思潮”的词语,第一次出现在他笔下。几天后,留学生们掀起了反对《日华共同防敌军事协定》的高潮,转移了他的注意力,对这个问题没有来得及进一步探讨。而今,在“米骚动”中,他又翻看了那天的日记,重新阅读了《露西亚研究》,感受则大不同了。眼下的日本,各种西方思潮已纷纷涌入,这也正是马克思主义理论(科学社会主义)在日本得到广泛传播的时机,不同流派的社会主义学说竞相出现。尽管月夕风晨,雨窗花前,思念故国亲人而心情悒郁,可他对“新思潮”热情不减,远远超过4月间的初次涉及。他接连阅读了日本学者幸德秋水的《社会主义精髓》、河上肇的《贫乏物语》、界利彦创办的《新社会》杂志等书刊,还涉猎了介绍无政府主义、基尔特社会主义[③]、日本新村主义的文章。所有这些,开拓了他的视野,使他在比较中得到启发,明显地倾向于俄国的社会主义理论和实践。这年10月20日,他兴奋地在日

---

① 赖宁:即列宁。

② 周恩来旅日日记手稿。

③ 基尔特社会主义:基尔特,英文 guild 的音译,即“行会”。基尔特社会主义,系行会社会主义。

记中写道：

二十年华识真理，于今虽晚尚非迟。[①]

西伯利亚寒流，越过北海道，早早地摇落了东京街道两旁的树叶，秋季尚未结束，冬天即已来临。

整个冬季，周恩来仍常去“新中会庐”，参加留学生的一些活动。在来回的路上，只要有时间，便到书店去搜罗介绍“新思潮”的书籍报刊，或在那里浏览，或购回细读。他已走出“落榜”的阴影，思家之苦也渐渐得以化解，并在考虑下一步行动。

其时，在古老的京都，有一个人总惦念着他，那就是南开同窗好友吴瀚涛，他来东京看望过周恩来，一再邀请恩来去京都。3月下旬的一天，恩来又接到他的信。

“……你可以和我们住在一起，我们将化点时间谈谈你去京都大学一事。”吴瀚涛信中写道，“我曾多次问过你，但每次你都说不愿靠朋友生活。不管怎样，即使你不考虑我们在南开的友谊，可我们现在都是身在异国的外国人，我们不应该彼此帮助一下吗？”

信写成这样，周恩来还有什么好分辩呢？一想起能跟吴瀚涛夫妇朝夕相处，想到京都帝国大学和“帝大”有位河上肇博士，他难以抑制自己西行的念头。

这时，偏巧国内传来消息，说南开学校将开设大学部，周恩来的心怦然而动：既然在日本求学不成，何不返回母校再读？！他作了深思熟虑，去意已定，打算取道京都，在吴瀚涛那里住些日子而后回国。

周恩来的回国决定，很快在留学生中传开，朋友们都舍不得

---

① 周恩来旅日日记手稿。

他离开，但谁都知道他的主张一旦定下，是难以改变的。

张鸿诰约了南开同学子鱼（王嘉良）和幕天（穆敬熙）一道，置酒为周恩来饯行。

四人各据一方，举杯畅饮，酒酣耳热之际，鸿诰搬走碗碟，擦净几案，然后放好笔墨纸砚，请恩来题字留念。恩来凝思一想，挥毫写下了当年东渡日本前夕作的那首七绝：

> 大江歌罢掉头东，邃密群科济世穷。
> 面壁十年图破壁，难酬蹈海亦英雄。

倏忽，又在诗旁附言：

> 右诗乃吾十九岁东渡时所作，浪荡年余，忽又以落第返国图他兴。整装待发，行别诸友，轮扉[1]兄以旧游邀来共酌，并伴以子鱼、幕天，醉罢书此，留作再别纪念，兼志吾意志不坚之过，以自督耳。[2]

周恩来人缘好，东京诸友中，为他置酒饯行的不独张鸿诰，一连几天，你请我邀，他置身在浓厚的惜别氛围之中。一天，王朴山来到恩来住的贷间，两人抵足而眠，唠个没完。

“一想到你离开这里，我就有一种孤单感，”王朴山说，“可我知道留是留不住的。”

“朴山，别那么伤感，中日不就一水之隔么，我们会重逢的。”

“世事难料，”朴山仍有点忧郁，“不过，一毕业我就回国。”

“我一定在那边迎你。”周恩来笑道，“啊，我想起一件事，”他

---

① 轮扉：即张鸿诰。

② 原件存中国革命博物馆。

揿亮电灯，爬起来，找到纸笔，说，“朴山，我想起梁启超的一首《自勉》诗，我把他写出来，算是临别留念吧！”

“好啊！”王朴山一跃爬了起来。

于是，朴山研墨，恩来展笺写道：

献身甘作万矢[1]的，著论求为百世师。
誓起民权移旧俗，更研哲理牖[2]新知。
十年以后当思我，举国犹狂欲语谁？
世界无穷愿无尽，海天寥廓立多时。

并附言：翔宇周恩来。押了印。

“恩来，这太令人感奋了。”朴山看了一遍快乐地嚷道。

“就让我们共勉吧！”

梁启超一直为周恩来所推崇，但他题这首诗赠王朴山并非偶然，去年1月23日，他曾在日记中录下此诗以自励。他难忘这首硬语盘空、气势豪迈的诗，借它抒发自己的情怀，与梁启超1901年写作此诗时的意境是不同的，赋予这首诗以新的理解。事实上，他早已摒弃了梁启超的“改良主义”，而在探索一条新的救国之路。梁诗中的“誓起民权移旧俗”中的“民权”，在

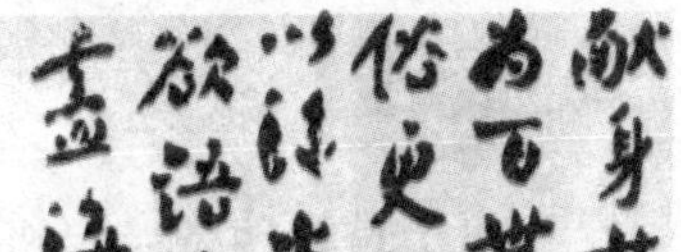

周恩来书梁启超诗

① 矢（shī）：即箭，此处为责难、反对的意思。
② 牖（yǒu有）：意为窗户，又作诱导解。

周恩来此时看来，既不是梁启超所主张的君主立宪的“民权”，也不是辛亥革命式的不彻底的“民权”，而是要深入广泛地发动劳苦大众，进行彻底的民主革命运动。梁诗中“更研哲理牖新知”中的“哲理”，也不再是资产阶级改良主义的“哲理”，而是科学社会主义。

次日，王朴山作陪，周恩来又到了“新中会庐”，辞别了在那里的同学，这才搭车西行。

京都车站，吴瀚涛夫妇已在月台静候，车嘎然停下，周恩来刚在打开的车门口露面，吴瀚涛已张臂迎了上去，连声叫着：“恩来，恩来……”

他们乘车到了市区，到处是古色古香的商家招牌，蓝底白字的门帘旁边挂着一只只小小的纸灯笼，古都给人以典雅、优美之感。半小时后，三人穿过一条僻静的街道，进了一栋住宅。

这房子是吴瀚涛夫妇和另外两位中国留学生共租的，周恩来同那两位留学生住一间。他每天都起得很早，忙着拿开铺在地上的被褥，再打扫房间，遇上吴瀚涛夫妇回家较晚，他就替他们做饭。有时，吴瀚涛带回一瓶酒，共享周恩来做的菜，边吃边谈。吴谈他听的课，周谈他读的书，这种时刻是很惬意的。周恩来的勤快、谦和、彬彬有礼，很快获得同屋留学生的友谊。瀚涛的妻子，也感受到了周恩来的魅力，觉得他是个优雅的、很容易亲近的人。

在京都如同在东京时一样，周恩来的思想仍集中于“新思潮”上，河上肇的《社会问题研究》①，强烈地吸引着他，成了每天必读的刊物。

那么，《社会问题研究》，究竟是怎样一份杂志呢？

在《社会问题研究》第一期（1919 年 1 月出版）中的《马克思社

---

① 关于《社会问题研究》对周恩来之影响，见《周恩来青年时代》第七期（周恩来同志青年时代在津革命活动纪念馆编）。

会主义的理论体系》之一，河上肇介绍了 1918 年 8 月，在京都帝大夏季讲习会上发表的讲演内容，其要点为：

河上肇主编的《社会问题研究》杂志

今天，我选择这个问题（马克思主义的理论体系）第一个理由是……最近在俄罗斯掀起了革命，其后，革命也波及到了德意志，那是由于马克思主义的影响所致。而马克思主义究竟是什么，在我国很多人还不是真正了解的。为了消除误解，为了对时局问题有正确的认识提供参考材料而选择了这个题目，这是第一个理由。

第二，今年（1918 年）正当马克思诞生一百周年，为了纪念他的诞辰。

最后，也是最主要的理由，是因为马克思主义的思想在今天的社会问题的研究上，占有重要的地位。

与亚当・斯密[①]的个人主义经济学的根本思想不同，其后，感情的、空想的社会主义思想产生，随后又出现了人道主义的经济学。马克思毕生的巨著《资本论》三卷，是与以往的个人主义经济学相对立的，提出了与之完全不同的另一种观点，是一门将现代的经济组织加以剖析说明的、独创的科学。因此，我命名之曰《社会主义的经济学》。社会主义摆脱了感情论和空想论的境

---

① 亚当・斯密（1723—1790）：英国资产阶级古典政治经济学体系的创立者，其代表作为《国富论》，第一次系统地论述了政治经济学的内容。

> 域，开始拥有科学的基础，完全是由于这部著作的缘故，马克思在科学上便成为社会主义经济学的鼻祖……

这真是闻所未闻，仿佛一阵阵春风拂面，周恩来感到从未有过的畅快，他静静地读着，竟入了迷，以至有一次忘了做饭。

“恩来，你可别成为一个书呆子啊！”瀚涛的妻子笑着说。

“怎么会呢？”恩来回应。

“你啊，还是把它放在一边，温课迎考吧！”瀚涛说着伸手欲去拿这本杂志。

“别动，”恩来下意识地说道，倏又笑了笑，“是啊，我知道你们在关心我……”他回避了报考京都帝大的事，他已没那份心思。

接着，他又迫不及待地看起《社会问题研究》第二期，里面刊有《马克思社会主义的理论体系》之二，河上肇这样论述道：

> ……总之，唯物史观和资本论和社会民主主义三者是涉及理论与实际两方面的马克思主义的三大原理，这三大原理是根本，贯穿着一条金线，就是所谓阶级斗争学说。马克思的历史观没有停留在最初的《共产党宣言》(1848 年)上，进一步写了一定的公式发表在 1859 年的《政治经济学批判序言》中。

读着这些，周恩来像是感到河上肇就在面前，可这毕竟是幻像。他急切地想见这位名重一时的大学者，便把这个想法告诉了吴瀚涛，请他引见。

吴瀚涛的反应却让他失望。

“你知道吗，河上肇博士被日本政府看成是一位危险人物……”吴瀚涛说，他担心恩来误入歧途，担心恩来这样下去，两人的友谊会因政治歧见而破裂，而这是他十分不情愿的。

“你也这样看？”恩来凝视着瀚涛。

“不接触为好。”

“我不这样认为，”恩来低着头，边摆弄几上的茶具边说，“河上肇博士在《社会问题研究》中，谈到了自己选择马克思主义理论体系问题的理由，是很充分的。而且，事实上，在俄国已这样做了。”

“别说了，”瀚涛有些冲动，“那是俄国，不是日本，更不是中国……”

“《资本论》使社会主义摆脱了感情论和空想论的境域，开始拥有科学的基础，它是科学，”周恩来说得很慢，“瀚涛，难道你真的不明白？”

“我……”瀚涛有点后悔替恩来借到《资本论》，但他没把这想法说出来，而是说，“我总觉得，在中国必须寻找一位俾士麦式的政治家，实行强有力的铁血政策，才能把我们国家引向现代化。”

“可中国的变革，必须改造国民的思想意识才能实现，这需要‘新思潮’的传入。”

“嘿，”瀚涛苦笑笑，“又是‘新思潮’……”

两人愈说愈拉开距离，脸色都变得严肃起来，这使一旁的瀚涛妻子颇感不安，担心他们伤了和气。她多次听瀚涛谈过两人在南开的友情，以为十分难得，应该珍惜。见两人并不想停止争论，她说：“你们能不能换个话题？意识是次要的，友谊才是珍贵的。”

“那好吧，不说了。”周恩来见这位女士伤感的样子，笑着答应了。

可是，争辩仍在另外的场合继续着。

一次，在饭桌上，不知怎么又扯到如何救中国这个敏感问题。

“单靠强有力的领导，你不能挽救局势，你必须要有大批追随者来支持强有力的领导，”周恩来边说边给自己兑酒，一饮而尽后，继续说，“你必须首先对年轻一代进行彻底再教育，你必须使他们全都跟着你，才能把一次革命推向胜利，而没有一次革命，中国就不能得救……”他似有些醉态，说着，又拿起酒瓶。

吴瀚涛猛地从周恩来手中夺过酒瓶，“叭”地摔在地上，大声嚷道：“如果你再喝酒，你将不会救中国了。”

“恩来，你要照顾好自己，不要喝得太多，”瀚涛妻子劝道，“在你来这里之前，他就很担心你独自呆在东京，他说，在南开，你已经太喜欢喝酒了。”

周恩来睨了睨她，没说什么，转身找了一把扫帚，把地上打扫干净。

第二天，外出时他带回一束鲜花送给瀚涛妻子，这时，他已身无分文。

“哇，谢谢！”她又惊又喜，看着恩来踅入自己房间后，说：“他是那样困难，还买这花……”

“是啊，他已囊中如洗，”瀚涛说，“你想，怎么能跟这样的人真的生气呢？”

过了几天，又重现了吴瀚涛夺走酒瓶的情景，周恩来醺然欲醉地跑回房间，将自己反锁在里面。

吴瀚涛“笃笃”地敲门，没有回应。

“他是苦于没有其他朋友。”瀚涛对妻子说，“日语又不好，不能多外出，他心里寂寞。”

吴瀚涛的话不全对，周恩来“性恶静，好交游”，他不缺乏朋友，无论是东京或国内（南开、清华、金陵大学）甚至美国，他都有朋友，书信往来一直未断。他缺少的是共同探讨“新思潮”的志同道合的朋友。瀚涛不失为好友，却不能志同道合，这使他失望。他感到另一层意义上的孤寂，加之他日文不好很少外出，有悖于他“好交游”的本性，在京都，他几乎与社会隔绝了，心中不免沉郁。

但所有这些，都不妨碍他继续探寻救国之路，他的兴趣仍倾注在河上肇的著作上。

《社会问题研究》第三期(1919 年 3 月出版)又到手了,里面刊载了《马克思社会主义的理论体系》之三:《政治经济学批判序言》——马克思自己写的关于唯物史观的公式的解说,是河上肇翻译的。周恩来的目光移了过去:

> 人们在自己生活的社会生产中发生一定的、必然的、不以他们的意志为转移的关系,即同他们的物质生产力的一定发展阶段相结合的生产关系,这些生产关系的总和构成社会的经济结构,即有法律的和政治的上层建筑竖立其上,并有一定的社会意识形式与之相适应的现实基础、物质生活的生产方式制约着整个社会生活、政治生活和精神生活的过程。不是人们的意识决定人们的存在,相反,是人们的存在决定人们的意识。

在对唯物史观公式的一至五节作了介绍之后,河上肇又写了下面的附加语:

> 社会上,攻击马克思的唯物史观的人是不少的,不过我们在听那些批判之前,对于马克思的唯物史观究竟是什么内容必须得到正确的认识。

周恩来反复阅读这些论述,觉得自己正一步步走近河上肇。

河上肇的思想,1917 至 1919 年,已从资产阶级经济学进入社会主义经济学,从人道主义进入马克思主义。作为学者,他的态度是诚实、真挚的,自己的见解不成熟,受到批判,就舍弃错误,是一个不容分说就继续追求马克思主义真理的人。周恩来想,自己也应像河上肇那样,不停地舍弃错误,追求真理。

自从去年五、六月以来，在留日学生的政治运动中，“向何处去？怎么办？”这个现实问题一直困扰着他，使他深感苦闷，如今，他从河上肇的《社会问题研究》开始接受马克思主义的理论体系教育，受到深刻影响，于黑暗中看到了一线光明。

周恩来心里已不再感到沉闷，除阅读书刊，有时也外出走走。京都这座城市佛教气氛很浓，也很幽静。4月5日这天，他来到郊外的岚山游览。

大堰川畔，万木蓊翳，树叶簌簌，流水淙淙，杨柳依依，樱花灿灿。不远处，有一群游人载歌载舞，那歌词的意思是：“樱花啊，樱花啊！阳春三月晴空下，一望无际的樱花啊，花如云朵似彩霞，芳香无比美如画。去看吧，去看吧，快去看樱花。”听起来十分优美。可是，与这情景很不协调的是，有一女子兀自站在一隅，凝然不动，周恩来不禁触景生情，诗兴勃发，写下《游日本京都园山公园》：

满园樱花灿烂，
灯光四照，
人声嘈杂。
小池边杨柳依依，
孤单单站着一个女子。
樱花杨柳，哪个可爱？
冷清清不言不语，
可没有人来问他。

诗，似乎完全写景，可是，周恩来选取灿烂樱花，依依杨柳与孑然一身的女子观照，则显示出他对大自然的热爱和对这位孤单女子的同情。女子是谁，无从考证，这并不重要，重要的是周恩来那份真挚的感情。

下午，周恩来又一次来到岚山，耳濡目染，又是一番情景：春雨淅沥，雾霭叆叇，山峦呈现一派深蓝的暗色调，泉水叮咚，像谁在弹拨着弦乐。瞬间，雨停了，云层稀薄处，忽有阳光闪现。他激动不已，遂写下《雨中岚山——日本京都》：

雨中二次游岚山，
两岸苍松，夹着几株樱。
到尽处突见一山高，
流出泉水绿如许，绕石照人。
潇潇雨，雾濛浓；
一线阳光穿云出，愈见姣妍。
人间的万象真理，愈求愈模糊；
——模糊中偶然见着一点光明，
真愈觉姣妍。

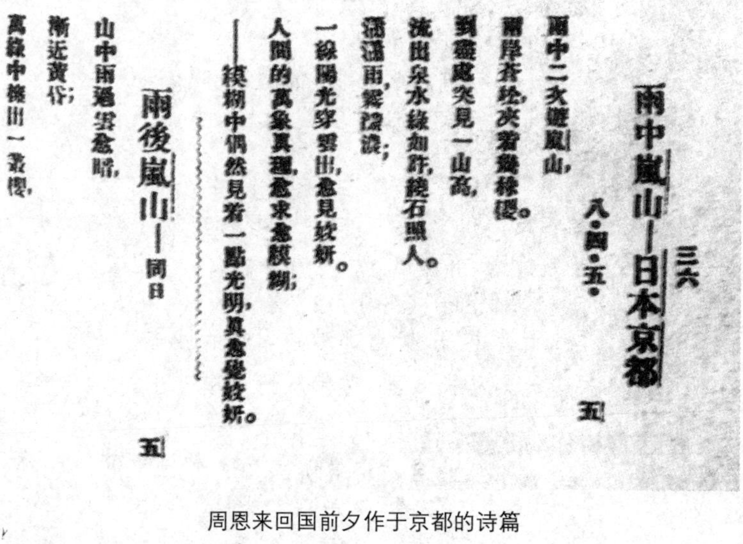
雨中嵐山——日本京都　三六　八·四·五·
五
雨中二次遊嵐山,
兩岸蒼松,夾着幾株櫻。
到盡處突見一山高,
流出泉水綠如許,繞石照人。
瀟瀟雨,霧濛濃;
一線陽光穿雲出,愈見姣妍。
人間的萬象真理,愈求愈模糊;
——模糊中偶然見着一點光明,真愈覺姣妍。
雨後嵐山——同日
五
山中雨過雲愈暗,
漸近黃昏;
萬綠中擁出一叢櫻,

周恩来回国前夕作于京都的诗篇

这首诗，明为写景，实写心境，正所谓“诗言志”。“一线阳光穿云出，愈见姣妍。”他从“模糊中偶然见着一点光明，真愈觉姣妍”。“光明”者，即真理。诗抒发了周恩来于纷纭复杂的“人间万象”中找到马克思主义真理时的无比欢快，他的生活道路从此开始了至关重要的转折。

周恩来在公园里像是盘桓了很长时间，直到黄昏来临，在静谧中，或凝眸观景，或登高远眺，不禁思绪纷纷，又写下第三首诗《雨后岚山》：

山中雨过云愈暗，
渐近黄昏；
万绿中拥出一丛樱，
淡红娇嫩，惹得人心醉。
自然美，不假人工；
不受人拘束。
想起那宗教，礼法，旧文艺……
　　粉饰的东西，
还在那讲什么信仰，情感，美观……
　　的制人学说。

登高远望，
青山渺渺，
被遮掩的白云如带；
十数电光，射出那渺茫黑暗的城市。
此刻岛民心理，仿佛从情景中呼出；
元老，军阀，党阀，资本家……
　　从此后，“将何所恃”？

在这首诗中，周恩来点出了“惹得人心醉”、“不假人工”的自然美景，然而，他并非只为写景和礼赞大自然，而是把美的自然与丑的人间作了强烈对比。他抨击了用以维护反动统治的“宗教，礼法，旧文艺……粉饰的东西”等手段与工具，揭露他们宣扬的“信仰，情感，美观……”都不过是巩固其统治的“制人学说”。诚然，现实仍是“渺茫黑暗”，但人民群众正在日益觉醒，统治者的末日终将来临。周恩来以极大的蔑视和对未来的乐观宣告：“元老，军阀，党阀，资本家……从此后，‘将何所恃’？”

4月9日，周恩来又一次出游，遂成诗一首《四次游园山公园》[①]：

四次来游，
满山满谷的“落英缤纷”；
树上只剩得青松[②]与绿叶，
更何处寻那“淡红娇嫩”的“樱”！

灯火熄，游人渐渐稀，
我九天西京炎凉饱看；
想人世成败繁枯，都是客观的现象，
何曾开芳草春花，自然的美，无碍着的心。

这首诗，前四句白描园山公园暮春时节的自然景观，后四句则见景生情，联想到西京（京都）的炎凉世态和成败繁枯的人世“客观的现象”。末尾，周恩来以含蓄、深沉的笔触，抒发了自己的情怀，不管何时再开芳草春花，也不论客观现实如何演变，都

① 上述四首白话诗，均以“五”署名，发表在《觉悟》创刊号（1920年1月20日）。
② 青松：疑是“青枝”之误。

无挂碍，都不能动摇他对真理的热烈追求和向往光明的坚定信念。

周恩来已摆脱了因袭的精神负荷，走上了新的人生阶梯。

风光绮丽的大自然，固使周恩来流连，可他不是放情山水的行吟诗人，也不是象牙塔里的唯美主义者，他像是一个长途跋涉历经艰险的人，在日本盘桓了一年半，这个国家给了他什么呢？

因明治维新带来的繁荣所造成的大和民族的优越感，连语言也成了一种殖民手段；向外扩张明白告诉世人，日本奉行的也是军国主义政策。但波及全国的"米骚动"，却暴露了繁荣掩盖下的复杂的社会问题。异国留给周恩来的唯一好印象，恐怕是这里的豆腐比中国的好吃。

至于说到个人，在这里，他曾一度迷惘，而报考"高师"、"一高"的受挫又令他沮丧，唯有与河上肇学说的邂逅，是使他感到无比幸运的事。

这天，他收到南开同学马骏的一封信。

马骏，字遁泉，号准台，原籍吉林省宁安县。1915年考入南开学校，比周恩来晚两年。为人慷慨磊落，口才便捷，曾两任南开演说会、学生讨论会和自治励学会会长，又任义塾服务团总董和教务长。周恩来在南开时两人颇熟，志同道合，曾一道组织过学校的课外活动，共同探讨社会问题，寻求救国真理。周恩来东渡日本后，马骏成了南开学校最活跃、最有威信的学生领袖。

1919年三、四月间，正是"五四"运动前夜，巴黎和会也正在召开。中国广大爱国民众密切注视着和会中关于山东问题的争执，要求取消袁世凯与日本签订的卖国条约——"二十一条"，收回被日本人在欧战中夺去的原属于德国在山东的权利，坚决谴责和反对卖国的北洋政府高官曹汝霖[1]、章宗祥[2]、陆宗舆[3]。京、沪等地的舆论，迅速、广泛地传播着人民的这一呼声。

巴黎和会一番勾心斗角，到 1919 年 4 月，英、美、法、日等列强达成妥协，基本上将“战胜国”所得利益已瓜分完毕，中国没有从德意志等“战败国”手中收回任何权益，而日本以武力夺得的山东权利反而被和会肯定了，中国作为“战胜国”之一，得到的结果却与战败国无异，民众陷于深深的失望与痛苦之中。

马骏正是在这样的背景下来信的，他以为在这山雨欲来风满楼的日子里，周恩来应当尽快回到祖国，回到南开。信里最重要的话是：“如果当我们的国家就要走上灭亡时，学习还有什么用处?”

周恩来深以为是。他决定即刻回国，一方面投身救国运动，一方面暑后俟机报考南开大学部。他把这个想法告诉吴瀚涛，孰知，两个好友之间的争执又出现了。

“我们这一代人能做什么来挽救中国呢?”周恩来对吴瀚涛的劝阻不以为然，他的思绪执着地集中于“救国”上。

“学习。”吴瀚涛的回答很干脆。

“可是，”周恩来引用了马骏信中的话，“如果当我们的国家就要走上灭亡时，学习还有什么用处？瀚涛，我们一道回去吧！”

“可我们争得留学机遇并不容易，”吴瀚涛说，“我不想中断自己在京都的学业。当然，我也希望你不要放弃报考帝大，进了帝

---

① 曹汝霖(1877—1966)：上海人。1915 年与陆征祥(外交总长)一起奉袁世凯之命同日本签订“二十一条”。1916 年后任交通总长、财政总长。1919 年“五四”运动中被免职。1966 年病逝美国。

② 章宗祥(1879—1962)：浙江吴兴人。1916 年任驻日公使，与曹汝霖、陆宗舆等受段祺瑞指使，出卖国家主权，引起“五四”运动爆发，后被免职。1962 年病逝上海。

③ 陆宗舆(1876—1941)：浙江海宁人。民国成立后，曾历任驻日公使、交通银行股东会会长、中华汇业银行总裁、币制局总裁等职。因出卖国家主权，在“五四”运动中被免职。1941 年病逝北平。

大，你不就能得到河上肇博士的耳提面命了吗？”

周恩来也斜了吴瀚涛一眼，心想，求你引见河上肇你都不愿，这会儿要劝阻我回国，却又搬出河上肇，他感到有点不快。但转而一想瀚涛也并无恶意，还是出诸友谊的考虑，他说：“瀚涛，你对我的情谊，我很感动。可是，我已复信国内，申明不日即返国。”

“不可改变了？”

周恩来未加犹豫地摇了摇头。

“可你两手空空，怎么回去呢？”

“我也无需购置什么，只是得筹措点路费，”周恩来稍停又立即补充道，“我正在想办法……”

“恩来啊，想到你就要回国，不知何时我们再能见面，我心里很难过。”吴瀚涛说，“可我又能拿你怎么办呢？”

一场争执，以相互体谅了结。翌日，瀚涛的妻子将自己的一条项链和一枚戒指拿到市中心的店铺卖了，给周恩来凑足了回国的旅费，而后夫妇俩送恩来上车去神户，再乘船回国。

海天一色，浊浪滚滚，周恩来此趟的心境，已不像去年夏天回国度假时那样一片迷茫。而今，他心中已有娇妍的“一线阳光”，回国只在“图他兴”，想到很快就要与南开诸友见面，他兴奋不已。

4 月中旬的一天，轮船抵达大连，而后他又换乘火车到了沈阳。在这里，四伯父贻赓备了酒菜迎接他的归来。

两天后，他又北上哈尔滨，这座城市有一所东华学校，校长邓洁民，在 1913 至 1914 年间曾与周恩来有过同窗之谊，邓洁民有意邀他来的。

这所学校坐落在哈尔滨道外正阳街和十九道街的西北拐角上，离邓洁民家不远的正阳街路南的一排楼房里。学校西面一排楼房是学生宿舍，周恩来临时下榻于此。

4 月的哈尔滨仍有寒意，邓洁民陪周恩来在松花江畔散步，两人尽谈些有关东华学校的事。

1917年(民国六年)秋,邓洁民从日本留学归来,有感于中国学术不振,人才萎弱,愍然忧之,依靠一批朋友"擘划筹思",以南开学校为雏型,规划了一个建校方案,而后一步步实施,遂成。

名为"东华学校",缘因"命名之初,志蓄良奢,意在于中华东部完成一完全教育机关,孕育东华之人士,即用以引起国人对于东华之大注意。"并把学校的宗旨规定为:"培植社会中坚人材,兼重德智体三育,以养成爱国精神,陶铸济世能力。"①这是针对长期受俄、日强邻欺凌控制和军阀张作霖统治压榨之下的东北现状而发的,具有深刻寓意。

周恩来到时,学校已开办一年多,对东华刻意效仿南开,他颇赞赏,但他以为,南开也有不足之处,不能全部照搬。对东华现状,他也提出了不少改进建议,几乎毫无保留。能这样,也不枉来了一趟东华学校。

未料,邓洁民向周恩来提出,请他留下执教,教员张西曼②也在一旁劝说。

执教,固然可走"教育救国"之路,但事实上,这条路走不通。何况,周恩来要回天津"图他兴",他有自己的宏远抱负,他更不能将自己置身于轰轰烈烈的爱国运动之外,遂婉谢了邓洁民的邀请。

离开哈尔滨,周恩来经沈阳径奔天津,径奔南开。

他注意到,关外民众的爱国之举,虽因日本殖民势力和亲日派军阀的高压政策,几近沉寂。可是,列车上,旅客激愤的爱国言论,却使他心潮难平。梦幻的年代,迷惘的岁月,连同躁动无着的心态,通统成了过去,现在是个决定性的关头,他比任何时刻都强烈地感到,自己对祖国有一份不可推委的责任。

---

① 《记周恩来和我父亲邓洁民的友谊》,见《周恩来青年时代》第六期(周恩来同志青年时代在津革命活动纪念馆编)。

② 张西曼(1895—1949):又名百禄,湖南长沙人。北京大学法商学院教授,国民政府参谋本部边务组专门委员,中华全国文艺界抗敌协会理事,中央大学教授。

第五章 “五四”风暴

曹汝霖赠款南开事件——
《天津学生联合会报》——
“五四”与马良祸鲁

“……毕业同学周恩来君前由日本回津。”

《校风》[1]披露的这一消息不胫而走，母校欢迎游子的归来。在最初的那些日子，拜访，酬酢，忙得周恩来席不暇暖。是啊，师生、同窗情谊如陈酒味醇，别后再聚，话，说不完，道不尽，但他没有放松对时局变化的观察。他有时住学校，有时住李福景家，阅读京、津、沪的报纸，是每天必不可少的事，巴黎和会、山东问题、正在兴起的群众性爱国运动，最为他所关注。

中国在巴黎和会上的外交失败，引发了“五四”运动。这天，北京学生三千余人，冲破北洋政府军警设置的障碍，高呼“外争国权，内惩国贼”、“收回山东主权”、“抵制日货”、“废除二十一条”等口号，欲赴东交民巷，向英、法、美诸使馆表示中国民众对于日本强占山东之激愤，请求各国维持公理、主持正义。大队行至东交民巷西口，被巡捕拦阻，不允前进，因改推代表数名分赴各使馆接洽，其余群众遄赴东城赵家楼曹汝霖私宅，要求召见。守卫警察

---

① 见1919年4月30日出版的《校风》第一百二十三期。

劝阻不听，冲开大门蜂拥入宅，寻曹不获，即将其家中物品捣毁，并纵火焚屋。驻日公使章宗祥适归国，时在曹宅，与学生相值，遭痛殴。未几，警察和保安队三百余人驰至，以武力弹压始散，当场捕去学生三十余人，激起民众公愤，一场大规模的斗争已不可避免，自此揭开了中国近代史上波澜壮阔的反帝反封建革命的序幕。

第二天，消息传到天津，高等工业学校的谌志笃，南开学校的马骏等，在各校间奔走呼号，联络发动。官立中学的于兰渚（于方舟）誓言："宁为玉碎，不为瓦全。"直隶第一女子师范的郭隆真、邓文淑（邓颖超）等也起而响应。

"五七"国耻日，天津中等以上学校学生冲破省公署和警察厅发布的"临时戒严令"集会；

5 月 14 日，天津学生联合会成立，谌志笃、马骏分别担任正、副会长；

5 月 25 日，天津女界爱国同志会成立，由刘清扬、郭隆真、邓文淑等负责；

也就在这期间，曹汝霖迫于众怒，呈递"辞职书"，悄然来到天津，藏匿于日租界一幢幽雅的洋楼里，受到日本驻天津总领事吉田的特别关照。北洋政府虽说免了他交通总长的职务，实际上并未惩办，反而褒奖他"体国公忠，有俾大局"，指示天津警察厅对他"悉心保护"。

这样，曹汝霖安稳地住在租界内，在替北洋政府出谋划策对付爱国群众的同时，为笼络人心，又故作姿态，表示愿捐出一万元巨款，以资助正在筹建中的南开学校大学部。

张伯苓正因建筑费用之短缺，而处于窘困之中，见曹汝霖此举，一时心动，准备聘任曹汝霖为南开大学部校董，以酬答这笔捐款。除曹汝霖外，拟聘为校董的还有北洋政府交通银行董事长梁士诒和天津警察厅厅长杨以德等。

这件事引起周恩来的强烈不满，他先后跟南开的一些老师交谈过。他找到马千里，打听张伯苓的真实意图，马千里也并不了解。

“先生，你跟校长是亲戚，能否跟他说，这样做是很危险的，容易遭致公愤。”周恩来不无忧虑。

“说是要说的，作用如何，我无把握。”马千里说，“恩来，你顶好去见见严范老。”

“也好。”周恩来说罢便离开学校直奔严府拜访。

“是不是有嘛事要谈?”严范孙笑道，“坐呀——”

“照理讲，我已离开南开，学校的事，我是不便多说的。”周恩来尽量让声音平和些，“可是，接受曹汝霖之辈的捐款，实在让人想不通。曹为何人，校长难道不知道？是装糊涂呢，还是有意跟曹拉拉扯扯?”

“恩来，你应该了解，筹建大学部实属不易，南开是私立学校，政府不予拨款，除了向私人募捐，没有更好的办法。”严范孙耐心解释。

“我理解校长的难处，募捐也的确是个办法，”周恩来说，“可是，募捐也要看向什么人募捐。”说着，他激动起来，“曹贼如今已是众矢之的，民众一片声讨，莫非校长未闻？此时此刻，却想以校董名义换其捐款，试问校方，在目前这场爱国运动中，将自己置于何种地位?”

“盗泉之水不能饮，让他洗脚总可以吧?”

周恩来知道“盗泉”的典故，《淮南子·说山训》云：“曾子之廉，不饮盗泉。”陆机《猛虎行》云：“渴不饮盗泉水，热不息恶木阴。”他说：“严范老，盗泉之水，实为以不正当手段得来的污秽物，既如此，用来洗脚也不宜啊！退一步讲，倘若曹汝霖果有意资助南开，他就没有必要沽名钓誉，校方也没有必要聘其为校董，否则，将污损南开的清白。”

“你……”严范孙有些愕然，可他理解周恩来这番激烈的言辞乃是出于爱国热诚，不应责备，只说，“我再跟张校长商量商量。”

事情虽有了通融的余地，但还没有结果，周恩来和马骏等发动在校师生开展拒款活动，同时，他又联络南开留日、留美的校友予以声援。

5月上旬，他致函留日同学[①]：

（一）

南开的事体，我是不愿意冒昧说，冒昧管。现在我从各方面看，我说一句，实在是危险的很。校长也许别有肺腑，不过我总看不出，不止我，所有知道校长的人，都这样说。

（二）

你们诸位离天津远，还不知道内情。我是现在天天到南开去的，我是爱南开的，可是我看现在的南开趋向，是非要自绝于社会不可了。人要为社会所不容，而做的是为社会开路的事情，那还可以；若是反过脸来，去接近十七八世纪，甚至十三四世纪的思想，这个人已一无可取，何况南开是个团体。团体要做的事情，是为“新”，倘要接近卖国贼[②]，从着他抢政府里的钱、人民的钱，实在是羞耻极了，哪能谈到为社会的事。

（三）

南开校内的学生都可造就，并且极有热心毅力，校中却不拿真学问教他，弄的一个个都是空的。并且校长近来人心大变，总是拿中国式的政治手腕办教育，“新”

---

① 原件存中国革命博物馆。

② 卖国贼：指曹汝霖等。

的一线生机仅仅在于学生。校长方面是天天讲Democracy①,可是样样事武断,闹的人心都离体了。

在此,周恩来不仅对张伯苓的政治立场提出异议,而且对南开的办学方向和教学方法也提出了批评。

在这之前,他曾见过张伯苓,就南开教育问题申述过看法。那天,他据自己在南开的经历,对张伯苓说:“从中学二年级起,耳朵里不大听中国话了。除国文还有一位先生讲中国话外,英文、代数、三角、几何、历史、地理、物理、化学等等,都是用英文教,用英国课本。直到现在还有一些科学术语,要我说出中国名字,我还说不出来。”他直视着张伯苓,“校长,把一个青年搞成这样,还有什么办法跟中国的实际相结合,又怎能培养爱国之士?”

“尽心为学,以备将来之用,是吾一贯之主张,你应当是清楚的。”张伯苓凝重地说。

“可校长说过,欲强中国责任谁归?曰正赖一班新少年。可见,救国、强国乃是校长创办南开学校之目的。但倘若培养的学生有一天连中国话也不会说了,校长的愿望岂不是要落空?”

张伯苓没有答腔,周恩来想,连这都谈不拢,还遑论拒款之事?难堪的沉默中,他只好离开,心中有说不出的遗憾和不满。

他写给留日南开同学的信,显然是这一遗憾和不满的延续。5月下旬,留日南开同学会将此信节录寄留美南开同学会,并云:“顷得同学周恩来自津来信,节录于后,亦可见南开现状的一般了……”

留日、留美同学会相继有信直寄南开,对张伯苓的想法表示异议和不满,张伯苓接纳了多方意见,取消了聘任曹汝霖为校董的计划,同时,拒绝了曹氏的捐款。他毕竟是个能顺应时代潮流

① Democracy:即民主。

的人，此后，在南开教育问题上也有了改进。在学校各种会议上，反复申明，教育之目的不能仅在个人，还在谋社会进步，教育要尚实勿虚，联系实际，按科学方法教之作事。他还亲自拟定改革草案和宣言书，后来，他还委托周恩来在修身班上向全校师生宣布改革大纲，两人一度紧张的关系遂得到了缓解。

不用说，围绕拒绝曹汝霖捐款的斗争，乃是整个“五四”反帝爱国运动的一部分。

周恩来迅速投入了这场震撼世界的爱国之举。

一波三折，时局在急剧动荡之中。

曹汝霖、陆宗舆、章宗祥免职令下之翌日，国务总理兼内务总长钱能训引咎辞职，对此，周恩来的反应是微妙的。钱氏是他的三堂伯父周贻谦的岳父，这样，他与钱氏也就沾着一点亲了。不过，他从没去攀。而且，也未见过钱氏一面，但有这层关系却是事实。在他，觉得钱氏早该辞职了，甚至就不应担当那个职务。钱氏在任，唯总统徐世昌之命是从，教育部次长兼代部务袁希涛闻学生罢课、风潮扩大，曾三度走谒，为钱氏所拒，一意孤行，助纣为虐。这一切，在周恩来已不是什么遗憾，而是憎恶。可是，有时，他又不由自主地想到这一亲属关系，总觉得似乎有一种无形的东西，或多或少地束缚着自己。现在好了，在这方面，他可以无所顾忌了。

罢免曹、陆、章，释放拘捕之学生，表面看，北洋政府向民众作了一些让步，但实际上对爱国民众的镇压却愈来愈严重。官僚、政客和军阀们深知，“五四”烈火是青年学生点燃起来的，青年学生是这场大规模爱国运动的先锋和中坚力量，因此，他们始终不忘与青年学生作对。6 月中旬，北洋政府密令各省、市教育厅转各大中学校当局提前放暑假，并让家长劝说学生回家，图谋釜底抽薪，瓦解这场爱国运动。

这一着，果然奏效。如今能送孩子在大中学校读书的，大部分属官僚、地主、买办和资本家等有权势的家庭，这些人家生活无虞，国家主权的沦丧像是跟他们无关，他们只关心子女的安全，纷纷发函或亲自出面督促。加上一些学生风闻曹、陆、章已罢免，稍后，巴黎和会上中国已拒签字，斗争已持续了近两个月，遂在他们中间出现了松懈、疲沓的情绪，回家势成必然。这样，离校者众多，连各校学生会的骨干也大都星散。

谌志笃，作为天津学生联合会会长，深感自己责任重大，当他了解到还有一些家在远方的同学没有离校，便断然决定，邀集天津各校留下的学生会负责人集中到南开办公，他还动员北洋大学《北洋大学日刊》的编辑、经理也都搬了过去。这时，他有意办一份全市性的学生报刊，并把这个任务交给《北洋大学日刊》的经理兼记者谌小岑。

谌小岑当即拉了几个人说干就干，没几天功夫，《天津学生联合会日刊》印出来了，谌志笃细细看了一遍，觉得内容贫乏，力量不够，缺少对全市学生爱国运动的指导性和鼓动性。

“小岑，我带你去见一个人。”谌志笃搁下报纸说道。

“谁?”小岑莫明其妙。

“见面你就知道了。”

两人出了南开学校，来到东马路基督教青年会，见到了一位中等身材，穿一套白夏布中式褂裤，沉静、和蔼的青年。

“这位是周恩来。”谌志笃作了介绍。

“周恩来?!”谌小岑嚷了起来，他虽未见过，可是，《敬业》、《校风》这两份南开的刊物却早已知道，自然，周恩来这个名字并不陌生，有关周恩来的传闻也知道不少，今天蓦然相见，他是又惊又喜，赶忙伸手相握，笑道，“原来，周恩来就是你！噢，我叫谌小岑。”

“他呀，北洋大学的，校刊经理兼记者。”谌志笃说着，目光一转,"恩来,天津学生联合会拟办一份会报,想请你主持笔政,如何?"

"行啊!"周恩来当即应道。

谌志笃未料到周恩来回答得这般干脆,正自寻思,只听周恩来又说,"这事,马骏跟我谈过。"

"啊,这匹'马'跑得真快!"谌志笃快活地笑道,这才想起,周恩来和马骏原是志同道合的窗友。

事情就这么顺利地定了下来。

回国之初,周恩来基本上在南开学校活动,做的一件重要的事,即使校方取消对曹汝霖的董事聘任和拒绝曹氏捐款,而马骏则投身于全市性爱国学生的联合。此后,周恩来一直关注着马骏的行动——

6 月 5 日,天津学生联合会假南开广场召开爱国运动大会,身为学联副会长的马骏,带领与会群众宣读了六项誓言:誓保国土,誓挽国权,誓雪国耻,誓除国贼,誓共安危,誓同始终。

6 月 8 日,学联组织各校讲演队在东南城角汇集,游行到北马路的天津总商会。商会会长在马骏说服下,应允召开紧急会议商讨罢市。接着,马骏又率众前往省署衙门,面见省长曹锐[①],迫其答应四项要求:准许自由讲演,准许成立讲演所,不用警察"保护",6 月 9 日在河北公园召集公民大会。

6 月 9 日,马骏在河北公园的公民大会上发表了激昂的演说。

6 月 10 日,商会罢市。但次日一早因罢免曹、陆、章的要求尚无最终结果,商界竟毁约开市,学联得此消息,于当天上午推举马骏等代表赶往商会。

---

① 曹锐(? —1924):北洋直系官员,曹锟之弟,天津人。1918 年任直隶省长。1924 年第二次直奉战争时,冯玉祥发动北京政变,曹氏兄弟同被软禁。11 月 29 日,曹锐吞食鸦片自杀。

面对商界的出尔反尔，马骏感到忿然，他说：“今天商会已经开市，昨晚，却未跟绅商学教各界协商，所要求的各项条件又没达到目的。似此情形，商界的罢市与开市，究属何为？这样自相矛盾，恐各位董事也无以自解。”他目光炯然逐个审视着在场的商界人士，“国人奔走呼号原为救国，目前公民大会全体一致表示‘誓死救国’，商界诸君，竟不能牺牲眼前利益，使罢市坚持到底，请问诸君爱国良心何在？国民资格何在？”

“哎，我倒要问一声，”马骏话音刚落，一名商会董事板着面孔，狡黠地说，“马君何处人士，天津有无财产？”

马骏愤然回答：“敝人是吉林人，天津固无财产，然敝人尚有生命热血可流于诸君面前，一死以谢同胞。”说着，便向大厅圆柱猛然撞去，一旁的商会文牍长（秘书长）夏琴西立即将他抱住，才幸免于难。最后，商会终于答应12日继续罢市。

……关于马骏的种种，周恩来从不同渠道获悉，马骏的大智大勇令他钦佩，相信马骏是位极可靠的人，故当马骏向他介绍学联内部情况与暑期同学趋向，并请他主编《天津学生联合会报》时，他应允了下来。

“办这样一份报纸是非常必要的，”周恩来若有所思地说，“要想这场运动能坚持下去，务必要注意爱国教育，遹泉①，你说过：‘我们国家正在走上危亡。’在日本，我读到这封信很震动，促使我尽快回来，参加救国运动。如今，既然需要我编辑学联会报，我与大家共同努力，负起责任，是义不容辞的。”停了停，他问：“这事，志笃是怎么想的？”

“我们议过，想法一致。”马骏笑道，“或许，他也要找你商量的。”

“啊，”周恩来微抬起头，“那样的话，我就更没什么好说

① 遹泉：马骏的字。

的了。”

现在，谌志笃继而提起，周恩来遂挑起了《天津学生联合会报》主编的重任。

可一切并不顺利。

相比而言，人选倒好办，当周恩来归国后，他的好友潘世纶（述庵）也毅然离开金陵大学回到天津，接受了周恩来的邀请，担任编辑。接着，赵光宸、胡维宪、薛撼岳等几位南开同学也来了，担任采访（记者）。

昔日窗友的鼎力相助，周恩来倍感鼓舞，当立案、经费、印刷等事宜尚在洽谈之中，他就撰写了一篇《〈天津学生联合会报〉发刊旨趣》[①]，在天津各报刊出，颇具破釜沉舟之气概。《旨趣》写道：

> ……日本的米骚风潮，朝鲜的独立运动，这都是受世界新思潮的波动……我们学生感受这种潮流……实在不能不有个觉悟……
>
> ……可是社会各种团体觉这环境的影响同束缚，不能将意志直接表出，所以我们学生惟有不顾利害先动起来，求大家的同情。
>
> 我们学生联合会在求社会同情的时候，不能不有两个利器：
>
> 一个是演讲，一个是报纸。演讲，报纸，全是表现我们学生思潮的结晶。现在，学生的演讲，已经实行两个多月，报纸还没有组织，求社会同情的利器终究不算完全。所以，联合会本着自动的精神，宣言下列主要条件，起首组织，预备定日发行。我们学生思想、学识的程度实在不敢说办报，不过拿我们的意见贡献于社会，与大

① 《〈天津学生联合会报〉发刊旨趣》原刊于 1919 年 7 月 21 日《南开日刊》第三十五号上。

家讨论。至于一切的研究，还是须求社会的帮助，指导我们，以便共同得着大家新生命的所在。

——本日刊是学生联合会的舆论机关，所以必须同联合会一致始终。

——本“革心”同“革新”的精神立为主旨。

——本日刊完全是学生自动的组织。

——本民主主义的精神发表一切主张。

——学术研究的发表不分派别，但以稿件合于社会的生活作标准。

——对于政府的政策有指导同监(督)的责任。

……

——新闻的记载以有关于社会生活、人类进步为范围，并且力求敏捷。

——对于社会生活同各种学术，用哲学的眼光科学解析，公允正确的批评。

——介绍现在最新思潮于社会。

——文艺的登载以切合人生为范围。

——联络各新闻同各通信社，交换新闻消息。

……

不难发现，在这篇《〈天津学生联合会报〉发刊旨趣》中，周恩来阐述了“革心”、“革新”的办报方针；报纸对政府的“指导”、“监督”作用；对“新思潮”的介绍；为“人生”的艺术；以及新闻界的广泛联络等等一系列重要主张，鲜明，翔实，这在20世纪初的中国报界也并不多见。

与《〈天津学生联合会报〉发刊旨趣》发表的同时，办报相关的具体事宜，在困境中也逐一得以解决。

其中，立案是最大的难题。

申报立案的函件已送警厅，却迟迟未得答复，而无数要求订阅"会报"的信函、电话纷至沓来，不容延搁。

周恩来不得不造访警厅。

"'革心'、'革新'是嘛意思？"一名警官挥动载有《旨趣》的《南开日刊》嚷道。

"'革心'即改造思想，'革新'即破旧立新。"周恩来解释道。

"'破旧立新'，哼，"警官一声冷笑，"嘛叫'旧'？嘛叫'新'？！"

"一切推动时代进步的就是'新'，一切阻碍时代进步的即为'旧'。"

"嘛叫对政府的'指导同监督'？"警官又挥动《南开日刊》，脸色陡变，"才读了几天书，竟想'指导'政府，还要'监督'，是嘛居心？！"

"监督政府乃国民之权利和义务，"周恩来冷峻地说，"即以罢免曹、陆、章来说，倘无监督，政府能这样做吗？"

警官无言以对，背着手在接待室里转了个圈，才说："你们先回去，这事，警厅还得再研究。"

"警官先生，我要提醒你注意，《中华民国临时约法》明文规定有办报自由，"周恩来说，"而且，我们的申报手续也是齐备的。"

"《约法》，我知道，不用你教我……"

"那好，我不希望警厅作出有违《约法》的事。"

"这个么……"警官讷讷地，"我也没说不准，你等答复吧！"

显然，这话等于是默认，你默认，我就干。于是，周恩来、潘世纶等抓紧解决经费和印刷问题。

周恩来首先想到南开新剧社，何不劳驾他们义演募捐呢？他这一动议刚提出，即得到马千里、伉乃如等先生和李福景等同学的赞同。天津民众激于爱国热情，纷纷购票，每场戏票几小时内便销售一空。与此同时，他们又通过各种社会关系招揽广告，爱国厂商纷纷解囊，支付高价刊登广告。这样，义演和广告两项收入,基本可抵办报的开支。

至于印刷,他们没有自置印刷设备的条件,唯有找厂家承印,这事得到伉乃如先生的相助,由其兄开设的南市协成印刷局承印。

几个先决条件的逐一解决,周恩来和编辑部人员立即着手发刊。出版预告登出之后,来自各处的订购信函雪片似地寄到南市荣业大街的“会报”编辑部,截止出刊前一日,订户即达两万,这在天津以至中国的报界,是个很大的数字。其中,不仅有学生、教员,还有工人、商人、职员,以至家庭妇女。不仅有本埠订户,还有远在南方城市的订户。这不曾料到的收获,激励着编辑部全体人员。

1919 年 7 月 21 日,《天津学生联合会报》正式出版,通栏报头下面用英文印着:

Democracy of the people, for the people, by the people is our motto. ①

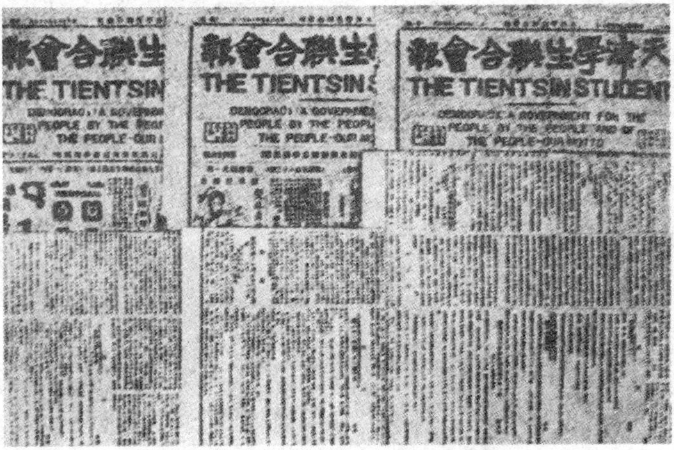
天津學生聯合會報
THE TIENTSIN STUDEN

周恩来主编的《天津学生联合会报》

① 译文为:民主——就是要民治、民有、民享——我们的座右铭。

此话出自林肯[①]在葛底斯堡的一次演说，亦称《葛底斯堡宣言》，乃美国立国之基。

周恩来还将他撰写的那篇《〈天津学生联合会报〉发刊旨趣》易名《革新·革心》作为“社论”刊出，这对津埠方兴未艾的“五四”爱国运动的坚持和发展，对提高广大学生的认识和觉悟，都是一个有力的推动。

报纸一到，青年学生和各界人士争相传阅。马骏拿着它，兴奋地对身边的人说：

“看看，这篇社论多带劲，这比我们站在几千人面前大喊一阵，有用得多啦！”

从此，周恩来成了天津学生运动的中心人物。

“五四”运动，是以山东问题为导火线的。

先是 1897 年至 1898 年，德国以传教士被杀为借口，占领了胶州湾。1914 年，第一次世界大战爆发，8 月，日本对德宣战，11 月，占领青岛。之后，又派兵侵占胶济铁路沿线，驻军济南车站。济南这座山东首府，成了日货倾销的市场。

7 月初，济南的青年学生挟“五四”风暴，数次发起游行示威，提出“取消二十一条”、“收回山东主权”、“抵制日货”等口号，鼓动市民和商界勿购日货。在这紧急关头，北洋政府指定亲日派皖系军阀马良为济南镇守使。马良一到任，即宣布全省戒严，并于 8 月 5 日下令屠杀了回教救国后援会领袖马子云等三人。

消息传到天津，周恩来立即派报社的外勤人员赶赴济南，深入现场采访，及时报道了血案真相。在此之前，《天津学生联合会

---

① 林肯(1809—1865)：美国总统。主张维护联邦统一，废除奴隶制度。南北战争中，颁布《宅地法》和《解放黑奴宣言》，保证了战争的胜利。内战结束后，被南方奴隶主指使的暴徒杀害。

报》还刊载了编辑潘世纶写的《请看对于山东的要求案件》，报道了山东坊子城的日本人提出的“九条议案”，其内容是保持日人在山东铁路和山东的政治、经济、军事、警察特权，扑灭中国的抵制日货运动并由中国赔偿日本在抵制日货中的损失等等。

马良对民众的凶残和对日人的献媚，激起爱国民众的无比愤慨。在那些日子里，周恩来日以继夜地忙碌着，从汇集新闻到组织采访，从排版到校对，都由他主持。重要报道和社论，他得亲自执笔。

这天傍晚，潘世纶给他捎来两块饼，他匆匆吃完，便取出一叠稿笺，凝思片刻后，伏案疾书：

> 国民啊！国民啊！黑暗势力“排山倒海”的来了。
>
> 山东学生游行，被军警捕去三百多人，关在第一师范，听说还要枪毙几个。
>
> 北大学生被捕，现在警厅发出布告，连他们的事实，都不许报纸登载。
>
> 安福系[1]的报纸，同被他收买的通信社，天天造谣说过激派怎样厉害，外蒙怎样同过激派通消息。边事越说得危险，他们的军事协约[2]越有延长的希望。
>
> 日本人对山东的九条决议（见昨天报）简直看中国不成一个国家。

周恩来愈写愈悲愤，以至笔都颤栗起来，他仰首长叹了一声，平了平气，继续写道：

---

① 安福系：北洋皖系军阀的政客集团，均系国务总理段祺瑞之亲信。他们于北京安福胡同成立俱乐部，伪造选举，成立国会，时称这一集团为安福派。1926年，段政府垮台，安福系瓦解。

② 军事协约：即段祺瑞政府与日本政府秘密签订的《中日共同防敌军事协定》。

国民啊！黑暗势力，越来越多了！我们应当怎样防御啊！

要有预备！要有办法！要有牺牲！

推倒安福派，推倒安福派所倚仗的首领，推倒安福派所凭藉的军阀，推倒安福派所请来的外力。

国民自觉！国民自觉！现在就是时候了。[①]

写毕，他又复看了一遍。接下去，他又忙着画样，尔后径往排字间，与工人一道研究拼版、校对。夜已深，偶尔传来海河上断续的汽笛声，旋又沉寂了，困倦向他袭来，他揉了揉眼睛，仍守在印刷机旁。等报纸印出，已是凌晨，泛白的曙色，从洞开的窗户里浸润进来，裁叠，搬运，他又忙乎了一阵，这才步出印刷间，向元纬路元吉里的伯母家走去。

这篇以“飞飞”笔名发表的《黑暗势力》，矛头直指安福派头目、北洋政府及其背后的日本政府。面对北洋政府和天津警厅的加紧迫害，周恩来不避危险，毅然为之。

翌日，周恩来又与潘世纶合写了一篇《讨马良》的时评。它历数济南镇守使马良的罪行，文末发出“讨！讨！讨！山东的牺牲实现，我们天津的各界要再不起来讨他，更待何时?”充满了激动人心的感召力。

第三天，8 月 8 日，周恩来又组织、签发了《速逐残害回教徒的马良，速要求北京政府取消山东戒严令》的文章，进一步揭露马良镇压民众媚日卖国、充当安福派爪牙和日本鹰犬的真面目，号召民众立即起来，对马良举行“国民公判”，掀起了新的爱国热潮……

这期间，周恩来不只以《天津学生联合会报》为阵地，对安福

---

① 刊于 1919 年 8 月 6 日的《天津学生联合会报》。

派军阀政客及其后台日本政府进行讨伐，而且，还要设法改变津市某些报刊，在北洋政府高压面前“噤若寒蝉”的现状，并对付报界的某些败类。

事情要追溯到3月初。那时，北洋政府为讨好张作霖，将盘踞吉林多年的原督军孟思远调往北京，孟和部下高士傧等抗旨拒调，一时间，双方剑拔弩张，几成冲突。这件事被称之“奉吉风潮”，并成了国内一些报纸的报道热门，“五四”运动爆发后，仍有报纸把版面集中在这上面，天津《益世报》即是其中之一。

《益世报》是中国一份有影响的报纸，在“奉吉风潮”的报道中，却明显地偏向安福派支持的张作霖，“维护”北洋政府的“威信”，而对正在斗争中的巴黎和会凡尔赛和约签字、马良枪杀爱国人士以及北大学生被捕等事，却极少涉及。

周恩来对此感到遗憾、痛惜以至不满，在《天津学生联合会报》上，连续写了两篇时评：《评现今舆论界并问〈益世报〉》、《再问〈益世报〉》[①]。在揭露了舆论界尤其是《益世报》令人不解的立场后，写道：

> 我是爱《益世报》的，当着五四运动后，《益世报》终算是“敢于发言”，我们也很尊重他，但是总觉他没有一定目标，拿着现(在)现象看，我很盼望《益世报》不要让社会“回想当年”。
>
> 再说现在的外交内政，事事危急，《益世报》负“转移社会趋向”的责任，为什么每天总拿奉吉私争一事纠缠不休？其余所发生比着这个大的事情，却不甚记载，移开国民的注意点，这里是否别有作用？

① 见1919年8月5日、6日的《天津学生联合会报》。

很明显,在两篇时评中,周恩来肯定了"五四"运动后,《益世报》终算"敢于发言",并未把该报看成与安福派同一营垒。他基于整个斗争全局的需要,旨在争取该报,而争取也不是无原则的,严肃地指出了该报"移开国民的注意点,这里是否别有作用"?这就有了告诫的意思。由此可见,在建立反帝爱国同盟这个问题上,周恩来成功地运用了有团结有斗争、在斗争中求团结的策略。他的努力没有白费,其后,《益世报》发表了《请看今日之山东》的文章,历数了日人在山东横暴不法、荼毒我同胞的行径。接着,又载文抨击马良残害民众的暴虐,还要求"将马良明正典刑,并解除戒严,以谢国人而申公愤"。

"五四"运动的大潮,在汹涌澎湃一阵之后,延至8月,在天津"已渐渐入于低沉"。这时,继续发动民众,就成了需认真对待的重要问题,而舆论在这方面的作用,是不容忽视的。为此,周恩来倡议舆论的联合,并由天津学联报社、北洋大学日刊社、醒世周刊社、南开日刊社、师范日刊社等多家报刊组成"天津学生报社联合会"。周恩来被推举为主要负责人,通过这个组织,密切各校报刊间的联系和配合,加强对中外反动势力的斗争,扩大爱国运动的影响,使这场爱国运动始终成为民众关注的焦点。

为此,周恩来还写了《敬告男女青年》的时评,大声呼喊:"女学生,男学生,我们现在不是憩着的时候,我们应当每天实行警醒社会的事业。"

周恩来不只注重国内青年学生的发动,而且,还注意到日本青年学生在这场爱国运动中的作用。

也在这个8月,曾有"日本学生代表团"访华,且发表了《日本东京学生致中国学生书》,表达了他们反对日本侵略中国、主张中日亲善的愿望。

周恩来敏锐地察觉到这件事的重要性,立即写了《敬告日本来华学生》,刊于8月9日的《天津学生联合会报》上。他在文章中写道：

> ……现在诸君既知道军阀不好，侵略主义不好，社会要改造，平民势力要增加，人类要平等，诸君就应该同去做真正的平民运动，推倒你们的军阀，打破日本国民侵略的野心，然后，两国国民的社会运动，才可以接近。
>
> 总之，两国国民真正的亲善，万不是口舌、文字所能(表)达出的，紧要的就是双方国民对内对外，要有一个社会根本改造的实现。

而“社会根本改造的实现”，内涵是什么呢?

在日本，诚如这篇文章所指出的，就是“推倒你们的军阀，打破日本国民侵略的野心”。

在中国，则像他在《黑暗势力》一文中所说的“推倒安福派，推倒安福派所倚仗的首领，推倒安福派所凭藉的军阀，推倒安福派所请来的外力”。

周恩来言之凿凿！在强大的国内外黑暗势力面前，斗争目标坚定、明确！

这场爱国运动，表面上似已沉寂，但地火仍在运行、突奔，更为声势浩大的风暴正在酝酿之中。

当然，仅仅把民众发动起来而没有切实可行的计划，爱国运动可能将会“事倍功半”，甚至“功亏一篑”，周恩来对这是清楚的。他回顾了“五四”民众斗争的经验教训，殚精竭虑，写了《讨安福派的办法》一文，刊于8月9日的《天津学生联合会报》上。

安福派已成为国人唾弃的团体，讨伐它已刻不容缓。

事实上，“有些人天天打电报，发宣言书，上请愿书，骂安福派，请去安福派”，这不好似“捉贼同贼窝里人讲话”? 安福派非但没推倒，而且“依然稳固在北京太平湖”，“依然‘到处横行’”。

怎么办？

周恩来提出：

> ……我们所恃的是群众运动。
>
> 群众运动的发动力，第一是学生应当鼓动各种分子快快成立各种组织、各种工会，同业公会尤其要紧；第二是要女学生天天出外演讲内政外交的黑暗，国人当求根本的改造；第三是公民大会，应当看着时机聚会，好让国人对于国事知道真相，并且得一种群众意志的表现。

文章最后，周恩来号召"罢工！罢市！不纳税！罢课！……致安福派的死命"。他以无畏的气概，发出警告：

> 安福派！安福派！"看你横行到几时"！

京城请愿前后——"觉悟社"的诞生——"双十"巨澜——《觉悟》——"一·二九"事件

草厂庵，青灯佛案，晨钟暮鼓，座落在天津东南角，自从天津学生联合会设在这儿，它已不再像往日那样空寂、荒凉。

这天，一个紧急会议正在这里召开。

"济南学联的代表抵津已有数日，请求我们支援，"蓄有一脸络腮胡子的马骏说，"这事得商量一下。"

"义不容辞，"刘清扬爽快地说，"女界爱国同志会已作了准备，随时可以出发。"

“从马良祸鲁看,安福派及其爪牙是很凶残的。尽管我们赴京是和平请愿,但政府极有可能以武力镇压,被捕以至伤残都难说。”周恩来看了看在场的人,“因此,学界、女界、商界推举的代表,应是坚强的、富有牺牲精神的。”

“恩来说得对,”谌志笃接过话,“不能指望一次请愿成功,挫折,恐怕在所难免,意想不到的事,随时可能发生,每一位赴京请愿代表都应有这样的思想准备。”

“推派的代表,一定要是本人自愿的,只有自愿,才能自觉,义无反顾。”周恩来说,“请愿队伍要严密组织,京津之间要加强联系,前后呼应。”

“志笃、恩来说的都很重要,就这么办吧。”马骏抹着大胡子,“总之,准备要细,信心要足,非闹它个天翻地覆不可。”

会后,在充分准备的情况下,从 8 月 21 日起,学联组织的天津学生分批向北京出发。23 日抵达北京的天津学生将近千人,会同北京学生三千余人,集中到了天安门附近。

清晨,灰沙弥漫,请愿代表齐集于总统府门前,递呈请愿书。这时,到处已布满了军警,门口的警官态度蛮横,请愿书只接不转。交涉了一整天,非但不让见总统徐世昌,而且,还要驱逐请愿代表。于是,代表们与北洋政府的接待人员辩论说理,并向过路群众演讲宣传,浑然不觉中,太阳偏西欲沉。突然,大批军警包围了在场请愿的学生,军警中间还夹杂着一些身穿黑大褂的便衣侦探。代表们仿佛视而未见,天津第一师范的关锡斌跳上一处栏杆,对着新华门内的总统府大声疾呼,直隶女子师范的张若茗也在一旁呼应,指名道姓要见徐世昌。不料,一个警察用枪托猛砸关锡斌的脑袋,关锡斌应声倒下,头流鲜血,张若茗与另外一个女代表赶忙上去搀扶,将关锡斌护送到米市大街青年会的三楼,替他包扎伤口后,三人旋即又返回新华门前。

少顷,又开来一批全副武装的军警,冲入请愿代表群中,将他们一一逮捕，押解京师警察厅。在被捕者中间，有天津的刘清扬、关锡斌等，还有外交部部立俄文专修馆的瞿秋白……

京师警厅一常姓处长与刘清扬的哥哥刘铁庵相识，以为女性在厅不便，劝令回家。刘清扬回答："此番，我是奉母命救国，且男女同为国民，我理应与男界同受甘苦，即便死于厅内，我亦心甘。再说，警厅既将我们押来，我们就是罪人，好打官司，我不能出去，谢谢处长的善意。"

常某见一计不成，遂将刘铁庵请来劝说。刘清扬被邀至客室，受到其兄劝慰，半晌，她对兄说："我们女界初次在社会上做事，绝不能比男界少走一步，即或死，我们亦在里头。代表等从此一定要予全国女子作个榜样，以免将来被男界轻视，兄想亦不愿令我偷安于一时，而做女界万世之罪人也。"言毕而退。

斗争在警厅内外进行着，指挥镇压行动的京师警察总监吴炳湘指望"杀一儆百"，扬言要枪毙被捕的请愿代表，而天津方面正在焦急地等待着事态的发展。

"叮呤呤……"电话铃声在学联会猝然响起。

马骏猛地一跳，握着耳机在喊："喂，喂，啊，北京学生联合会，我是马骏，什么？都被捕了，还要枪毙请愿代表！……好，我们立即去北京。"放下话机，他说，"情况十分危急，我们一分钟也不能耽搁了，快出发！"

"对，赶快进京，跟军警拼了！"

"我们不能眼睁睁看着请愿代表被捕，遭害……"

众人情绪激昂。

"现在正是加强爱国运动的时候，用不着惊慌、紧张，依照计划进行就是了。"周恩来沉静地说，"被捕，只要经得起考验，不算什么。但营救他们，是我们的责任。"

"是这道理。"马骏想了想应道，"但是，这种时候，我应当去北京。我们不但要营救被捕代表，而且，要向国人表示我们的无私无畏、顽强奋斗的精神，以我们的行动，进一步唤起民众。”

“报纸将立即出‘号外’。”周恩来说。

当天，津门大街小巷响起了报童“号外，号外，《天津学生联合会报》号外……”的叫卖声。

“同胞们，京津请愿代表被捕了，大家要行动起来营救他们……”暮色苍茫中讲演队的邓颖超等，分散在津门市区振臂呐喊。

深夜，张若茗等又赶回天津，向谌志笃、马骏和周恩来报告京城请愿详情。

成百上千的男女学生和各界人士，争先恐后地报名，要求再次赴京请愿。

25 日，天津第二批请愿代表，在马骏率领下赶往北京。

次日，在京、津各界联席会议上，马骏被推举为请愿行动总指挥。想到政府的倒行逆施凶残无理，马骏悲愤难忍，他对与会者说：“我辈男女各界人士，原为挽回外交，促政府以觉悟，以使未来之国家不致断送于少数卖国贼之手。”他眼含热泪，愈说愈激动，“我辈各界之士孰无身家？孰无性命？而所以有此不顾生死之大牺牲者，是否为我四万万同胞将为奴隶牛马而处于水深火热中耶？今既遭此蹂躏，惟有再接再厉，冀达最初之目的。”

他的话得到了众人响应。会后，浩浩荡荡的队伍在马骏带领下，向新华门前进。

烈日炙烤着大地，也炙烤着每一个请愿者。沿途，便衣侦探身藏暗器，散布于街道两旁监视着，而保安队员则端着刀枪来回巡视。新华门前，密匝匝地站着两排军警，手枪在握，虎视眈眈……

请愿代表一步步走近总统府，由一旁的小门递交请愿书，却被拒绝了。马骏上前与警卫队长论理，突然，“嘎啦啦”门关上了，他被堵在门外。一连三天，徐世昌就是不见，代表们旋又推马骏等十四人，由西苑门入至集灵园，靠近徐世昌办公处，猛然间，跑出一队预伏的警察，不由分说，将代表的手一一背上，两个军警押解一人推走。

“吾人死为国死，死为争国不亡而死。”马骏挣扎着大声嚷道，“死后惟愿全国父老和后之来者，万不可把国忘了。将来如得幸福有日，则吾人虽死之日犹生之年，死亦瞑目于地下矣……”

警察闻此，或许动了恻隐之心，这才松了手，马骏等遂回到请愿队伍中，继续组织游行。

夜幕降临了，一番策划之后，警厅决定逮捕马骏。

“天津代表马骏出来！”警察冲着人群，气势汹汹地嚷着。

回答他的是一片嘘声。

军警用刺刀、枪托向人群劈头盖脸打来，接着，将掩护马骏的请愿代表拉至一旁，逐个拷问。马骏看在眼里疼在心上，他不忍别人因他受苦，毅然走出来，束手被捕。

“快解散队伍。”军警朝马骏喝道。

“马骏可死，队伍绝不解散。”马骏答道。

随后，一行被捕者由军警押解别处。

京师警察厅对请愿团的镇压，马骏等被捕的消息迅速传向全国各地。一些大、中城市游行集会，通电北洋政府提出抗议，要求立即释放被捕者。在天津，大批学生包围了直隶警察厅，要求电告北洋政府，若不立即释放请愿代表，绝不散去。

8 月 27 日，为营救马骏等人，周恩来冒着铺天盖地的暴雨，带领大批天津青年连夜赶往北京。他一面组织天安门前的请愿群众坚持斗争，一面以天津学联的名义通电四处，呼吁举国一致，互作声援，要求各省速派各界公民代表进京请愿，并做群众运动的事，罢工、罢市、不纳税、不当兵……他还将这份电报刊登在《天津学生联合会报》上，以扩大影响。

周恩来到了北京的事，不知怎么让三堂伯父周贻谦知道了，着人找到他，要他无论如何去一趟。恩来很矛盾，一则他太忙；再则，三堂伯父住在钱能训那里，他不想见到这位前任内阁总理，以免另生枝节。可是，一想到九年前，正是三堂伯父贻谦把他从淮安带往东北，他才能读小学、中学，又去了日本……三堂伯父对他一直有所关照，人非草木，这回焉能拂了长辈的心意？想想，他还是匆匆去了。

“啊呀，你可来了。”一见面，贻谦便拉着侄儿的手，“你外公爹一直在惦记你，生怕你出事……”

恩来知道，“外公爹”即是钱能训，他未吭声。

“外公爹原本要见你，不巧偶染风寒，就免了。”贻谦坐下说，“恩来，你怎么也晋京请愿呢？须知维持政纲，责任有属，以言爱国，同此心理。惟当挽救艰危，端在持以镇静，稍涉纷扰，恐速沦胥，名为爱国，实为误国……”

“三伯父，”恩来耐心听着，却感到不对劲，他竭力控制情绪，“日人夺我土地，侮我人民，学潮纯基于爱国热诚，国人同仇抗争，岂忍责其过？”

“可是，潮流所激，举国骚然，神州岌岌可危，这，这哪里谈得上是爱国?!”

恩来见三堂伯父有点生气，想再作解释，可又非三言两语能说得清楚，时间又不允许他再耽搁下去，便说：“三伯父，容我改日再来聆听教诲。”说罢，起身告辞。

“要知道，现在是武人政治，不像你外公爹那样的文治派，你要当心。”贻谦见侄儿执意要走，又不好阻拦，只得叮嘱，“要离远一点，唉……”

“三伯父，记得你曾对我说过：‘义所当为，毅然为之。’我已不是小孩子，知道该怎样去做，你就放心吧！”说着，周恩来一脚跨出堂屋，穿过四合院，小跑似地直往前奔……

北洋政府欲瓦解青年学生的斗志，教育部电请张伯苓赴京劝说。张伯苓深感忧虑，先去了一个马骏，闹成那样糟糕的局面，后去了一个周恩来，还不知闹到什么地步。这两个人虽说都已离校，但毕竟是他的学生，他担心事情闹大，于南开的影响，于青年学生本人均非好事。这样，他去了北京。孰料，他尚未见到周恩来，一些代表已向他表示："校长若能把大家带回天津就行。"分明是拒绝，而且，代表们还纷纷劝他参加请愿行列，张伯苓无望，第二天便返回天津。

全国性的大规模声援，迫使北洋政府不得不于两天后释放了马骏等被捕代表。周恩来特地从衣铺里买了几套男女衣服，给马骏、刘清扬等送去，使他们感动得不知说啥是好。

"什么也别说，"周恩来爽朗一笑，"要做的事还很多，走，回天津。"

午后的太阳，像只浑沌的圆球，悬浮在风沙弥漫的旷野上空，热气在车厢内蒸腾着。

一节车厢的尽南头，坐着八名男女青年，他们是办理请愿后勤结束，迎出被捕请愿代表之后，乘坐这趟客货两用的慢车返津的。这八个人是周恩来、谌小岑、郭隆真、张若茗、关锡斌、郑漱六、周之廉和李锡锦。此刻，他们在一块，围绕国家的现状，在小声地议论着。

最初，他们只谈论赴京一周的见闻感受，不约而同地提到了几份介绍"新思潮"的刊物，对"打倒孔家店"、"欢迎'德先生'和'赛先生'"①等口号尤感兴趣。交谈中，也都感到北京的爱国运动已前进了一大步，天津应急起直追。旋又谈到天津今后的爱国运动，应引到思想革命和文化革命上来。在日本，周恩来即已接触了"新思潮"，不过，与实际的爱国运动结合起来，却是眼前的事。

① 德先生：即民主，是从英文 Democracy 一词翻译而来。赛先生：即科学，是从英文 Science 一词翻译而来。

“被捕代表尽管释放了，但不等于斗争就此结束。”坐在周恩来旁边的郭隆真说，她的胳臂斜倚在窗口，风扬起她乌黑的短发，双眸十分明亮，“几次斗争的反复，使我感到团结紧才力量大，学联会与女界同志会也应更紧密合作……”

“对，”坐在对面的张若茗激动地一挥手，“我看，索性把女界同志会并入天津学联会，以壮大阵营。”

“就像恩来搞的‘天津学生报社联合会’一样，实现团体联合，”谌小岑慢条斯理地说，“这样，便于密切联系，统一行动，扩大影响。”

“我就这个想法，”郭隆真碰了一下邻座，“恩来，你以为如何？”

“这当然好，”周恩来微蹙着眉，似乎一直处在思考之中，“我们倘能先将两会骨干分子组织起来，形成一个比学联会更坚强有力的团体，作为爱国运动的坚强核心，来领导、推动各项斗争工作，实为必要。同时，可考虑出版一个刊物，发表鲜明见解，作为引导社会的先锋。”

“这样好，”郭隆真即表赞同，“照恩来的意见，一联合，二办刊。”

基本原则确定后，他们又议论起这个组织的名称、吸收成员之条件、如何开展活动以及刊物怎样办等等，只是，意见还显得零碎和浮泛。周恩来希望各自再想想，并开始着手筹备。

入暮时分，火车抵达津门，一群男女学生遂握手告别。

回来后，周恩来依然很忙，《天津学生联合会报》一大堆事等着他处理。他主持召开了《天津学生联合会报》例会，提出了《警厅对待学生方法讨论案》、《各校从速组织周刊案》、《〈会报〉〈周刊〉联络案》等提案，均获通过并付诸实行。一个新的爱国团体即将诞生，他又酝酿了一份成员名单，他们是《天津学生联合会报》编辑潘世纶、外勤赵光宸、胡维宪、薛撼岳、学联会会长谌志笃、副会长马骏、干事李震瀛、第一师范学生关锡斌、北洋大学学生谌小岑,加上他本人。

几天后,郭隆真将女界爱国同志会提出的一份名单交给周恩来。

“不行,”周恩来看后连连摇头,“‘五四’精神有个重要内容即是男女平等,成立新的团体,事先讲好学联会和女界同志会各提十人,你们怎么只提八人,这本身就不平等,是不是?”

“恩来,你总这么认真。”郭隆真笑道,“好吧,我们再商量增补两名。”

为慎重起见,“增补”化了一周时间,最后确定的名单是:天津女界爱国同志会会长、直隶第一女师毕业生刘清扬,女界爱国同志会讲演团团长、直隶第一女师学生郭隆真、邓颖超,女界爱国同志会评议员、直隶第一女师学生张若茗、李毅韬,直隶第一女师学生周之廉、张嗣婧、郑季清、吴瑞燕,直隶第一女师毕业生、中西女校教员李锡锦。

一切准备就绪,9 月 16 日,二十名成员集中在草厂庵学联会办公室,召开了“觉悟社”成立会。

觉悟社部分成员合影。后排右一为周恩来,前排右三为邓颖超

众人推举周恩来主持会议。人类的进化,具有一种递嬗的作用,生生不息,一个激进团体即将诞生,它将在总结过去斗争经验教训的基础上,定一个新的趋向,另辟新径,这使得周恩来颇为兴

奋，开头的话就很激昂：

“……今天到会的，都是受了 20 世纪新思潮的启发，觉悟到对中国社会要从根本上解决……为了达到这个目的，我们要结成团体，出版刊物，以求改造学生的思想，进而唤起劳动民众的觉悟，来共求社会的改造。”

接着，他就建社方案作了说明。由于他们都是志同道合，又进行了半个月的充分酝酿，事情办得很顺利，经讨论，通过了几项决议，规定这个团体本着“革心”、“革新”精神，以“自觉”、“自决”为主旨，故刊物取名《觉悟》，团体就叫“觉悟社”。决议《觉悟》内容为：(1)取共同研究的态度，发表一切主张；(2)对于社会一切应用的生活取评论的态度；(3)介绍名人言论、著作和讲演；(4)灌输世界新思潮。

“觉悟社”是“五四”运动中诞生的、中国青年学生最早的革命团体之一。它一经成立，就十分注重组织严密，没有职衔，实行委员制，分类分工负责，责任全体承担。社员需具备“批评与自我批评精神”，发展社员需经三人以上介绍方可。社员对外不用姓名，而用抓阄(抽签)方法，决定个人号码，以号码谐音取一别名，用以通信或作笔名，兹录如下：

邓颖超：1(壹)号逸豪	周之廉：3(叁)号珊
周恩来：5(伍)号伍豪	赵光宸：9号奈因(英译)
李震瀛：11号石逸	郭隆真：13号石珊
关锡斌：18号石霸	潘世纶：19号石久
胡维宪：20号念豪	刘清扬：25号念吾
吴瑞燕：26号念陆	薛撼岳：28号二八
马　骏：29号念九	李锡锦：31号衫逸
郑季清：34号衫峙	张若茗：36号衫陆
张嗣婧：37号衫弃	谌小岑：41号施以
李毅韬：43号施珊	谌志笃：50号武陵

"抓阄"废名,虽多少受到无政府主义"天下皆兄弟"思想的影响,但绝非一时兴起,而是一种社会改革,是"觉悟社""革心"、"革新"精神的必然产物。

"觉悟社"成立后,即成为天津爱国运动的领导力量,其影响扩大到京、沪等地。北京《晨报》称它是天津的"小明星",其"会员是天津学界中最优秀、纯洁、奋斗、觉悟的青年……"[①]事实上,天津学生联合会和女界爱国同志会的领导骨干都参加了"觉悟社",这就保证了天津的爱国运动能不断向前推进。

9 月 21 日,李大钊先生应邀来到天津四马路十一号,这是李锡锦(衫逸)的家,"觉悟社"暂借此活动。此前,《新青年》已先后发表了李大钊先生的《庶民的胜利》、《布尔什维主义的胜利》、《我的马克思主义观》等一系列文章,周恩来等对他仰慕已久,邀请他,是"觉悟社"成立时即定下的。初次见面,先生那硕大的头颅、威严的八字胡和蔼然的笑容,倏忽间就吸引了这群年轻人。他先听周恩来、刘清扬、张若茗等介绍"觉悟社"缘起和有关决议,中间还不时插问。他对"觉悟社"打破封建隔阂、男女平等并组织起来,出版《觉悟》甚是赞许。嘱咐大家认真阅读《新青年》和《少年世界》[②]刊登的马克思主义的文章,"分类研究各类学术问题"。所谓"学术问题"即革命思潮。先生表示今后"觉悟社"可跟他继续联系。

这是"觉悟社"成员第一次接触中国共产主义运动的先驱。

当晚,严范孙着人邀请周恩来前往聚餐。他实在无暇应酬,可既是严先生让去,他无法推脱。等他来到严府已是高朋满座,除张伯苓外,有时任北京政府教育总长的黄郛、曾任教育总长的范源濂、时任直隶教育厅长的王章祜,还有澄波、芷舲等,皆为教育界的名流。

---

① 见 1919 年 11 月 25 日北京《晨报》。

② 《少年世界》系少年中国学会的刊物。

“觉悟社”的事，严范孙无从知道，可他明白周恩来已深深地卷入学潮之中，几次找他，总神龙见首不见尾，今晚他能来，老人甚是欣慰，遂将在座宾客向他一一作了介绍，旋又将他引荐众人。严范孙笑道：“翔宇，啊，即周恩来，乃是张校长和我的学生。我从不讳言，翔宇有宰相之才，今天，是个机会，特地让他跟诸君见上一面。”

“先生，我……”严范孙的话，使周恩来感到不安。开始，他还以为让他跟这些教育界头面人物见面，没准是学潮的事，不想严范孙对他如此评价，他欠身说道，“谢谢先生，可我真没这样想过。”

“坐下，坐下。”严范孙招呼道，“翔宇，你应当这样去想，张校长与我创办南开，旨在备国家干城之选，我们深望于君者，唯振起国民新精神，以重续国家新运命耳。”

孰料，黄郛笑道：“据闻翔宇君自日本留学归来，不知事业上有何擘划？”

严范孙跟张伯苓不由得交递了一下眼色，担心周恩来落入尴尬。

“承蒙总长先生关心。”周恩来从容应道，“其实，我在日本并未留学，虽说也曾补习过日文，但报考‘高师’、‘一高’均未如愿，这才归来就读南开大学部。”

“月初业已注册。”张伯苓赶紧补充道。

黄郛的明知故问并未难倒周恩来，相反，这个年轻人的诚实和镇定，却是很少见的，不能不令他惊异，甚至冲淡了他对周恩来鼓动学潮的那种反感。

“能读大学最好，”王章祜停箸说道，“既是学生，务必安心向学，毋得干预政治，致妨学业。”

“厅长此说差矣，”周恩来面容白里透红，“山东亡矣，国不国矣，学生身为国民一分子，岂能置之度外？”

严范孙见此行状，故作轻松的样子，笑着摆了摆手，说：“今天，我们是否可以不谈国事？”他端起酒杯绕了个圈，“来，喝酒！”

张伯苓接着说了个笑话，客厅的气氛倏然起了变化，仿佛刚才那番对话没有发生似的。

宴罢席散，临行前，黄郛望着周恩来出门时的背影，凑近严范孙，说："严范老，你这位学生，的确不可小觑。"

继李大钊之后，"觉悟社"曾请徐耕讲《救国问题》、包世杰讲《对于新潮流的感想》、周作人讲《日本新村的精神》、钱玄同讲《研究白话文学》、刘半农讲《白话诗》。在周恩来组织下，觉悟社还多次研究过"白话文学"、"学生的根本觉悟"、"家庭改造"、"共同生活"、"工读主义"等有关新思潮的问题，他们还建立了临时图书室，各自献出收藏的书，相互阅读。

这时，尽管他们倾心于"新思潮"，可"新思潮"并不等于马克思主义，他们之中较早较多接触马克思主义的仅有周恩来，但他也还没有真正确立共产主义信仰。"觉悟社"成员对社会主义、无政府主义、基尔特社会主义等，都有浓厚的兴趣。究竟孰是孰非，往往莫衷一是。对于中国走什么样的道路，也还茫然。

"觉悟社"的历次活动，周恩来是主角。他纵论天下大势，以自己旅日的见闻体会，分析日本军国主义的危害，特别指出日本亡我之心不死，用这严酷的现实，激发大家同仇敌忾的爱国心。他还把《震动环球的十日》等书籍介绍给大家，结合阅读李大钊先生的文章，以引发对俄国革命的了解和向往。

在"五四"运动的影响和周恩来对"新思潮"的不断引入灌输下，"觉悟社"的成员，由单纯的爱国思想，一步步转向青年自我教育、自我改造，进而改造社会、改造中国的大方向。

"觉悟社"是在爱国运动中应运而生的，它与那种坐而论道的小团体的不同之处在于，它始终将自己置身于爱国运动之中。若论"五四"运动——中国现代史上辉煌的一页，自然不能不提到"觉悟社"。

9 月下旬，为继续声援山东的爱国运动，天津各界联合会决定派出十名代表，其中就有“觉悟社”的刘清扬、郭隆真、关锡斌和社友黄爱，连同山东、上海、南京、武汉等地的代表共三十二人，组成请愿团，于 9 月 30 日抵京。周恩来、谌小岑等随行，替请愿团办理宣传、联络、后勤等事宜。

10 月 1 日上午九时，请愿团来到新华门，要求面见徐世昌，为警卫所阻。徐世昌避而不见，派人与请愿团敷衍、磨蹭，双方对峙十个钟头，一无进展。正当请愿代表饥渴交加之际，周恩来带领天津学联慰问队，冲破军警的阻拦，送去了食品水果。回到住地，他又将赵光宸的现场采访记，作了修改，着人迅速送回天津交有关报刊发表。

夜阑更深，京师卫戍司令部以闪电般的行动，拘捕了部分请愿代表，押解警厅。

事态的急转直下，使周恩来焦灼不安，立即找到北京学联。白天的请愿，他们未参加，周恩来向其负责人张国焘[1]要求立刻行动，声援被捕请愿代表，并与京、沪、鲁、豫、鄂、汉等省市代表相约，于“双十节”同时举行游行示威。这期间，他还抽空看望了高亦吾。年前，高亦吾由奉天来到北京，在京兆尹谋得一等科员职务，前不久，周恩来自日本回国，两人见过。

此番，周恩来刚进门，高亦吾便悄声问道：“恩来，觉悟社里有你吧？”

“先生怎么知道的？”周恩来有点诧异。

“作为一个激进的革命团体，你焉能不参加？”高亦吾信赖的目光一直注视着他的学生，蓦然，他显得神色不安，说，“觉悟社的爱国之举已轰动京畿，当局很可能要取缔它，据传你的名字已在

① 张国焘（1897—1979）：江西萍乡人。1921 年 7 月参加中共一大，被选为中央局组织主任。1924 年 5 月被北洋政府逮捕变节。曾参加红军长征。1938 年 4 月投靠国民党，被中共开除党籍。后病死加拿大。著有《我的回忆》。

册，刻下密探遍布，你要速作打算。”

“最坏的处置，莫过于被捕，坐牢……”

“诚然，因爱国而遭迫害的事已屡见不鲜，可也要尽量避免损失。”

“先生说得对，”周恩来甚是感动，“我会注意的。”

“那么，今儿个，我就不多留你了，”高亦吾站起身，“该办的事抓紧去办，你要尽快离开北京。”

一刻钟的会面，这在两人间是从未有过的。作别后，周恩来绕道几条僻静的胡同，来到临时联络处，会商、处理了一些急务，当夜，即赶回天津。

这是一次大规模的行动，在天津，就不仅是学联会或“觉悟社”的事，而要联合更广泛的阶层，于是，他想起了马千里。马先生是天津各界联合会副会长，周恩来自从日本回国，师生间联系密切，在爱国运动中，又添了一份战友情谊。

马千里不是一般的教书先生，他一直热心为国，数月前，他在天津成立各界联合会的一段讲演，周恩来至今记忆犹新。马千里说：“……今日成立斯会，原赖各界热心国事。惧中土之沦亡，然必须同心协力，相辅前进，无论何种党派或官僚派从中设法破坏，我等必竭力抵御之。”这种无畏的气概，周恩来很是钦佩。

马千里已走出南开，登上社会斗争的大舞台。

9 月，当赴京请愿代表在周恩来等营救下获释返津时，马千里主持了各界欢迎会；接着，天津各界群众万余人集会南开，追悼赴京请愿被殴致死的唐山代表郭友三，马千里任大会主席并登台讲话。下旬，南开大学成立，马千里任大学庶务主任，促成周恩来入文科班学习。师生二人时常为爱国运动的屡遭迫害而忧虑，商量与之对应的策略和方案。

10 月 7 日，他们一起出席了天津各界联合会评议会，与商会秘书长夏琴西、学联会长谌志笃等共同研究了支援被捕请愿代表问题,决定代表所需衣物由各界联合会执行部随时接济送往北京,周恩来为执行部主任,责无旁贷。旋而,又商定了“双十节”会议名称为共和纪念会,会址设在南开操场。

同一天,为推动“双十”斗争,不顾警厅的阻拦,《天津学生联合会报》在被迫休刊半月后复刊,并发表了周恩来撰写的《本报继续出版的布告》,宣称直隶省署或警厅都“不能禁止我们人民的存在”。

但是,“双十”集会游行仍面临着严峻的形势。

几天前,杨以德[①]接替张汝桐担任天津警察厅长,天津民众对他并不陌生。辛亥革命时,他奉袁世凯密令,将革命党人王钟声逮捕,绑赴郊外杀害。民国元年,天津发动“壬子(阴历正月十八日)兵变”。兵变之前,杨奉袁世凯密令作了部署,兵变当晚,将全城岗警撤走,任纵兵匪烧抢,一夜之间,十室九空。次日黎明,杨率武装警察四处抓人,一批批押解回衙,多达二百五六十人,草草审讯后即分别绑赴街头斩首示众,刑后将犯人首级悬挂街头电线杆上,以震慑民众。一时间,天津城内“谈杨色变”。此人凶残无忌,狡诈阴险,阿谀钻营,周旋官场,故而在走马灯似的北洋政府人员更迭中,能左右逢源,加官晋爵。

这次,杨以德甫到任,即对天津学生爱国运动采取高压政策,禁止集会、游行、结社、言论和出版的自由。

“双十”共和纪念会前,已风闻杨以德将武力驱散游行队伍的消息。为此,大会主席团已就会场布置和队伍排列作了防范考虑。

这天,开会前,警厅保安总队长丁振芝即奉杨以德的命令前来干预,问这问那,提出种种限制,为大会主席团拒绝。

二时整,戴着眼镜的马千里先生出现在主席台上,以其清亮

---

① 杨以德(1873—1944):天津人。清末曾任天津商界侦探兼天津警察局副局长,北洋警务公所警务道。民国后,历任天津警察厅长、直隶警务处长、天津特别区市政管理局长、直隶省长等职。后与奉系军阀争权被撤职,闲居天津,1944年病死。

的声音报告开会宗旨，继而宣读了大会《宣言》[1]：

> ……乃观近月以来，北京之所谓大总统、大总理者，曾命其军警捕请愿各代表矣！津埠又有所谓杨大处长兼大厅长，亦命其警队捕演说学生，解散各界联合会以及学生会报纸，且阴令印刷人停止印刷矣！

《宣言》针锋相对地直指徐世昌、段祺瑞及其在天津的爪牙杨以德。接着，义正辞严地申辩道：

> 夫共和国家，人民有请愿陈诉之权；有自由言论、出版、集会、结社之权，均载在约法，全国共知。今之政府及政府所雇之官吏，举以上各种人民之自由权，完全剥夺。故今日吾国对于共和二字，只有共和之名，而无共和之实。吾民对于共和二字，只受假共和之害，而毫不得真共和之利。则所谓"双十节"之大纪念，乌得不对之而发生无限之大感想也哉！

《宣言》最后号召民众打破幻想，"对此政局，自当一心一德，努力进行，速筹自决之策"，表明了天津民众与反动势力誓不两立的斗争决心。会场气氛于激昂中透着镇定。

旋即，游行开始，队伍中涌动着各色标语，上面写着：平民万岁！热血救国！提倡国货、抵制日货！一致对外、誓死不屈！自由、博爱！

无声的标语，不时化作有声的口号，回荡在津门上空。

早在开会时，杨以德即已在各个交通要道口，布置了大批荷枪实弹的武装警察和保安队，以阻遏游行队伍前进。

---

① 见1919年10月11日上海《申报》。

“此次游行为庆祝共和纪念，并无他意，”一位学生上前坦然解释，“警察与学生同为中华国民，哪有禁止庆祝共和之理？”

军警非但置之不理，不予通过，反而端枪对峙，似与敌人交战一般。

游行队伍中的童子军见状，不顾一切地冲破警察封锁线。紧接着，有数名女生欲跟警察说理，但警察蛮横不听。这时，邓颖超带领女队大声呼喊：“警察也是中国人！”“警察也要爱国！”“不打爱国学生！”试图说服、感化他们，但无济于事，队伍仍被堵，邓颖超忍无可忍，一扬右臂高喊：“姊妹们冲啊——”

不料，警察动武了，枪托、刺刀竖砸横扫。游行学生有的栽倒在地，有的眼镜跌落，李锡锦、王贞儒、聂玉清等被刺刀戮伤，正在流血，男生奋勇上前保护。混乱中有七名男生被枪托殴伤，当即由红十字会人员将他们一起抬到南关妇婴医院治疗。

缺口已经打开，游行队伍艰难地向前推进。面对残暴的警察，女队学生纷纷挥动手中的小旗杆回击，专挑警察的军帽，乘其拾帽的间隙再往前冲。邓颖超被伤吐血，坚不退却，男生则紧密配合。正在这危急关头，学联会的宣传车开来了，里外夹攻，打开了一个更大的缺口，游行队伍跟在宣传车后面突破重围，经东马路，直奔东浮桥，包围了金钢桥一侧的警察厅。

这时，警厅门前已有警察、保安队和马队千余人严密把守，双方紧张对峙着。

时间已是下午三点，学联会派出李之常、李毅韬、周恩来、韩嘉朴四人跟警察交涉，责问警厅为何指派巡警无故殴人并阻拦庆祝共和，要求警厅作出解释。

时间在流逝，警厅却没有回音，女界爱国同志会的讲演员觑空就近讲演，揭露北洋政府媚日卖国的行为。间忽，游行队伍里响起了“打倒日本帝国主义！”“取消二十一条！”“收回青岛！”“打倒卖国贼！”等口号。阵阵呐喊，连两里路外的日本兵营都清晰可闻。日本驻津总领事随即向警厅提出抗议，杨以德不怕民众，却怕日本人，唯恐引起外交纠纷，急匆匆派丁振芝来见游行学生。

丁振芝忽儿讪笑，忽儿哭丧着脸，声言日人已提抗议云云，遭致游行学生一片斥责声。

周恩来让大家静下来，遂问丁振芝：

"'双十节'为我国家大典，是人民欢欣鼓舞的日子，我们尚未亡国，何容日人干涉？"

"你们不得乱喊口号，"丁振芝变了腔调，"让你们开庆祝会已给了面子，游行不行，乱喊口号更不行。"

"请问总队长，你何以如此惧怕日人，而视同胞如仇寇？"周恩来气愤地说，"国庆为一国之大典，警方又何以禁止庆祝游行并纵警伤人？"

"打伤学生是法律问题，你们可以到法庭起诉去……"丁振芝挥着手说。

"警厅作为一个团体，是维持社会治安的，你们却指派警察打伤我们团体的人，当然要由你们团体负责。"周恩来据理驳斥，"这件事属团体间的交涉，而你又是一个团体之首领，当然要向你责问。"

"我们不负责任！"丁振芝说。

"禁止我们庆祝共和纪念游行，究竟是嘛理由？"李毅韬大声喊道。

"你们上法庭好啦！"丁振芝冷笑着干脆背过身去。

"这是嘛话？"

"让杨梆子[①]出来！"

"警方逃不脱法律责任！"

零乱、愤怒的声音在人群中呼喊着……

"你们都喊够了吗？"半晌，丁振芝侧转身子，阴沉着脸，"没

① 杨梆子：杨以德的绰号，其人脸型似木梆。

错，你们的游行，是我们警察禁阻的；你们的秩序，是我们警察破坏的；你们的人，也是我们警察打伤的，你们可以向法庭起诉，……”话音未落，人已跨入警厅大门。

人群中掀起一阵小小的骚动，很快又静了下来。

月亮升起来了，悄然爬上半空，空气湿漉漉的，像是有露水，增添了明显的寒意，人群却依然是一个整体。

过了一会儿，众人又推马千里、时子周、谌志笃等十名代表去省公署见省长曹锐。半路上，遇见教育厅长王章祜，遂同至省公署，适曹锐外出。稍后，本埠绅士李星北、宁星普、刘渭川等出面调停，马千里等暂允退出省公署返回警厅坪前。

午夜之后，在多方劝说下，游行学生整队各自返校。谁知杨以德却藉口逗留警厅坪前公民尚多为由，令马队数十人冲入人群，一时被踏伤和落入海河者甚众，伴以呼号哭喊，使周围民众怵目惊心，直到黎明，这里才归于空寂。

清晨，杨以德命警察把守各界联合会和学生联合会的大门，禁止出入，并封锁了附近的道路。周恩来、谌志笃、谌小岑和李毅韬，摆脱了警察的监视，躲进了东马路基督教青年会。在这里，周恩来起草了《天津中等以上学校短期停课宣言》，揭露了杨以德镇压爱国运动的行径，表示“救国不忘求学，求学不忘救国”，并指出，只要“群策群力”，便能“众志成城”，目的一定会达到，鼓舞了学生和民众的士气。

也在这里，谌小岑以旁观者的口气，写了一份传单，署名“李宁二”[1]，详述了此次“双十节”事件之经过，经周恩来大量删改后，铅印两千份，除在天津城厢、租界张贴外，又寄往全国各大报社，10 月 23 日，《上海时报》全文转载，扩大了影响。

在持续不断的爱国运动面前，北洋政府和直隶省公署，不得

---

① 李宁二：李，“列”之谐音。因向往十月革命，希望中国有第二个列宁出现，故取此名。

不表面作出撤换杨以德的决定，北洋政府又于 11 月 7 日释放了 10 月 1 日在北京新华门前拘捕的各地请愿代表。

出版一种不定期的刊物，刊物取名为《觉悟》，这是 9 月 16 日“觉悟社”成立时确定的，自那以后，一直在筹备。

北京请愿、“双十”游行，爱国运动的沉寂和奋起，北洋政府及其爪牙的残暴和阴诈，杨以德的实际并未去职……这一切，使周恩来感到“觉悟社”有必要召开一次特别会议。

12 月中旬的一天，“觉悟社”成员相约来到新租的社址：宙纬路三戒里四号，这是社友李愚如的家。

回顾既往的经验教训，明确今后的奋斗方向，成了大家议论的中心。周恩来在会上重点谈了思想锻炼问题。经讨论，一致认为，应当把觉悟社建成“一个预备‘牺牲’、‘奋斗’的组织”、“引导社会的先锋”、“一个作战的大本营”。而作为“大本营”喉舌的《觉悟》，出版已是刻不容缓。同时，会议还就第一期的内容、作者分

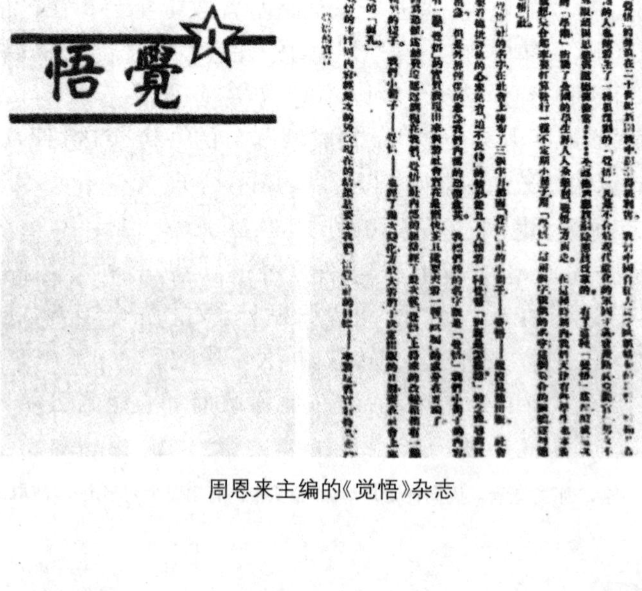

周恩来主编的《觉悟》杂志

工和编辑发行等有关事项，进行了研究。会后，分头去作准备。

这期间，周恩来已无暇读书，但与南开仍保持着联系，曾以南开出校学生通讯处办事人名义，在《校风》杂志上发表了《给南开出校同学诸君的信》，勉励南开校友和在校同学要“为南开谋精神上的发展，事业上的改造”。

当然，他主要精力则化在《觉悟》的筹备上。

1920年1月20日，《觉悟》第一期正式出版。大三十二开本，一百余页，近十万字，颇引人注目的是封面右上角，紧挨“觉悟”刊名处画有一个五角星。也许，这象征着对光明和真理的追求吧！

这期刊物，集中发表了周恩来三篇文章，即《〈觉悟〉的宣言》、《觉悟》、《有什么分别?》和他的五首白话诗，即《游日本京都园山公园》、《雨中岚山——日本京都》、《雨后岚山》和《四次游园山公园》以及《死人的享福》。

《〈觉悟〉的宣言》和《觉悟》，是在觉悟社全体社员讨论的基础上，由周恩来执笔写成的。不用说，它凝聚着集体的思想和意志。

《〈觉悟〉的宣言》，秉觉悟社“革心”、“革新”的精神，以“自觉”、“自决”为主旨，明确提出“凡是不合现代进化的军国主义、资产阶级、党阀、官僚、男女不平等界限、顽固思想、旧道德、旧伦常……全认他为应该铲除应该改革的”。并申明其目标是：“本着反省、实行、持久、奋斗、活泼、愉快、牺牲、创造、批评、互助的精神，求适应于‘人’的生活——做学生方面的‘思想改造’事业。”

这篇《〈觉悟〉的宣言》，表达了中国先进青年在马克思主义“新思潮”和俄国十月革命启迪下，彻底反帝反封建的革命要求，体现了“五四”时期先进青年解放思想、破除迷信、探求真理的进取精神。

《觉悟》，却从什么是“觉悟”？为什么“觉悟”？怎样“觉悟”三方面，层层递进，加以阐述，最后归结到“觉悟”的“影响”。结论是：

> 因自己的“觉悟”，得寻着真“人”的生活。由己及人，渐渐可以达到人人“觉悟”的境界。
>
> 从“觉悟”中生出来的效果，必定是不满意现状，去另辟一条新道，持续不断地往前走，去求无穷的进化。纵横起来说：横性的“觉悟”，是利己利人，永无边境；纵性的“觉悟”，是解放改造，破坏建设，永无止境。

读这篇文章，我们仿佛看到一批披荆斩棘、义无反顾、朝着解放的路迅跑的“真人”——先进青年的身影。他们是旧世界的破坏者，又是新世界的缔造者，最终，他们将冲破黑暗，迎来黎明。

周恩来办过《敬业》、《校风》、《天津学生联合会报》，深知要办好一份报刊是不容易的，即以内容编排而言，不仅要有“扛鼎之作”的社论、时评，还要有活泼生动、引人入胜的文艺和翻译等等。于是，他又写成《死人的享福》这首白话诗，连同旅日时写的四首诗一并发表。

人力车，俗称洋车、黄包车，是普遍、廉价的交通工具，有钱都可乘坐，但感受却大相径庭，有的趾高气扬，有的骄横跋扈，有的偏狭悭吝，有的麻木不仁，车夫在一些乘客眼里，不过是“会说话的牲畜”、“拉车的工具”而已，遭受种种欺凌乃司空见惯，纵然有心存怜悯者也属寥寥。而先进的知识分子却另是别样。

且看这首诗：

> 西北风呼呼响，
> 冬天到了。
> 出门雇辆人力车，
> 车夫身上穿件棉袍，
> 我身上也穿件棉袍。
> 我穿着嫌冷，

他穿着却嫌累赘；
脱下来放在我的脚上，
我感谢他爱我，
他谢谢我助他便他。
共同生活?
活人的劳动！
死人的享福！

诗中的“我”，是个觉醒了的先进知识分子形象。

在寒风凛冽的严冬，车夫脱下自己的棉袍，蒙在“我”的脚上，“我”不但不嫌弃，反倒觉得有股暖流涌上心头，不禁感谢起车夫的关心和爱护。谁知，车夫竟也感谢起“我”给他以方便和帮助，表现了车夫的质朴、敦厚，及车夫和“我”之间真挚的人际关系，这与达官贵人、地痞恶少的骄横无理适成鲜明对照。

不唯如此，作者又进而联想到整个社会和国家，感叹人世间的不平与黑暗，劳动者流血流汗、创造财富，却让那些权贵豪门据为己有，任意挥霍，醉生梦死，这难道不正是所谓“活人的劳动，死人的享福”吗?

对立的阶级、对立的人生，这种局面焉能维持长久?“共同生活?”周恩来打了一个问号，他是否定的，他相信一场变革的风暴终将到来，整个中国都会因此发生巨大变化，连同车夫的命运。

无独有偶，半年多后，鲁迅写了篇小说《一件小事》，里面也是两个人：人力车夫和乘车的“我”——

行进中，一位老妇人横穿马路，却因破棉背心没有上扣而兜着车把，摔倒在地，车夫赶忙停车去扶。“我”怪车夫“多事”，且误了自己的路。而车夫对“我”的唠叨“竟不理会”，搀着老妇人到巡警分驻所去了。小说接着写道：“我这时突然感到一种异样的感觉，觉得他满身灰尘的后影刹时高大了，而且愈来愈大，须仰视才见。而且他对于我，渐渐又几乎变成一种威压，甚而至于要榨出皮袍下面藏着的‘小’来。”

小说中，作者以“我”的渺小，衬托了车夫的崇高，歌颂了劳动者不避责任、见义勇为的品质，这样严于解剖自己，也正是“思想改造”的内蕴。

因此，不妨说，无论是周恩来的《死人的享福》，对车夫的热爱，或是鲁迅的《一件小事》，对车夫的赞颂，都反映了“五四”时期先进知识分子的觉醒，他们看到了劳动阶级的力量，并且相信劳动者与统治者誓不两立，这就必然要发生社会变革，社会也因此将“无穷的进化”……

同期《觉悟》还刊登了“三六”（衫陆，即张若茗）的《急先锋的女子》，提出了一些“女子解放”的具体问题。文章写道：“女子解放从女子做起，不要等着旁人解放。”“女子必须具有一种革命精神去实行解放。”作者认为应当推翻迷信形式道德的观念、男女心理身体不同的观念、男女职业不平等观念，指出“革命二字，我们中国人最忌讳，以为提倡革命的人是大逆不道。据我看是极平常啊，因为争真理才有这种精神，人人应当具有的”，显示了作者在妇女解放运动中狂飙突进的胆识。

逸豪（壹号，即邓颖超）也在这期《觉悟》发表了一篇《为什么》，提出了“为什么看不起人？”“为什么不实行？”“为什么要染恶习惯？”“为什么嫉妒别人？”等一系列问题，对那些不良的行为习惯作了批评，提倡谦虚态度、民主作风和力行精神。

此外，该刊还登载了《学生根本的觉悟》、《工读主义》、《我们的姊妹》等文章，提出了学生除研究学术外，应该负起促进社会去谋人类幸福、社会进化的责任；应该排除学习的弱点，如意志薄弱、眼光短浅、虚荣自私、嫉妒孤僻、浮嚣盲从、骄傲武断、消极观望、不反省、没有真正的研究和批评态度等等，而应自觉、革新，创造学生的新生命，主张实行工读，劳心劳力互用……这些新鲜、大胆的见解，有着冲决思想罗网的意义。

《觉悟》只出了一期，由于接连发生北洋政府迫害学生的事件，觉悟社社员和社友都投身到紧迫的斗争中去了，特别是周恩来、马骏、郭隆真、张若茗等随后被捕入狱，第二期业已搜集的四十多篇文章，未及付梓。然而，如同《新青年》、《湘江评论》、《少年中国》等民主革命的启蒙刊物一样，《觉悟》在“五四”时代也留下了自己的足迹。

年初，曹锐着令天津各校提前放假，规定学生假期必须回家。事情源于两个月前的“福州惨案”，日军枪杀了焚烧日货的中国学生。这激起了举国义愤，天津爱国学生和民众开展了商号销售日货调查活动。接着，又在南开操场召开了全市规模的抵制日货国民大会，当场焚烧了在街市检查所得的十多卡车日货，这使直隶省公署感到不安，曹锐旋生提前放假之计，以扑灭这场爱国运动的热火。

在血与火中经受了洗礼的爱国学生是不会受骗上当的，采取了与之对应的举措。

觉悟社假法租界维斯礼堂地下室，开了三天秘密会议。

“‘提前放假’，是曹锐‘釜底抽薪’的惯用伎俩，我们要拆穿它，击破它。”昏暗的灯光下，谌志笃拭擦着眼镜片，愤愤地说。

“魁发成事件是导火索，”沉稳的郭隆真说，“烈火正在燃烧，曹锐想扑灭它，办不到。”

她所说的“魁发成事件”是这样的：

12 月 23 日晚上，学生在魁发成洋货铺，查出未登记的日货灯罩十七篓，按爱国团体的协议，这批日货应全部没收。但该店商人竟勾结日本浪人①殴打了学生并抢走了他们的检查证件。

---

① 浪人：日本封建幕藩体制瓦解后，大批武士失去禄位，到处流浪，没有固定职业，故称为浪人。日本向外侵略时，常以浪人作急先锋寻衅闹事，制造藉口，酿成事端。

第二天，天津学生联合会和各界联合会推派代表去省公署请愿，提交抗议。曹锐非但不惩办奸商，不与日人交涉，反派军警殴打并逮捕了请愿代表和散发传单、发行《天津学生联合会报》的学生。

第三天，警厅又下令查封了天津学生联合会和各界联合会会所，宣布解散一切爱国团体，并派出大批军警和便衣侦探，搜捕爱国运动领导人。

天津笼罩在白色恐怖中。两天前，马骏率各界代表去省署请愿被捕，周恩来等转入地下，继续开展斗争，而正在召开的秘密会议，则是至关重要的一次活动。

"救亡、爱国、牺牲、猛进！这是国民大会提出的口号，"谌志笃接着郭隆真的话说，"只要抱定这样的决心，胜利就属于我们。"

"要充分估计斗争的残酷，行动计划要比'双十'庆祝游行更为严密、周到，这就要细致分工、各负其责，认真检查各项准备工作。"十六岁的邓颖超说。

"对。"周恩来赞赏地凝视着觉悟社里这位最小的社员。去年夏天在南开礼堂，他就听过这个女孩的讲演，那时，她叫邓文淑，记得她身穿白衫黑裙，头上梳着S髻，那双乌黑的明眸灼灼闪光，有一副与她年龄不相称的雄辩口才。后来，他还应邀帮她排练过新剧《木兰辞》和《安重根》①。到觉悟社成立后，两人的接触也渐渐多了起来，周恩来把她看成一个小妹妹，刚才，听了邓颖超的发言，给他留下了少年老成的感觉，时代真锻炼人呀，他想。

"往下说啊！"周恩来正思绪纷然，关锡斌在他肩上拍了一下。

---

① 安重根：刺杀日相伊藤博文的朝鲜爱国志士。

“啊，”周恩来回过神来，笑了笑，说：“分工的事，可否由隆真、砚庄（若茗）、兰渚（方舟）和我负责请愿，文淑（颖超）留守接应，清扬南下宣传，志笃则负责学联地下工作……”

“可惜马骏不在……”有人说。

“是啊，”周恩来叹道，“否则，这次请愿的总指挥非他莫属。”转瞬，他一扬眉说，“不过，正因为如此，我们肩上挑起了双重担子，我们不仅要营救马骏等出狱，还要争取达到更大的目的。”

他的想法得到了众人赞同。接着又讨论通过了游行编队、行进路线方案和传单口号内容……

昼夜相接，废寝忘食，严寒把他们冻得几乎成了冰棍，唯有心是热的。远处，火车短促的叫唤越发衬托了夜的宁静，困倦折磨着每一个人，有的在屋里活动着手脚，有的硬撑着在小声嘀咕，有的则醉酒似的倚墙而坐打起呼噜，周恩来也难以自持，趴在桌上睡着了……

“天亮啦！”不知谁喊道。

周恩来被惊醒了。他睡眼惺忪，愣了一下，转身走到隔壁盥洗间，拧开水龙头，用彻骨的冷水浸润着自己沉重的、昏昏糊糊的额头，倏又使劲地搓了搓面颊。少顷，走出地下室，直往东马路而去……

太阳稍稍偏西，寒风瑟瑟，南开大学、北洋大学、直隶第一女子师范、商业学校、省立一中、南开中学、直隶甲种水产学校等，几乎全市所有中等以上的学校各路学生队伍，约五六千人，齐集东马路讲演并散发传单。

两点整，在周恩来等引导下，打着各校校旗的队伍，秩序井然地由东马路、经金钢桥大胡同，过金华桥到省公署，从东辕门进去，齐立在头道门大院内。这时，两座辕门前面均无卫兵把守，亦无人阻止，但头道门紧闭。请愿学生开始喊口号：

“驳回日本通牒!”

“拒绝青岛直接交涉,催办福州交涉,取消中日军事协约!”

“恢复天津学联原状!”

“释放被拘代表,不干涉人民集会、结社、言论、出版自由!”

门依然关着,不见省署有任何动静,请愿学生一面要求曹锐接见,一面在东西辕门附近向围观的市民发表演说。

“同胞们,同学们,”邓颖超边喊边跨上了东辕门一侧的石狮底座,“山东问题岌岌可危,福州交涉亦将谈判,际此风云,日益危急,吾国民理应一致力争,以取得最后胜利。”朔风吹着她神情激动的红扑扑面孔,“今天,吾等来此请见省长,要求两大端,即誓争外交和恢复天津原状,现吾等抱极大牺牲精神,省长不见,至死不去……”

这时,已有一批学生拥进西辕门,突然,从里面冲出一队荷枪的卫兵,在军官指挥下,阻止并驱赶进去的学生。接着,又有一队卫兵,跑出西辕门,冲进齐集在那里的请愿队伍。旋而,正中头门也冲出一支卫兵,实行夹击,不分男女,刀刺枪打,拳殴足踢,刹那间,卧地难以起立者数十人,头破血流腰折腿断者十余人,腿部刺伤、头顶裂口、胳膊手腕遭击脱者又十余人。围观之商、民各界,因躲避不及,受无妄之灾者亦有不少,景象惨不忍睹。

西辕门院内,仍聚有大批学生,只是,辕门已紧闭,无法进去。

隔了一会儿,省署刘稽查长、邢副官长来到请愿学生面前。

“省长近日患病,”刘稽查长抹着上翘的八字胡,面带忧虑地说,“尽管如此,省长仍决定抱病与诸位见面,但求诸位推选三四名代表,余者悉退出辕门。”

大家推选周恩来、于兰渚、郭隆真和张若茗四人为代表。

“省长果准接见,我辈负责维持秩序,”周恩来对邢副官长说,“但是,只准四人进去,请愿队伍暂难退出门外。”

“不退出就不见。”邢副官长说。

“省长不见，至死不去！”郭隆真回答。

双方在激烈争执。

“请再予十分钟限，我去请示……”刘稽查长话未说完就离开了。

“此为圈套！”

“冲吧，顶多一死！”

“缴卫兵的枪！”

……

人群骚动起来，乱哄哄的。周恩来转动着身子，打着手势：“安静，安静，”他大声说，“今日请愿，我辈抱极大牺牲，然亦须听从指挥和命令，请各校维持秩序，等候省署答复。”

骚动渐渐平息了，十分钟、二十分钟、半个钟头、一个钟头过去了，仍不见刘稽查长的影子，人群难安，有些学生愤而呼喊砸门。周恩来想这样拖下去不是办法，是采取行动的时候了。他见辕门下面的门槛未上，有个近尺宽的空隙，便对邢副官长说：“你们既怕开门，我们只好钻进去了。”

邢副官长未置可否，周恩来旋即匍匐钻了过去，另三人也紧随其后。刚进去，杨以德之子、副官杨福培即向郭隆真脸上打了几拳，旋又猛推张若茗，张若茗险些栽倒。等她们欲与之论理，杨福培已溜了。

此时，周恩来已攀上辕门背后的横栏，探首对聚在辕门外大院里的请愿学生说：“诸君请听着，我等四人已进来，诸君幸勿浮躁，静候回复。如无完满结果，代表至死不归。”他见人群中挥动着旗帜和拳头，又说，“如一个钟头后不见我等回来，即告失败，诸君要预作准备，继续奋斗……”

四名代表走后约十分钟，从西辕门外闯入一连武装卫队，由连长持刀指挥，逼迫学生退出辕门，但请愿学生在等待周恩来等的回来，不论卫兵怎样殴击，始终不动。

忽儿，从东辕门又出来一连卫队，与西辕门的卫队呼应，驱赶学生。学生组成人墙，步步进逼，将后到的卫队挤出东辕门。卫队并不甘休，反复冲入数次，以枪柄乱击，学生多半被迫出了辕门，惟有一部分抱牺牲者，任凭殴击，决不退缩，一心等待代表与省署交涉结果。可他们手无寸铁，受伤者颇多，随请愿者一道行动的红十字医护人员，只好将其中伤重者架出抬走。因医护人员不足，地下仍躺着众多的受伤者，而卫兵并未停止行动，殴击声和哭喊声连成一片……

辕门内，周恩来等屡屡求见，却无回音，四人焦急万分，移时，忽有保安警察多人拥来，两个架一人，将他们押解出门。途中早已实行戒严，南北交通断绝，时街道两边仍有观者，即便同情，却难以表示。蓦地，郭隆真高呼起口号："收回青岛主权！抵制日货！同胞万岁！学生万岁！"观众中有胆大者尾随其后，立即招致警察痛殴。

周恩来、于兰渚、郭隆真和张若茗，由西河沿被架至警厅门前，倏又趯入磨盘街，出东马路乐善好施胡同，送往营务处。随后，将郭隆真、张若茗押进一间破旧的空屋，周恩来、于兰渚则被押入正房一旁的兵棚内，由捕盗营的士兵看管。

周恩来身陷囹圄，却心系省署外的大批请愿学生，纵然他能想象出他们的遭遇，可他已不在他们中间，他担心警方对这些同学的追究，很快写了一张字条：

今日之事，无论如何，一切行动，概由代表负责。

四人具名后，周恩来将它递交营务处长。

这一天，是1920年(民国9年)1月29日。

与杨以德初次交锋——传讯——除夕——“四二奋斗”——移转检厅

监狱生涯开始了。

营务处原是监押死刑犯的地方，环境之恶劣且不去说，人格蒙受侮辱却忍无可忍，周恩来等多次抗议，各界人士又在外面交涉，直到九天后，才搭乘马车，被押解移转至警厅花园内的监房拘禁，途中被告知司法科长要传他们谈话。可是，一到警厅，司法科长却不照面，反将周恩来和于兰渚分别关入单独房间。两人拒不进去，提出非见司法科长不可，并与警察拉扯了一阵。之后，一名瘦高个、蓄有袁世凯式八字胡的警官走了过来。

“你就是司法科长?”于兰渚问。

“不，我是警务处长，”来者气势不凡，但口气温和，“你们有嘛想法？写出来给我。”

警务处长？想必就是杨以德了？周恩来迅速作出判断。杨以德讪笑着盯着他，忽又把目光移向于兰渚。想起此人对待爱国运动的所作所为，周恩来心中愤恨难平，轻蔑地投以一瞥说：“警厅凭什么理由拘禁我们?!”

杨以德未予回答，转身走开。警察将周恩来带到花园后面的四队三棚，于兰渚则关入头队头棚。

大约半个钟头后，杨以德背着手踱到监禁周恩来的棚子门口，像是自言自语：“爱国嘛错？谁不爱国？可是，学生爱国的法子太不对了，学生是被人利用了……”

“学生被谁利用?”周恩来被杨以德的阴阳怪气激怒了。

“那还有谁，冯国璋[①]呗！”

“他不是死了……”

“死了阴魂不散。”

“处长先生，”周恩来忽然旧事重提，“你也曾是冯国璋的人吧？”

“不错，”杨以德竟不以为耻，挥了下手，“那已成为过去。别忘了，现在，我是替段总理做事。”

杨以德的翻手为云、覆手为雨的品行，使周恩来为之齿冷，他不再与其磨蹭，说：“谁也别想利用我们，我们纯粹出诸爱国，你别糊弄人。”

“好，好，”杨以德说，“过几天，你见着马骏就知道，他已明白过来了。再说，学生请愿如何处置，完全是上边的意见，我绝没有一点主张。身为警务处长，我只管执行公务，是不会报私仇的，日久见人心……”

周恩来想，马骏是不会反悔的，杨以德不只是离间，而且在推卸自己的责任。他谈了此番请愿的大致经过，而后说：“我们学生做事纯本天良，丝毫没有恩怨在里面，可警务处却这样对我们，是何道理？”

杨以德听罢未作反应，只让警察将新缝的被褥取来分发给周恩来和于兰渚。离开时，他对周恩来说：“你有话尽管写出来拿给我看。”说完即走出花园。

周恩来有了写字的自由，下午便写了一份责问书送交杨以德。这之后，他了解到，马千里、时子周两位先生也都关在这里，还有商会秘书长夏琴西、《泰晤士报》经理孟震侯以及一些学生，

① 冯国璋(1857—1919)：字华甫，直隶河间人，曾协助袁世凯创办北洋军。袁死后，北洋军阀混战，冯为直系首领，与皖系段祺瑞控制的北洋政府对抗。1916 年当选副总统，1917 年代理总统，1918 年被段祺瑞胁迫下台，1919 年在京病死。

他十五岁的表弟陶尚钊[①]也被监禁于此。在不断交涉下，膳食有了改进，还争得了家人探视、学生会慰问的权利。

这时，周恩来渴望知道此前拘此的监押者的具体情况，特别想跟马骏取得联系。无巧不巧，这天，他上厕所碰到陶尚钊，得知尚钊可以见到马骏。于是，他给杨以德写了一个字条，说尚钊是他的表弟，要求准予见面。

杨以德让王视察员传话："处长说，你要明白是被人利用，只要明白这点，不但可以见陶尚钊，而且可以见马骏。"

"是不是有人要利用学生，我不知道，"周恩来回答，"学生本身问心无愧。不过，社会上有人随便诬蔑的话，我倒听见一些。"

"那你就把听到的写下来给我拿去让处长看，"王视察员说，"这样，免得我传话不清。"

"可以。"周恩来应道，旋即就写。

他洋洋洒洒写了几张纸，大意是，学生做事纯本天良，没有什么成见在心，有人传说学生演讲有人给钱，完全是谣言。至于国庆风潮，则因警方妨碍学生游行，摧残学生集会，所以学生才持反对态度。至于别人有什么作用，譬如什么某巨公运动的事，学生完全不知。等到省公署一役，"九·一念九"[②]运动，学生更问心无它，哪知因为地位问题，盘根错节，学生等遂为瓮中物矣……

字条自然转交杨以德了，可这位警务处长的许愿却杳如黄鹤，一去不返。杨以德的出尔反尔已在周恩来意料之中。一次，他遇于兰渚，于告诉他，曾开列书目，欲买《新青年》、《解放与改造》、《觉悟》等刊物，结果只让买了一本《新教育》。这使周恩来感到，监狱的自由实在少得可怜，争取自由和权利的斗争还仅仅开了个头。

---

① 周恩来祖母鲁太君是陶尚钊祖母的堂妹。

② 即1919年1月29日。

十天后，司法科相继传郭隆真、于兰渚、张若茗到违警裁判所讯问。次日，又把周恩来叫到司法科某科员住处讯问。

先是某科员发问，所问内容无非是省公署请愿、调查日货、学生联合会、各界联合会等等事项，周恩来乜斜着科员不作声。

“问你话呐，”一旁的司法科长高登甲耐不住了，“你们到省公署嘛事？”

“外交失败，国运阽危，请愿是让省署报告北京政府民心所向。”

“南开评议员出席学生联合会的是谁？”

“不知道。”

“学生联合会、各界联合会，是何人指使组织的？”

“不知道。”

“怎么总不知道，”高登甲紧皱眉头，“那魁发成事件之内情，你不会不知道吧？”

“警方难道至今未调查清楚？”周恩来反诘。

“是学生殴打店员。”高登甲嚷道。

“事实恰恰相反，”周恩来说，“只要看看《益世报》的报道便明白了。”

接着又问起“双十事件”和某些学生南下广东由谁指使，周恩来的回答是一概不知。

“我再问你，《天津学生联合会报》何人主笔？”高登甲颇为得意，逼视着周恩来，“这个，你总不能回避吧？”

“联合会报没有主笔，有三四个审查员，是合议制，不过警厅来立案的时候，是我出名，所以，要问联合会报的事，我可完全负责。”周恩来既不隐瞒也不推诿，“这个可指旧日刊说，现今出的周刊，是学生联合会改组后由新学生会出版委员会周刊股出版的，我是周刊股股长，却不是审查员。”

“学生联合会款项从何而来？”高登甲又问。

“是各界赞助者亲往会中赞助的，也有学生演剧募捐的。”

“现在款项归何人保管？”

“归经济委员会管。”

“该委员会何人负责？”讯问是连珠炮式的。

“这个我不能说，说了你们又要麻烦他们了。若问学生联合会经费状况，我同马骏就可回答你。”

短暂的沉默中，高登甲尖锐地乜斜了一眼，周恩来则依然如故，沉静以对。

“捐款的是哪些人？捐大宗款的是谁？听说林长民[①]也捐过你们的款吧？”高登甲矜笑着问。

“你们现在无权调查我们学联会的经济内情，”周恩来冷凝着面孔，“但我可以告诉你，林氏并没有给我们捐过款，你提他是嘛意思？”

高登甲眨眨眼，没答也没再问，命警察将周恩来带回棚子。

单独羁押，日子过得单调、寂寞。但时间却不因人间有种种磨难而停滞不前，转瞬，旧历年除夕届临。

这天，杨以德令警厅外面一家回教馆预备了五桌饭菜，让被拘的 26 人同到花园会议厅会餐。被拘者彼此消息隔绝了二十多天，现在得以相聚，不免一番畅谈，十分快慰。

杨以德脱了警服，戴顶瓜皮小帽，身穿黑缎长袍，故作豁达、随和的样子，于席间发表了长篇演说，在替自己评功摆好之后，他说：“……诸位先生将来出去，不要再一百八十个不含糊，要再进来，再住几年，诸位都要老了。人家念书毕业，从外国回来了，办实业，做大官，到那时诸位后悔可晚了。诸位先生们，将来出去好

① 林长民(1876—1925)：字宗孟，福建闽侯人。曾任进步党政务部长、北洋政府司法部总长。

好念书，学科学，升官发财，尽是你们的份儿哩……”

说着，说着，他的目光转向周恩来，脸上堆笑说：“周先生的家里人，不是在黑龙江做事吗？那里荒地有多少，学好了去开垦，那种事多么发财呀！”

杨以德的诱惑和愚蠢，令周恩来感到可笑，但他不想反驳，能有这样一次聚会，有了点自由，也实在难得，他不想冒出啥碴儿，被杨以德利用，坏了晚餐的气氛。

翌日春节，又有一次聚会，周恩来乘机将自己刚写好的两篇文章《独身主义》和《我的忏悔》交给郭隆真，请她设法转出去。

此后，警厅对待关押的师生等渐渐宽松了许多，各人的家属、朋友也可前来探视，没有多少阻碍了。

一天，郭隆真的妹妹来探视，郭隆真将周恩来的两篇文章交给妹妹。不料，让一旁监视的副官焦某见到，坚持要将文章交司法科长检查方可携出。郭隆真争辩未果，只好让妹妹拿了文章跟焦某去了司法科。高登甲翻了翻页码，目光一挑，对郭隆真的妹妹说：“稿子太长，总约有四万余字吧，等我看完再来取。”

郭隆真的妹妹无奈，怏怏走开。

隔了些日子，郭隆真的妹妹又来探视，并告知周恩来两篇稿子被扣的事，郭隆真大惊失色，同号的张若茗也十分不安，两人急得在监舍团团转。旋即，两人一起到司法科索要。

“稿子现时不能拿出去，因为要是登在报上，恐怕外边人批评，说人还拘禁着，为什么稿子可以传出去呢？何况，通篇邪说，对抗政府，上峰追究起来，敝科长担待不起。”高登甲说，“所以，现在暂留在司法科，等到大家出去后再给你们。”

“不行！”郭隆真说，“你得给我们。”

“可我只能按规定办啊！”高登甲说完索性走开了。

接着，郭隆真、张若茗又找了高登甲几次，仍旧未成。

不久，周恩来为此事跟王视察员交涉，回答的口径一样，总是

“等出去时发还”。但等到后来被拘的人移送检察厅时，周恩来、郭隆真去要，也未获得，而且，永远消失了。

4月的天津，依然春寒料峭。

2日一早，司法科传出杨以德的命令，要求各队警察严密看管被拘的人，不许相互往来。

杨以德无从知道，被拘的人有一个“预定计划”，正好用来对付他。“预定计划”限警厅于三天内速开公审，否则三天后全体绝食自毙，以申不受非法拘捕、不屈人格之志。

监狱形势即刻紧张起来，偏在这时，竟有警察放出闲话：“厅长还怕你们？都有玩儿票[①]的啦！”

这话激起海货同业公会代表尚墨卿的愤慨，随即写了几张字条缝在自己穿的衣服上，众人一瞧，竟是：

杨梆子玩儿票啦！
杨梆子快来吧！
我们绝食啦！

尚墨卿站在自己监舍门口晃动着，以引起众人注意。一时间，哄笑声、议论声不断。

接着，于兰渚等欲往门外散步、上厕所，警察却不允，使得矛盾更加激化，被拘的人遂将绝食限制改为当日实行。马千里、马骏、夏琴西、尚墨卿等都开始绝食，并将通告散发各个兵棚。但不知何故，时子周、孟震侯、周恩来、郭隆真、张若茗等却没得着这一通告，仍旧实行三日后绝食的预定计划。

第二天，马骏、周恩来等在厕所相遇，周恩来才知道昨已开始

① 玩儿票：天津土话，意思是杀了你们，都有人预备偿命了。

绝食，而且还听说尚墨卿已被关进拘留所。他们商量决定，尽快通知各兵棚被拘的人，一致行动，投入关押尚墨卿的拘留所，誓与警方较量一番。

“笃笃笃……”周恩来经过大堂，敲着马千里住室的窗户，没有回音，他使劲地敲并高喊道：“尚墨卿关进拘留所了，大家都去拘留所吧！马先生，赶快行动。”

回到花园，见三队和四队的副官都在一旁守望，他啥也不顾了，仍嚷着要大家去拘留所。旋而，他又急匆匆跑到郭隆真和张若茗那儿，通知她们。随后，他率先到了拘留所门口，推开阻拦的警察，跨进了门。紧随他的于兰渚、陶尚钊见状也闯了进去。时子周、李燕豪等跟警察推搡了一阵才闯进去，其余的人，却让增援的警察堵在拘留所外。

双方剑拔弩张地对峙着。

不一会儿，杨以德迈着八字步走来了。他板着面孔，靠近拘留所，朝里望了望，抻了下黑色制服，大声说：“我待你们不薄啊！”言外之意无非是你们怎么可以以怨报德呢？

“那是私人的感情，”不等杨以德往下说，周恩来顶了一句，“我们这是为大家的事。”

“这回是你们自己闯进来的，你们既然不知好歹，什么私人感情我也不讲了，好，你们进去吧，”杨以德转向身后的警察说：“把门打开，让他们都进去。”

于是，被堵在外面的学生迅速跑了进去，杨以德则在一帮巡长、队长和副官簇拥下，也进了拘留所。

杨以德让一名副官拿来纸笔，要周恩来、于兰渚、陶尚钊和李燕豪分别写下自己的名字，而后面向时子周，说：“子周，你也写上名字，这件事是你主使的了。”

“不是，大家的事，谁主使谁？”时子周回答。

周恩来跟着说道：“我们先进来，时先生是随我们来的，这怎么是他主使的?”

杨以德狡黠地觑了周恩来一眼,洋洋自得地笑了笑,说:“方才,你不是同着别人在厕所商量过吗?因你们在厕所聚会,我连保安队的营号都不叫他们吹了,怕的是你们有了聚集的时候……”

周恩来心中一咯噔,杨以德果然厉害。不过,他是想追究时子周的责任,焉能让他得逞?于是,争辩道:“时先生今天连厕所都没去。”

杨以德盯着周恩来,正欲说什么,突然,尚墨卿和一名叫陈宝骢的学生同时大嚷起来,杨以德凑过去说了一通,这才又回到周恩来等面前,说:“你们知道尚墨卿是为嘛事进来的?我好好的能够请他到这里来吗?他骂我,他写条子挂在身上骂我。从前,学生在外边演说骂我,我装作不知道。后来到我面前来骂,我也装聋不听。现在,他在里边骂起我来,我还能容忍吗?我要是忍下去,这班跟我的人看见,我的威信何在啊?”他显得很委屈,喋喋不休地,“诸位,街上骂人打架的事,警察还可以带到局子里惩办。难道他在我官厅里污辱官长,我就不告他吗?他的事不关系你们大家,我单个同他打官司。陈宝骢是他自己情愿闯入的,我绝没请他来。”他目光阴沉地巡睃着众人,“诸位总是不含糊,啥‘我们得一致’,诸位,你们坏就坏在那‘一致’上头。你们的事不是一事,你们总想一起出去,这是做不到的,这里头很复杂啦……”

“我们不是希望出去,我们是要求依法审判。”“最好是归法庭处理。”……众人七嘴八舌地说。

“归法庭的事,我总不赞成,在我这里我总好替大家想法子,”杨以德忽又变得和颜悦色,“我对大家没有成见,我要是对大家有个人成见,叫我‘男盗女娼’……”

这话引起一阵哄笑。周恩来回道:“我们也没有个人成见啦!”

杨以德啰嗦了半天，自己也觉得无趣了，领着一帮人走了。

下午，他把时子周（回教团体代表）和孟震侯（各界联合会代表）请到前楼的办公室谈话，一番折冲樽俎，杨以德同意将尚墨卿从拘留所放出来，并准大家在院内散步和到别人屋里研究功课。而时、孟所提按法律解决，杨则推脱，让时、孟去找司法科长商议。但这是一件大事，司法科长岂敢答复，只说需报省长定夺。这场斗争遂暂告结束，被众人谓之“四二奋斗”。

4 月 6 日，警厅蓦地闹腾开了。

谌志笃、赵光宸、郑季清、邓颖超、吴瑞燕等二十四人，背着铺盖来到警厅面见杨以德，杨见这等气势，忙让警察把时子周、孟震侯找来。

“我们的代表在此押了七十余日，我们心里实在不安。”谌志笃看着杨以德说，“现在，我们来要求替代他们，请厅长把我们二十四人留下，把他们二十四人放出去。”

“我没有这个权力，”杨以德晃着脑袋，“请诸位暂且回去等一等，我一定请示省长。省长要是准了，我必请你们去。你们可以把姓名住址写下来，可得写真的，不要叫我们没地方找去。”

“我是谌志笃，找我一人，我们全来。我们要是害怕，今天何必来呢?”

“你就是谌志笃!”杨以德打量着，“好，好，大名鼎鼎，我一定禀明省长，我要不禀明我是禽兽……”

“听说代表们已绝食，还听说商界代表尚墨卿因要探望生病难友，卫兵竟将他锁进木笼，如此惨无人道，我们实在放心不下。”邓颖超说，“如不允许我们代替坐牢，至少要面见我们被拘的代表。”

她刚说完，同来的黄辉、郑光、赵光宸又陆续发言，杨以德一副爱听不听的样子。

稍停，杨以德说：“绝食的事已取消了，不信你们可以问时、孟二位……”

时子周见各说各词，争执不下，考虑总得有个了结，遂对谌志笃等说：“诸位请回去吧，不必说啦，别说诸位进不来，就是能进来，警厅内不过添了二十四个人，有什么用处呢？我想警厅绝不能因为你们进来，就让我们出去，我们亦没有出去的道理，我们在里面无论受什么罪是为国，就是牺牲了生命亦值得。你们进来是为我们，太不值得了。诸位何不把为我们的心移到为国上头呢？再说，又何必全进来呢……”邓颖超等几名女生听了眼里扑闪着泪花。停了停，时子周转向杨以德，“让他们诸位进去看看，这要求也不为过。看看，也就放心啦！”

杨以德接受了这个要求，让他们分批到兵棚里去，谌志笃、邓颖超等终于见到了形容憔悴的周恩来，胡子拉碴的马骏和脸色苍白的郭隆真、张若茗等。借此机会，周恩来和谌志笃、邓颖超商定，聘请北京大律师刘崇佑[①]为这批被拘者辩护。

次日，事情出现了转机，在拘禁了七十五天之后，警厅将陶尚钊等三名未成年和患病者释放。随后，在夜色遮掩下，又将马千里、时子周、孟震侯、马骏、周恩来、于兰渚、郭隆真、张若茗、尚墨卿等二十一名代表，移送河北地方检察厅待审。

锁门风波——外面的世界——普罗米修斯——《别李愚如并示述弟》

夜幕遮天，星光暗淡，八点多钟，二十一名被拘代表被押至检厅。登记，预审，检查物品，折腾了整整三个钟头，十九名男代表

① 刘崇佑（1877—1941）：字崧生，福建闽侯人。曾任福建省咨议局副议长、福建省民政司次长、国会众议员、北京执业律师。

才被关进民事看守所，两名女代表，另在检查室旁划出一房安置。

随着“咔嚓”一声，房门被牢牢锁上了。

霎时，几个房间不约而同地发出了“不要锁门”的吼声，并伴有“咚咚”的砸门声。

眼前，仅过道顶上悬着一盏昏黄的电灯，号房里漆黑一片，每个房间的角落都放着一只粪桶，散发着恶臭，湿气和霉味也一阵阵袭来，境况比警厅还差，抗议声喧嚷不止。

“锁门是这里的规矩，不叫锁门，我管不了……”一名狱卒惊慌地说。

“我们要见厅长！”

“快让厅长来！”

“不许虐待请愿代表！”

代表们边喊边砸门，持续有一刻钟，检察厅长徐步善来了，代表们的激愤有增无减，徐步善让狱卒把各个房间的锁打开，招呼大家到过道来。

“诸位的案情大概，我都知道，”徐步善说，“但是，锁门是监狱的制度，并非对诸位特殊，希望能遵守。”

周恩来挤到徐步善面前申辩道：“我们是为抗争日本对中国的侵略，为爱国而被捕的，生死早置之度外，曾绝食要求移送法院审理，既到这里来，绝无逃跑的意思。”他的语气倏又忿慨起来，“可是，检厅把对付盗匪的办法加在我们头上，坚决不能接受。”

“锁门的做法甚于警厅，”马骏接着说，“反对限制我们的自由。”

“锁门，绝对不能接受。”过道里一片喊声。

徐步善有些尴尬，狱规不能破，可请愿代表也不能惹，拖了一会儿，最终他还是答应了代表们的要求，不再锁门。

锁门风波已告平息，徐步善却未离开，利用这一机会，代表们又纷纷提出各种要求，周恩来、时子周和马骏一旁商议、归纳。

“我们的要求只三条，”时子周对徐步善说：“（一）在关押代表的五个房间内，准许大家彼此来往、自由活动；（二）准许购买书报杂志阅读，家属同学送来书报，准予递入；（三）立即开始侦查，依次解决，不再拖延时日，浪费光阴。倘若检厅不纳，后果概由检厅负责。”

“这……”徐步善掀起帽盖，搔着头皮，犹豫半晌，才支支吾吾地说，“门既不关，也就表示诸位可以自由活动。报章杂志应可阅读，但需经厅里检查，至于侦查，应当抓紧，应当……”

这样，内外沟通和阅读书报的障碍，几乎全都排除了。这种扩大了的自由度，是足资可用的，在周恩来、马千里、马骏、时子周、孟震侯等推动下，代表们进一步组织起来，对各项活动作了周密安排，制定了起居时间和学习课程表。每日晨间做柔软体操（周恩来带操）；上午，预备接受检厅讯问；下午读书，课程有中文、英文、日文、数学、历史、地理、经济学、心理学等；晚间，八时例会，除有特殊事故外，全体必须到会，议事时不得无故退席；会后，研究社会问题和举办娱乐活动，十二时就寝。此外，各室每天设轮流值日一人，代表所在各室会商全体事宜，分头执行。又推选交涉员、公共卫生秩序视察员、会计庶务正副主任、娱乐委办等等，负责处理有关事务。

周恩来和马千里、于兰渚一道被推选为永久研究社会问题委办，他还被推选为新剧编剧员、职业讨论会暨商业讨论会筹备员，并负责办理读书团，审查公共读书法，记《检厅日录》等等。这一切，锻炼了周恩来统筹全局、领袖群伦的才干。

与周恩来一道坐牢的难友、天津商会秘书长夏琴西，数十年后回忆道：“……在这一系列的活动中，倡导、组织、擘划，以周恩来出力最多。尤其在这二十几个年龄悬殊、水平不一、信仰、出身各不相同但都具有爱国热情的代表中间，能做到相互了解，友爱团结,周恩来确是起着领导和表率的作用。”①

5 月初的一天,各界联合会的回教代表张绍山来会见。因检厅放松了监管,这些日子,来会见的人渐渐多起来。他们带来外面各种各样的消息,被拘的人几乎无一例外地期待着见到那一张张熟悉的面孔。张绍山也是其中的一个。代表们围拢他,请他坐下,一道道热切的目光汇聚在他身上。

不料,张绍山未开口就连连叹气,瞅了瞅马千里、时子周、马骏、夏琴西、周恩来等,说:“吾在外边听说你们几位的案子,因要顾全曹锐和杨以德的面子,大小得定个罪,判决的时候要宣布缓刑。”

“这怎么能接受?凭什么定罪?”时子周说。

“你别嚷,听我说下去。”张绍山取出香烟散发给在场会吸的,自己也点着一支,悠长地吸了一口,“你们几位如果到了判决缓刑的时候,就不必申请上诉了,出来就完事啦。”

“这不行!”马骏强烈反对。

“哎呀,你们被拘禁不知道情况,外面社会上,一班人的心都死了。”张绍山望着几副惊愕的面孔,“告诉你们,传闻商界有人提议,要给魁发成店铺挂匾,因为若不是魁发成叫来日本人打了学生,卖日本货的生意全都要关门收市。魁发成这么一闹,学生可就被镇压下去了,咱们可以照旧营业,这不应当念魁发成的好处吗?这些就是现在商界的一般心理。”

“事情怎么会这样……”夏琴西满面忧色。

“还不止此。”张绍山摇摇头,“再说教育界,张伯苓不是大教育家吗?不比我们明白吗?在座的有的和他共过事,有的是他的

① 见《“五四”运动在天津·夏琴西〈狱中生活片断〉》(天津人民出版社 1979 年 12 月版)。

学生。你们知道他现在是甚么心气？他是忽此忽彼的专跑上风。他是明白人，都反对爱国运动，全力以赴压迫学生，我们又何必呢？”说到此，他见马骏和周恩来在交递着恼怒的眼色，想将话打住，想了想，还是说了，“中华民国亦不是我们这几个人的，亡国后亦不专是我们受罪，亦不专是我们当亡国奴。”

“那你甘愿当亡国奴了？”马骏怒而发问。

“话不能这样讲，”张绍山辩解道，“我是想，白费力量，不但没人知情，还倒受人埋怨，我们这是何必呢？今天会见，限于检厅章程，不能与全体见面，我的意思请诸位转告吧！”

周恩来一言不发，送走了张绍山，他才对在场的人说：“张绍山的话，太让人灰心了。”

“他像是在招安……”马骏气得说不下去。

“情况或许如此，”马千里说，“可我们不能听之任之，不能当亡国奴。”

“无论如何，我们在里面的人不能动摇。”马骏攥紧拳头，晃动着直嚷。

“不应受影响。”时子周说。

“对，要想办法……”周恩来沉吟有晌，说。

接连几天，周恩来浓眉难展，商界的摇摆，他并不感到奇怪，过去就有过，凡事，他们总脱不了生意人唯利是图的本性。可是，张伯苓为何又那样呢？莫非是他的儿子张锡禄在“九·一念九”中挨打惊吓了他？也许是也许不是，早在去年8月学生进京请愿期间，他受北洋政府电召曾赴京劝说过学生。再往前，从差点接受曹汝霖捐款，亦可看出，他跟北洋政府、安福派一直纠缠不清。固然他没有公开阻止过爱国运动，可是，以他的名望、地位却专跑上风，这不说是沆瀣一气，起码也是不光彩的行为……想到这些，周恩来对这位赏识过他、帮助过他的校长，心中萌发的不只是怨尤，而且有气愤。可是，现在面临的是跟检厅、跟曹锐的斗争，他不能把矛头转向张伯苓。

那么，究竟怎么办？

一天下午，谌志笃来会见，给他捎来一封东京的信，一看笔迹便知是王朴山的。归国已有一年，他没有忘记这位挚友，再忙，他也有信东渡，告知朴山自己在国内的种种，朴山也有回信。不过，在狱中收到朴山的信却是头一回。他忙拆开，随信附有一首《寄翔宇》的七绝，当着志笃的面，他兴奋地念道：

一年不见思情苦，万里遥瞻心绪焦。
敢问何时伸夙志，不堪国本日飘摇。

念着，念着，他的神情暗淡下来了，他的思绪飞向东京，良久无言，沉浸在对友人的思念之中。他的被捕，朴山是知道的，这消息通过报纸早已传到东京，朴山也一直为他担心。可是，为了国家，他已将生死置之度外。是的，他也曾希望朴山回国，与他并肩投身爱国运动。但朴山有朴山的情况，又何必勉为其难，让他继续在那边求学吧……

"恩来，你想什么呢？"谌志笃见他发愣，旋问。

"啊，我只是有些想朴山，多好的人呐。"周恩来向谌志笃大致讲了些王朴山的情况，忽又话头一转谈起那天张绍山来的事，问道，"志笃，情况是不是如他说的那样？"

"商界动摇是事实，张伯苓也有那个意思，"谌志笃说，"只是，想当亡国奴的毕竟是少数。真的，现在，参加爱国运动的人，都把眼睛盯在你们这儿，不知近日情况怎样？"

"与前没有什么变化，张绍山说的那些，也只少数人知道，不过，也有可能传开来。我在想，当务之急是稳定情绪、武装头脑，自然，这不仅仅是应急，也基于长远的考虑……"

"对啊，"谌志笃说，"应当这样做。"

谌志笃的赞同，使周恩来受到鼓舞。接着，他又把这些想法跟马千里、时子周、马骏等商量了一番，他们也都有同感。

5月16、17两天，他们连续召开了“特别讨论会”，以稳定情绪，统一认识。明确了“今后的目的，注重在社会的根本改造”，主张“分成小组织去实现，以期不因应酬，妨碍根本的改造事业”。并决议，出狱后要办小报“灌输平民知识”；组织讲演团，轮流向城市乡间出发讲演合乎市民的、有系统的知识；组织小学校，推行贫民教育，等等。

在周恩来看来，要不受任何社会风浪之影响，坚持做到这些，灌输进步和革命的学术，是非常必要的。其实，两天前，也即张绍山来后第四天，全体会议即议决由他介绍马克思学说。他读过《新青年》、《向导》等刊物，尤其是比较系统地读过河上肇博士的著述，博闻强记，成竹在胸，他是能够介绍的。

马克思学说，对狱友中的大多数来说，是闻所未闻的，都有一种新鲜感。而周恩来在狱中传播这“异端邪说”，委实像普罗米修斯偷取火种到人间，无疑是件危险的事。可他想到的是复杂的斗争，是狱友，是未来……

二十个人聚在一起，外面，虫声唧唧；屋里，闷热蚊扰。但大伙儿的神情都很专注，静静地听周恩来在说：

……七十年前，也就是1849年，马克思被法国政府逐出巴黎，移居英国伦敦。从那时起，花了整整十年时间，他精心研究了大英博物馆中有关政治经济学的全部藏书，终于在1865年，完成了他的《资本论》初稿。随后，又经过一年多的修改、加工和誊清，于1867年秋天，《资本论》第一卷在德国汉堡问世，他该是何等激动啊！

在《资本论》第一卷中，马克思研究了政治经济学的基本问题：财富是从哪儿来的？利润的泉源是什么？他以自己的研究成果揭示了资本家发财致富的根本原因。可以说，在这一卷中，包含了他关于价值、工资和余工余值学说[1]的全部基本思想。

马克思完全是自愿地担负起数十年如一日，为人类解放事业奠定理论基础的。他放弃了尘世间一切娱乐和享受，拒绝一切妥协和诱惑。他说过："今后不管遇到什么障碍，我都要朝着我的目标前进，而不让资产阶级把我变成一架赚钱机器。"……他的意志像钢铁一样，对他来说，不知道什么是动摇，什么是退缩，什么是屈节，他总是百折不回，勇往直前……

周恩来吐词清晰，语带情感，听者都觉得饶有兴趣，不知不觉两个钟头过去了，他暂告一段落。

"往下讲啊！"有人提议。

"时候不早了，还有事要商量，"周恩来笑道，"诸位既然想听，改日我再说。"

事实上，周恩来就这个题目，在狱中作了多次讲演，《检厅日录》这样记载：

5 月 14 日。晚上会议……内容是：

（一）决议讲演会世界工业革命史讲完后，由周恩来介绍马克思学说。

（二）……

（三）……

5 月 28 日。晚间全体会，周恩来讲马克思学说、历史上经济组织的变迁同马克思传记。

---

① 余工余值学说：即剩余价值学说。

5月31日。晚上全体会……演讲会仍由周恩来讲马克思学说、唯物史观。

6月2日。晚上聚会。演讲会仍由周恩来讲马克思学说、唯物史观的总论同阶级竞争史。

6月4日。晚间聚会。先开演讲会,仍由周恩来讲马克思主义——经济论中的余工余值说。

6月7日。晚上会议……先开演讲会,周续讲马克思学说——经济论中的《资本论》同《资产集中说》。今天,马氏学说已讲完了。①

在中国共产党诞生的前一年,又在监狱这个特殊环境中,如此热忱、系统地宣讲马克思主义,这在20世纪初叶的中国,周恩来是第一人。

监狱可以是修养品德的熔炉,也可能是消磨斗志的场所,被捕的代表多数是青年学生,未经受多少考验,出现情绪低落、急躁、失望,甚至幻灭等等,都在所难免。演讲马克思主义,在于宣扬革命的理想和节操,但这不是监狱生活的全部内容。好在,这里既有马千里、时子周、孟震侯、夏琴西这样阅历丰富的师长,又有马骏、郭隆真、张若茗、于兰渚等斗志弥坚的同学,周恩来跟他们一道,在狱中组织了一系列丰富、有趣的活动,譬如开纪念会、庆祝会以及举办经常性的文娱晚会,使大家生活得愉快并有意义。尤其是文娱晚会,形式活泼多样,曲艺、相声、京剧、话剧、唱歌、棋赛、笑话、灯谜、智力测验、幻术(魔术),等等,周恩来擅长清唱,曾多次登台表演。所有这一切,使监狱始终充溢着集体主义、乐观精神和团结战斗的气氛。

---

① 以上所引见1926年“又新印字馆”刊印之《检厅日录》。

周恩来从不放过每一个契机，把大家的注意力引向心系天下。

4月28日，是巴黎和会正式表决山东权利同青岛归日的日子。这天，周恩来在《检厅日录》中写道："这种可耻的纪念日，很能让我们在狱里的人生出许多感想。"在当晚的全体人员会上，他详述了山东问题的始末：

> （一）德国占据青岛的情形；（二）青岛被日占据；（三）日人处置山东的横蛮；（四）中国参战的波折；（五）中国失去山东的自认；（六）和会处置山东的经过；（七）拒签的情形。

他的翔实介绍，使大家对山东问题的来龙去脉，有了明确印象。会后，他还撰写了新闻稿交探监的人带出在报上登载。

几天后，欣逢"五一"国际劳动节，周恩来同马千里、时子周、马骏等商量，举办了庆祝晚会。他们以三扇门板搭成一个简易舞台，缝合几条被褥悬作幕布，组织了一支三四人的"小乐队"，但"演奏者"并无乐器，而是用口舌发出类似锣鼓、胡琴等的声音进行伴奏，真是无奈中别出心裁的幽默。

接着是"五四"运动一周年，周恩来在当天的《检厅日录》里写道："回想去年今天学潮突起，引得这一年来的学潮起伏，有无穷的感触，当然是各人脑中所不能免的。"下午和晚上，他们举办了庆祝会，周恩来担任主席，由马骏报告"五四"运动一年来各方面之经过。

5月7日，是袁世凯与日本签订"二十一条"的日子，这天的《检厅日录》，周恩来写道："今日'五七'国耻纪念，大家都存在一种极深刻的悼伤同奋斗的观念。传单由大家抄好，下午分送给民事羁押所。"

是的，他们不仅“存在一种极深刻的悼伤”，而且更有“奋斗的观念”，他们将纪念通知单抄送民事羁押所各号，使更多的人毋忘国耻，继续奋斗。

在狱中，周恩来尽其可能，对难友予以多方关照，总看成是自己应当做的。

4月11日，即他们移至检厅兵棚的第四天，正好是郭隆真的生日，可她与张若茗另处关押着，不能与大家见面。周恩来却想起了这事，于是众人推他和另一位同学，给郭隆真送去镶国旗的镜子一只，这出乎意外的礼物，使郭隆真感动莫名，很快回了一封热情的信：“蒙你们诸位祝我的生日，我实在感谢，一鞠躬；劳你们诸位的精神，作个纪念品，二鞠躬；叫我的精神愉快百倍，三鞠躬。”

类似的生日庆祝，还有陶尚钊、时子周等，此外，对生病的陈宝骢、张若茗等，周恩来也都关怀备至。

他还和马千里、时子周一道，将新剧的舞台搬到狱中，先后演过几出新剧，其中有揭露封建土豪劣绅残害人民的《新村正》；有表现弱小民族反抗强敌的《救国镜》；有反映旧道德、旧思想对人之毒害，宣扬社会改良的《一元钱》等。这样的演出，对难友是个鼓舞，而狱卒则感到新奇，并从中受到教育。有的狱卒观看时，不只为生动曲折的情节吸引，而且，有感于“善恶照影”，不禁潸然落泪，表示再不做压迫爱国之士的伤天害理之事。

周恩来身在狱中，来会见的人虽不说天天有，却也很少断过。6月8日上午，觉悟社社友李愚如来了。李愚如和郭隆真、邓颖超、张若茗同为直隶第一女子师范同学，而她的恋人潘世纶又是周恩来读南开时的同班同学。去年，《天津学生联合会报》创办时，潘世纶中断了金陵大学的学业，返津协助周恩来办报。后虽进了刚开办的南开大学，但只挂个名，主要时间仍花在办报上。等到《天津学生联合会报》停刊，潘世纶又去了金陵大学。今天，李愚如实际上是来告别的，她打算赴法留学。周恩来对她这样做甚表赞成，交谈中多有慰勉。李愚如离开后，他系念难抑，当即成诗一首——《别李愚如并示述弟》[1]：

三个月没见你，
　进步的这般快了。
前些日子念强[2]来说，
　你要往英，
　　我以为不过说说。
过几天丹文[3]又来说，
　你要往法，
　　我也以为不过说说。
哪知不几天，
　你来别我；
　当面告诉我，
　　你能去了，
　　你竟去了。

述弟来信告诉我，
　说你给他去的信道：
　　"……况且我是个人，
　　可以做工自给的；
　　无论如何，
　　总不至饿死他乡！
　　你要知道！

---

① 述弟：潘世纶，字述庵。此诗和后引之信，原件存天津历史博物馆。
② 念强：即陶尚钊，周恩来之表弟，南开学生，觉悟社社友。
③ 丹文：即赵光宸，南开学生，觉悟社社员。

幸福是要自己去找，
株守相等，
是没有得到一日的……”
你别时也同我说：
“……买四等票，
坐三等舱……
……勤工俭学去
念一年书后，
工读自助。
……研究实用理论；
本我的志趣，
辟我们女子的生计独立、
精神独立的自由径路；
保我们女子的人权天赋……”

念你的精神，
你的决心，
你的勇敢，
兴勃勃的向上，
全凭你的奋斗壮胆。
出国去，
走东海，南海，红海，地中海；
一处处的浪卷涛涌，
奔腾浩瀚，
送你到那自由故乡的法兰西海岸。

到那里，
举起工具，
出你的劳动汗；

造你的成绩灿烂。
磨练你的才干;
保你天真烂漫。
他日归来,
扯开自由旗;
唱起独立歌。
争女权,
求平等,
来到社会实验。
推翻旧伦理,
全凭你这心头一念。

过南京!
见着述弟;
想象中下关车站,
黄浦江畔,
一刹那的别离难。
同在世界上,
说什么分散。
何况情意绵绵,
"藕断丝不断。"
两月后,
新大陆[1]又见述弟的足迹。
大西洋的波澜,
流不断你们的书翰;
两个无线电杆,

① 新大陆:指美国。1920年9月,潘世纶(述庵)去美国留学。

矗立在东西两岸，
　　气通霄汉。
三月后，
　马赛海岸，
　　巴黎郊外，
　我或者能把你看。
行行珍重！
你竟去了。
你能去了。
三个月没见你，
　进步的这般快了。

——九[①]、六、八下午恩来作于
天津地方检察厅看守所

诗写罢，他看了一遍，觉得意犹未尽，旋又写下一封短札[②]：

愚如：

你走了，不能送你，我做首诗送你吧！今天我从下守四点钟做起，做到六点半钟，居然成功了。这首诗的成绩，在我的诗集里要算是“上中”了。

你看看怎样？到南京请给述厂[③]看看。海船无到，你能本着“天籁”[④]和我一首吗？

别了！三个月后，或者能见着，希望了。

① 九：指民国9年，即1920年。
② 周恩来这首诗并信，存天津历史博物馆，见《周恩来青年时代诗选》（人民文学出版社1978年12月版）。
③ 述厂：即潘世纶，字述庵，又名述厂。
④ 天籁：自然界音响。后亦称诗歌不事雕琢，得自然之趣者为“天籁”。

天安①也有一首诗送你。

恩来

九、六、八

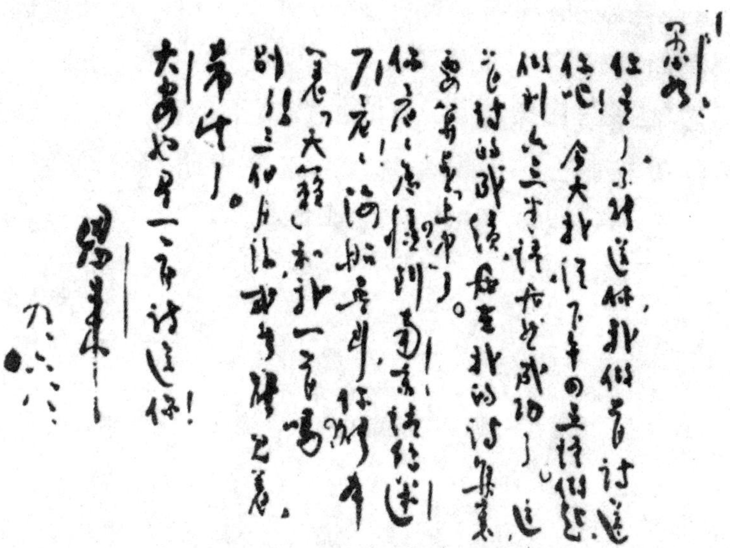

周恩来狱中致李愚如信的手迹

周恩来在这首不事雕琢、得自然之趣的长诗中，热情赞扬了朋友的进步，对李愚如克服经济困难，冲破家庭阻力，为获取知识、寻求真理、磨练才干这种“兴勃勃的向上”的进取精神，给予很高评价。

诗中还勉励李愚如他日学成归国，能“扯开自由旗”、“唱起独立歌”，为“争女权，求平等”、“推翻旧伦理”而斗争。并殷殷叮嘱

① 天安：即马骏。“五四”运动中，因指挥京、津数千学生向总统府请愿，大闹天安门而得名“马天安”。

和提醒她，勿因暂时的别离和爱情所困扰，而动摇赴法留学的信念，影响未来的前途。

自然，其含义不仅如此。

周恩来还在诗里表达了自己一旦获得自由，也要赴欧留学寻求真理，为祖国独立、自由而奋斗的心迹。结尾则流露了浓厚的惜别之情和对朋友进步的由衷欣慰。诗并信由前来会见的陶尚钊转给了李愚如。

惜别，欣慰，憧憬……种种复杂的情愫在诗中交织着，周恩来渴望有那么一天，也能赴法留学，奔向自由，奔向光明，奔向真理！

然而，严峻的法庭斗争正等着他。

法庭上——陶然亭聚会——抉择——温馨的海河之夜

善恶混淆，是非颠倒，司法界包裹着层层黑幕。

移送检厅，速开公审，按法律解决，原是被拘代表的愿望和要求，可他们想得太简单，并不了解司法机关的因循拖拉。那种有案不问，问案不结，有的案件几年搁置，有的等候判决被羁押数载，人身自由、当事人的损失都不予考虑，这些已屡见不鲜。

4 月 12 日，被拘代表移送检厅五天之后，检厅才开始侦查。次日，被拘代表递了二十一人辩诉状，这之后，检厅才断断续续开庭，分别讯问被拘者，有时连着几天上下午都开庭，有时只上午或下午开庭，有时几天也不开庭，讯问反反复复，无非是那些尽人皆知的事。5 月 20 日以后，就停止开庭侦查，被拘者无辜地囚于牢房，直到 6 月 17 日，他们才被告知，案件已于两天前，由检察厅送交审判厅。

不久，谌志笃探监时告诉马骏和周恩来，刘崇佑大律师已欣然允聘，此外，还聘请了钱俊、蓝兴周两位律师，组成律师团，作庭审辩护。目前，三位律师已得审判厅通知准许入厅阅卷，可于7月1—2日开庭。

7月1日这天，由周恩来起草，并与于兰渚、郭隆真、张若茗联名给刘崇佑大律师写了一封信①，提供了1月29日省署请愿有关情况，辩驳了检厅强加给他们的“罪名”，信中写道：

> 省署请愿一案，检厅起诉案由，系注意在“强暴胁迫，不服解散”。从此点上，我们愿意与先生声明者数事：
>
> 1. ……我们请愿省长的目的，检厅既认为合法，当然无所谓“强暴胁迫”的意思了。
>
> 2. 我们要求往见省长，邢副官长屡次传达，均言省长可以接见……大家的秩序很好，我们不能让他们退出去。
>
> 3. 我们四人钻进去的时候，确得邢副官长许可，因为我们本是见省长的代表。
>
> 4. 四人进去后……邢副官长没有向我们四人说解散大家的事，并且我们在门里边，又在兵棚里坐着，有许多兵守着，更无对外边负解散责任的道理。
>
> ……

7月6日，一场暴雨跑马似地从空中掠过，原指望暑热稍有减弱，结果，人依然像罩在蒸笼里似的。

审判厅正式开始审理“省署请愿”一案，上午九时三十分开庭。周恩来、马千里、郭隆真等二十一名请愿代表，被陆续带入法

① 原件存天津历史博物馆。

庭，旁听席上的各界人士向他们投以安慰和鼓励的目光。

刑庭庭长俞钟主审，陪审推事二人分坐俞钟左右，检察官、书记官坐在推事一旁，刘崇佑、钱俊、蓝兴周三位律师也在律师座上入坐。

开庭后，俞钟逐一讯问了二十一个人之姓名、年岁、籍贯、住址和职业，问毕，即令退出。随后，十七家经售日货的洋货庄代表进入法庭，分别加以讯问，最后讯问了魁发成的店员裴唐仙等，不过是例行的法庭调查而已。

第二天，上午九时十五分开庭。

马骏生病未到庭，周恩来等在候审室或坐或站，此刻，一个个从容镇定。早在审判之前，他们已仔细研究了检厅起诉书的副本，准备据实回答庭讯。但讯问是过场式的，拖拖拉拉进行了四个钟头才退庭。

8 日，是公开审理的第三天。这天，前来旁听者异常拥挤，审判厅前已无插足之地，入庭旁听者达百余人，在庭外候立者亦有百余人，都密切关注着此案的审判。

周恩来、于兰渚、郭隆真、张若茗四人，被控有“妨碍安全及骚扰罪”。

检察官陈述起诉状后，蓄着长髯、鬓角霜白的刘崇佑大律师站了起来，沉静的目光，由审判官倏地移向检察官，稍停，开始发言：

> 本案事件，由于力争外交、抵制日货而起。此项心理，此项举动，实吾全国人民所同情，而为民族自卫之天职也。

旁听席上腾起一片兴奋的议论声，有的甚至击掌叫好。

“肃静！”俞钟敲着木槌在喊，“请律师继续发言。”

……国势危殆，由于内争，遂召外侮，今日幸而有一致蓬勃对外之民气，一伸于其间，行政当局不能善为调护，使之顺轨而趋，以收后盾之效；乃一激再激，枝节横生，继酿大狱。始则以军警强压制之威，继则以因辱吐意气之愤，义烈急公之士相继被捕。按起诉文所列事实之总纲，首称交涉日亟，学生抵制日货，以为后援。全国风靡，津府亦然。是则抵货风潮，为吾国人对外感愤之公意，并非触犯刑章，固检厅所明认也……

刘崇佑声音豁朗，顿挫有力，在对起诉文逐项批驳之后，旋又转向替周恩来等四人辩护，他说：

当日省长公署之请愿人集至数千，各团体皆有，足见公意之所在，决非周恩来等区区男女学生之所为。集聚目的在于请愿，在于求见省长，以述舆情，并无他意，非可厚诬。省长已许进见，且已遵命举出代表，始终无被拒之事，更无所谓解散，是条件之无一合也。

检察官和审判官不安地交换着眼神，却不能阻止大律师的侃侃而谈：

周恩来等系省长许见时举出之代表，无论如何进门，皆不能影响于许见之事实。若谓大门关闭，由门槛钻入，即为不许见之证凭，然不唯邢副官长自称实曾许见，且周恩来等入门之后，卫队不予驱逐，反加招待，邢副官长又以门外拥挤，使周恩来登梯劝止之。则周等四人之入内，不得谓非经代表省长之邢副官长之同意也。

旁听席上忽又出现短暂的兴奋骚动，瞬间复归平静，听刘崇佑继续辩护：

省署门槛，日间向不安设，尽人知之。惟无门槛，故周等可从此钻入。否则欲破槛，不如破门之为易，岂有门则无恙，而门槛独被取去之理。故门槛损坏，决不得谓由于周等四人所为。检厅似未可以此浅而易见之事实，轻以诬人。且所损坏之门槛，是否年久失修之自然损坏，抑因人为之损坏，且为何时损坏，检厅虽经调查，而全无以证明之，又何见今日损坏，即为前日钻入者之所为。至若门外之人为骚动之事，则其时周恩来等已属槛内人，不能负槛外责任。

说到这里，大律师环顾法庭上下，目光最后停在检察官脸上，语气变得越发凝重：

辩护人以为因省长许见，而始进见；被告人等即服从命令，非不服从命令；省长既已许见，后又不见，且因门外骚动，乃捕遵命进见之被告人，则其过实在省长。即令门外之人有过度之举动，被告人且徇邢副官长之请，登梯而劝谕之，何以反以被告人为门外骚动者之替人。检厅此项起诉，尤属滑稽无庸讳矣。①

刘崇佑的辩护义正辞严，丝丝入扣，对起诉理由和量刑依据逐项反驳，对案情予以分析阐明，将检察官的悬揣臆断击得粉碎。审判席上面面相觑，旁听席上喜形于色，周恩来等则将感奋的目

---

① 此“辩护状”见《检厅日录》。

光一齐投向刘崇佑。

接着,钱俊、蓝兴周两位律师也作了相关的辩护。

“周恩来,你们有什么要说的吗?”俞钟问道。

“三位律师所说的,也正是我等四人要说的。”周恩来沉着应对:“一念九[1],因感外交失败,请愿省长,拒绝直接交涉,并请释放代表,恢复天津原状。到省署辕门时,有邢副官长接洽,据云见省长是可以的,惟需举出代表来。我们举了四人出来,彼时大门已闭,叫我们绕走便门。我们因外交事迫,故要求由门坎下进内,亦得邢副官长之许可。进署后,邢副官长叫我登梯报告大家静候回信,又将我们让到卫队棚中,给以茶水,极为和平,约有一时许,突有保安队来叫我们走,两人架一人,送到营务处,此是始末情形,望审判长明察。”

于兰渚接着说:“检察厅以强暴胁迫,不服解散之骚扰罪起诉,试问省长是中国行政长官,学生是中国学生,以中国学生请愿于中国行政长官,何以谓之‘触犯刑律’?倘省长为日本省长,学生为中国学生,加以骚扰罪名,或可有之。”

“放肆!”检察官猛然跳了起来。

“让他把话说完。”俞钟望了一眼检察官。

“没有什么要说的了。”于兰渚哂然一笑。

“郭隆真、张若茗,你们有什么要说的吗?”俞钟又问。

“周、于二位说的就是我们的意思,”郭隆真说,“在警厅时,我们即要求司法裁判,相信以神圣司法机关,或放一线光明,虽在权威之下,必有司法独立之精神也。”

起诉,辩护,陈述,不知不觉已逾规定时间,俞钟宣布休庭。

翌日再审。

刘崇佑等律师,作了与昨相似的辩护后,周恩来被允陈述。

---

① 一念九:即一·二九。

“检察官以学生请愿为合法，而又依据刑律第一百六十四条起诉，是检察官自相矛盾。”周恩来瞅着眼前这位臃肿的官僚说，“去岁各省代表赴京请愿总统数次，亦未闻有加以刑事处分者，以总统之尊严尚且如此，况一行政官吏乎？”

“说得有理！”旁听席上有人在喊。

“肃静！”俞钟又敲响了木槌。

“若是省署门外有骚扰行为，即宜捕获治罪。”周恩来继续申辩，“我等彼时已在省署之内，焉知署外情形？如此起诉，已无法律可言，且是对法律的嘲弄。”

“周恩来，别忘了你是被告！”俞钟气急败坏地喊道。

“孰为‘被告’？”周恩来盯着俞钟，“这要靠民意裁决，让历史证明。”

“嗨，简直……”俞钟一挥手宣布，“休庭！”

7 月 17 日，是开庭宣判的一天。

午前，各界前来旁听的人已聚集在请愿代表拘禁的院内，谌志笃、邓颖超、关锡斌、陶尚钊等也都早早来了。门禁已不像以前严了，相互交谈时再没有“录事”一旁笔记，气氛显得较为轻松，人们似有一种被拘者有可能从轻发落的预感。

午后两点开庭，面对挤满法庭和拥立在门窗处的无数人群，俞钟以刻板的声音逐项宣读判决书：

“……马千里、马骏、孟震侯、时作新（子周）……共犯私擅监禁罪，各处五等有期徒刑二月。

……

“周恩来、于兰渚，共犯骚扰罪，各处五等有期徒刑二月。

“张砚庄（若茗）、郭隆真，共犯骚扰罪，各课罚金六十元。

“尚墨卿犯违警罪，处拘留十日。

“被告人等未决期内，羁押日数，均准折抵。以上被告，在押二日抵一日，在押二日折罚金一元，均足执行刑罚终了之期。”

最后，俞钟宣布：

“所有被告，即日起予以开释。”

人群中爆发出一片欢呼声，各界人士纷纷拥到代表身前，把他们团团围住。

“隆真姐、若茗姐，你们受苦啦！”邓颖超拉着两位大姐的手，一个劲地说。郭隆真、张若茗激动得泪花扑闪，竟顾不上回话。

“武陵，逸豪，”一旁的周恩来叫着觉悟社给谌志笃、邓颖超起的代号，说，“若不是你们背铺盖来要替我们坐牢，若不是各界声援，我们怕不会这么快出来哩！谢谢你们，谢谢天津各界代表。”

“马骏呢？”邓颖超尖着嗓子问，“马骏在哪儿？”

满脸胡子的马骏闻声从另一处人丛中钻了出来，突然出现在邓颖超面前，抚着胡子风趣地说：“马天安在这儿哩！”

少顷，代表们在审判厅前摄影留念。随后乘上各界备好的汽车，沿途，人群簇拥，鼓乐奏鸣，他们被迎往总商会，出席各团体联合举办的欢迎会，每人胸前都佩戴着各团体赠送的大红绸花和“为国牺牲”之银质纪念章。

出狱后的合影。第四排右二为周恩来，第一排左为张若茗，右为郭隆真，第二排左二为马骏，左三为陶尚钊。

会上，马千里演说，介绍被拘人出狱后的志愿，时子周致谢词，周恩来报告在狱中情形，张若茗报告入营务处情况，各界人士也都有欢迎演说。散会后，售品所、公教耶稣教慰劳会给每人送了一面镜子，喻“心如明镜”。颇有兴味的是老绅士冯骏甫送每人一把扇子，并在上面题诗一首：

囹圄羁縻半岁余，群公何事掷居诸。
多因爱国遭兵警，翻被抛家厄史胥。
志士同心光历史，谳员无法定爰书。
愿得民意回天意，瀛海澄清捕鳄鱼。

诗予请愿代表以高度评价，他们是受之无愧的。

监狱生活至此结束。

旧的一页翻过去了，而新的一页又会记载些什么呢？

出狱前，周恩来和马骏已被张伯苓开除了南开大学学籍。这一做法，引起了校内外普遍义愤。与周恩来、马骏同狱的马千里，时任南开大学庶务主任，尽管是张伯苓的妹夫，对此亦深感遗憾和不平，遂毅然辞职。张伯苓竭力挽留，并两次派人送月薪上门，马千里坚拒不纳。

去年 9 月，周恩来注册入南开大学，弥补了旅日未能考上大学的遗憾。但事实上，他几乎没去南开大学上过课，而是开始了一个职业革命家的生涯，对于南开大学的除名，他倒也平静。在狱中，他即萌发了出国的念头，南开不能读，赴欧留学岂不更好。何况，目前，无论是天津学生联合会或是觉悟社，仍有许多事需要他去做，觉悟社则是重点。

入狱期间，周恩来一直没有中断与觉悟社的联系，他跟狱中的社员马骏、于兰渚、郭隆真、张若茗时有晤面且不说，还通过探监的谌志笃、邓颖超等社员，及时作出部署，将觉悟社的工作重心转入反对非法逮捕，要求转送法院，争取公开审判，以取得社会舆论的支持，营救被捕代表。

8月初，在法租界天祥里一间小楼上，周恩来发起召开了觉悟社年会。

与会者不齐，有两名社员已出国，一名在南京报考高等师范，一名回家省亲患病未归，还有两人因家庭之故已退出各项活动。剩下的十四人，从各处秘密地汇聚一起。重逢，无疑是令人欢欣的，而对于已出现的分化，也并非没有遗憾，但剩下的谁也不想退缩。觉悟社"革心"、"革新"的宗旨，因一年来的斗争，丰富和更新了内容。这难得的聚会，彼此除交流了监狱内外的种种，更多的是谈论一年来各人的思想变化和感受。

周恩来的表现不用他谈，马骏、郭隆真、张若茗在发言中，都穿插着替他说了，他的发言系统总结一年来，天津青年学生和各界救国运动的经验教训。

他说："……我们都处在青年时代，最大的谌志笃也只二十五岁，最小的邓颖超才十六岁，我们还缺乏知识和经验，今后应该求学，以充实自己。此一。

"第二，只有把'五四'运动后，在全国各地产生的大小进步团体联合起来，采取共同行动，才能挽救中国的危亡，改造旧的中国。"

"恩来的意思，概括一下即学习、团结。"谌志笃说，"我考虑，大家是不是去趟北京，看望李大钊先生并聆听他的教诲？"

"这主张好！"邓颖超竭力赞成。

"先要联系一下。"郭隆真掠着短发说。

"对，"周恩来寻思道，"凭李大钊先生一贯的热忱和对青年的关怀，他会接见我们的，然而，他很忙，先联系一下也很必要。"

会后，即派人去了北京，李大钊听了之后，对于觉悟社"学习、团结”的主张甚表赞同，建议以觉悟社的名义，邀请北京各进步团体一道开个座谈会，共商中国青年运动的方向和救国大计。

8 月 16 日上午，天气炎热，代表京、津各进步团体的二十三名男女青年，如约聚集于陶然亭。

陶然亭在北京郊外，穿过八角琉璃井胡同，再往南，远远望去，视线内出现一座并不很高的山冈，上面有几株枝叶繁茂的大树，树之空隙中闪露出一角屋脊和数椽敞轩的粉墙。等到了面前，抬头可见康熙年间工部郎中江藻题的“陶然”二字匾额悬挂亭翼。此处又因秋色绝佳，一名“锦秋墩”；再因是江藻于大悲庄一侧扩建而成的，为纪念此事，一名“江亭”。在这僻静之处，蝉鸣声时断时续，偶尔传来驼铃的叮当声，越发衬托出它的幽旷。

出席这天座谈会的，除觉悟社部分社员，还有北京“少年中国学会”、“青年工读互助团”、“曙光社”、“人道社”等团体的代表。其中“少年中国学会”是李大钊创建的，1917 年 7 月正式成立前，即印了《少年中国学会会务报告》，在全国乃至海外中国留学生中广为散发，介绍科学和民主，宣传新思潮，在青年读者中有一定影响。该会成立后，出版了《少年中国》月刊，在南京、成都以至法国巴黎都有分会，毛泽东、邓中夏①、恽代英②等皆为其成员。

9 点整，与会代表环亭而坐，品茗畅叙。大家推举从南洋宣传救国回来不久的刘清扬主持座谈会。

开始，即由邓颖超报告觉悟社的组织经过和一年来的活动，

① 邓中夏(1894—1933)：湖南宜章人。中国早期工人运动领导人之一。曾任中国劳动组合书记部主任、中共中央临时政治局候补委员，1933 年 10 月在南京遇害。

② 恽代英(1895—1931)：江苏武进人。中国早期青年运动领导人之一。曾任《中国青年》主编、上海大学教授、黄埔军校政治总教官、中共中央宣传部秘书长。1931 年在南京遇害。

使与会者颇感兴趣。

接着，周恩来阐述了觉悟社最近提出的“联合起来，共同行动”的建议，他说：“我们青年不只要联合起来，而且要到群众中去，开展工农运动，这对青年运动的最终成败，起着关键作用。”这话很新鲜，有人不禁额手称善。

继之，邓中夏介绍了少年中国学会的情况。

最后，在众人瞩望下，李大钊作了发言。只见他轻轻搧着一柄白折扇，蔼然而笑，像谈家常似地，显得平易可亲，他说：“……青年们要确立共同的、明确的‘主义’，此为联合之基础。须知‘主义’不明，对内，既不足以齐一全体之心态；对外，尤不足与人为联合之行动。”他未道出“主义”之内涵，但从刚才邓中夏有关少年中国学会的介绍中，大家已明白，大钊先生所谓之“主义”，即布尔什维克主义——共产主义。望着面前一张张生气勃勃的面孔，李大钊也有些激动，他收起折扇，双手在胸前缓缓地挥动着说：“我希望你们带动更多的青年学生同工农群众同呼吸、共命运，因为二十世纪的革命，必定是滔滔滚滚的群众运动……”

一席话，让闻者如沐春风，感受到少有的鼓舞。

不久，这几个进步团体的代表，又聚会于沙滩红楼李大钊办公处，订立了《改造联合宣言》，制定了《改造联合约章》，规定集合在“改造”赤帜下的青年联合起来“到民间去”，进行“农工组织之运动”、“妇女独立之促进”、“切切实实做点事”[①]。

诚然，由于历史的局限，上述口号和步骤之确定，尚有不够明确、完善之处，但在20世纪初叶，他们能认识到，要搞革命必须有正确的革命理论（“主义”）作指导，知识分子必须到工农中去，把革命理论与革命实践结合起来，方可取得胜利。就这，无疑是有历史意义的。此后，李大钊创建了中国北方最早的共产主义组

① 见《少年中国》第二卷五期。

织——北京共产主义小组。邓中夏则深入到长辛店铁路工人中间去了。未到会的毛泽东，在长沙联合“湖南改造促进会”人士，与谭延闿[①]、赵恒惕[②]等军阀展开斗争。周恩来准备去欧洲考察西方社会真相，了解诸种改造社会之学说主张，以便日后应用于中国……

陶然亭聚会及其制定的《宣言》、《约章》已在孕育着果实。

自维新变法以来，中国社会盛行着一种出洋留学的主张，当时，留日、留法勤工俭学和到俄国去，在青年中风靡一时。李大钊建议周恩来到欧洲去，为此，他曾安排一位在北大执教的俄国教授与周恩来见面，意图是清楚的，但周恩来未去俄国，而是决定去法国。李大钊对周恩来的这一抉择，表示理解。

斯时，由蔡元培[③]任会长的留法华法教育会，正在物色一部分赴法勤工俭学的学生，南开大学校董严范孙遂推荐了周恩来和比周恩来低两届的李福景赴法留学，这一建议获校长张伯苓的赞同，并为周恩来、李福景争得了名额。严范孙还特地给中国驻英公使顾维钧[④]写了信，这件事却使周恩来有些疑惑，他捏着信竟无什么表示。

“你要知道，顾氏签署凡尔赛和约，是不得已而为之。”严范孙说，“可他并未去凡尔赛，签字后即取消了凡尔赛之行回国。决定签字的不是他，他只是执行。身为外交官，他不能不听命于

---

① 谭延闿(1876—1930)：字祖庵，湖南茶陵人。光绪进士。曾任湖南督军兼省长、国民政府主席、行政院长等职。

② 赵恒惕(1880—1971)：字夷午，湖南衡山人。曾任湖南督军、省长兼湘军总司令。

③ 蔡元培(1868—1940)：民主革命家、教育家。字孑民，浙江绍兴人。光绪进士。曾组建中国光复会，任会长。民国成立后，历任南京临时政府教育总长、北京大学校长、国民政府大学院长、中央研究院院长。1940 年 3 月 5 日病逝香港。

④ 顾维钧(1888—1985)：民国外交家，出席巴黎和会中国代表团成员，驻英公使。后长期在驻外机构服务。1985 年在纽约病逝。

国内的指令。”稍停，又说，“我这信，是请他对你们予以照应……”

周恩来没作声，将信放进口袋。接着，严范孙又资助了他五百元出国费用，以外汇支票让本人携带。

于是，周恩来和李福景到了北京，10 月 8 日，从设在东单大方家胡同的北京华法教育会，得到留学证明书。在京期间，大律师刘崇佑也资助了周恩来五百元，使他喜出望外。回到天津，他抓紧料理出国前应做的一些事。

10 月 12 日晚，夜色迷蒙，周恩来走进南市东兴大街转角的一幢小楼，9 月 15 日刚创刊的《新民意报》社即设在这里。他见到了马千里、时子周、孟震侯等狱友，还有各界联合会的刘铁庵（刘清扬三哥）和张寺晨（马千里的朋友），他们都是该报的集资人。周恩来即将出国，不能参加办报，但在该报筹备期间，对其应具备的立场、主张、内容设置和经营方式，曾提出不少见解和意见。而且，他还为《新民意报》社写过牌子，油漆后已挂在门口。他心中一直惦记着这份报纸。

今晚，他是来辞行的。马千里要他对已出刊的报纸谈谈看法，他并不推辞，仿佛他就是报社的一员。

“从已发表的《拙笨的日本当局》、《天津双十节第九次经过》、《唐山矿工惨毙》等文章看，《新民意报》的确是代表民意的。”周恩来说，“报纸造就舆论，而舆论是为利器，它能打开我们所要走的道路，诸君任重道远啦！”

随后，他将自己在狱中写的《警厅拘留记》手稿交给马千里。

“未得誊清，务请先生予以修正。”周恩来说。

“放心吧，”马千里握着他的手叮嘱道：“万里迢迢，要多珍重。”

时子周、孟震侯等也对他勉励了一番。

离开天津的日子愈来愈近，周恩来紧张有序地做着一些必要的交代。

一天，他来到常策欧家，将自己看过的一张《湘江评论》①和四五本《敬业》杂志，另有一只四楞凹凸的紫铜笔架，拜托常府代为保管。

稍后，他去《益世报》社辞行，并受聘任该报驻欧特约通讯员。

临走前的事情，千头万绪，可是，周恩来没有忘记跟邓颖超的约会，也许，这是他跟一个女性的第一次约会。

周恩来的魅力是特殊的，这种魅力蕴含着他的才干、见识、气质以至他的外貌，一直吸引着许许多多的青年男女。他的身边不乏女性，即以觉悟社来说，口若悬河、冲锋陷阵的刘清扬，沉稳老练、坚韧不拔的郭隆真，热情似火、清秀机灵的张若茗，还有李毅韬、吴瑞燕、郑漱六等跟他都很亲近，自然还有年龄最小却聪敏过人的邓颖超。其中，张若茗似乎特别喜欢和他在一块，能与他一道赴法留学，亦使张若茗感到说不出的兴奋。只是，她们和周恩来之间也仅仅是亲近，这种亲近是爱国运动的风风雨雨陶冶而成的。

倘若以花卉作比，这些年轻的女性，似梅似兰似竹似菊……都是颇具节操的，在她们中间，邓颖超跟周恩来接触也是比较多的。

从交谈中周恩来知道，邓颖超的父亲邓庭忠曾是广西南宁镇台，而母亲杨振德乃续弦。邓颖超出身时因为是个女孩，父亲欲将她送人，母亲以死抗争，才挽救了这条小生命。三岁时，父亲因“欺君”之罪，被朝廷发配新疆充军，三年期满，邓庭忠正欲归家，孰料竟暴病而卒。从此，母女颠沛流离，相依为命……

自然，邓颖超也了解到周恩来自幼丧失过继父母和生母，家道中衰，窘困连年……

---

① 《湘江评论》：“五四”时期（1919 年 7 月 14 日）创办之周报，毛泽东主编，共出五期，8 月被军阀政府查封。

学生时代的邓颖超

不过，接触中，彼此谈的更多的是爱国运动，“革心”、“革新”的共同信条，将他们联系在一起。

秋夜，月光是那般皎洁，海河上吹来凉爽的风。河畔，周恩来和邓颖超在悠缓漫步，两人似乎有说不尽的话，谈朋友的星散，谈觉悟社的未来，谈各自的打算，却没有涉及一个爱字。一贯抱独身主义的周恩来，近年虽很少谈论这个主张，可他也从没向一个女性表白过自己的爱，这方面，他是很执着的。早先，出狱后，刘崇佑大律师也曾有意将女儿许配给他，他像当年对待严范孙的提亲一样婉谢了，两位长辈对他的“冒犯”非但未予责备，反在出国之际慷慨解囊资助，这使他内心感激不已。是的，他不急于别人的介绍，也不急于自由恋爱，即使对邓颖超，也不例外。只是，他心中深埋着难舍的留恋，也许，这是兄长对妹妹那样的感情。邓颖超呢，尽管她的思想已站在时代前列，可是，要谈论爱情，似乎还不到时候，她才十六岁，何况，这种事无论何时也得听听母亲的意见。对于周恩来的远行，她心中有种说不出的滋味，她不想说，怕说不清楚，她有自己独特的方式表达，这不，她脚步停了下来，从拎包里取出一件东西塞给周恩来。

“什么?”周恩来茫然中笑问。

“自己看。”邓颖超也报之以笑。

“啊，毛衣!”周恩来惊喜地说。

“据说西欧的冬天很冷，助你御寒。”

“谢谢。”周恩来似有所悟，却没好多问。

夜，渐深渐凉，周恩来伴着邓颖超，将她送到家门口，两人握手依依道别。

很快，周恩来回到法租界泰隆栈住处。灯光下，他急切地打开包裹，翻看着，见毛衣领子内侧绣了一行娟秀的字：

给你温暖——小超

顿时，周恩来心潮涌动，在这寂寥的寒夜，他看了一遍又一遍，嘴里喃喃叨念着：“啊，小超……”

这最后的日子，周恩来一方面自己作着准备，一方面还要跟同时出国的郭隆真、张若茗、谢树英等不断联系，提醒他们该做的事。

一天，父亲贻能找到他，带来一个叫徐天骝的青年学生，说是自己一位朋友的弟弟，也去法国留学，嘱他关照。虽说出发已是个把星期的事，周恩来还是把徐天骝送进天津华法学校去补习法文，并帮他办理了赴法手续。

月底的一个晚上，周恩来要徐天骝陪他去一位赴英的同学家洽谈些事，徐天骝见这家陈设考究，便瞧这问那，暗生羡慕，这让周恩来有所觉察。归途，他边走边说："天骝，如今，国难当头，我们年轻人要胸怀大志，先天下之忧而忧，后天下之乐而乐啊！应当以苦为荣，以苦为乐，不要羡慕那些豪华的排场。这次，我们去法国勤工俭学，顾名思义，就是要准备吃苦的，你说是不是？"

徐天骝被一语点破，愧疚地说："是这个理……"

"我们这一代年轻人，一定要下决心到艰苦的环境中去磨练，去寻求真理。"

"我明白了。"徐天骝说着忽又迟疑起来，"只是，我是云南'老土'，从未出过远门，这回要飘洋过海，远离祖国，怕会碰到许多困难。"

"嗨，要追求真理，非有战胜一切困难的勇气不可。"周恩来鼓励道，"你看过《西游记》吗，这次赴法求学，就要有唐僧取经的精神，不要怕，我们同行的人很多，团结就有力量，大家会相互帮助的。"

"嗯，"徐天骝应道，"我相信。"

离开天津的前一天，周恩来又见了陈学荣、王文田、王静生等觉悟社的小社友。他在狱中时，这几个小社友都去探望过，出狱后，他还抽空教过他们"白话文"。今天，他是来向他们辞行的，并将自己的照片每人送一张，这是张大半身像，穿着深色长衫，目光沉毅亲切。他题了上下款，并在相片右角注明了时间：Oct. 20。

10月底，周恩来离开天津，途中在南京停留，住城南绣花巷一号，与堂叔婶弟妹一家，享受了几日天伦之乐。旋赴沪，盘桓之际，于霞飞路法国工部局大议事厅，出席了寰球中国学生会、华法教育会、上海留法俭学会等团体召开的欢送会。举办者向留学生们分赠了国旗徽章，以志不忘祖国。

11月7日清晨，第十五届赴法学生团，周恩来、李福景、郭隆真、张若茗等一百九十七名中国青年学生，从汉口路码头，乘黄浦(Whangpo)小轮到杨树浦，登上法国邮船“波尔多斯”(Por-tous)号，10时整，邮船缓缓离岸，驶向茫茫大海。

三年前，东渡日本，是那样一番经历，周恩来不禁感慨系之……

三年后，西去欧土，目标已比较明确，壮丽的憧憬激荡在他的心胸，凝望着渐渐隐去的海岸，他默然自白：再见了，祖国！我，会回来的……

第六章　欧行萍踪

在海上——初到巴黎——
英伦考察——心系同侪命运

“波尔多斯”号邮轮由东海向南海驶去，周恩来一行乘坐的是特设舱位——统舱，在船头下层，系货舱所改。这里光线昏暗，空气污浊，堆放着各种货物，上下铺位的简易床，像沙丁鱼罐头似地塞满了这群赴欧的中国勤工俭学学生。

船上伙食是西式的，也很简单，主食是面包。菜肴或荤或素，牛肉、豆羹、洋芋头、白菜什么的。集体会餐，餐毕，轮流洗涮碗筷、擦桌子、扫地，不乏劳动的乐趣。

船抵香港停泊一日，对这块屈辱的土地，周恩来想看个究竟。原来这是一个华洋杂处的社会，尽管树木荫翳，商旅云集，可高楼大厦与贫民窟却形成鲜明对照，持枪的廓尔喀雇佣兵四处游荡，大公司屋檐下，蜷缩着贫病交加的黎民……

几天后，船经鸿基抵西贡，港口泊着许多华人船只，奇怪的是竟一律不挂中国旗，一打听才知道，中国国际地位太低，遭西方列强蔑视，倘若挂中国国旗，非但得不到应有的保护，反而会招致种种意想不到的麻烦。

“一出国门，中国人就受欺侮！”李福景感慨地说。

“自鸦片战争以来，西方列强的入侵日益加剧，这固然令人愤慨，而清政府的腐败无能、丧权辱国，也是国势濒危的重要原因。”周恩来说，“辛亥革命推翻了两千年封建帝制，诚然是一个伟业。可是，接着又是袁世凯称帝、张勋复辟、军阀混战，外寇家贼，生灵涂炭，人民忍无可忍，这才爆发了‘五四’运动。唉，积贫积弱的中国，已到了沦丧的严重关头，天下兴亡，匹夫有责，我等莘莘学子，焉能坐视不问？”说着，他转向李福景，“新慧，你今后想做什么？”

“去英国学土木工程。”

“你呢？”他问一旁的谢树英。

“到德国学采矿。”

“好，学有专长就好。”周恩来说。

“恩来，你有啥打算？”谢树英笑着问。

“从根本上改造中国社会，”周恩来应道，“本此目标，选择课目。”

间忽，他凭栏远眺，但见水天相连，舟楫往还，巨浪层层相叠，海鸥翔集散离……几乎每天都重复着同样的画面。

夜晚，月挂天际，十分遥远，大海已由深蓝变成黝黑，狂风掀起的一道道巨浪，像闪电不停地在眼前划过，闹腾了一阵又复归平静，周恩来邀郭隆真和张若茗去甲板散步、聊天。

“真不知到了法国之后会是什么样子？”张若茗说。

“是不是后悔了？”周恩来问。

“怎么会呢？一想到跟你，跟隆真姐在一块儿，我高兴还来不及哩。”张若茗说，“不过，我这次出来也真不易，隆真姐，你是最清楚的……”

“是啊，”郭隆真转向周恩来，“若茗出狱后回到保定老家，父母为防她在外边继续‘胡闹’、‘惹是生非’，想方设法给她找婆家……”

“噢，”周恩来有点惊诧，忽又问，“找到没有？”

“去去去，难道你不了解，我跟你一样抱‘独身主义’。”张若茗冲周恩来嫣然一笑,“三年前,隆真姐坐‘亮轿’到‘男家’向宾客发表抗婚演说的事,一直在激励我。我决心抵制包办婚姻,在隆真姐的帮助下,我到保定育德中学留法预备班报了名。谁知消息走漏,父亲派人找到我,谎称母亲病重,要接我回去。我不糊涂,第三天一早,给家里留了封断绝关系的信,就不辞而别,去了北京……”

“若茗找到我,于是,我跟她都住在我妹妹家。”郭隆真说,“真要感谢刘崇佑大律师,他知道我们要去法国留学,赠款三百元。”

“接下去,恩来,就多亏你了。”张若茗说。

“真没想到若茗还有这段经历,”周恩来心中不禁佩服,“其实,多亏我什么呢,你到天津,我能不推荐?”

“是你教我怎么做的啊!”

是啊,当时,周恩来出主意,让张若茗去找刘清扬的父亲担保,向天津学联“借支”了代为保管的、抵制日货时“万德成”店家罚款中的一千元,作为出国费用,这才成行。

“我不会辜负这笔款项,学成之后回来替国家服务。”张若茗说。

这种无拘无束的交谈,多少化解了旅途的枯燥和劳顿。

一周后,“波尔多斯”号抵达新加坡,这里也是英国殖民地。

周恩来想离船改乘下一班轮,以便和蔡元培先生同船赴法。蔡先生,他是认识的,早在1917年5月,应张伯苓之邀,蔡先生曾去南开,就“思想自由”发表过演说。当时,即由他担任记录,旋又将这篇演说整理先后发表在《敬业》和《校风》杂志上,并给蔡先生寄了两本。他知道蔡先生学贯中西,倡导科学与民主,威重海内。如今,又是华法教育会会长,倘能与他同行,自可从他那里了解到法国和欧洲的一些情况,并能从新加坡弄清下一班轮抵法日期,以电告已先期到达法国的盛成[1],约定几人在里昂会面的日子。

---

① 盛成(1899—1996):江苏仪征人。早年留学法国。曾任中华书局编辑、中央大学教授、台湾大学法学院教授、北京语言学院法语教授。

周恩来和郭隆真、张若茗等暂别后留下。在新加坡，他参观了博物馆，了解到华人开拓这个商埠的历史。此外，他还做了一件事，就是整理《检厅日录》。这份资料，出狱时尚未脱稿，出狱后无暇顾及，他索性带在身边，在船上断断续续地整理，现在，他利用等待蔡元培的时机，做了增补……

五天后他才得知，蔡元培乘坐的"高尔地塔号"邮轮 11 月 24 日才离开上海，于是，他有了较为充裕的时间，把《检厅日录》作了仔细的修定。当看到厚厚一叠手稿终于整理完毕，他如释重负，旋又提笔写下《检厅日录例言》，说明《日录》是从男代表"每天日记中采取重要的转录"，而女代表因无日记，又另处单独生活，故"无从采录"。而"书内的公审问答辩护详情，同稿件上的修正，全由马千里先生成的，特志于此，谢马先生的厚意热忱"。

就在蔡元培离开上海的同一天，周恩来将《检厅日录》邮寄天津马千里。倏又拍了封电报给盛成，请他于 12 月 28 日到里昂与大家会合。

12 月 3 日，"高尔地塔号"抵新加坡，早就来到码头的周恩来，顺利地接到了蔡元培先生，还有张申府①、刘清扬和陶尚钊。

张申府在北京时，已加入了李大钊建立的共产主义小组，他跟刘清扬正在恋爱。十五岁的陶尚钊，竟也加入了勤工俭学的行列，见到他们，使他有说不出的高兴。

他向蔡元培追述了当年在南开听其演说时的激动，并提到寄出《敬业》、《校风》的事。

"收到，收到，记叙详尽，甚合吾意，"蔡元培笑道，"原来'飞飞'、周恩来乃一人耳。"

---

① 张申府（1893—1986）：又名崧年，河北献县人。参与创办《每周评论》并任《新青年》编委。1925 年退出中共，投身于民主运动。曾任北大、清华等校教授、北京图书馆研究员、农工民主党中央顾问，1986 年病逝北京。

接着，蔡元培询及周恩来等的经历，对他们赴法勤工俭学多有鼓励，说："不俭之学者，易驰心于外务，以耗其学力；律之以俭而学益专。"望着身边求知若渴的学子，他的心情也不平静，"诸君赴法，无非欲求法国之文化而改良中国，但外国社会并非事事皆可效法，故望君等至法后，务需细心选择而仿效之，以补吾国之不足，庶几将来有造于中国也。"

……

"高尔地塔号"穿过马六甲海峡，在浪山波谷中大幅度地摇晃着，折腾了三昼夜，到达锡兰的哥伦布港，旋继续前进，经亚丁湾，驶近红海入海口。这时，船上旅客被告知，第一次世界大战期间，这块水域曾埋设了大批水雷，尽管这场战争结束快两年，水雷却没全部排除，为防不测，按惯例，凡过境旅客一律要带上救生圈进行练习。周恩来按照水手的提示，很快套上救生圈，并帮蔡元培先生和陶尚钊套上，入列练习。预报使众人担惊，所幸什么也没发生。船，不停地行驶，渐渐靠近法属殖民地吉布提，入红海海域。他们尽情观赏了红海的日出日落，不知不觉，船出了红海，通过苏伊士运河。入夜，运河两岸灯火灼灼，船边水声哗哗，舟楫穿梭，煞是繁华，旅客都不约而同地登上甲板或置身船舷观看。

苏伊士运河尽处，长堤一道，直伸地中海。堤上有铜像一座，面东而立，左手携一图册，右手斜伸指着运河，乃开凿运河之迪莱塞普斯(Ferdinand Delesseps)。很快，邮船驶入地中海，与波涛汹涌的印度洋相比，地中海显得风平浪静。"高尔地塔号"开足马力，直驶法国马赛。最让周恩来激动的是途中看到了火山的喷发，那烈焰腾空的"屏幕"，染红了半边天，是何等壮观、何等惊心动魄！

法兰西愈来愈近了，不久，视野里出现了高高耸立的炮台和众多的樯帆。啊，马赛到了！

这一天，是1920年12月27日，周恩来不曾停留，乘夜车赶赴里昂。

里昂火车站对面的一家旅店，是预定的会面地点。在这里，盛成迎接了蔡元培、周恩来、张申府一行。见面后蔡先生即离开，其余的人在一块畅叙了两天。随后，周恩来来到巴黎，李愚如在车站迎接他，天气很冷，周恩来穿着一件青哔叽大衣，手插在衣兜里，显得异常兴奋。他和陶尚钊，由李愚如引到附近一个小馆子，吃了通心粉和洋白菜汤。

"恩来，你在给我的诗中说：'三个月后，马赛海岸、巴黎郊外，我或者能把你看。'那是6月的事。"李愚如说，"我是10月来巴黎的，也才几个月，我们就见面了，莫非是上帝在保佑我们？"

"上帝保佑？"周恩来爽快笑道，"没那回事。不过，我真向往法国，向往便产生动力，加上意志，事情也就成了。"

"你那首诗，我一直保存着呐！"李愚如又拍了下陶尚钊的肩膀，"诗能到我手里，得谢谢尚钊啊！"

"他呀，"周恩来看着表弟，"开始不同意一人单独先期出狱，后来是让族中长辈陶蕴苍老先生硬拉出去的。"

"若不是表哥你让我带诗和信给愚如姐，硬拉我也不走哩！"陶尚钊调皮地一摆头，"不过，我也不能薄了老先生的面子，算是半推半就出来的吧！"

这话把周恩来和李愚如都逗笑了。

陶尚钊是周恩来的表弟，李愚如则是陶之大嫂李锡龈的堂妹，三人沾着亲，谈起来颇为融洽。

在巴黎，周恩来和陶尚钊租赁了西郊枫丹白露一间旅舍住下。此地距巴黎百余里，林木繁茂，峰峦隐露，系巴黎人之避暑胜地，路易十三、拿破仑一世曾设"离宫"优游。意外的是，这里居然有一座中国博物馆，陈列着庚子年间法军所掳清宫文物，水晶玉器，目为之炫。周恩来观后，感慨莫名。但不管怎么说，初来乍到，枫丹白露迷人的景色，委实是大自然赐予的一种享受。

李福景决定报考英国曼彻斯特大学，已于一周前去了英国。周恩来初抵巴黎感到身体不适，何去何从，他一时尚未拿定主张。曾想留下勤工俭学，可眼下已临近寒假，如想入学那是新学期开学之后的事，他不想等，决定去伦敦会会窗友，并实地考察英伦社会状况。

1月5日，他乘船穿过英吉利海峡，直抵伦敦，在罗素广场附近的伯纳德街三十五号一座寄宿公寓住下，他填报了爱丁堡大学。

留英的一些南开窗友得知周恩来已到，都十分开心，常策欧、严季冲等都见了面。他们请他吃烤牛肉，这是一家百年老店，依然沿袭着传统做法，冒着热气的烤牛肉是用小车推到顾客面前来切的。严季冲要了一份，竟是一块肥膘，而车内分明有瘦嫩的腿肉，周恩来疑惑不解。这时，车转了个方向，只见一位珠光宝气的贵妇人递上一便士小费，遂得到一盘瘦肉。严季冲旋又招呼侍者过来，同样递上一便士，侍者随即将肥膘换成瘦肉，这瞬间发生的事，引得周恩来不免哂笑。几个人边吃边聊，彼此畅叙往事，展望未来，言辞间充满年轻人的豪情壮志。

周恩来一面等待爱丁堡大学的通知，一面阅读大量报刊，研究英国和欧洲大陆的局势。一战刚刚结束，欧洲各国经济受到战争的影响甚巨，英国也不例外。战争创伤未及医治，社会矛盾异常尖锐，置身其间，引发了周恩来的深入思考和诸多感触。

出国前，他受聘于《益世报》。这期间，他不顾伦敦的严寒和浓雾，频繁深入工矿和码头，广泛搜集各种资料，为《益世报》撰写长篇通讯。在这些通讯中，他详述了一战后英国的失业状况，评论英国的机构和议会民主，并对工党感到兴趣。他的观察和感受，在发往国内的一些信函与文章中均有所表述。

他在给堂伯父周贻鼎的一封信中写道：

> 伦敦为世界最大都城……举凡世界之大观，殆无不具备，而世界之政治商业中心，亦惟此地是赖……故伦敦为世界之缩影。在伦敦念书，非仅入课堂听讲而已，市中凡百现象固皆为所应研究之科目。①

而在给天津《益世报》的第一篇通讯中，他又写道：

> 吾人初旅欧土，第一印象感触于吾人眼帘者，即大战后欧洲社会所受之巨大影响，及其显著之不安现状也。影响维何？曰：生产力之缺乏，经济界之恐慌，生活之窘困。凡此种种，均足以使社会上一般人民饥寒失业交困于内外，而复益之以战争中精神文明所得间接之损失，社会之现状，遂乃因之以不安。②

考察中，周恩来看到战争的破坏是全局性的，"四年影响所及，欲其求免于穷困也难矣"！他相信"使欧洲危机终不可免而至于爆烈也，则社会革命潮流东向，吾国又何能免？"③

是的，"社会革命"不可避免，但究竟哪一种学说能正确指明人类社会和中华民族前进的道路？采用什么方法来改造中国最适宜？周恩来在观察、思考、比较……

旅英旬余，他给表哥陈式周写信④。式周即他嗣母陈氏的内侄，周恩来童年时代，式周曾给他以教益，这些年也未中断联系。他敬重这位表哥，在信中坦露了自己的种种想法，他写道：

---

① 见《周恩来同志旅欧文集》续编 P70(文物出版社 1982 年版)。
② 见 1921 年 3 月 22 日天津《益世报》。
③ 见 1921 年 3 月 23 日天津《益世报》。
④ 见《周恩来书信选集》P23—24(中央文献出版社 1988 年 1 月版)。

……弟之思想，在今日本未大定，且既来欧洲猎取学术，初入异邦，更不敢有所自恃，有所论列。主要意旨，唯在求实学以谋自立，虔心考查以求了解彼邦社会真相暨解决诸道，而思所以应用于吾民族间者；至若一定主义，固非今日以弟之浅学所敢认定者也。

接下去，他的笔触及了对社会革命的分析：

……稳之极，为保守；躁之极，为暴动。然此亦有以保守成功者，如今日之英也；亦有以暴动成功者，如今日之苏维埃俄罗斯也。

他比较两者之区别：

英之成功，在能以保守而整其步伐，不改常态，而求渐近的改革；俄之成功，在能以暴动施其'迅雷不及掩耳'之手段，而收一洗旧弊之效。

可是，这两种方式哪一种适用于中国呢？周恩来尚捉摸不定：

若在吾国，则积弊既深，似非效法俄式之革命，不易收改革之效；然强邻环处，动辄受制，暴动尤贻其口实，则又以稳进之说为有力矣。执此二者，取俄取英，弟原无成见，但以为与其各走极端，莫若得其中和以导国人。至实行之时，奋进之力，则弟终以为勇宜先也。

在这里，周恩来倾向于"取俄取英"、"得其中和"，吸收适用于中国的，实行之。当然，他仍在思考之中，并未形成坚定而明确的观念和主张。

这段时间，他还一直在关心广大勤工俭学学生的处境。这两年，留法勤工俭学学生已达一千七百人，几乎分布于法国全境，比较集中的据点有巴黎、克鲁邹、圣德田、圣西门、勒哈佛尔、里昂，此外，在赖华沙、卢瓦尔以至大西洋的沙滩、天蓝岸花园、乐么田庄、蒙白里农场，都有中国学生。他们当铸工、钳工、翻砂工、搬运工、建筑工、煤矿工、园艺工、农场工……最脏最苦的活儿都摊在他们身上。可是，欧战结束之后，法国生活程度极高，工厂原料缺乏，产品滞销，各地工厂多数倒闭，连法国工人都纷纷遭到辞退，中国勤工俭学学生的命运便可想而知，绝大多数无工无钱，不蔽风雨，在饥饿冻馁中挣扎……这一切，时常在周恩来的脑际萦绕。他给严范孙写信[①]，告诉这位学界名流："留法界最大问题即勤工生不易找到工作，饥饿之人日围绕于华法教育会办事处，而办事之人亦苦无办法。"何以如此呢？他认为："缘勤工学生来法时，国内方面并未经严格的审查，法语未谙，技能未具，而身体复不强壮，徒恃一时热狂勇气，贸然来法，偶遇折磨，豪气全消，即使心有余而力亦不足供其用。且上三项困难能尽免矣，而工作之寻找亦不颇易，因法国工人固不甚欢迎中国人之以贱资夺其地位也。"但问题的严重性"不仅此也，勤工同学来法之最终目的，固为聚钱念书，但按现状论之，凡勤工者即无复有相当之读书机会。每日工作八小时，身体疲劳的恢复即需要长时间休息，更何有读书自修之可言？加以每日工资并不甚多，使稍多开销便无积蓄希望。刻苦甚者或能于长期工作五年后，得储有三年之读书费。然中间经五年之荒废，时间、年龄、脑力之损失，不知凡几。欲其复如昔日之安心念书，固非易事。"

---

① 见《周恩来书信选集》P17—18(中央文献出版社 1988 年 1 月版)。

这时，正好海外大学里昂部[①]行将开学，吴稚晖[②]、李石曾[③]等主张以低费用吸收国内贫寒学子来法受欧化教育，但对于已来法国之勤工学生，则殊有置之不理之嫌。周恩来觉得不妥，“以为勤工生之救济，舍里昂大学外实无再善之所”。他将这一切函告严范孙，希望通过严范孙的周旋，使国内诸贤达教育家和有力之士设法救济困厄中的勤工俭学学生。

至于他本人，拟入大学读书三四年，然后再往美国读书一年，而以暑中之暇至欧陆游览，以考察欧洲之社会实况、民族心理……

不久，爱丁堡大学通知到了，准备接受他，且无需通过入学考试，只要进行英语测验。

“太好了，爱丁堡甚是优待你啊！”同居一室的李福景闻之向他祝贺，“英语测验不成问题吧？”

“我想不会有问题。”

“预祝你成功！”

“可是，”周恩来从激动中冷静下来，“新学期要到 10 月开学，现在才 2 月，在秋季到来之前，如何生活呢？”

“我们一道想想办法。”

“不，不行，”周恩来说，“英国生活程度之高，英镑价格之长，为各国之冠。我算了一下，英伦费用年需英金二百镑，合今日中币已逾千元以上，爱丁堡虽省，亦不能下千元，其他费用尚不论……”

“申请官费，论你的条件是可以的。”

“倘官费不成呢？”周恩来脸上泛出苦涩的笑。

只是，他并没有立即离开。在此期间，他就考察所得，替《益

---

① 又称里昂中法大学，1920 年 3 月由留法华法教育会筹建，同年 9 月正式招生。

② 吴稚晖(1863—1953)：字敬恒，江苏武进人。时任筹建中之里昂中法大学校长。

③ 李石曾(1881—1973)：河北高阳人，李鸿章之子。时为留法华法教育会主要负责人，参与里昂中法大学筹建。

世报》撰写了长篇通讯《欧战后之欧洲危机》[①]，指出“危机”集中反映在“商务之停滞，生货之缺乏，资财之不足，税则之重敛，物价之腾贵，工厂之倒闭。凡此种种，均互为因果，以至于产业不能振兴，而工人失业也”。那么，解决之路安在？他认为“其大旨均不外农业之开拓，求所以自给之道；商业之恢复，求收回战前地位；并谋所以扩充各工业之赞助，以图外输货物之增加。凡此数事，固各国全国一致所主张者”。

周恩来在这篇通讯的结尾，特别谈到了这场危机与中国之关系。指出：“然使欧洲危机终不可免而至于爆烈也，则社会革命潮流东向，吾国又何能免？……使赔款而终有济也，则德人取偿之术，又岂能处于奖励产业，辟新商场于欧土以外，而同时协约国得其偿款，其奖励产业与辟新商场，其法亦正相同，吾中国必为其消化之所，固无庸置疑。”

周恩来一方面预言“社会革命潮流东向，吾国又何能免？”另一方面指出西方列强对中国倾销产品，乃是对中国实行经济侵略之新招。他“记其近况，以为国人告”，其动机在警策国人。

高昂的生活费用难以为继，他的心情相当矛盾。他并不喜欢伦敦这座多雾的城市，这里的房子总那么狭小、丑陋，建筑格局千篇一律。据说北方的爱丁堡天空是明净的，何况，爱丁堡大学已来通知，只考一门英语，无论如何，这是一次机会。还有，他对英国社会已有了浓厚兴趣，尤其是这里的工人阶级的劳动、罢工以及工党的发展，也一直在吸引他。他跟伦敦东区的一些工人已成为朋友，而考察才开了个头。但他还得走，而且，大批中国勤工俭学学生在法国，他一直惦念着，总放心不下。对法国也还一无所知，他需要深入地去了解和考察。再者，那边的生活费用每月合中币仅四十元，较英伦省得多。这样，他可以边读书边继续他的

① 见1921年3月22—23日《益世报》。

社会调查……

2月中旬,周恩来结束了在伦敦五个多星期的逗留,回到巴黎。

蒙达尼、蔡和森——“二·二八”事件——再赴英伦——拒款风潮

科隆,巴黎郊外一个美丽的小镇。

周恩来以“约翰·奈特”的化名,寄宿于这里的一户人家,房东和邻居都亲切地叫他“骑士先生”。① 他的彬彬有礼赢得房东老太太的喜欢,像对子女似地关心他,不时地夸他。他白天补习法文,进行社会考察,夜晚则翻译小册子,给《益世报》写通讯。因时常熬夜而显得睡眠严重不足,精神疲惫,只是,他似乎在强制自己适应这种生活。

两三个星期后,他又搬到巴黎以南卢瓦雷省的蒙达尼镇。张申府和刘清扬住在那儿,邀请他住过去,盛情难却,似没有理由拒绝;而且,蒙达尼有所阿利昂法语补习学校,那里集中了许多中国学生,他们并已组织了一个“勤工俭学励进会”。

周恩来欣然前往。一到那里,便见到了蔡和森②、蔡畅③及其母亲葛健豪,还有向警予④等人。在天津时,他就知道蔡和森与毛

---

① 英文“奈特”(Knight)意思是“骑士”。

② 蔡和森(1895—1931):湖南湘乡人。早年同毛泽东一起建立新民学会并创办《湘江评论》,曾主编《向导》周报;担任过中共中央政治局委员。1931年被害于广州。

③ 蔡畅(1900—1990):湖南湘乡人。蔡和森胞妹,中国妇女运动领袖。1949年后任中国妇联主席等职。

④ 向警予(1895—1928):湖南溆浦人。曾任中共中央妇女部部长、妇女运动委员会书记、上海《民国日报》副刊《妇女周报》主编。1928年被害于汉口。

泽东，都是湖南学界的领袖人物。蔡和森一行是去年年初抵法的。眼前，和森西装革履，一头浓发，谦和而不失庄重。警予、蔡畅皆着青布棉袍，头发剪得很短，额前蓄有刘海，与国内一般青年女子装束无二。只是，警予嘴角总闪着笑意，温和而朴实。蔡畅却显得较为活跃，一双眼睛特别明亮。葛健豪老人年逾五旬，竟和子女一道万里迢迢越洋留学，这使周恩来特别感动，看上去，老人平易，和善，此刻，正坐在窗口刺绣。

"资本主义发达之法国，比起落后的中国，表面上千差万别，本质一样黑暗腐败，"寒暄过后，蔡和森便激昂地说起来，"贫富悬殊，阶级矛盾尖锐对立，工人农民无权，备受压迫剥削……"

"一见面尽宣传你的'主义'，急啥呢？"向警予嗔道。

"我正想听听哩。"周恩来说。

"日子长得很，慢慢说……"葛健豪老人抬头道。

"好吧，那我们谈些别的。"蔡和森顺应了母亲，遂与周恩来谈起各自了解的勤工俭学情况。

交谈中，周恩来的目光不由得移至壁上的一个玻璃镜框，里面镶着蔡和森、向警予的结婚照片。只见两人并肩而坐，共同捧着一本翻开的《资本论》，实在耐人寻味。

"啊，'向蔡同盟'！"蔡和森自得地作了介绍。

"我们是自由恋爱……"向警予补充道。

显然，这是共同信仰基础上的结合，话，不言而喻。

"老人家一定很高兴。"周恩来转向葛健豪，笑道。

"我是赞成的，"老人说，"是凡他们两人觉着对的，我都赞成。"

"要不，母亲焉能来法国，当个'老学生'……"蔡畅说着，伏在老人肩上咯咯地笑个不停。

初次见面，恁般无拘无束，畅所欲言，真可谓一见如故。

蔡和森到法国，比周恩来早了近一年。在最初几个月，他"猛看猛译”，阅读了几十种小册子，将形形色色的社会主义、世界大势和俄国革命的情况，基本上弄清楚了，并得出了明确的结论。这时，他已接受了马克思主义，主张走俄国人的路，尤其对阶级与阶级斗争以及无产阶级专政理论，有了较为深刻的认识。早在去年8月13日，他给毛泽东的信中这样写道：“我近对各种主义综合审谛，觉社会主义真为改造世界对症之方，中国也不能此外……我对中国将来的改造，以为完全适用社会主义的原理和方法。”他所说的方法即无产阶级革命与专政。

毛泽东很快于12月1日给蔡和森和在法诸新民学会会员复了一封长信，对蔡和森等立即组织共产党，走俄国的道路，通过彻底的革命改造中国社会，特别是注重无产阶级专政和“国际色彩”，“万国一致的阶级色彩”（即国际主义）“表示深切的赞同”。

蔡和森在前信中对世界革命大势作了透彻精辟分析，再三强调阶级斗争与无产阶级专政的重要，认为是“现世革命唯一制胜的方法”。“我现在认清社会主义为资本主义的反映，其重要使命在打破资本主义经济制度，其方法在无产阶级专政，以政权来改造社会经济制度。”

稍后，9月16日，他在另一封信中，进一步阐明了无产阶级专政的思想理论基础是唯物史观。他认为“马克思的唯物史观，显然为无产阶级的思想”，“适与有产阶级的唯理派（即唯心主义）相反，故我们今日研究学问，宜先把唯理观和唯物观分个清楚，才不至坠入迷阵”。信中还写道：“我以为世界革命运动，自俄国革命成功以来，已经转了一个大方向，这方向就是‘无产阶级获得政权来改造社会’。无产阶级专政乃是一个唯一无二的方法，舍此无方法，试问政权不在手，怎样去改造社会，怎样去组织共产主义的生产与消费？”

毛泽东于年底才见到这封信，蔡和森的卓越见解，令他兴奋不已，即刻作复，热情地写道：“你这一封信见地极当，我没有一个字不赞成。”他同样看到了革命的根本问题——政权问题的重要，强调“非得政权，则不能发动革命，不能保护革命，不能完成革命”，而且明确地指出“唯物史观是吾党哲学基础”。①

蔡和森是这样，而周恩来早在1918年旅日期间，即接触了马克思主义，“五四”运动时，在狱中，他又系统地传播过马克思主义，而且，跟李大钊的交往，更使他对马克思主义有了较为深刻的认识。抵欧之后，无论在英国或法国，他阅读了大量书报，其中就有《共产党宣言》、《法兰西内战》、《国家与革命》等马克思主义经典著作（《共产党宣言》在国内即读过）。不久前，他从李福景处得到一本英文版《卡尔·马克思的生平与教导》，竟爱不释手，一读再读。

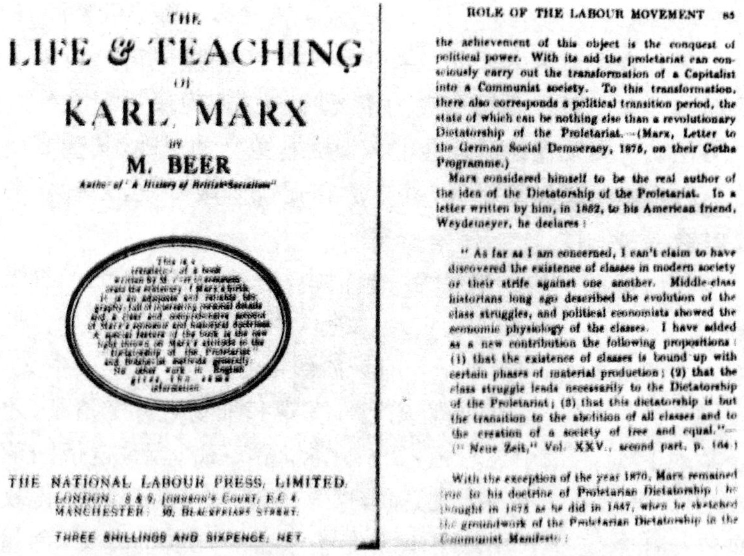
THE
LIFE & TEACHING
OF
KARL MARX
BY
M. BEER

THE NATIONAL LABOUR PRESS, LIMITED.
LONDON: 8 & 9, JOHNSON'S COURT, E.C. 4.
MANCHESTER: 30, BLACKFRIARS STREET.

THREE SHILLINGS AND SIXPENCE, NET.

ROLE OF THE LABOUR MOVEMENT 85

the achievement of this object is the conquest of political power. With its aid the proletariat can consciously carry out the transformation of a Capitalist into a Communist society. To this transformation, there also corresponds a political transition period, the state of which can be nothing else than a revolutionary Dictatorship of the Proletariat.—(Marx, Letter to the German Social Democracy, 1875, on their Gotha Programme.)

Marx considered himself to be the real author of the idea of the Dictatorship of the Proletariat. In a letter written by him, in 1852, to his American friend, Weydemeyer, he declares:

"As far as I am concerned, I can't claim to have discovered the existence of classes in modern society or their strife against one another. Middle-class historians long ago described the evolution of the class struggles, and political economists showed the economic physiology of the classes. I have added as a new contribution the following propositions: (1) that the existence of classes is bound up with certain phases of material production; (2) that the class struggle leads necessarily to the Dictatorship of the Proletariat; (3) that this dictatorship is but the transition to the abolition of all classes and to the creation of a society of free and equal."—("Neue Zeit," Vol. XXV., second part, p. 164.)

With the exception of the year 1870, Marx remained true to his doctrine of Proletarian Dictatorship: he thought in 1875 as he did in 1847, when he sketched the groundwork of the Proletarian Dictatorship in the Communist Manifesto:

周恩来阅读的英文版《卡尔·马克思的生平与教导》

① 以上蔡和森、毛泽东通信，参见李锐《早年毛泽东》第355—357（辽宁人民出版社1993年4月版）。

这本书，记录了马克思 1852 年阐明自己对“阶级斗争”的三点新贡献：

> （一）阶级的存在，仅仅是跟生产发展的一定的历史阶段相联系；
>
> （二）阶级斗争必然要引导到无产阶级专政；
>
> （三）这个专政本身不过是进行消灭任何阶级和进入无阶级社会的过渡。

在这段文字下面，周恩来用铅笔划了着重线，标明其重要。不难看出这个时期的周恩来已掌握了无产阶级革命的要点，领会了马克思主义的精髓。

可见，周恩来、蔡和森“一见如故”乃是基于共同的见解和信仰，两人在探索中国革命道路这一重大问题上可谓不谋而合。因蔡和森的关系，周恩来参加了“工学互助社”并出席每周一次的“时事讨论会”，它是由法国左翼作家亨利·巴比塞组织起来的。与这同时，周恩来成了医学院路巴士卡咖啡店和先贤祠附近另一家咖啡店的常客，他借用这个场合跟蔡和森畅谈，往往一谈便是几个钟头，甚至通宵。

“……看吧，甚至在法国也充斥着强权的压迫、资产阶级的剥削以及工人阶级反对剥削的正义斗争，”蔡和森拨弄着杯里剩下的咖啡，似有所思地说，“在这里，虽然事情不像在我们中国那样可怕，但阶级冲突和剥削到处都是。如果我们要在自己的国家创造革命，我想我们首先应在法国组织一个革命小组，并同这个国家的工人阶级共同战斗。”

这些看法，周恩来深以为是。他们相约作些准备，以促成这个革命组织的早日建立。

跟蔡和森推心置腹的交谈，常使周恩来感慨不已，自来法国以后，他觉得最大的收获之一便是同蔡和森的友谊。

巴黎是世界上屈指可数的大都市之一。

塞纳河流经巴黎市区，处处透出迷人的风韵，秀美而宁静。河心那座巍峨的哥特式建筑"城岛"便是巴黎圣母院；河之西侧为卢浮宫，里面有米洛斯的维纳斯雕像和胜利女神雕像，以及达·芬奇的《蒙娜丽莎》……河畔另一建筑是正义宫；沿河西望，可以瞥见高耸入云的埃菲尔铁塔；沿河两岸，遍布各具特色的公园，如画的园林景色、人体雕塑、喷泉和花圃随处可见，其中的"卢森堡公园"尤令人流连忘返。

此外，还有日新月异的时装、清淳甜美的佳酿、漂亮炫目的女郎……

一天傍晚，周恩来去游巴黎圣母院。他爬了几百级台阶直至房顶，见上面用作建筑装饰的千奇百怪的禽兽，犹如传说中的妖魔鬼怪，俯伏着身子窥探着人间。他眺望着雾霭中渐入睡境的巴黎，如梦如幻；塞纳河水轻波荡漾，飘带似地从城市中心缓缓流过；晚霞辉映着远处苍绿的一片大森林，是那样光彩夺目，他情不自禁地用法语喊道："太好了，太美了……"

欣赏了好一阵，他才下来，在临街的小吃店买了一只夹馅面包，在暮色中，边嚼边走向蒙达尼……

巴黎弦歌不辍，一片歌舞升平景象，人们对刚刚结束的那场大战留下的残壁断垣已习以为常，修复工程在缓慢地进行，城市的脉搏依然在强劲地跳动。

每天，周恩来穿梭于巴黎的一些社区，一个个时髦女郎与他擦肩而过。巴黎的女郎，大多金发碧眼，身段苗条，容貌秀美，她们目不斜视，步履匆匆。落雨了，习惯于夜生活的巴黎男女撑着伞，挽着手臂，行走如仪，情话绵绵，丝丝的雨，迷蒙的夜，别有一番情致……

有次，他和蔡和森在蒙达尼旁的乡野散步，谈到了自己的一些感受。

“你啊，”蔡和森乜斜他一眼，冷峻地说，“你不应陶醉于美色，一个真正的革命家，目光必须始终盯着劳动者的苦难和受到的剥削。”

“是么？”周恩来滑稽地一笑。其实，单就他在伦敦东区的经历而言，可是看够了工人那穷困、饥饿的遭遇。在英国，他还曾深入到几百米的矿井深处，看煤矿工人的采掘、运输，那暗无天日的生活真是苦不堪言。他已把自己考察的印象、观感和思考写成长篇通讯陆续寄往《益世报》发表。这一些，蔡和森并不了解，他也不想辩白。

不错，周恩来赞赏巴黎的美、女郎的美、夜色的美，可他并未“陶醉”，他从未忘记自己是来干什么的。每当有人问起他的恋爱、婚姻时，他的回答总是：“我太忙了，还是让我独身一人好……”当然，这并不妨碍他跟女性的接触。这个时候，郭隆真和张若茗，曾从她们住的法国中部的布卢瓦来巴黎看过他，而且，张若茗单独来的次数要多些。出国前，她受聘担任北京《晨报》驻欧特约通讯员，因此，时常与周恩来交流写作旅欧通讯的事。此外，他们之间的话题还很多，但没有恋爱的成分，即使张若茗有意思，周恩来却筑起了一道坚固的“独身主义”的城垣，将所有的女性，都拒之于外。

美色诱惑不了他，他知道自己该怎样去做。就在他与蔡和森相识没多久，1921 年 3 月，在蒙达尼，经张申府和刘清扬介绍，他加入了巴黎共产主义小组。

周恩来的人生道路，从此开始了根本的转折。

巴黎郊外哥伦布巴杭脱路三十九号，是一幢花园洋房，华法教育会会址即设在这里。旅法勤工俭学的学生因经济拮据，难租住房，这里的底层地下室和楼后的活动房，则免费供一部分学生居住。

生活困难，入学不得，工作难找，严重困扰着抱有奢望来到法国的大批青年学生，与物质匮乏相比，精神的压抑更使他们忧伤和痛苦。

华法教育会的吴稚晖、李石曾非但不履行给学生找工作、安排食宿的职责，反借口“经济困难，殊难救济”，忽于1月12日和16日连发通告，声明与勤工俭学学生脱离经济关系，而予学生生活费只能维持到2月底。

工读生闻之，莫不惊恐骇异。当此之时，异国他乡，举目无亲，饥寒冻馁，谁给衣食？于是，学生转而向中国驻法使馆申诉，几经交涉，使馆才电呈北洋政府，复电称：国务会议议决，现时国库奇绌，在法学生之无钱无工者，惟有将其分别遣送回国，并责成使馆办理。

这无异判处死刑。事情到了燃眉之急，华法教育会内骚动起来，学生们纷纷提出“直接行动”展开抗争，蒙达尼的蔡和森、王若飞①、李维汉②、陈毅③、向警予、蔡畅等商量决定，于2月28日集会请愿。

这天，从北欧刮来的阵阵寒风，侵袭着数百名情绪激昂的青年。九时许，他们进城来到巴黎第七区中国驻法公使馆附近的塞弗方公园集合，准备列队向使馆进发，向公使陈箓④请愿。陈箓清楚，勤工俭学学生聚众围公使馆，非国内学生向当局请愿可比，随

---

① 王若飞（1896—1946）：贵州安顺人。曾任八路军副参谋长、中共中央秘书长，1946年4月8日，因飞机失事殉难。

② 李维汉（1896—1984）：又名罗迈，湖南长沙人。曾任政务院秘书长、中共中央统战部长、全国人大副委员长、全国政协副主席等职。

③ 陈毅（1901—1972）：字仲弘，四川乐至人。曾任新四军军长兼政委、第三野战军司令员、上海市市长、国务院副总理兼外交部长、中共中央政治局委员、中央军委副主席。

④ 陈箓（1877—1939）：福州人。民国时期曾任外交部政务司长、驻墨西哥公使、外交部次长、驻法公使等职。1939年初出任南京汪伪政府外交部长，为国民党军统人员暗杀。

即会在外交界产生影响，于国体友邦皆有妨碍。这次行动，使馆因有预闻不能无所防备，尽管陈箓刚刚到任，但在国内他经历过北京请愿的事，自然应付有方。

巴黎警方得到中国使馆通知，迅速派武装警察，在巴比伦街五十七号使馆外警戒，不准学生入内，这样，请愿队伍不得不在使馆外狭窄的街巷停下。经交涉，蔡和森、王若飞、向警予等作为请愿代表入内面见陈箓。可陈箓却在楼上，而让秘书出来敷衍，请愿代表不允，经激烈争辩，陈箓才在警察护卫下来到一楼会见代表。

"……由使馆向政府请求每人每月给四百法郎，以四年为限。"蔡和森对陈箓说，"再有，法华教育会办的里昂大学和比利时沙洛瓦劳动大学，无条件开放，任学生自由入校。"

"使馆职司外交，非生财之地，只能执行国内政府的指示。"陈箓不停地移动眼镜架，想笑又笑不出来，"诸位也都知道，我到任不久，情况不明，不过，我可以电告国内，设法救济……"

陈箓的推脱，激起蔡和森等的不满，继续与之辩论。陈箓坚持代表遣散使馆外面的队伍方可再谈，蔡和森则要陈箓出见众人，陈箓拒绝。

"先生，你难道不觉得自己身为公使，不顾侨民生活，有辱国体吗？"蔡和森大声责问。

"你！"陈箓恼怒，拂袖入内。

秘书再劝离开，代表则坚持陈箓出见众人，否则纵死不散。

陈箓无奈，带领几名使馆人员，由警察护卫，再次来到请愿学生面前，等稍静下来，他说："……敝人的意见是，现时在校同学，使馆担任暂时维持，候工同学亦允暂时入校与现时在校同学一律。"

此即所谓"暂时维持办法"，虽能维持一时，但治标不治本，离校和断绝维持之恐慌仍威胁着大批学生。陈箓话音刚落，请愿者旋发出一片嘘声。

“政府令吾设法遣送诸君回国，实则筹此一笔川资，亦需巨款，使吾从何筹起？公使馆费用，政府已两月未汇来矣，使馆挪借俱穷，更何能为诸君筹长久之后济？今为诸君向学校交涉延长一月，一方设法‘觅工’，一方速行组织，总有渐渐就绪之望。”

“不行，”人群中一片喊声，“陈公使要向国内电请。”

“国内的态度已很明确，”陈箓说着一挥手，“我没有责任管这种事，你们去找华法教育会……”话说了一半转身就走。

众人紧紧尾随，意欲冲进使馆，有葛健豪老人在内的六名女生走在前面，向警予情急泪下，呼喊着：“生存权！求学权！”眼看离使馆大门只有几步，警察立即跑到队伍前强行阻拦，遂发生冲突，学生中有数人受伤，一人在混乱中被电车轧死，四人被捕，请愿队伍随驱随散。见此惨状，蔡和森等几位代表在使馆久坐不去，至晚，方由警察挟出押至警署。蔡和森厉声抗议，指责警察之不公。

“此贵国公使指令也，无我等事。”警察头目说，“现在，君等可归寓矣。”遂将代表释放。

这次请愿，谓之“二·二八”事件，虽未达到预期目的，但毕竟迫使公使馆发给学生六个月生活维持费，并允继续替无工可做者找工作。

对这个事件，留法学生的认识是有分歧的，蔡和森、向警予、王若飞、陈毅等来自蒙达尼的学生是请愿集会的“直接行动”派，而在克鲁邹等地工厂的赵世炎[①]、李立三[②]等学生则主张不靠国内施舍，是“勤工神圣”派。周恩来不属任何一派，这时，他正在英

① 赵世炎(1901—1927)：四川酉阳人。参加领导上海三次工人起义，曾任中共中央委员、中共江苏省委代理书记等职，1927年7月在上海遇害。

② 李立三(1899—1967)：湖南醴陵人。长期从事工人运动，曾任中共中央政治局委员、中华全国总工会副主席、劳动部长等职。

国，听说发生了这件严重的事，便立即赶往巴黎郊区哥伦布华法教育会。只见地下室、活动房和院子的布棚里挤满了众多的勤工俭学学生，有的沮丧，有的气忿，有的脸色苦不堪言。布棚里的条件尤为恶劣，床铺乱七八糟，有用高桌子的，有用矮凳的，有用一块块旧板架起来的，高高低低，极不整齐。各人的被褥都是国内带来的，有些似已几年未洗，白被单成了黑被单，有些外面已破碎，只留灰黑色被絮盖着，有些自己没被子，拾法人弃之破被来盖。各人床头都放着一盏酒精灯或煤气灯，天已漆黑，这才一齐烧饭，煤烟布满全棚，无异一个窑洞。湖南、四川学生喜辣，每将辣椒入锅炒起来，呛得全棚打喷嚏、淌眼泪。而吃的都是市场上最便宜的马铃薯、白菜、面条，令人忧虑的是，即使这般窘困的生活，也只能维持一段时间，以后怎么办？

蔡和森去了巴黎，周恩来在地下室见到王若飞。他们在蒙达尼见过面，王若飞热忱豪放，善于言辞，详尽地向周恩来介绍了“二·二八”事件的全过程。

“当初进工厂勤工，原想养成劳动习惯，把性磨定，把身炼劲，以此作为达到求学之一种方法，并实际考察法国劳动真相，未料，现在吃饭都成了问题。”王若飞从鼻腔里挤出一声冷峻的“哼——”，倏又泛出一丝苦涩的笑，“在日本时还未遇到过这种惨状哩……”

“你到过日本？什么时候？”周恩来浓眉一展，问道。

“1915 年，我曾随舅父[①]东渡日本考察教育，1917 年，贵州第一次派遣私费留学生，翌年 3 月，作为自修生，我进了明治大学，‘五四’运动后的第四天，即‘五七国耻日’，愤而归国。”

“啊呀，1918 年，我也在东京，我们怎么无缘相见呢？”周恩来说。

---

① 王若飞舅父黄齐生(1879—1946)：原名禄祥，字齐生，我国近代著名教育家。

“噢,这么巧!”王若飞笑道,“那时,我尽力搜读社会主义刊物,还有西方资产阶级启蒙学者和无政府主义的著作,思想可谓庞杂。”

“我也是。”周恩来欣然说道,“若飞,你我之经历,怎么挺相似呢?”

“是啊,是啊,”王若飞也显得很快活,“日本留学纵然未果,但至今,我仍感谢母校达德学堂对我的教育,那时,严范孙先生任贵州学政,对达德学堂尤为关照……”

“你见过严范孙先生?”周恩来猝然打断了王若飞的话。

“见过多次,是一位道德文章令人崇仰的蔼然长者啊!”王若飞盯着周恩来,“莫非你也认识他?”

“不瞒你说,我是天津南开学校毕业的,严范孙先生即为南开的首席校董,”周恩来道,“而且,先生对我一直关怀甚殷,我能至法,亦与先生的资助有关。”

“啊,恩来,想不到与我俩相关的事竟这么多。”王若飞往周恩来肩上拍了一下,“往后,我们得多交谈。”

“对,能结识你这位朋友,太让我高兴了。”

“如今,社会是罪恶的,人民是悲苦的,我们要能耐劳,不畏难,战胜罪恶,战胜悲苦,创造一个理想世界。”王若飞脸上的忧郁渐渐隐去,“创造一个理想的世界,不是某一个英雄人物能完成的,要组织群众。”

“说得好,”周恩来赞道,“不仅要组织旅法的勤工俭学学生和华工,还要组织国内各阶层的民众。关于这次‘二·二八’事件,我想再作些调查,尽快向国内通报。”

稍后,周恩来写成长达二万五千字的通讯《留法勤工俭学学生之大波澜》,翔实报道了“二·二八”事件之来龙去脉,揭露了中、法当政者对勤工俭学学生的迫害,对请愿学生的遭遇深表同情,而谈到他们提出的具体要求和做法时,也提出了一些善意的批评。

这篇通讯，署名“周恩来”，连续发表在同年5月9日至18日的天津《益世报》上。

“二·二八”事件后，无论是蒙达尼或克鲁邹等地的勤工俭学学生都感到有消除隔阂、加强团结的必要。赵世炎、李立三等发起成立“勤工俭学会”，填表的有七八十人，王若飞等也参加了。接着，赵世炎给蔡和森、李维汉等去信，并在返克鲁邹钢铁厂途中，绕道蒙达尼，同他们面谈了两三天。双方一致表示：争论已经过去，今后要共同研究问题，一致行动。不久，赵世炎再次致信蔡和森，主张成立一个包括留法学生和华工中先进分子的共产主义组织。蔡和森欣然赞同，复信提议采用“少年共产党”的名称。此为成立旅法“少年共产党”的最初酝酿，时间约在1921年四五月间。

周恩来此时已经是共产党员，他一方面执行党的决议，努力完成组织交给他的任务，一方面仍注视着激烈动荡与变化中的欧洲。3月至5月，先后撰写了《德国赔款问题之决裂》、《一周间西欧政象之撮要》、《欧战后赔偿问题之近讯》、《伦敦会议再开幕之经过》以及《致德哀的美敦书之内容》等通讯，不断发往国内，在《益世报》上刊载。让远在万里之外的中国读者，了解到协约国与德国谈判赔款问题破裂之经过，以及战胜国与战败国，还有战胜国相互间的矛盾，使国人及时和详尽地获悉发生在欧洲的一系列重大事件之真相。

4月1日，英国爆发了百万煤矿工人总罢工，周恩来此时又离开巴黎到了伦敦。

在伦敦和别的一些工矿区，他仔细调查了这次罢工的全过程，了解了劳资谈判的情况，写成《英国矿工罢工风潮之始末》等七篇连续性通讯，寄回《益世报》。

他在文章中写道：欧战是“资本家特殊之时机，普通人民丧其力,破其家,毁其财,资本家且因之获无限厚利”。他热情赞扬矿工“其精神、其魄力、其勇敢,可属难能可贵”,倾向性十分鲜明。

周恩来深入研究了英国煤矿劳资纠纷的原因、过程;政府、资方分化工人、破坏罢工之手段以及罢工失败原因;同时又把英国煤矿工人与我国英商经营的唐山矿工作了比较,对我国工人的悲惨处境寄予深刻的同情。事情很明显,英国矿工虽苦,可每月工资多者十元,少者六七元。而唐山矿工,多者得铜元三十枚,少者二十枚,童工仅十枚,中英矿工工资悬殊竟达四十倍。英国资本家在本国尚“有所忌惮”,而在中国,他们对矿工则“施虐待,役牛马”,为所欲为,何也?关键在“劳动者有组织无组织之分也”。因而,他主张“知识阶级与劳动阶级接近”。对劳动界应进行“组织之引导,知识之诱进”……这一切,都写进了通讯。

当前,欧洲“各国政治黑暗如故”、“强弱相欺,大小相吓”、“欧事乱如麻,调解大不易”、“国际联盟虚设一会,内幕指使,仍不出诸强之手,报复侵略,仍为国际中重要条件,肆行无忌”……在周恩来的文章中多次出现这些语句,他对资本主义本质认识愈透,对共产主义的信念便愈加强,对中国要走什么样的道路也愈加明确。尽管他生活清苦,种种感触也令他不快,可他此时还不想回国,这里,仍有许多事情要做。

6 月,巴黎进入炎夏,许多人去了海滨浴场和乡间别墅度假,但法兰西国家机器仍在正常运转,中、法间一桩秘密外交正在进行之中。

北洋政府派出的专使朱启钤[①]、随员吴鼎昌[②]已抵达巴黎,名

---

① 朱启钤(1872—1962):贵州开阳人。历任北京政府交通总长、内务总长、代理国务总理。安福系国会参议院副议长,晚年任中央文史馆员。

② 吴鼎昌(1884—1950):浙江吴兴人。1918 年起任盐业银行总经理,后历任国民政府实业部长、文官长、总统府秘书长等职,1950 年病死香港。

为代表总统徐世昌接受巴黎大学颁发的博士学位，实际上是和陈箓组成代表团，与法国政府谈判借款事宜。借款额为三亿法郎，其中一亿由北洋政府与经手人瓜分（即“回扣”）。中国借款担保的条件是，拍卖国家主权与经济资源，即出卖国家印花税、验契税及滇渝铁路、两粤铁路之建筑权。

这笔交易，直到谈判结束也无人知晓，稍后，提交法国国务会议讨论时，因各派权势集团分赃不匀，出现内讧，才由法国报纸透露出来。报载：“本月 15 日，法国国务会议将中国借款事列入议程。财政总长因反对此事而未列席。此人系一银行家，因此次借款之分摊，彼所主持之银行无份，故愤而离席。”

周恩来获此消息，觉得这是一起严重的卖国勾当，便与蔡和森、赵世炎、陈毅等一道，联合巴黎的中国留法学生联合会、华工会、国际和平促进会、亚东问题研究会、旅法新闻记者团等五团体，数度聚会，商量对策。决定组成“拒款委员会”，于 6 月 30 日在巴黎哲人厅召开成立大会，展开反对中法秘密借款的斗争。

拒款，关系到国家之利益与存亡，并非与个人生活利害有直接冲突，其性质不同于“二・二八”事件，故旅法工、学、商各界均人同此心，一致行动。

拒款委员会委托周恩来起草《通告》，内云：“……借款总额，闻为三万万法郎，以全国交通实业购料作抵……”谴责朱、吴之辈“下贱成性，卖欢军阀，献媚外人，国家存亡，在所不计”。表示“同人等义愤填膺，难与两立，业已为种种之积极运动，以与抗争，尚祈同胞一致进行，以挽狂澜……”

这份《通告》，除在巴黎散发，还向在法各地学校、工场、商店之侨胞投递，并致国内各爱国团体以及美洲、南洋侨界、留英留德学生会，呼吁其一致力争。

同时，五团体又投函吴鼎昌，内有“公如不自取消动议，则上天入地，必有与公相见者”之语，予以警告。此外，又将拒款决议案,用法文印出,送法国国会议员、国务委员、各报馆和各界人士达千余份,以致巴黎各报均予刊登,国会内对借款持异议的议员,亦派人与中国旅法五团体接洽,听取意见,与主政者抗争。

拒款大会召开在即,主事者聚而商议准备事项。

“陈箓先说所传借款系‘出于误会’,又说‘兹事已不成事实’。我看,他是在耍花招。”赵世炎说。

“二·二八,我与陈箓交涉过,”蔡和森接着说,“此人圆滑世故,不能让他躲开。”

“一定要陈箓与会,借款分赃,他焉能没份?要他当众说明真相。”周恩来表示。

旅法华人拒款大会会址——巴黎哲人厅

30 日，骄阳似火，哲人厅外面的菩提树纹丝不动，白色、灰色、灰白相间的鸽子，也不再悠闲地漫步，都躲在树荫处或屋檐下。来自巴黎各区和外地的华人，冒着酷热，涌入大厅，开会前一个钟头，三百余人已将大厅挤满，一个个神情都非常激动。

下午二时整，大会主席赵世炎走上讲坛，宣布宗旨，盖在磋商全体与会者反对之办法、预防将来借款之阴谋，表明对法国之态度。

“……拒款，非反对法国国民，而是反对其少数资本家借款于中国，长中国之内乱者，”赵世炎清亮的四川口音在大厅回荡，“此次行动并不孤立，我们已得到法国舆论界的广泛同情与支持，连国会内亦有人予以声援……”

他的话，被一阵掌声打断。少顷，他请五团体代表发言，报告朱、吴借款经过和五团体与之斗争的情形。

接下去，赵世炎请公使宣布借款内容及其经过。可是，陈箓没来，而是指派了中国驻巴黎总领事廖世功与副总领事李某出席。赵世炎转请他们发言，两人相互推脱，最后由廖世功取出书面草稿照读。廖言不由衷，闪烁其辞，对借款这一实质性问题，只说：“吾敢断言此事当系事实，但现在真相如何，则不得而知……”

“请问，陈公使有否参与其事？”台下的喊声打断了廖的宣读。

“这个……这个我不了解，”廖支支吾吾，面显尴尬，愣怔了片刻，续读：“借款的事，无任复杂，恐将无日无之。今后之监督，正赖国民，国民宜有一时政监督委员会，以审查政府一切支出收入。”他朝人群觑了一眼，清了下嗓门，又读：“兹事甚重要，在法国人，宜先有一促成会，以促国内同胞之醒悟，而从事于斯，此事不无可商。惜群众咸注意于拒款之最近办法，未遑议及是项提议也……”

“滚下去！”廖的言不及义，引起人群的怒斥。

接着，会上宣读了各地华人团体来函来电百余封，并通过了几项相关决议。这次大会，显示了爱国华侨和勤工俭学学生的意志，巴黎的报纸也广为报道，迫于舆论的压力和国会一些议员的反对，法国政府只得暂时中止了对借款的讨论。

几天后，在塞纳河畔的一家小咖啡店里，蔡和森、周恩来等边饮咖啡边交谈。

“暂时中止，不等于取消。”蔡和森说，“暗中交易恐仍在进行，只要看看吴鼎昌之为人，就知道事情并不那么简单。”

“是啊，”周恩来说，“吴鼎昌在官场一贯长袖善舞。民国初元，他依附孙中山，为中国银行总裁。孙退归袁，他又当上天津造币厂厂长。袁死归段，他得为财政部次长，曹汝霖掌财政部时，中国借款多出吴手。安福派倒，吴获朱启钤赏识，遂得偕朱西行，膺此重任，此即朱、吴从事此次借款之因缘也。”他望了望窗外浓重的夜色，旋又转过头来继续说，“如今，秘密借款事已被揭破，旅法工商学界群起反对，吴氏惧为曹、章之续，暂离巴黎，一切未了事宜，概委法人巴道全权处理，可见，图谋依旧未改……”

“巴道何许人？”王若飞问。

“巴道为中国审计院与法律编纂馆顾问，此次亦随吴来巴黎，助吴料理借款事宜。”周恩来说，“巴道与中法实业银行之法方办事人米诺特关系颇深，巴道的女婿，即为米诺特之秘书，故巴道与米诺特皆为借款成功而奔走。”

“北京内阁已于5月中旬改组，新交通系皆登台掌握财权，日本为其后台，中法借款非其愿也，取消或有可能。”李立三说。

“未必，”周恩来摇摇头，“吴氏原为新交通系人物，又安知其不以此回扣大利，诱今日北洋财政当局，以促此借款之必成。国内又有王克敏[①]其人相助，故取消一事，在今日仍不能便认为是事

① 王克敏(1873—1945)：浙江杭县人。时任北京政府财政总长兼中国银行总裁及盐务署督办。后曾任汪伪国民党中央执监委员、汪伪华北政务委员会委员长等职。

实。即使是事实矣，亦不能谓为无复活之余地。中国之官僚常具神出鬼没手段者，尤以洋行买办借款员为最。”

塞纳河上游艇的汽笛声零零落落，忽儿，归于沉寂，“红磨坊剧场”的夜戏怕也落幕了，小咖啡馆的夜话仍在继续。

“恩来说得对，”赵世炎说，“从双方实利出发，北洋政府与法方这笔交易难以断绝，且拭目以待吧！”

……

事情果然不出周恩来等所料。

朱启钤、吴鼎昌、陈箓等皆政坛老手，当群情激奋时，乃匿迹者匿迹，解释者解释，使借款事，表面上告一停顿，骗众人一时耳目。但当群情稍趋冷静，他们遂于暗中大肆活动，秘密洽谈，悄无声息地于8月25日跟法方签订了借款合同。

翌日，巴黎各报均刊出这一消息，且借款总额已由三万万法郎增至五万万，借款担保为全国印花税、验契税收入，并由法国监理收税五十年。不唯如此，签字者除吴鼎昌外，更有几次通函声称未曾与闻之陈箓。

“霹雳一声，惊醒旅法华人之痴梦矣！”赵世炎大呼不止。

“所谓‘取消’，所谓‘不成事实’及停顿之表面现象，均为欺人之谈。”周恩来气忿地说，“前此的运动，奔走呼号，开会警告，悉付流水以去。所谓反对自反对，借款自借款，已成为官僚卖国者之惯伎。昔日行之于国内无所惧者，今则于海外行之，更视此六千侨胞于无睹也。”

“不行，我们要继续斗争。”赵世炎捏紧拳头说。

“对，我们不能就此罢休，”蔡和森附议，“恩来，我们再发《通告》，以示我们之意志与决心。”

“还是我来起草。”周恩来责无旁贷地说道。

26日，《通告》面世，内中备述借款签字情形，结尾，周恩来写道：

……同人等现正暗中竭力，侦探一切，并用各种方法各样手段以为对付，总之一息尚存，决不愿见此次卖国借款有成立之日。事急矣！时迫矣！我同胞其速醒，其速起，分途并进，无论用何手段，以诛除此辈奸人，均吾爱国之真同志也。①

真乃壮怀激烈，掷地有声！

形势紧迫，29日，周恩来、蔡和森等又来到先贤祠附近的一家咖啡店，商议部署新的行动，都深感要继续作舆论动员，就着这儿角落一座，周恩来援笔作书：

……此项借款，确与中国存亡有关。应知借款成功之日，即国内战祸再起之时，陷吾民于水深火热之中者此借款也。印花、验契等税为最近国家财政上重要收入，且此项税更迭增减，最与吾人痛痒休戚有关。一旦受人监理，举措不克自主，财政生机，于焉以尽，是使中国国民永无自行更草税则（印花、验契）之余地，国家永无自行整理财政之机会者，亦此借款也。②

他写完一页，遂递给蔡和森、赵世炎等传看，依然埋着头，笔尖簌簌：

吾人在此曾经向法政府及议会并各国一再宣言，誓不承认此类非民意之借款。乃彼等竟充耳不闻，吾人至此，亦惟有实行吾人坚确之决心，并请全国国民与吾人取一致主张。此外尚望各地诸君本此主张分途进行，务

①②③ 见1921年9月29、30日天津《益世报》。

期造成舆论，克收实效为要。③

蔡和森、赵世炎阅罢，稍作补充，遂在五团体代表会上获一致通过，发往国内、法国各地和美、日、南洋等处。

第二天，周恩来把自己关在蒙达尼的居室，撰写了《中法大借款竟实行签字矣》，详述旅法华人开展拒款斗争的情况，揭露了北洋政府暗中勾结法国政府，出卖民族利益的行径，于9月末刊于《益世报》上。

8月13日，旅法华人各团体，在巴黎哲人厅召开第二次拒款大会。

会前，华人各团体曾致函陈箓邀其出席并当众说明借款真相，陈箓心怀鬼胎，托辞拒绝，派使馆秘书王曾思、沈觐扆到会。

台上的王曾思衣着簇新法兰绒西服，蓄两撇威廉式的胡子，将手杖倚在一边，手斜插着，板着面孔，一副居高临下的傲慢劲儿，出言吐语，责怪旅法同胞开会拒款为“多事”，说话时并伴有拳击桌面声，对旅法同胞拒款的爱国行为甚表不满。

王曾思的言行，激起与会者的义愤，当即有人大声喊道：“这卖国贼，不打如何肯招?!”遂有数人跳上讲台，对王氏一顿痛殴。王氏原本是个色厉内荏的角色，见众怒难犯，连呼“恕我，恕我……”不得不代表陈箓并使馆人员签字声明，反对此项借款，略谓“尊重留法中国全体公民公意”，“即向法外交部声明反对此项五万万法郎大借款”，“并即时向法国各报要求更正签字于草约之借款”。最后表示，如此项借款成立或今后再举行类似借款，公使和全体职员立即辞职，以谢国人。

拒款斗争如汛期的塞纳河，浪涛奔涌，层层推进，法国政府唯恐事态扩大，决定暂缓借款。至此，旅法华人开展的这场斗争暂告一段落。

三天后，周恩来又写了《中法大借款案之近讯》[1]，报道了斗争近况，文末写道：

> 是役也，旅法华人在政治上可谓已获胜利。惟公使馆员一时屈于群众势力之下，其所声明，不能认其为其良心上之主张。官僚狡猾，难保事后不思反悔也。

周恩来不存幻想，在错综复杂的斗争中，始终保持着冷静的头脑，他似乎情愿藏在后面，却又无可置疑地处在这场拒款运动的中心，像头雁带领着雁群，在暴风雨中翱翔。

米勒的画——“占领里大”始末——亡友之一：陶尚钊——移居柏林——亡友之二：黄爱——《伍的誓词》

初秋的巴黎，天空是明净的，不像伦敦那样阴晦，但街市的喧嚣却远远超过伦敦，街头巷尾有数以千计无家可归的流浪者，他们当中有失业者、酒鬼、盲目流入都市的农民、欧战中的伤残者……

巴黎的旅游景点比比皆是，而卢浮宫依然魅力无穷，周恩来和赵世炎随着熙熙攘攘的人群，走进这座宏伟、朴拙的深灰色建筑，今天有难得的宽余，两人打算尽情观赏一番。这里陈列着达·芬奇的《蒙娜丽莎》、乔尔乔内的《田园合奏》、卡拉瓦乔的《圣母升天》、哈尔斯的《吉普赛女郎》、华多的《发舟西苔岛》、大卫特的《马拉之死》、安格尔的《泉》等让人目不暇接的油画、肖像画和

---

① 见1921年10月8、9日天津《益世报》。

风景画，还有美不胜收的雕塑。周恩来、赵世炎一个画室又一个画室地观赏着，议论着，对这些艺术杰作，不时发出赞叹。

在第八画室，两人被一幅题为《拾稻》[1]的油画所吸引，周恩来凑近看了画家的署名，不禁脱口而出："让·弗朗索瓦·米勒。"

"怎么，你知道他？"赵世炎见周恩来兴奋的样子，遂问道。

"我在《少年中国》上读过一篇李君的文章[2]，称19世纪绘画界的明星，米勒便该首屈一指，他注重农民生活，可称为田园画家。"周恩来说，"他的画独辟蹊径，一反从前贵族艺术思想，专从自然的、人道的思想，去实写农牧的天真、田园的清纯……"

"好吧，我们来仔细欣赏一番。"赵世炎也不由地受到了感染。

眼前是一幅极普通的农村田野画面：

秋收季节，三个上了年岁的妇人，拖着沉重的身体，躬着腰在捡拾撒落在地里的稻穗，其中一位妇人像是坚持不住，微微直起腰松一下筋骨，可眼睛仍盯着地面，搜寻着失落的稻穗。她们终年劳碌，但土地不属于她们。一望无边的田野上，稻垛堆得高高的，旁边停着马拉的大车与忙碌的雇农，远处立着一个骑马人，乃是地主或地主的管家，他才是土地的主人，不劳动者拥有一切，劳动者却不得食，靠从稻茬中拾落下的稻穗糊口……

两人聚精会神地凝望着，似乎不愿放过每一处细节。

米勒对三个农妇的安排疏密有致，富有变化的节奏韵律感，使有限的画面变得无限丰富。色调所造成的天高气爽、风和日暖的气氛，使画面呈现表面的和平宁静，却没有掩盖贫富悬殊的矛盾。农妇的动作隐约显示出急促、紧张。平静的气氛下，含有不平静的情绪，委实意味无穷。

"啊，我想起来了，曾有批评家说这幅画是'反对贫困的起诉

---

① 原文系"拾稻"，此画现译为《拾穗者》。

② 李君：即李思纯，其作《平民画家米勒传》刊载《少年中国》第二卷第十期。

书.'……"赵世炎说。

"是啊,"周恩来应道,"它画出了农民悲惨的命运和处境。"

两人流连忘返,直到夕阳西下,才走出展厅,当他们在门口的卖品部稍作停留时,竟意外地看到了《拾稻》的画片。

"这可是不能不买。"周恩来掏钱买了两幅,一幅给了赵世炎。

"寄回国。"周恩来说。

"我也这样想。"

于是,两人来到附近的邮局。

周恩来是寄给释孙(即谌志笃)的,他在画片背面的左侧,用英文写着:"法国派。《拾稻》。米勒"。右侧中文则为:

> 释孙:
>
> "拾稻"——米勒氏作。米勒(1815—1875)是写实派中的巨子,国内久知其名,毋庸我再介绍,此张亦为他名作之一。《少年中国》中李君曾批评过此画,甚当。
>
> 恩来 1921. 09. 10 于法国。①

赵世炎则在寄给友人的画片上写道:

> 这是法国派的画,用三个拾稻女人,描写农家之苦,画中三人姿态,描出年迈农妇田作之状……大战之后在乡间这种情况尤多了。一因老农妇的丈夫或未婚的儿子多死于战争,无人赡养,又无助手,今日之状还要苦些。米勒这画也大有喻意……②

---

① 见《周恩来青年时代》第七期(周恩来同志青年时代在津革命活动纪念馆编)。

② 见《周恩来青年时代》第七期(周恩来同志青年时代在津革命活动纪念馆编)。

两人将信丢进邮筒，这才沿着大街踏上归途。

“怎么样，去逛逛塞纳河畔的旧书摊？”周恩来提议。

“算啦，时候不早了，回去吧。”赵世炎埋着头只管走路，忽然，他说：“恩来，上个周末，在卢森堡公园，我见到你跟一位漂亮姑娘在一块，是谁啊？”

“啊，她叫张若茗，”周恩来答道，“我们一道坐过牢，一道发起建立‘觉悟社’，又一道来法国勤工俭学。”

“是不是在恋爱呀？”

“没那回事，”周恩来笑道，“不过，我们很接近。恋爱的事，我真还没去想，否则，和森又要说我‘陶醉于美色’了。”他朗朗地笑出声来。

“爱美之心，人皆有之；饮食男女，人之常情，”赵世炎说，“和森是不是太绝对了？”

“他是担心我们中间有人受到感情的诱惑，但我可以说，情欲与我无缘。”

“恋爱也无妨嘛！”赵世炎很通达，“你看，和森、警予正是因恋爱而结合的。”

“和森能有警予这样一位志同道合的伴侣，也实在是种幸福。”

“这样说，你又何必束缚自己呢？”

“我们不谈这个，”周恩来甩开大步，“快走吧，天就要黑了。”

两人不再笑谈，匆匆地赶路……

拒款风潮平静了一个月，勤工俭学之前途，已趋困难，无工同学占全数十分之八，专靠维持，无日不生活在恐慌之中。突然，中国少年监护委员会宣告，自 9 月 15 日，停发勤工俭学学生的维持费，且有遣返回国之说。已做工者亦受经济恐慌之影响，大有朝不保夕之势。在这同时，围绕里昂中法大学的入学问题，勤工俭学学生也陷入困境。

里昂中法大学,是华法教育会利用法国退还的部分庚子赔款筹办的。学校筹办之初衷,原为解决旅法勤工俭学学生之困难,但主事者却背离了初衷。一月间,周恩来致严范孙的信中曾写道:"……恩来居法约半月余,以事外之身来看,以为勤工生之救济,舍里昂大学外实无再善之所。"而校方却以"校款不甚充裕,勤工生程度太低"[①]为托辞,不愿接受勤工俭学学生入校就读。

夏秋之交,吴稚晖从国内招收了一批官僚富家子弟,且决定于9月25日开学。此举引起了勤工俭学学生的公愤。为解决读书之困,他们曾数度与华法教育会交涉,均告失败,退而要求以里昂大学校内多余房屋暂作栖身之所,也遭拒绝。巴黎郊外的哥伦布镇充塞着少年漂泊者,他们面临着生活无助、读书无着的威胁,怎么办?

在克鲁邹的赵世炎、李立三等商议,发动一场"入学运动"。他们一面通知设在巴黎的"勤工俭学会",一面与蒙达尼的蔡和森等联系,紧急会商,在国内学生抵达法国之前组织一支"先发队"赶往里昂,先把这所大学占领。

这个想法,周恩来自然是知道的,但这是一次重大行动,如何组织则需要认真研究。在哥伦布的一次会商中,对派遣"先发队",他并无异议,问题在于"先发队"去了之后怎么办?勤工俭学学生数千人散布在巴黎、圣日尔曼、枫丹白露、克鲁邹、沙多居里、墨兰、蒙达尼等地,倘全都拥向里昂大学,似也值得考虑。而且,他也不主张与校方正面对抗。他说:"斗争是复杂的,吴稚晖、陈箓等逼我们陷入绝境,斗争势在必行,但斗争要讲究策略,要作两手准备。为避免不必要的损失,我建议各团体留下一部分骨干,以负责后方工作和准备以后的斗争。"

---

① 见《周恩来书信选集》第19页(中央文献出版社1988年1月版)。

“争回里大，为无可奈何的最后手段，”蔡和森说，“但是，恩来的建议也很重要，我们务必要组织好。”

“后方工作就由恩来负责，如何？”赵世炎征询道。

众人没有异议，会上作出“以开放里大为唯一目标”的决议。

9月20日晚，巴黎车站一角，集聚着百余名中国勤工俭学学生，一个个神情肃然，沉默寡言，跟前来送行的周恩来等告别之后，由赵世炎、蔡和森率领着登上火车，连夜赶往法国东南部的里昂。次日凌晨，他们登上了设在山上的昔日里昂炮垒，里昂大学系此炮垒改建而成。因校方早有准备，教室、宿舍皆上了锁，无奈，“先发队”队员只好在操场上坐下。赵世炎找到学校主持人褚民谊[①]交涉，孰料校方非但竭力排拒，且以“匪类”诬陷，要求里昂市长出面干预。

里昂大学旧址

① 褚民谊（1884—1946）：浙江吴兴人。时任里昂中法大学副校长。后曾任中山大学校长、国民政府行政院秘书长、汪伪中央政治会议秘书长兼外交部长、行政院副院长等职。

第二天，里昂市长以“强占校舍、扰乱治安”为由，出动二百多名武装警察，以铁甲开路，突破铁栅栏大门直逼操场，将百余名“先发队”队员强行押上数辆大汽车，关入附近一座兵营；接着又以“查验”为名，没收了全部人员的“居留证”，不准行动自由，视若囚犯。

这是勤工俭学学生没有料到的，形势急转直下。

留在巴黎的周恩来、王若飞、聂荣臻[①]等闻讯后，四处奔走营救。

稍后，吴稚晖来到里昂，邀同学推派代表晤谈。他表示，由他负责设法，每年补助勤工俭学学生十万元，以六年为限，并要同学自行安排，一批做工，一批读书，轮流动用经费。

作为总代表的赵世炎回到兵营据实报告，同学们拒绝此项安排，一致要求开放里昂大学。

于是，问题又回到吴稚晖那里，结果遭致拒绝，谈判遂告破裂。

留在巴黎的大批勤工俭学学生听说谈判破裂，群情激愤，纷纷要求去里昂声援。周恩来多方疏导，动情地说：“‘先发队’遭了挫折，若是接着出发，必致人人都入陷阱中，去领受俘虏的滋味。诚然，甘苦本应共尝，但也不能让对方一网打尽。需知行动一失去自由，指挥生死的权便在人家掌握中了。”他说服了一些同学，又往见陈箓，要求他以使馆名义向法国政府交涉，尽快解除监禁，恢复各人自由。谁知陈箓不仅没有一点同情心，反而态度顽梗，于是，双方展开一番舌战。

“此番百余人造成四罪：不得主权者许可，擅入人室；侮辱市长；发散传单；并与法共新闻记者接近。”陈箓口气颇硬，“罪名既已成立，被拘禁，我也无能为力，我不能干涉法国的主权和法律。”

---

① 聂荣臻（1899—1992）：四川江津人。曾任八路军一一五师政委、北京市长、国务院副总理兼国防科委主任、中央军委副主席。

“不对，”周恩来驳道，“同学此举，纯为求学，且进行极守秩序，法人所谓‘罪状’，充其量也不过违警。况且，法兰西共和国，又非戒严时期，何能凭一面诉词，强加入罪？若说是按法办理，凡被捕的人，如有人请求，当于二十四小时内出庭，何以日久不见明文？”

“违反法国法律，只能由人家处置……”

“可是，公使身为中国政府代表，理应为中国学生说项，怎么反倒替法国说话？”与周恩来同去的徐特立[①]责问道：“先生的言辞令人怀疑与法方有所干系，不然，法国现时军警之气势无论如何大，总不能驾于法律之上。区区一个‘违警’罪状，何至于拘入军营？何至于拘禁不开审讯？更何至于演了一出同中国学潮中拘留学生一样的怪剧？”徐特立言辞激烈，八字胡直颤，“若不是惯经此事的公使先生暗示他们，默许他们，法人又何能目无中国至此？”

“你，你……”陈箓语塞，脸涨得通红。

“至于说到散发传单，同新闻记者接近，更难自圆其说。”王若飞接着说，“举眼看一看巴黎、里昂城里，哪一天没有成万的传单飞出？试问，这难道都是经警方许可的吗？而法共《人道报》遍布法兰西全国，更何能禁止人们同他们的记者接近？我们仍坚请公使向法国政府交涉，尽快恢复同学自由。”

“我已电请吴稚晖先生来巴黎，待他来了再说吧！”

周恩来知道陈箓在推脱，和徐特立、王若飞等离开使馆后，当晚组织了二十多人的“请愿团”赶往里昂，求见市长，要求探望被囚同学，向其提供足够被褥以及获得法律帮助的权利。他担心同学在兵营时间较长，又携上一袋书籍供其阅读。

可是，百余人拘于兵营，对法国来说也是负担，惟恐酿成外交

---

① 徐特立(1877—1968)：原名懋恂，湖南长沙人。曾任中华苏维埃中央政府教育部长兼陕甘宁边区政府教育厅长、中共中央宣传部副部长。

事件。里昂市府报告内政部，再由外交部咨文中国驻法公使馆，陈箓却以“不管教育”的托辞，把责任推给吴稚晖。法国政府见中国公使馆与里昂市府均无处置办法，遂决定将这批学生遣送回国。在关押了二十多天后，法国政府以“从事布尔什维克活动”的莫须有罪名，于10月13日，在戒备森严中，将一百零四人押往马赛登船回国。他们之中有蔡和森、李立三、陈毅、张昆弟、王京歧等，唯有赵世炎在别人掩护下逃脱。

周恩来在这个事件中“身临其境，目睹种种惨状”，深感“焉能使我对他们不表无限的同情，不致无限的愤慨，不替他们求社会上极大的援助”？他义愤难抑，撰写了三万余字的长篇通讯《勤工俭学学生在法最后之运命》寄给《益世报》，于十八天内连续刊出。文章回顾了一年来旅法勤工俭学学生波澜迭起的斗争，揭露了中法两国政府和官僚政客对勤工俭学学生的欺骗与迫害，充分肯定了占领里昂大学的这场斗争。文章写道：

> 在他们运动初起时候，其主张原是很和平的，要不是周围的空气压迫他们过甚，又何至于便取直接手段，实行占据。他们希望援助，旁观者给他们的同情只是一个‘冷’字；他们期待谈判，里大当事人回复他们的只是给了一个拒绝的暗示。在另一方面，停发维持费的日期，又确定在9月15日，人们的心不是麻木的，血更是热的。援助失了，学费绝了，他们也只有向同境地的朋友，求团体的团结，试一试他们最后的胜负。受同样的待遇，处同样的悲境，他们终于会团结起来的，不牺牲终久也是牺牲，他们如此，他们岂是得已?![1]

---

①② 见1921年12月18日至1922年1月9日天津《益世报》。

他热情地欢呼：

> ……第一朵开放出来的花儿，便是占据里昂大学的壮举。②

百余名勤工俭学学生被遣送回国，并不是事情的结束，留下的还将继续奋斗。挫折，使他越发坚韧，他的认识得到了升华，他以高昂的气势呐喊道：

> 途穷了，终须改换方向；势单了，力薄了，更须联合起来。马克思同昂(恩)格斯合声嚷道："世界的工人们，联合起来啊！"他们如今也觉悟了，"全体勤工俭学的同志们，赶快团结起来啊！"……①

一个时期以来，周恩来行踪不定，凡有中国勤工俭学学生的城镇，他几乎都去过。当然，他也曾有过相对固定的住处布卢瓦，这是法国中部卢瓦尔河畔的一座小城，陶尚钊和他住在一块儿，他一直呵护着这位小表弟。三个月前，郭隆真、张若茗从蒙彼利埃搬到这里，只要周恩来不外出，他们经常见面，话题总离不开补习法文、国内近况、法国以至欧洲政局和社会革命等等。

繁忙之中，周恩来跟旅英的李福景、常策欧、严季冲，旅美的关锡斌、潘世纶等仍保持联系，旅日的吴瀚涛、王朴山跟他也一直鱼雁不断。他曾劝说吴瀚涛回国投身救国运动，可是，吴的反应令他惋惜、失望，两个少年时代的朋友，因思想分歧，自此分手……

占领里昂大学的挫折和一批勤工俭学学生被遣送回国，深

① 见1921年12月18日至1922年1月9日天津《益世报》。

深刺激着周恩来，只是，他没有气馁，从张申府那里得知，国内各地的共产主义小组已于 7 月间成立了中国共产党，这给他很大鼓舞。回顾“二・二八”拒款，直到占领里大的一次次斗争，固然也有各个团体的联合，但他总觉得缺少一个核心，这个核心，不应类似天津爱国运动中的觉悟社，而是共产党。旅法的革命者需要这样一个组织，这件事，在占领里大失败后，他越发感到紧迫了。

其间，周恩来常在法国各地以及德国、英国、比利时穿梭奔波，食宿失序。即便这样，他仍通过亨利・巴布斯①，与法国共产党人、《人道报》以及法国学生的左翼保持联系。

整个冬天，他和从里昂兵营中潜逃出来的赵世炎一道，致力于先进分子的联络和团结，筹建旅欧共产主义组织。

第二年 1 月，周恩来来到伦敦看望好友，住在海贝律山十一号常策欧的寓所。这次，他停留时间不长，但仍关注着英国局势的动向，再次撰写了《伦敦通讯》寄《益世报》发表。

天气渐趋暖和，春天来了。一天，陶尚钊赴里昂旅游，野餐时，因不会使用炊具，不慎酒精灯爆炸，火烧全身，伤重医治无效而亡，时年十七岁。周恩来闻讯恸哭不止，一手料理了尚钊的丧事，择地埋葬后，又将坟墓拍成照片，连同抵法之初，他、刘清扬、张申府、李愚如等和尚钊的合影等生前遗物，托人带回国内送交尚钊之兄尚铭处。

周恩来的痛苦是深重的，这大概是他旅法期间最暗淡的时日，多少个夜晚，他被恶梦惊醒，他总忘不了尚钊那副可爱的、稚气的面孔。他想起，在南开时，尚钊与陆宗舆的女儿恋爱，“五四”运动爆发，尚钊得知陆系北洋政府签订巴黎和约的卖国贼之一，

---

① 亨利・巴布斯(1873—1935)：后译为亨利・巴比塞。法国左翼作家，名著《火线上》的作者。

毅然与陆女断绝了往来；他又想起，他在狱中写给李愚如的诗函，便是尚钊带出去的；他还想起，每当外出，尚钊总要送他一程，总那么恋恋不舍……啊，他还想起许多往事。可是，尽管他追忆不已，这一切终究成了过去，而他不能一直沉浸在痛苦之中，遂日以继夜地投入对欧洲社会的考察、撰写文章、联络友人等一系列活动中去，以此求得解脱……

3月，他移居德国柏林，住威廉村恺撒街五十四号A，同楼并有一位德国人教他德文，这儿离柏林市中心不远。张申府和刘清扬先他一步到柏林，自然，相互时有接触。但更多的时间，他则用在学习德文、阅读各种报刊、钻研经济学和其他著作上。他给伦敦的常策欧写信：

> ……德国书价一月一长，我现在请求你将德文的经济学原理书，在五天内给我开点书名字来，我好起首去买。还有一事，请给我定一个月的Daily Herald[①]，赶快！万勿耽搁，因为我现在一份英文报纸都看不见了。恩来。[②]

据此，不难看出他对报刊的需求和对新思潮的饥渴。

他以极大的热情，继续考察欧洲社会及其各种流派的劳动运动，其中包括工团主义、无政府主义、费边派社会主义、基尔特社会主义等，对它们的历史、现状和发展趋势，逐一进行分析，“推求比较”后表明自己的态度。他激动地宣称：“列宁真可爱！他是无孔不钻，只要于共产主义将来的发展有利，一切全可牺牲，一切舆

---

① Daily Herald：即《先驱者报》。
② 见《周恩来青年时代》第六期（周恩来同志青年时代在津革命活动纪念馆编）。

论全都不顾。”[1]

同月，他给国内的觉悟社社员“小、山”写信，介绍欧洲共产主义运动状况，和他决心为此奋斗的信念，此信以《西欧的“赤”况》为题发表在天津《新民意报》副刊《觉邮》上，署名“伍—小·山”，即“周恩来——谌小岑、李毅韬”。

信中首先分析了欧洲各种社会主义思潮，指出“无政府主义的自由作用太无限制”，“容易流为空谈”，在欧洲“其势力渐渐等于零”；英国基尔特社会主义“近已见衰”；法国工团主义“不问政治”、“活动范围太狭”；坚信共产主义必将取得胜利。其次，他还坦诚地叙述了自己旅欧一年来的思想演变：“我从前所谓‘谈主义，我便心跳’，那是我方到欧洲后对一切主义开始推求比较时的心理，而现在我已经有坚决的信心了。我认清 C. ism[2] 确实比你们晚，一来因为天性富于调和性，二来求真的心又极盛，所以直迟到去年秋天才定妥了我的目标。”[3]于是，他郑重声明：

> 我们当信共产主义的原理和阶级革命与无产阶级专政两大原则，而实行的手段则当因时制宜。[3]

一天，周恩来到刘清扬那里去，见刘清扬满脸悲戚。

“发生了什么事？”周恩来惶惑地问。

“正品他……”刘清扬刚开口便哭出声来。

“正品怎么了？”

“他……他死啦……”刘清扬说着将李毅韬刚寄来的信递

---

① 见 1923 年 4 月 15 日天津《新民意报》副刊《觉邮》第二期。

② C. ism：即共产主义。

③③ 见 1923 年 4 月 15 日天津《新民意报》副刊《觉邮》第二期。

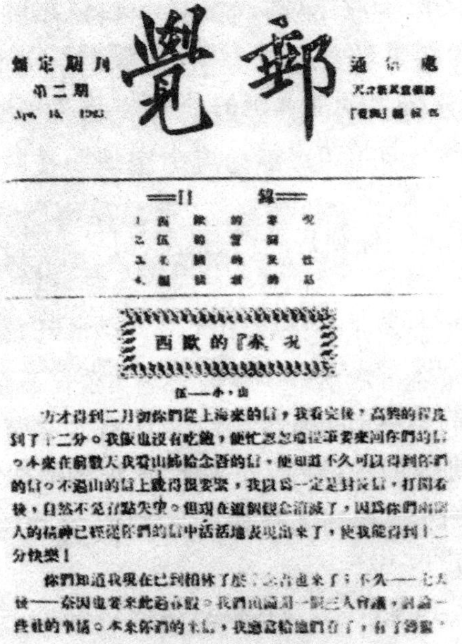
覺郵

[illegible]定期刊
第二期
Apr. 15. 192[illegible]

通信處
天津[illegible]
「覺郵」編輯處

目錄
1 西歐的赤光
2 [illegible]
3 [illegible]
4 [illegible]

西歐的『赤』光

伍——[illegible]

方才得到二月初你們從上海來的信，我看完後，高興的程度到了十二分。我飯也沒有吃飽，便忙忽忽地拿筆要來回你們的信。本來在前數天我看山給念吾的信，便知道不久可以得到你們的信。不過山的信上說得很要緊，我以爲一定是封長信，打開看後，自然不免有點失望。但現在這個觀念消滅了，因爲你們兩人的精神已經從你們的信中活活地表現出來了，使我能得到十二分快樂！

你們知道我現在已到柏林了麽？[illegible]也來了。不久——七天後——奈因也要來此過春假。我們[illegible]一個三人會議，討論一些社的事情。本來你們的來信，我應該給他們看了，看了[illegible]

《觉邮》副刊

给他。

周恩来的手颤栗不止，从信中得知黄爱在长沙被军阀杀害，信未看完，他已泪流满面。

黄爱，字正品，湖南常德人。1919年在天津高等工业学校读书时，因投身“五四”运动，曾两次坐牢，后又成为觉悟社社友，与周恩来、马骏等交谊甚厚。1920年秋，周恩来赴欧勤工俭学，黄爱回到长沙，就读于湖南甲种工业学校。11月间毕业，与同学庞人铨一道经常深入工厂，并联络了一部分同学、工厂技师和工人，在长沙成立了“湖南劳工会”。一月后，会员已增至四五千人，其基本成员除学生外，大多为纱厂、造币厂、黑铅炼厂、水泥厂、木瓦、缝纫、理发业的工人。

“湖南劳工会”一度受到无政府主义的影响。无政府主义是小资产阶级的空想，主张不要政府，不要法律，不要领袖，废除一切带有强制性的制度，平均财富，一切平等。在军阀残酷统治下，在封建把头和工厂老板重重剥削的处境中，工人实际工资日益下降，群众产生自发反抗情绪，自然容易接受无政府主义宣传。

但是，黄爱、庞人铨则是纯洁、正直、勇敢并具有一定反帝反封建革命思想的青年。1921年4月，黄、庞动员二千工人到第一纱厂示威，将该厂股权承租者华实公司老板押过湘江游行，逼其写下“誓词”，保证不再承租第一纱厂。华实公司后台系湖南军阀赵恒惕。事发后，该公司贿赂赵五万元，要他加害黄、庞。1月16日深夜，凄风苦雨，赵密令将二人逮捕，因惧怕工人抗议，未经审问，于17日凌晨四时，将二人押赴长沙浏阳门外斩首。时风雪弥漫，鲜血染红了雪地……

黄、庞生前，毛泽东在长沙，曾对他们做过耐心、深入的帮助和教育。1921年底，两人均加入了社会主义青年团。他们遇害后，毛泽东悲愤难忍，先后于长沙、上海等地主持了黄、庞追悼会，动员国内名流、学者致电抗议赵恒惕的暴行。黄、庞的死，在国内震动很大，天津与长沙虽相隔千里，可李毅韬很快便从报上得到这个消息，旋又函告刘清扬。

“毅韬是很沉痛的。”刘清扬哽噎地说。

“她和正品很熟，了解正品的为人……”周恩来泪痕未干，半晌才说，“无论如何，我们要不负这个朋友，不管他信的是C，还是A……”①

周恩来“一时百感交集，更念及当时的同志”，回到寓所，写下了《生离死别》一诗：

---

① C：即Communism，中译共产主义；A：即Anarchism，中译无政府主义。

壮烈的死，
苟且的生。
贪生怕死，
何如重死轻生！

生别死离，
　最是难堪事。

别了，牵肠挂肚；
死了，毫无轻重，
　何如作个感人的永别！

没有耕耘，
　哪来收获？
没播革命的种子，
　却盼共产花开！
梦想赤色的旗儿飞扬，
　却不用血来染它，
　天下哪有这类便宜事？

坐着谈，
　何如起来行！
贪生的人，
　也悲伤别离，
　也随着死生，
只是他们却识不透这感人的永别，
永别的感人。

不用希望人家了！
生死的路，
　已放在各人前边，
飞向光明，
　尽由着你！
举起那黑铁的锄儿，
　开辟那未耕耘的土地；
种子散在人间，
　血儿滴在地上。

本是别离的，
　以后更会永别！
生死参透了，
努力为生，
还要努力为死，
便永别了，又算甚么？[①]

诗中，周恩来把黄爱“壮烈的死”与那种“苟且的生”、“贪生怕死”作了对比，认定“没有耕耘”、“没播革命的种子”却想“收获”、“盼共产花开”、“梦想赤色的旗儿飞扬”，“天下哪有这类便宜事”？深信要“飞向光明”，哪怕“血儿滴在地上”、“便永别了，又算甚么？”

这是一首壮丽的诗篇，崇高的理想、磊落的胸怀、高洁的品格、义无反顾的牺牲精神贯穿全篇。

周恩来将这首诗抄在给衫逸（李锡锦）、衫峙（郑季清）的信中。此信发表于天津《新民意报》副刊《觉邮》上，署名“伍——衫逸、衫峙”，即“周恩来——李锡锦、郑季清”，标题《伍的誓词》系编者所加。

① 见《周恩来青年时代诗选》（人民文学出版社 1978 年 12 月版）。

在诗前的一段文字中，周恩来即宣称：

> 我认的主义一定是不变了，并且很坚决地要为他宣传奔走。[①]

诗后，周恩来又一次谈到自己信仰确立的经过，即“对于C.P.坚定的倾向”之演变，他这样写道：

> 这个意念的决定，分开来可以说：思想是颤动于狱中，津会时受了不少施以[②]等主张的暗示，京中的‘全武行’与我以不少的启发，其中以衫峙、衫逸、石逸[③]三人之力为最大。出国后得了施以一封谈主义的信，引起我探求的兴味，最后又同念吾[④]奈因[⑤]经了很多的讨论，直至10月后才正式决定了。到德后，得到正品这个死耗，更使我意念十分坚决。[⑥]

历史就是这样记载的。

任何人，甚至是伟大人物，其成长，尤其是思想的演变，都会受到周围环境和跟他关系相近者的影响，周恩来也不例外。人们在谈论这个问题时，无需避讳。再有，周恩来在法国尤其是1921年2—3月间，在蒙达尼与蔡和森的接触，以及张申府、刘清扬介绍他加入C.P.，蔡、张等对他有没有产生影响，或他们之间的相

① 见1923年4月15日天津《新民意报》副刊《觉邮》第二期。
② 施以：即谌小岑。
③ 石逸：即李震瀛。
④ 念吾：即刘清扬。
⑤ 奈因：即赵光宸。
⑥ 见1923年4月15日天津《新民意报》副刊《觉邮》第二期。

互影响，周恩来未提到，或许这封信是写给觉悟社社员的，提到的都是彼此熟悉的人，而按照C.P.秘密工作原则，他亦不可能泄露自己的同志。可是，客观地说，这种影响，应当是有的，更不用说，信仰确立前后，欧洲社会的现实和科学社会主义理论的影响了。

总之，重要的是，他认定的Communism是一定不变了，且坚决地付诸行动。

“少共”的成立——《共产主义与中国》——《少年》与《工余》的对垒——笔伐胡适——会见朱德——外国同志

一个幽灵，共产主义的幽灵，在欧洲徘徊。

旅欧华人(勤工俭学学生、华工)中的先进分子，热情拥抱了这个幽灵。

1921年的春天，张申府、刘清扬、周恩来、赵世炎、陈公培[①]五人，组成巴黎共产主义小组。后来，中国共产党正式成立的消息很快传到巴黎，《共产党》月刊也陆续寄达，张申府、赵世炎与国内党组织时常有联系(赵世炎赴法前，在上海曾与陈独秀有过多次接触；张申府出国时，陈独秀亦曾委派他在欧洲筹建共产主义组织)。旅法爱国运动的波折和发展，锻炼了一部分先进分子，到1922年5月，周恩来、赵世炎在旅欧的中国青年中已联络了三十多人(其中旅法二十余人，旅德六七人，旅比七八人)，成立旅欧青年共产主义组织的条件已渐趋成熟。不久，赵世炎与周恩来在巴黎会面，共商组织工作，再与蒙达尼的李维汉联系，彼此交换意

---

① 陈公培(1901—1968)：湖南长沙人。黄埔二期生，“八一”南昌起义参加者，曾任全国政协委员、国务院参事。

旅欧中国少年共产党在巴黎郊外布洛涅森林召开成立大会后合影。
后排右六是周恩来，前排右十三赵世炎，右七陈延年，右四王若飞

见，旅欧少年共产主义组织的建立已是水到渠成。

6月，巴黎郊外，布洛涅森林的一角失去了平日的寂寥，一群中国青年怀着神秘而昂奋的心情在此集会。他们之中有来自克罗梭的赵世炎，来自蒙达尼的王若飞、李维汉，来自柏林的周恩来，来自沙洛瓦的刘伯坚[①]，等等。一个经营露天咖啡茶座的法国老太太租给他们椅子。周恩来对选择这样的地点和环境颇为满意，说："这样的布置倒好，有人来了，我们不说话，谁也不知道我们在干什么。"他这话，引起赵世炎、王若飞等一阵开心的笑。

会议由赵世炎主持，他报告了筹备经过。接着，由周恩来报告组织章程草案。他最初提议组织名称为"共产主义青年团"，但多数人不赞成，主张叫"少年共产党"。周恩来的提议是切合实际的，可"共产党"这一称谓或许更具吸引力和感召力，周恩来服从了多数人的意见。会议开了三天，在某些具体问题上也有争论，但最终一致通过了建立"旅欧中国少年共产党"的决议，推选赵世炎、周恩来和李维汉为主要负责人，组成执委会。赵世炎任书记，

① 刘伯坚(1895—1935)：四川平昌人。曾任中共旅欧总支部、旅莫斯科支部书记、中共中央军委秘书长、红五军团政治部主任等职。

周恩来任宣传委员，李维汉任组织委员。会上并决定创办《少年》刊物。执委会地址设在巴黎意大利广场附近的戈德弗鲁瓦街十七号旅馆的楼上，赵世炎住在这里，主持日常工作。“少共”与国内社会主义青年团的联系，由张申府幕后进行，而周恩来则奔波于法、德、英、比之间，做旅欧“少共”的组织联络工作。

8月1日，《少年》正式创刊。

周恩来写的《共产主义与中国》[①]一文，可谓是扛鼎之作。

《少年》杂志

这篇文章，较为系统地批判了国家社会主义、无政府主义、工团主义、基尔特社会主义等形形色色的思潮，指出“资本主义的祸根，在私有制，故共产主义者的主张乃为共产制。私有制不除，一切改革万万无效”。

周恩来深入论证了共产主义，既“能够解决世界的乱象”，“也完全应该成为我们中国唯一的‘救时良药’”。他认为中国要富强，就必须根本解决经济问题和社会问题。在经济上，不能“以资本主义的方法来开发中国实业”，因为那样只能使中国变为外国资本主义“舶来品的销售场”，把中国的资源、设施“间接直接都归到外人手里”，造成中国“困苦颠连以致万劫难复”的恶果。

那么，走国家社会主义道路呢？他的回答也是否定的。因为眼下“国家最高的统治权”依然握在统治阶级手中，而“有产阶级不倒，国际间的经济竞争、侵略政策”便不会消灭。自私的资本家

① 见1922年9月1日出版的《少年》第二期

更不会容许“一切产业收归国有”。因此，国家政权问题不解决，中国就不可能走上真正的社会主义道路。

周恩来认定，只有一个办法，就是搞共产主义，才能够担当起改革经济、改革政治的重任。中国“除实行共产革命外，实无法可解”，只此一途，才是“应着生产力发达的需要而加以顺势的变革”。

这篇文章因其观点鲜明，论证有力，在旅欧华人和青年学生中产生了很大影响，扩大了共产主义思想的宣传，吸引了许多青年向它靠拢，它在旅欧“少共”的理论建设上占有突出位置，并成为中国共产党早期的一个重要文献。

几个月之前，周恩来在给国内觉悟社社员的信中，曾谈到“无政府主义的自由作用太无限制”，“容易流为空谈”，在欧洲“其势力渐渐等于零”。这种估计与事实不尽相符，因为无政府主义势力依然存在，其影响和危害也是明显的。

法国乃是无政府主义的发源地和无政府主义者的避难所。巴枯宁、克鲁泡特金等无政府主义的领袖人物，在这里生活了很长时间。辛亥革命以后，中国旅法俭学和勤工俭学运动的提倡者李石曾、吴稚晖即曾在法研读过无政府主义学说，后来，当他们在法主持华法教育会和里昂大学时，在旅欧青年中积极推行无政府主义学说。他们还运用手中掌握的分发勤工俭学补助金等权力，在经济上对信奉和反对无政府主义的勤工俭学学生，实行不平等待遇，以此诱惑和胁迫青年。当然，也应看到，无政府主义者中如克鲁泡特金那样道德高尚、富有正义感和勇于牺牲的人，以及他们所主张的“反对强权”、“排除一切恶制度”、“经济上政治上绝对自由”、财富“为社会公有”、由“劳动者自由取用之”以及“自由、平等、博爱”等等思想，对一些痛恨社会现状、渴求人类美好境界的青年，确有相当大的吸引力。中国旅法的无政府主义者主办的《工余》杂志竭力传播这些理论主张。

而无政府主义的实质，要求使用旧的生产工具和维护旧的所有制和生产关系，这使它与马克思主义格格不入。

这样，《少年》和《工余》的对垒和斗争，则是不可避免了。

1922年8月，区声白、刘无为、刘抱蜀等人，通过《工余》社出版了一本名为《无所谓宗教》的小册子，并广为散发。里面的文章，名义上以"非宗教"相号召，实际上却"谓共产主义具有宗教精神"，把共产主义与宗教同列，认为对马克思主义的信仰就是"迷信"……这对刚刚组建并正在发展的旅欧"少共"组织，不能不起到一定的破坏作用。

为此，周恩来、李维汉和已转向马克思主义的陈延年[①]一道商量，在《少年》第二期上，开辟了评论《无所谓宗教》这本小册子的专栏。

就在这一期，刊载了周恩来的《宗教精神与共产主义》一文。他首先就马克思及其学说，作了正面阐述：

> ……在马克思以前，社会主义成为有产阶级中人的清谈，共产思想还存留在乌托邦中，自马克思出，一本科学的精神，寻出"物质世界"的最大缺憾在现代经济组织，而生产力的变迁，更足以使此经济组织有必须崩溃之势。另一方面更从人类史中，找出阶级争斗的痕迹，知道现今的"下层阶级"（凡加"　"符号的字句，都是用著者语）乃是依附现代经济组织之下的最后最困苦的无产阶级。欲"铲除痛苦的根源"，消灭此阶级界限，顺着经济变迁可能的趋向，自不得不想出"最公平的分配方法，最有效的生产制度，使生产者公有其生产品，而公同

① 陈延年（1898—1927）：安徽怀宁人。陈独秀之子，乔年之兄。曾任中共广东区委书记、中共中央政治局候补委员等职。

> 分享之”。这便是共产主义所由来,也正是马克思全部经济学说给以明确证明的。至于革命,更是“铲除痛苦的不可避免的方法。除非我们抱无抵抗主义,求上帝无形之安慰”,“不去试验,不肯改革”便罢;否则,欲用一个研究出的办法去实验,没有不妨碍旧办法的,没有不与他冲突的。

在周恩来看来,马克思给人类指明了实现真正解放的唯一正确途径,而宗教却是“引入空想未来之国”。马克思主义既是指导自己行动的思想体系,那么,一个共产主义者应坚定其信仰而不应动摇,因为“理愈明,信愈真,感愈切,革命的精神遂能愈久而愈坚”。如此,共产党人“视马克思的著作为可贵可重”,“便甚言之为‘经’为‘典’也无可议”。这哪里是什么迷信?

然后,他阐述道:“迷信与信仰何别?别在其所信的理论与方法,能否用在‘实际’上来‘试验’,换过来说,便是能否合乎科学精神。”“凡有所‘信’,都不应超越于理智范围之外,出此便为‘迷信’。”这与“教徒对于神父牧师只有迷信,即心知其非,口亦不敢言”的态度毫无二致。

在这里,周恩来不仅理性地颇具说服力地批驳了无政府主义的荒谬,而且明确提出了马克思主义的科学性和在实际中“试验”(即实践中检验)其理论的见解,时在1922年,实属难能可贵。

此外,论战中,周恩来还为《少年》撰写了《告工友》、《俄国革命是失败了么》、《论工会运动》、《评胡适的“努力”》等大量文章,分析、批判了流行在欧洲工人运动中的无政府主义和改良主义思潮。

周恩来向工人群众呼吁:“劳工朋友必须急图团结组织,勿放松一切机会,勿远离可引为友的勤工同学,更须认清对象,好轰轰烈烈地做将起来。”

针对当时有人企图改变工会性质及其奋斗目标,周恩来写道:

……我们乃敢大胆说，工会运动是要改良工人状况，引导工人为经济的奋斗，协助工人政党图谋工人阶级的解放，取消工银奴役，以达到最后共产主义的胜利的。这样目标，一定有些旧式工团主义者和产业主义者，以为这是出了工人应做的范围了。其实未来的世界，应是劳动者的世界，不应再存有私有产业的人，在他们（指工团主义者和产业主义者——引者注）原是承认的。欲实现这种理想，不从政治和经济革命中双方打出，难道听着资本政府永远逞着他的威权，使工人阶级受着无尽的剥夺么？①

这些文字，不啻是辩护状，是宣言书，读之，痛快淋漓。

当胡适提出"好人政府"的改良主义主张，周恩来以为大谬不然，著文反驳：

胡适先生本是我们所敬爱的一个人，他的思想和言论很有些令我们佩服的地方……胡先生是以"打图起屋"的人自居，而以"烧房子"的人待人的，但是房子还没真烧，他却要告人先来做"收拾颓椽剩瓦"的事，自己以为可以在那里打图好备起屋了。果然他所打的图是烧了房子后的新图，那还可听他在那里把图自玩，如是一张好图，尤可供大家的研究，只是他所打的图样是要在破漏将倾的房子上添补丁，添那不可能的补丁，这不但徒劳无功，且更阻止革命的发展。②

在调侃、幽默的表象下面，是有力的揭露。

①② 见1922年12月15日出版的《少年》第六期。

胡适曾说可以“用手枪炮弹罢工罢市”，这同样不切实际。周恩来写道：“手枪炮弹罢工罢市，只能做革命的导火线，真正革命非要有极坚强极有组织的革命军不可，没有革命军，军阀是打不倒的。”“以为在世界帝国资本主义和军阀的支配下，便可建立‘好人政府’，实现其政治主张，这不是在做梦么？”

周恩来进而指出：“胡先生已是缺乏了革命精神的人，知此及知他在《努力》上所发表的妥协的统一会议主张、伪和平的联省自治办法和能说不能行的他的‘好人政治’，都是些不落实际的废话，凡是有革命精神的少年们岂能受其蒙蔽！”

就这样，周恩来和他的同志们以其一系列文章，廓清了一度游荡在华工和勤工俭学学生中的迷雾，使一些信仰无政府主义的人，有的与之决裂，倒戈参加了共产主义者的行列；有的则与之疏远，另辟蹊径。工余社迅速瓦解，其影响日趋衰落，《工余》仅出两期即停刊，曾喧嚣一时的工余社及其《工余》杂志，从此销声匿迹。而胡适“打图起屋”建立“好人政府”的主张，在旅欧华人中，已不再有什么市场。

闲适和享乐与周恩来无缘，他一直肩负着救国拯民的重担，在人生道路上，不停地跋涉……

这段时期，周恩来大多数日子仍在德国，留德的勤工俭学学生每周周末举行例会，后来增至每周聚会三次，地址通常在张申府、刘清扬的寓所，总是由周恩来主持，与会者有张申府、周恩来、刘清扬、赵光宸、熊雄、熊锐等。会议内容重在学习，有时由周恩来报告国际形势、第三国际的活动、苏俄的新经济政策以及国内动向；有时由张申府讲解黑格尔哲学（斯时，张正在柏林大学学习西方哲学）；有时则研讨《共产党宣言》和《向导》杂志……这批年轻的共产党人，身在异国他乡，为着救国，为着最终在中国实现共产革命，就这样紧张有序地在思想上和组织上做着最初的酝酿和准备。

10月底的一天。

时近黄昏，周恩来搁下笔，活动了下身子，走到窗口眺望落叶纷纷的林荫大道。不意有人敲门，他转身把门打开，见有两张陌生面孔出现在眼前，其中一位年龄稍长的虽穿着西服，仍不脱中国农民敦厚、朴实的本色……

"我叫朱德，"不等周恩来继续打量，年长者先说，并指着身边的同行者介绍道，"他是孙炳文。"①

周恩来和张申府（左一）、刘清扬（左二）、赵光宸（左四）在德国柏林合影

---

① 孙炳文（1884—1927）：四川南溪人。参加过辛亥革命，北伐时任国民革命军总政治部后方留守主任。"四·一二"事变中，在上海被害。

朱德！周恩来的心怦然而动。他听说过这个名字，讨袁时，他是蔡锷麾下一员虎将。周恩来大喜过望，愣怔了一下，赶忙握手让座，旋又招呼孙炳文一旁入座。

朱德，一个在暗夜里漫漫跋涉、寻找光明的人。他加入过秘密组织哥老会，当过滇军的高级将领，讨伐过袁世凯，“五四”运动惊醒了他，开始追寻救国之路。今年年初，孙中山令云南滇军出征讨伐北洋军阀，当时一心独霸滇省的云南都督唐继尧，乘省城昆明兵力空虚之机，武装进驻，争夺兵权。不久，滇军北伐失利，风云骤变，总司令顾品珍于小河口战败后忧愤自杀。唐继尧带领部卒抄了朱德的家，并四处通令重金悬赏追杀朱德。危难之中，3月间，朱德与二百多名将士和二十余匹军马，疾速离开昆明，准备沿金沙江的川滇商路入川，再由川赴沪，而后去广州与孙中山会合。

谁料路途环境险恶，且时有追兵出没。抢渡金沙江后，朱德一行多蒙乌拉山寨彝族首领鼎力相助，不仅予以款待，留宿多日，更以卫队护送至四川会理边界，旋经德昌、西昌、大小相岭、越西、雅安、成都，来到南溪，稍作停留，再出发，一路上千辛万苦，不堪细说，于6月抵达上海。朱德心怀仰慕，设法会见了陈独秀，提出加入中国共产党的要求，可陈独秀冷落了他，送了几本马克思的书便打发了他。在沮丧和失望支配下，他萌发了去西方寻求真理的强烈愿望，千里迢迢来到法国。在与川籍同乡的交谈中，他知道了周恩来其人其事，于是，和孙炳文再赴德国，在柏林按图索骥找到了瓦尔姆村区皇家林荫路五十四号。

周恩来热情地接待了他们。

关于这件事，美国女作家史沫特莱曾听朱德谈过，史沫特莱在她的《伟大的道路》一书中曾作了如下描述：

> 朱德……端端正正地站在这个比他年轻十岁的青

年面前,用平稳的语调,说明自己的身份和经历……

他娓娓而谈,周恩来就站在他的面前,习惯地侧着头,一直听到朱德把话说完,才提出问题。

周恩来举止优雅,待人体贴……两位来客把经历说完后,周恩来微笑着说,他可以帮他们找到住的地方,替他们办理加入柏林支部的手续。

自然,周恩来是很慎重的,经过多次交谈,直到把他希望了解的事都弄清楚之后,才与张申府一道介绍朱德和孙炳文加入C. P.,这是11月间的事。

在这之前,他曾去过巴黎参加"少共"会议,经总投票,旅欧"少共"决议加入中国社会主义青年团,并改选中央执行委员会,赵世炎、王若飞、周恩来、尹宽、陈延年五人当选。

周恩来在巴黎工作地和住处
——意大利广场戈德弗鲁瓦旅馆留影

年底,中共旅欧支部建立,周恩来被选为负责人之一。党的支部和少共机关都设在巴黎十三区意大利广场附近的戈德弗鲁瓦旅馆内。党的支部与少共机关是重合的,党员均参加少共的活动,少共中具备党员条件者,则随时转为中共党员。

由于旅欧勤工俭学学生和绝大多数华工都在法国,周恩来经常来到巴黎。赵世炎住在戈德弗鲁瓦旅馆，周恩来也就下榻于此。有时，他穿过马路，到对面一家小旅馆去，《少年》编辑部设在那里。他或则帮陈延年刻钢板、油印刊物，或则约陈延年到隔壁的咖啡店小坐，交谈刊物的内容设置……他们之间总有说不完的话题。

一天，他又来戈德弗鲁瓦旅馆，推开门，见赵世炎、王若飞正在跟一位细长个头、三十多岁的人交谈，他惊喜地一步上前，握住那人的手喊道："阮爱国①！"

"噢，周恩来，"阮爱国脸上泛着和蔼的笑，"不太容易见着你呀！"

"今天，我不就来了。"周恩来说，"走，我们去一家中国餐馆聚一聚。"

"让你破费，"倜傥不羁的王若飞凑趣道，"你有几个钱？"

"大前天，我收到《益世报》一笔稿酬，"周恩来拍了拍西服口袋，"喏，在这儿哩！"

"聚餐，这太令人高兴了。"阮爱国看了看手表，"可是，我有个约会，半个钟头之内必须赶去……"

"我这次从柏林来，原本就想跟你见面畅叙一番的。"周恩来不无遗憾，"竟不巧……"

"改日吧！"赵世炎说。

"欢迎你明天去《穷苦人报》社，我在那儿等你，"阮爱国说，"行不？"

"行。"说着，周恩来送他下了楼。

周恩来早就知道阮爱国，这是一位了不起的爱国者。据说三年前的凡尔赛会议上，列强重新瓜分殖民地，他曾当众疾呼给予越南民族自决权，这一壮举，使世界舆论为之震动。有一件事，周

① 阮爱国：即胡志明（1890—1969），越南劳动党领袖。1920 年在法国加入共产党，1930 年建立越南劳动党，后任越南国家主席。

恩来印象颇深，经旅欧青年团推荐，赵世炎、王若飞、陈延年、陈乔年、肖子璋，正是由阮爱国作介绍人，参加法共巴黎十三区意大利广场支部活动的。6月间，他来法国，从报上得知，法共提名阮爱国和法共领导人之一古久里，为法共参议员候选人，足见阮爱国在法共的影响。就在此后不久，他和阮爱国第一次相见于戈德弗鲁瓦附近的一个地铁入口处，交谈起来，是那么相互吸引。特别是阮爱国跟他详细谈了第三国际的历史和法共的一些情况，使他得益匪浅，只因他不常在法国，两人谋面不多，明天则是个机会。

次日，周恩来乘地铁，找到六区耆老市场的《穷苦人报》社，这是份法文报，由阮爱国主编。只见门上挂一信箱，信箱上贴着该报的小小报头，编辑部就设在楼下两个不大不小的房间里。有两个北非人正在拆信封，并在纸上涂改着什么。旁边有一张没有上漆的长桌，上面堆放着一摞英、法、德等各种文字的报纸，另有几张椅子，墙上则挂着大幅世界地图……正当他饶有兴趣地看着这一切时，阮爱国闪着亮炯炯的大眼睛，笑容满面地从外面走了进来。接着，又来了几个亚洲人和法国人，熟稔地跟阮爱国握手或向他点头打招呼。

"看，总这么忙乱，"阮爱国笑着摊了摊手，又敏捷地处理了几件事，这才把手搭在周恩来的肩上，说，"走，我们找个清静的地方……"出了门，他悄声说道，"去我住处，你会见到一个人。"

"谁?"

"瓦扬·古久里。"

"啊!"周恩来差点蹦起来。

阮爱国住在巴黎十三区戈比林街，离报社一公里，两人徒步穿街绕巷，边走边谈。阮爱国向周恩来介绍了"五一"节那天，发生在协和广场、马德来纳广场和波旁宫栅栏门前的游行示威，谈了法国统一总工会同改良主义的法国总工会的决裂和诞生，周恩来则谈了旅德的中国共产党人的一些活动。

11月的巴黎已是寒风瑟瑟，两人裹着黑呢旧大衣不紧不慢走着，浑然不觉中来到戈比林街六号楼，爬上二楼，敲门后，只见一位穿着工人短装的法国人笑着张臂迎了上来，不用说，这就是古久里了，周恩来跟他紧紧拥抱。

“周，见到你非常高兴，”古久里深邃的目光凝视着周恩来，“阮跟我说起过你，我的中国同志。”

古久里的热忱一下子消融了他们之间的陌生感，他们热烈地交谈起来。

“我们这个党，曾有过思想意识相当混乱的时候，”古久里说，“在党内有出版《人民日报》的小资产阶级和平主义集团；有巴黎‘福布尔俱乐部’的空谈派；有联合另一个和平主义倾向的《波澜报》集团；有‘人权同盟’的成员；有共济会基层组织的成员；有‘苏维埃’巴黎小组左倾分子；有无政府工团主义者……”说到这里，他在屋内踱了个来回，倏又站定，“革命的法国在很多年放弃自己的传统并践踏它所得到的一切遗产之后，在一度成为摇摆不定的机会主义的土壤之后，终于变成了领导本国无产阶级、以劳动和尊严取得不容否认和不可少的成就的国家。”

“法共的经验，值得我们学习。”周恩来说，“中共的建立毕竟才一年多……”

“绝对的思想统一是不可能的，今后也还会有反复，”古久里想了想，“重要的是，必须把党建设成一个真正维护共产国际原则的组织。那些鼓吹党内‘不同倾向的和解’、‘言论自由’、‘工会不附属于党’以及什么党是‘爱的组织形式’等等奇谈怪论都是不允许的。阮，是不是这样？”

“是的，我们只能与第三国际（即共产国际）取统一立场。”阮爱国说。

“啊，我们的谈话是否过于严肃了？”古久里拊掌笑出声来，

“下面，我们是去‘郊区俱乐部’参加活动呢，还是去蒙耶街喝咖啡？”

“你不是还要去见亨利·巴比塞吗？”阮爱国笑道。

“啊，见到周，太让人兴奋了，话也多了起来，竟把会见亨利·巴比塞的事忘了。”古久里做了个诙谐的表情，“瞧，我也没听周多谈谈……”

“亲爱的瓦扬·古久里，能见到你就足够了，何况，听了你那么多精辟的见解。”周恩来说。

“我们还会再见面的，一定。”古久里又一次拥抱了周恩来，这才离去。

古久里走后，周恩来望了望阮爱国：“真得感谢你安排了这样一次会见。”

“谢什么，我们都是同志！”

“那么，现在该是我兑现许诺的时候了。”周恩来说，“走吧，我们找一家中国餐馆聚一聚。”

阮爱国没吱声，轻轻拽上门，和周恩来一道向蒙耶街走去……

而这，并不是周恩来旅法时所经历的唯一一次。

“国共合作”在法国——“铁路共管”风云录——与国家主义派论战——《赤光》——爱之归宿——应召回国

尽管阿尔卑斯山的积雪尚未融化，春天依然降临了。

1923 年 3 月，周恩来结束了在德国的一年旅居，迁回巴黎，他是必须这样做的。

前不久，旅欧“少共”已改称“旅欧中国共产主义青年团”，周恩来被推为书记。这时，国内的政局已起了变化，遵照共产国际的指示，中国共产党业已决定与孙中山领导的中国国民党合作，中国将迎来一个革命高涨的时期，形势的变化与发展，需要大批干部，旅欧中国党团组织为适应这一形势，决定派赵世炎、王若飞、陈延年、陈乔年、熊雄等十二人第一批前往莫斯科东方大学学习。

3 月 18 日，赵世炎等一行离开巴黎，周恩来护送他们去柏林。途中，于沙洛瓦劳动大学看望了刘伯坚、聂荣臻、熊味耕等，而后抵达柏林。因等待办理护照和入境签证，他们在柏林逗留了十天。周恩来熟悉这座城市，带他们游览了柏林郊外的风景区，一群人青春年少，言谈中不脱豪情壮志，对未来满怀憧憬。

张申府仍在柏林，他怀疑旅欧青年团将他开除，是周恩来暗中捣鬼，因而，不愿与周恩来见面，也不见这批赴苏留学的青年。周恩来把在柏林的党团员召集起来开会，他力辩并未暗中反对张申府，对此，他以自己的政治生命和人格担保，许多人在发言中对他表示同情，认为周不是那种人。可另有一些旅德的与张接近的人，却站在张一边，予周以冷淡。

周恩来心情抑郁，却尽量不表露出来，依然替赵世炎等做着准备，直到把他们送往德波边境的法兰克福车站，目送他们登上火车渐渐远去，这才经柏林返回巴黎。

他走进戈德弗鲁瓦旅馆楼上的房间，感到有些疲乏，想休憩一会儿。刚上床躺下，王京岐来了，他不好怠慢，忙着让坐、沏茶。

王京岐，浙江嵊县人，若论周恩来的祖籍绍兴，两人也算同乡。两年前，王京岐因参与占领里昂大学那场斗争，跟蔡和森等一道被遣送回国，去年，他又重返法国。离开国内前夕，曾在上海拜访过孙中山，孙中山指示他，抵法后要联络同志，组织国民党驻法总支部。王京岐到了法国，即与周恩来等多次洽谈，并在巴黎第五区一家咖啡店里设立了筹备处，双方交往密切，互通情况，为实现国共合作，建立国民党旅欧支部，做了扎实的准备。

6 月 16 日，周恩来与尹宽、林蔚等到里昂会见在那里作筹备工作的王京岐，双方达成协议：旅欧中国共产主义青年团员八十余人以个人身份加入国民党。此后不久，孙中山和国民党总部委任周恩来为国民党巴黎通讯处（后称巴黎分部）筹备员，这样，在欧洲实现了国共合作。秋天，周恩来又被委任为国民党驻欧支部特派员（王京岐为国民党驻欧支部执行部长）。

国共是合作而不是合并，合作中共产党并不隐藏自己特殊的旗帜。但既然合作，则应是真诚的，早在任巴黎通讯处筹备员时，周恩来即致信准备回国述职的王京岐，表示“依我们的团体意识，我们愿在此时期尽力促成民主革命的一切工作，这是无可置疑的事”。同时，他还提出了三项建议：（一）宣传民主革命在现时中国的必要和其运动方略；（二）为国民党吸收些留欧华人中具革命精神的分子；（三）努力为国民党做些组织训练工作。本着上述三项原则，可随时变迁而计划当前所要做的工作。[①]

11 月 25 日，周恩来又一次来到里昂，出席在这里召开的国民党旅欧支部成立大会。

会上，他发表了演说，着重批评了国民党内的腐败现象，严肃指出“挂名党籍不负责任者，此类人实居吾党最大多数”，“是真令人痛心疾首而不得不认为本党内部伏莽之患”。

选举时，他被推为国民党旅欧支部执行部总务科主任，李富春[②]为宣传科主任，在王京歧回国期间，由周恩来代理执行部长，主持国民党驻欧支部的工作。接着，又筹备成立国民党巴黎通讯处，聂荣臻担任了通讯处处长。

组织工作是繁杂的，无论是国民党旅欧支部或巴黎通讯处的建立，只能说是统一战线的初步形成，旅欧党团对国共合作的认识还不尽一致，国民党内右派和以曾琦[③]、李璜[④]为首的国家主义派，也在时时作祟，周恩来肩负的责任是艰巨的。

起初，中共旅法、旅德小组是分开的，前者由赵世炎负责，后者由张申府负责，后来合在一块，由张申府负责。但张摇摆得厉害，曾屡次声明退出“少共”，并辞去“共产主义研究会”书记一职。2 月间，旅欧社会主义青年团执委会在巴黎召开临时代表大会，通过“弹劾张申府案”，“大会认定 R（指张）在少共团体中实处处违反共产主义的纪律，乃决议将 R 除名于少共团体之外。”

蔡和森、李立三、陈毅等早已被遣送回国，赵世炎、王若飞、陈延年等去了莫斯科，张申府又被除名，骨干的走失，队伍的分化，加之各种非马克思主义思潮的侵蚀，无疑给旅欧党团带来不小的困难。

在严峻的现实面前，周恩来一方面致力于发现和培养新的党

---

① 见《周恩来年谱》P61（人民出版社、中央文献出版社 1989 年 3 月版）。

② 李富春（1900—1975）：湖南长沙人。曾任国务院副总理，中共中央政治局常委等职。

③ 曾琦（1892—1951）：四川隆昌人。曾任《救国日报》主笔、国民参政员、青年党主席。

④ 李璜（1895—1991）：四川成都人。曾任国民参政员、青年党党魁。

团骨干，如李富春、聂荣臻、尹宽、袁子贞、马志远等等，一方面团结争取国民党左派人士王京岐等，以旅欧青年团组织为核心，团结旅法工商学各界社团继续开展爱国运动。

7月，发生了西方列强图谋“共同管理”中国铁路的事件。

所谓“共管”，源于国内对“临案”的处置。

两个月前，山东临城境内，发生了一起土匪武装劫持火车上中外旅客作人质以行勒索的事件，俗称“临案”。

6月12日，经中国北洋政府交涉，被劫持的西方旅客全部获释，中国有关方面，拟对“人质”蒙受的损失予以补偿。至此，应当说“临案”牵涉的西方旅客问题已基本解决。

但是，一直垂涎中国铁路主权的西方列强却不罢休，以“临案”为借口，提出由他们“共同管理”中国铁路的无理要求，并制定种种方案，企图强迫中国政府接受。

中国的主权又一次遭受威胁！

7月2日，《巴黎时报》报道了西方列强“共管”中国铁路“不日即将见诸实行”的消息。

翌日，周恩来以《少年》杂志社代表身份，联络了八个华人团体，在巴黎西郊“华人协社”开会商讨对策。会后，印制了传单，将“共管”内幕公告世人。接着，周恩来又与《少年》杂志社同人，撰写了《为国际共管中国铁路事告旅欧华人书》。

在舆论发动的同时，组织联络也在紧锣密鼓地进行，到7月8日，参加斗争的团体已由开始的八个增加到二十二个，几乎包括了所有旅法华人团体，甚至连国家主义派和无政府主义者也未置身这场斗争之外，声势浩大，前所未有。

8日这天，旅法各团体代表陆续来到巴黎“中华饭店”。会前，他们三三两两地谈论着。

“徐先生，那份《告旅欧华人书》，愈看愈让人感到深刻、有力,"郭隆真对湖南留学生会的徐特立说,"你以为如何?"不久前,她与张若茗又迁到里昂,作为旅法中国女勤工俭学学生会代表,今晨刚赶到巴黎。

"莫非你不知道是恩来起草的?"徐特立笑道,"它好就好在指出了军阀的互相争霸,直接造成变兵和游民,但间接的责任,却应落在勾结军阀压榨中国人民的国际资本帝国主义身上。可见,'临案'的发生,列强也有推卸不掉的责任。这就驳斥了列强所谓'临案'源于'土匪猖獗'一说;至于另一说'政府无能',文告也揭示得十分清楚……"

"是啊,是啊,"旅法华工总会的袁子贞接口道,"文告指出,中国北洋政府,处在东交民巷太上政府①的指挥和列强所勾结的军阀卵翼之下,如何而容其振作有能? 政府无能,本由列强直接或间接造成,然列强恰正好据此乃作共管中国的口实,此正是问题的实质。"

"你们在说什么啊?"这时,周恩来走了过来。

"说你那份《告旅欧华人书》哩。"郭隆真莞尔一笑。

"噢,"周恩来应道,"是这样。"

"恩来,你指出'土匪猖獗,政府无能',列强难卸其责,很有说服力。"徐特立说,"你还指出了群众中存在'只争外交不涉内政'和幻想依靠北洋政府'杜绝列强共同要求'的认识错误,这一点也很及时。确实,这些想法,在旅法华人中是存在的。"

"不仅旅法华人中有,"周恩来交臂站着,"而且,在国内民众中,在其他旅欧华人及旅日、旅美、旅南洋的华人中,都有类似想法。因此,今天,我们最好以旅法各团体临时委员会名义,分别致电他们,做一广泛发动。"

"对,要这样做。"袁子贞说。

接下去,他们与二十二个团体代表一道确立了 15 日举行旅

---

① 东交民巷太上政府:指北京使馆区。

法华人全体大会，并推举周恩来和北大同学会的许德珩、华法教育会的何鲁之，以及袁子贞、曾琦、李璜等负责筹备。

7 月 15 日，巴黎上空雷声隆隆，骤然间暴雨如注。

穿着雨衣的，撑着伞的，用报纸盖着头的，一无遮掩挨淋的……一批批华人涌向巴黎社会博物馆会议厅。

下午二时，"旅法华人反对国际共管中国铁路大会"开幕。

何鲁之主持大会。

曾琦报告经过情形，宣读文件，并述个人对此事之主张："……铁路共管为列强久蓄之阴谋，国人幸勿以为仅管铁路，尚非亡国，实则一国命脉系于交通。吾国之关税，改为列强共管矣，盐税又报于外人之手，今更欲进而攫我交通主权，此非亡我而何？然使无腐败之政府，则列强亦未必获逞其野心，故吾人今日之责任，一方面须抵抗列强，一方面须扫除国贼……"

掌声打断了曾琦的话，稍停，他继续说："而欲达此目的，则须实行四大运动：一、舆论运动；二、群众运动；三、革命运动；四、暗杀运动……"

会议厅里许多人闻此面面相觑，为之惊愕，他依然振振有词："暗杀，才是最捷便最有效之方法，最重要不可缓者，舍此，则断难收效……"

话一说完，竟又博得一些掌声。显然，它表明旅法各团体间的分歧已公开化了，周恩来对曾琦演讲中的暗杀主张难以苟同。岂但如此，他对曾琦、李璜为首的国家主义派的一系列理论观点，是一直持批判态度的。但是，今天的大会既然是二十二个团体的统一行动，那么，维护这个"统一"既是当务之急又是今后斗争的需要，因而，他不准备对曾琦的错误言论作正面批驳，而是要揪住西方列强和北洋政府不放，与之进行斗争。于是，他走上讲坛，目光环视着偌大的会议厅，开始他的演说：

"……国事败坏至今，纯由吾人受二重之压迫，即内有冥顽不化之军阀，外有资本主义之列强，吾人欲图自救，必须推翻国内军阀，打倒国际资本帝国主义。”

接着，他报告了由他起草的《旅法华人反对列强共管中国铁路纪事》的内容，然后说：“‘临案’的发生并非偶然，吾人追究乱源，土匪成因，多由变兵与游民之增多，直接至此果者为中国军阀，间接造此因者，实为勾结中国军阀榨取中国人民之列强……”

袁子贞凝神倾听着，这会儿，他使劲鼓起掌来，旋即带动一片掌声。

周恩来被与会者激昂的情绪感染，提高声音说：“所谓‘共管’之说，在列强是存心积虑，由来已久。诸位应当记得，去年召开华盛顿会议时，西方帝国主义即玩弄了迫使中国承认‘门户开放’、‘利益均沾’之阴谋。可见，早就埋下了今日图谋共管之导线。故而，今天借‘临案’之机，提出铁路共管，决不是外交上一偶然事件，而是列强侵略中国之国际行动。”他言辞趋于激烈，“我们可以明白地告诉世人，真正成为吾人当前之害的，是列强与军阀，此二害不除，民族独立、民治实现将永无望。”他针对一些人所抱的幻想，发表看法，“我们不应再希望什么北洋政府来解决此事了，北洋政府已受某派军阀所指挥，是听命于列强的无能政府，把抗拒列强、压服军阀事件寄希望于他，便是等于自杀。工农商学各界，要自己起来组织国民政府，以拒绝列强的无理要求，反抗其侵略行动，为此，我们应当站在国民大团结旗帜之下，凡是具有革命新思想，而不甘为列强奴隶、军阀鹰犬的人，不论其属于何种派别，具有何种信仰，都应立即联合起来。”

掌声再起，呼应着周恩来的演说，他激动地扬起右臂，高声说道：“看啊，国民革命的热潮，在中国各地，至少在中国各大都市中已涨得那般高了，起！起！起！愿我们毋再自馁。”

会议厅里的人纷纷站了起来，情绪亢奋，有节奏地鼓着掌……

少顷，袁子贞身影一闪上了讲坛。作为一名先进华工，如今他已是旅欧青年团候补执行委员。他所领导的华工总会一直走在反对“铁路共管”这场斗争的前列。刚才，周恩来的演说使他深受鼓舞，他感到有许多话要说，但一时又无从表达，愣了会儿，他闪着明眸，望着黑压压的人群，说：“今国事危险至此，华工之责任尤重，吾人当起而与各界一致救国。”他攥着拳头高高地晃动着，“我们要加倍努力，去打倒军阀，推翻国际资本帝国主义，建设国民政府，不达目的，决不罢休！”

他的话，同样激起了热烈的掌声。

窗外，已染上淡薄的暮色，会议在激昂的气氛中结束。周恩来旋即邀请各团体代表走进街口一家咖啡店，他们趁热打铁，正式建立了“中国旅法各团体联合会”，周恩来、徐特立、许德珩、袁子贞、曾琦、李璜等被选为领导成员，统一领导旅法华人团体的爱国运动。

斗争在步步深入，国内各阶层民众的反抗已成燎原之势，旅外华人的斗争正方兴未艾，国际社会主持正义的人士，尤其是报刊，对这场反对“共管”的斗争，寄予了同情和声援。西方列强却步了，8月10日，由十六国驻华公使签名的关于“临案”的所谓《通牒》中，未再提出“共同管理”中国铁路的要求，其图谋最终未能得逞。

流浪者多，是巴黎的一个特色，在意大利广场旁的建筑物台阶上，流浪者或躺在那里，或拿着酒瓶呆坐着，面无表情，阳光或风雨，似乎都与他们无关。周恩来就住在附近的戈德弗鲁瓦街十七号旅馆楼上，推开窗户便可看到对面大厦廊沿下蜷缩着的流浪者，平时进出旅馆或穿街而行，更是司空见惯了，他心中有过怜悯和同情，可他既无力也无暇去管这些生活在底层的人，有许多许多的事等着他去做。

忙，纵然是忙，可他对昔日窗友依然系念不置，尤其是东京的王朴山。音讯断绝已一年，别人来信也仅一句提到朴山，且语意含糊，让他难以捉摸。他再也不能等下去，遂投书扣问：

朋友，我敬爱的朋友，世界的潮流、岛国的空气，究将你的思想启发到什么地步？

你犹记当年东京深夜对饮的豪气么？那时的见解固多幼稚，但那般热情，却终不可泯。

“五四”后的少年，颇多颓靡之气，本来革命精神是难得养成的，对旧社会多留恋一分，革命精神即减少一分。酷爱和平，善于退让、甘于认命的中国人，要振作起来……①

有警策，有关心，有鼓励，是这般急切，这般真挚。他总是想动员和说服尽可能多的人，投身到救国和革命的行列中来。②

围绕铁路“共管”的斗争刚结束，跟国家主义派的斗争变得尖锐起来。12 月初，曾琦、李璜等在巴黎组建了中国青年党，相当活跃地宣传其政治主张，与马克思主义理论和中国共产党的行动纲领相对立，周恩来焉能熟视无睹？每逢星期六下午或星期日，他总去勤工俭学学生和华工较为集中的巴黎拉丁区和近郊的比央古尔小咖啡馆，与国家主义派人士进行辩论，揭露其政治主张的实质。辩论往往是很激烈的，听的人愈来愈多，但随着时间的推移，相信国家主义派主张的人却愈来愈少。

由于国共合作和建立革命统一战线的需要，旅欧党团组织决定，相应地改变自己的工作方式，将其机关刊物《少年》不失时机地改为《赤光》。

这是 1924 年 2 月间的事。

---

① 原件存中国革命博物馆。

② 王朴山留日回国后，先做短期教育工作，后在东北屯垦公署任职，1930 年病故。

从《少年》到《赤光》是个很大的变化。

《少年》创刊于1922年8月1日，每月一期，至1923年7月，改为不定期刊物，共出十三期。它的主要任务是“传播共产主义学说”。曾发表过马克思的《历史要走到无产阶级专政》(《法兰西内战》之一部分)、列宁的《告少年》(即《青年团的任务》)等译著。还刊登过共产国际和少共国际的文件、消息。当时正处于建党、建团初期，于是，《少年》发表了不少阐述共产党性质和作用的文章，强调马克思列宁主义是建党的基础，宣传建党、建团的意义。周恩来虽不是《少年》的主编，但他和赵世炎、陈延年一道，共商刊物方针大计和内容编排，甚至刻钢板、油印这类事，也觑便相帮。在赵世炎、陈延年赴苏之后，他则成了《少年》的实际负责人，他正是以该刊代表身份参加了旅法各团体反对列强“共管”中国铁路的斗争。还应当看到，周恩来始终是《少年》的主要撰稿人。在这份刊物上，他发表了《共产主义与中国》、《宗教精神与共产主义》、《告工友》、《十月革命》、《论工会运动》、《评胡适的“努力”》、《俄国革命是失败了么?》等一系列重要文章，因此，才使《少年》在旅欧华人中间，成为一份颇具影响的刊物。

与《少年》相比，《赤光》更有自己的特点，那就是着重揭露帝国主义列强与封建军阀压迫中国的黑暗事实，阐述现阶段中国革命的任务、方针，推动国民革命运动的发展。改理论的《少年》为实际的《赤光》，这大致就是二者的区别。事实上，《赤光》成了一份统一战线的刊物，并由周恩来主持。

《赤光》是半月刊，十六开本，每期十二页左右，发行数较《少年》多，范围亦广，影响要大。且看《赤光的宣言》：

革命的赤光，
从北俄腾起，

惊醒了
　冬虫般蛰伏的被压迫阶级，
震动了
　春蚕般茧缚的世界殖民地，
封建余孽，
国际的强盗，
更被他照的原形毕露。

夜已阑，
天将晓，
赤色之光，
早在东方闪动了。
休忘记
远的土耳其，
近的印度。
是呵！
要寻求
自由，
独立，
原只有接近赤光，
走向世界革命的大道。
起，起，起，
我们的朋友！
……
我们所认定的唯一目标便是：
反军阀政府的国民联合。
反帝国主义的国际联合。

《赤光》杂志

这篇《宣言》发表在1924年2月1日出版的《赤光》第一期上，未署名。但因周恩来主编该刊，又是中共旅欧总支部负责人和中国共产主义青年团旅欧总支部书记，据此并考察诗文的内容、风格，应是周恩来执笔。

“国民联合”、“国际联合”，像两面标记鲜明的旗帜，飘扬在巴黎意大利广场戈德弗鲁瓦旅馆上空，昭示着旅法、旅欧华人团结战斗。

大致在《少年》改版为《赤光》前夕，二十岁的邓希贤（邓小平）从巴耶（Bayeux）来到周恩来身边。他已是一名“少共”成员，曾在巴黎近郊比扬古的雷诺汽车厂和蒙达尼附近夏莱特市的哈金森工厂做过工，一年前开始专职从事旅欧团支部的工作，办过工人旬报。让他参与《赤光》的编辑，而且是跟周恩来在一起，无疑，他是高兴的。

周恩来的事情很多，不唯在法国，有时还要去德国、比利时等地，即使在编辑部，也常因接待来访者而中断手头的工作，这样，夜晚对周恩来就显得格外宝贵。在这样的时刻，邓希贤总陪伴着他。他伏案撰述，邓希贤则从他那里接过一页又一页文稿，刻写在蜡纸上，然后再操作一架简陋的印刷机，在沉闷的机器转动声中，无数页印刷品飘了出来，而后再摞好，装订成册……

巴黎的春夜是相当寒冷的，屋里虽有暖气，可窗户外面结了冰。寒风从窗缝里吹进来，侵袭着这两个年轻的中国共产党人。

破水管的汩汩流水声和楼下醉鬼们踉跄经过时凄凉的咏叹调也时有所闻，但这都不能转移他们的注意力。周恩来文章中所透露出的坚定的信仰、缜密的思路、卓越的见解和雄辩的文风，使邓希贤深为服膺。而那文雅、真挚、坦诚的个性魅力，也使邓希贤感到兄长般的亲切。

自然，邓希贤的冷静、沉稳和直率，使得周恩来在两人共事的最初日子里，便喜欢上他。

生活上，两人从不讲究，也无从讲究，总是用小煤炉烤面包片，炖白菜汤，有时干脆面包就开水，偶尔想起来得改善一下，周恩来便拉着邓希贤下馆子打牙祭。晚上，则摊上地铺，两人抵足而眠。

在周恩来的指导、帮助下，邓希贤干得很出色，经他刻印的《赤光》，字迹工整美观，印刷清晰，以至同志们给他起了个"油印博士"的绰号，他成了周恩来最信赖的战友和得力的助手。

《赤光》的问世，受到了旅欧革命者和华工、勤工俭学学生等的欢迎，但也引起一些人的诋毁。其主要代表人物，即是曾琦、李璜等人。他们通过自己的刊物《先声》周报，鼓吹"国家至上"，以否定人民大众反对军阀政府和帝国主义的阶级斗争，破坏国共合作，反对建立爱国统一战线和国际统一战线。《赤光》对此岂能沉默？连续发表了一系列文章，如《救国运动与爱国主义》、《国民革命底必然和可能》、《苏俄对中国的态度究竟怎样》、《再论中国共产主义者之加入国民党问题》、《答曾琦君书》、《什么叫"造谣中伤"》、《中国的地位和改造》等等，与国家主义派展开论战。其中，周恩来的《再论中国共产主义者之加入国民党问题》[1]一文，是带有纲领性的，不仅批驳了国家主义派对国共合作的攻讦，而且阐述了中国共产党建立革命统一战线的主张和原则。

"中国的实际问题（物质条件）必须要中国实行国民革命各派

---

① 见 1924 年 6 月 1 日出版的《赤光》第九期。

分子的合作”，而共产党人加入国民党，建立革命的统一战线，就可以做到“对外目标一致，好集中革命势力；对内能坚固各个革命分子的决心”，“训练统一，步骤一致”，“号令集中，指导自如，易于破敌。除这些外，中国共产主义者更能以国际的关系促进国民革命成功”。——这便是周恩来的观点。

针对国家主义派所谓“国共合作”，实行“国民革命”是“阶级妥协”的指责，周恩来回答：“不错，我们共产主义者是主张‘阶级革命’的，是认定国民革命后还有无产阶级向有产阶级的‘阶级革命’的事实存在。但我们现在做的国民革命是三民主义革命，是无产阶级和有产阶级合作，以推倒当权的封建阶级的‘阶级革命’，这何从说到‘国民革命’是‘阶级妥协’？且非如此，共产主义革命不能发生，‘打破私有制度’、‘无产阶级专政’自也不能发生。不走到第一步，何能走到第二步。虽说走到第一步，无产阶级尚未得到真正生路。”

文章立场鲜明，论证充分，反驳有力。

在论战的同时，周恩来等共产党人还深入到广大华工与勤工俭学学生中去，宣传中国共产党的主张，广泛争取团结各界旅法华人，使国家主义派逐步失去市场。到1924年底，当再次召开旅法各团体代表大会时，与会的三十八个旅法华人团体中，支持国家主义派的仅剩《先声》周报等三个受他们控制的团体，三十五个团体的代表则站到了共产党人和进步力量一边。谁顺应时代潮流，谁背逆时代潮流，至此，事情已很清楚。

从2月《赤光》创刊，到6月，在短短的四个月内，周恩来充分利用这块阵地，笔底波澜迭起，先后发表了近四十篇文章，其要者有《军阀统治下的中国》、《列强共管中国的步骤》、《革命救国论》、《国际帝国主义趁火打劫的机会又到了》、《救国运动与爱国主义》、《北洋军阀与外交系》、《华府会议的又一教训》、《这才是一个确实“进兵”中国》、《再论中国共产主义者加入国民党问题》等等。

1924年，旅欧中国共产主义青年团成员在巴黎的合影，
前排左四为周恩来、左一为聂荣臻、左六为李富春，后排右三为邓小平

从这些文章中，不难看出，对中国社会各阶级的分析、中国革命当前的任务和远景等一系列现阶段中国革命的基本问题，周恩来都有了比较明确而实际的认识，较之他在《少年》发表的文章，又向前跨了一步。

春寒料峭，这天，周恩来又一次来到塞纳河畔。他有逛书店的习惯，而这里沿岸一字排开许许多多的旧书摊，里面堆放着形形色色的画报、传记、历史、艺术和理论书籍。店主自然是希望销出的，可是，如你不买，而是取出一本浏览，即使一个钟头、两个钟头，甚至更长时间搁在手里翻来翻去，店主也不加干预，他反倒因自己的书摊能吸引读者而怡然自得。店主讨厌的只是大声喧哗，故而，尽管附近有流浪汉、拾破烂的、钓鱼的、乞丐等等在游荡，一个个书摊的小范围内却是安静的，读者（顾客）各不相干，沉埋于书中……周恩来喜欢这种氛围，只要有空，他总到这儿来。倘若他看中了哪本书就买下，然后在附近的林荫道旁找张长椅坐下，或继续翻阅，或掩卷沉思。偶尔有一个金发女郎持一束紫罗兰从他身边风一般轻地翩然而去，留下淡淡柔柔的馨香。

近日，他正在考虑写一篇论述革命救国的文章，而在塞纳河畔的短暂经历，在他仿佛是一种调节。他不能日以继夜地把自己绷得紧紧的，他也需要轻松，而轻松则使他的思路变得格外灵活、清晰。他想到，既要革命则要有一个革命政党，而且，必须确定革命的纲领。可是，当前不仅党外有敌对思潮，党内也还有模糊认识，这倒是要认真对待的。看来，这篇文章是非写不可了。

回到戈德弗鲁瓦街十七号楼上，已是晚餐时候，烤好的面包片放在桌上，白菜汤还冒着热气，邓希贤不在屋里，像是刚走了一会儿。他风卷残云，几分钟内，面包和白菜汤就下肚了，嘴一抹，抽出一叠稿笺，便写了起来：

> ……
>
> 革命是无疑而且确定了！但我们需看清我们的敌人和我们国民革命的势力究竟何在，且谁又是我们真实的友人。

正写着，邓希贤推门进来，笑呵呵地说："噢，你回来了。"

"瞧我，"周恩来指了指摞在一边的空碗，"通统吃完了……"

"那就是你的么！"邓希贤说，"你也没说去哪儿，天都快黑了，我出去转转，看能不能碰到你。"

"我去塞纳河畔逛书摊了，难为你在等。"周恩来歉意地笑了笑，"啊，我构思了一篇文章……"接着，他把自己的想法说了一遍，旋又问道，"你看如何？"

"要得，要得！"邓希贤大为赞赏，"革命的敌人和革命的依靠力量，究竟是谁，这太重要了，快写吧！"说着，他则伏在桌上刻起钢板来了。

那么，谁是革命的敌人呢？

周恩来写道：

> 我们的敌人，帝国主义的列强——特别是英、美、日、法——自是我们最大的仇雠。他们挟其工业先进国的机械力，奴隶了我们农业国的散乱民众，掠夺我们的原料，强销他们的货物，以金钱诱惑中国的军阀官僚，于是借款约成，继海关共管、邮政代管后，有盐税共管、铁路共管、江河共管，驯至全部财政共管，乃便要完全实现共管中国了。但不有内贼，外贼何能张牙舞爪的一无忌惮！

内贼是谁？周恩来从庚子之变写起，历数袁世凯、段祺瑞、曹锟、吴佩孚以至陈炯明等一些图私的新旧军阀、封建余孽及外交系、洋行买办、滥官僚。他们正是全中国民众的敌人，亦即革命的对象。

接下去，他论述了革命的势力，那就是海外华侨、劳动阶级、知识界、新兴工商业家和正在酝酿期中的农民阶级。他明确指出，这五种革命势力中，“特别是交通机关、矿山、工厂，常与列强资本势力接触、备受中国军阀凌辱的中国劳动阶级——终将为国民革命中一派最可靠的主力，这是毫无疑义的”。这里的“劳动阶级”实际是产业工人。

但是，谁来领导这五派革命势力呢？

周恩来写道：“在历史的使命上说，中国国民党是负有这个革命统率之责的。”

但是，他也毫不含糊地指出了国民党的不足和错误：“过去，它因为忽略了革命势力真实的存在和各派的经济地位，以致革命十二年，不但新的革命势力未能集中到国民党旗帜之下，便是国民党唯一的后援，海外华侨也有动摇之虞，这不能不算是国民党至大的失计。"因此，他希望国民党，"今后当注意于国民运动中五派可靠的革命势力之发展团结和引导，千万再不要误以为新旧军阀的四派势力之调和可以得到那骗人的和平统一。"

此外，周恩来在文章结尾指出，还要"与我们立在同一境地下的殖民地半殖民地的弱小民族和无产阶级之国的苏联俄罗斯"实行"国际联合"，来"促成我们国民革命的成功……"

不妨说，这篇文章把"反军阀政府的国民联合，反帝国主义的国际联合"具体化了，革命的敌人、革命的势力，以及负统率责任的政党都说得一清二楚。倘若我们将周恩来这篇《革命救国论》[①]与两年后毛泽东写的《中国社会各阶级的分析》参照着读，那是饶有兴味的。

身在国外，却始终关注着国内的事，这几年，周恩来源源不断地有文章和信函寄往国内，当然，大多是寄往天津。其中，与觉悟社社员的联系尤为密切，周恩来向他们谈了自己的种种见解：

> ……不过在现在旧经济势力资本主义极兴旺的欧美，要想 Auarchism（无政府主义）的鼓吹能动摇人心，这不免等于梦呓。
>
> 总之，主义问题，我们差不多已归一致。现在再郑重声明一句，便是：'我们当信共产主义的原理和阶级革命与无产阶级专政两大原则，而实行的手段则当因时制宜'……
>
> 我认的主义是一定不变了，而且很坚决地要为他宣传奔走。

① 见 1924 年 2 月 15 日出版的《赤光》第二期。

正品的事,壮烈而又悲惨……我们对于友谊的感念上,不免要有点悲伤;但对他的纪念,却只有一个努力!我对他唯一的纪念,便是上边表示我的心态的那首诗(即《生离死别》——引者注),和最近对于C.P.坚定的倾向。

资本主义一天不打倒,他的最后保证者帝国主义的混战永不会消灭,欧乱现正方兴未艾,所可希望的只是俄国。

卢森堡[1]当年也说:'我们要无军队,便不能革命的……'这都是见到之语。

……

这些文字,最初都见之于1922年和1923年间天津《新民意报》副刊《觉邮》,是周恩来与觉悟社社员谌小岑、李毅韬、李锡锦、郑季清、邓颖超通信的摘载。

周恩来旅欧之后,与《新民意报》一直未中断联系,他给觉悟社社员的信,均由该报转交,其中他给邓颖超的数百封信函,也一直由总编辑马千里转。

先是1922年冬,周恩来汇集并主编了散居国外的觉悟社社员的文章通信,油印成册,取名《觉邮》。天津的觉悟社社员谌小岑、李毅韬、邓颖超受此启发,找到马千里,提议《新民意报》副刊索性也叫《觉邮》,以刊载国内外觉悟社社员的有关通信、文章和消息。这样,《觉邮》便成了宣传革命的一个阵地。

1923年,马千里已是天津达仁学校校长,他邀请邓颖超、李毅韬来该校任教,邓颖超离开了京师公立第七女子高等小学到了天津,周恩来给她的信则不必再转往北京了。频繁的通信,不断加

---

① 卢森堡(1871—1919):即罗莎·卢森堡,德国社会民主党和第二国际左派领袖之一,德国共产党创始人之一。生于波兰,1919年1月15日遇害。

深彼此的了解，两人之间的关系，由纯洁的友谊，发展为爱情。

“那时，恩来撵啊，撵啊，一封信接着一封信……”多少年之后，邓颖超在一次谈话中回顾了半个多世纪前的情景。①

这期间，漂亮、聪明的张若茗仍然跟周恩来很接近。周恩来彬彬有礼、优雅洒脱的魅力，总令一些知识女性心旌摇动，而张若茗的感觉不尽如此，他们毕竟有过国内参加爱国运动，且一道入狱、一道创建觉悟社那段难忘的经历，如今又都在法国。她觉得自己对周恩来有更多的了解，她固然欣赏周恩来的外貌、气质，但她最欣慕的是周恩来的宽阔胸襟、睿智、辩才以及火一般的热情，冰一般的冷静……

但是，周恩来有周恩来的想法，张若茗热情的微笑，爽朗的言辞，以至清秀的脸和一双温柔的大眼睛，都给他以美好的印象。可是，她脆弱，周恩来很看重这一点，作为献身革命的终身伴侣，他觉得她不合适。他们的相处或相恋，是心照不宣呢抑或已经捅破？后来，相互间是有过争执呢抑或平静地分手？这些都无从知道，反正他们都年轻，即使相互间有过感情纠葛，也很自然，不足为怪。一件重要的事实是，爱是可以选择的，他已倾心于邓颖超，相信她是一定能经受住革命的艰难险阻和惊涛骇浪的。他的意念中，时常出现那个身着白衫黑裙、头梳S髻、一身女教师装束的姑娘，这自然就是“小超”。

他的信是那样频繁，可表白却是含蓄的。

1923年的春天，一封巴黎来信送到邓颖超手里。一看笔迹就知道是周恩来的，拆开来，是一张印着油画的名信片。奇怪，以前，他也不止一次寄过明信片，可从不放在信封里，怎么这次变换方式了？她捏着明信片，凝神观赏着，只见画面上芳草如茵，鲜花姹紫嫣红竞相争艳，在明丽春光的沐浴下，三个美丽的少女奔跑

① 邓颖超谈话录音，存南京梅园新村中共代表团原址纪念馆。

着,风儿掀起她们瀑布似的金发,前面似乎有什么在召唤她们,她们是那般神采飞扬、步履轻盈……

什么意思呢？邓颖超脑中闪过一个问号。

不等揣摩,她旋将明信片翻过来,只见三行熟悉的字迹跳入眼帘：

奔向自由自在的春天！
打破一向的束缚！
勇敢地奔啊奔！

蓦地,她的面孔染上赧红,丝丝甜蜜漾在心头,循环往复,久久不散。

她领悟了一切,英俊潇洒的周恩来此刻仿佛就在她的面前,回忆又把她带到几年前,重温那经历过的一切：

1915 年“双十节”,周恩来在“河北公园”天津救国储金团会上演说时,那矫健的身影,宏亮的声音,雄辩的口才；

1916 年 6 月,南开礼堂,周恩来男扮女装,演出《一元钱》时惟妙惟肖的表演；

1919 年 8 月,天津女界爱国同志会在“广东会馆”排练她主演的《花木兰》、《安重根》,从日本回来不久的周恩来践约观看并予指导；

1919 年 9 月,觉悟社成立,及其后一系列充满生机的活动。

1920 年 1 月,周恩来被捕,之后,她和谌志笃等前往探监；

1920 年 8 月,陶然亭的聚会；

接着便是周恩来旅欧前夕,那难忘的海河之夜；

这之后周恩来去了欧洲,万里之遥,鱼雁传书,于是,她从中获悉,他已不再上学,而是把时间花在对欧洲社会、工人运动和各种政治派别思潮的考察上,在“推求比较”中,探索着拯救中国之路。

在无数封来信中，有一封信强烈地震撼了邓颖超，那是他作出了一个最重要的抉择：信仰共产主义原理和阶级革命与无产阶级专政两大原则。

她立即作出回应，谈了自己的经历，表示也确立了共产主义信仰，愿与他一起共同奋斗。两颗年轻、赤热的心，同一节律地跳动着。

思绪把她引回去年，那是一个庭前飒凉的秋日，她正在办公室批改作业，蓦然感到光线暗淡下去，一抬头，见一位魁伟、谦和的青年人站在门口。

"我，李维汉，刚从法国回来。"

"坐，请坐。"一听说来自法国，邓颖超的心怦然而动，似已明白了什么，陌生的面孔旋即变得亲切起来。

"啊，这是恩来给你的。"李维汉将一封信递上，"我是受命回国，向团中央汇报旅欧青年团的工作的，恩来抓了我的差，让我务必将此信亲手交给你，我只能不辱使命喽。"

邓颖超半是欣喜，半是羞涩，客人的风趣逗得她掩口而笑，稍停，问道："恩来好吧？"

"好，好，他可惦记你啦。"李维汉笑道，遂又谈了周恩来的近况。邓颖超专注地倾听着，不时插话相问，她几乎想知道周恩来的一切。

临别前，李维汉说："我常听恩来说起，有个叫小超的，在'五四'运动中，十分勇敢，且坚韧不拔，他对你印象很深很深……"他睨了邓颖超一眼，意味深长地一笑，"这次，恩来是让我当一次传书的红娘吧？！"

一向落落大方的邓颖超倏忽腼腆起来，也许这是李维汉在开玩笑，恩来自己并未言明这层意思啊！

可今天，这张非同一般的明信片，展露了周恩来的心迹。

似在意料之中，却又觉得突然，她心中有拂不开的疑云。她知道他一直抱“独身主义”，是怎么改变的呢？她还知道他身边有若茗姐，她总以为他们会好起来，甚至在心里为他们祝福，可他没有那样做，他们之间又发生了什么呢？

尽管邓颖超有这样那样的想法，可她知道，在遥远的巴黎，周恩来正在等待她的回音，她不能不尽快作复。

于是，她在信中征询他对她和谌小岑、李毅韬准备建立一个进步妇女组织的意见。她写这些，很从容，很坦然。可是，往下写，让她回答周恩来的求爱，她却并不那么干脆，笔触似乎也有些迟钝，她不能回避，不应回避，她不忍心他收到信后有所失望。

聪明的姑娘，走笔向周恩来发出委婉的探询：你不是一向抱“独身主义”吗，现在有什么想法，为何不提若茗姐呢？

周恩来的回信总那么快，他说，他非常赞同他们组织一个进步的妇女团体。这件事，本来不问，她也知道他的态度，他的赞同是意料中的。接着，他坦诚地谈了自己改变“独身主义”和对张若茗的看法，随后，便向她倾诉着热烈而诚挚的感情。

周恩来的执着和深情是不可抵御的。

还有什么好犹豫的呢？她的内心终于作出抉择，她要快些复信，告诉他，接受他的爱，而且，还要告诉他，她也一直在爱他。

可是，婚姻毕竟是人生一件重要的事，她不能不征求母亲的意见。

母亲自己的婚姻有过不幸，可她希望女儿幸福。她知道周恩来，也见过，印象是好的，但婚姻这桩事轻率不得，她想得要仔细、复杂得多，听完女儿娓娓的叙述，沉吟有晌，她才说：“等周恩来回国再作决定吧！”

邓颖超向来敬重母亲，有母亲这话，她不好再说什么了。

然而，周恩来并不知道这一切，他的信仍在频频敲击着邓颖超的心扉。

“这个恩来啊……”邓颖超陶醉般地笑了。她不愿爱她的人，也是她所爱的人，经受感情的煎熬，琢磨母亲话中的意思，并未阻拦啊，那又何必等到恩来回国呢？况且，他已献身革命，什么时候回国也难说，能让他在无望中等待复等待吗？

邓颖超的心软了，她仿佛看到了遥远的他，那副惆怅、焦急的面孔，她自己也不能等待了。

于是，一封回信，像凌空飞翔的鸟儿，穿过万水千山，翩然落在周恩来的手上。邓颖超欣然回答：我们思想相通，心心相印，愿相依相伴，共同为共产主义理想奋斗终身。

周恩来久悬的心踏实了，啊，他终于有了感情的归宿。

复信的事，邓颖超没有隐瞒母亲，不过，是在信寄出之后才禀报的。

"啊，既然写了，也就这样吧。"母亲温和地说，旋又望了望女儿，笑意漾在她饱经风霜的脸上。她相信女儿，也相信那个远在异国他乡的年轻人。

现在，该说说张若茗了。

她依然倾心于周恩来，因多年来共同斗争的经历，周恩来跟她也一直保持着亲近的友谊。他很看重这种友谊，甚至在他跟邓颖超确定爱情关系之后，他跟张若茗也还有着正常的交往，爱情与友谊是两回事，不能建立爱情，不等于友谊也不存在了，纯洁的爱情和纯洁的友谊，同样是美好的。

周恩来在受命与王京岐一道筹组国民党旅欧支部并担负执行部总务科主任和代理执行部长之后，便不再担任旅欧共青团的书记，改由任卓宣①担任。

作为一名女性，且法语又很流畅，张若茗常在旅欧共青团负责人和法国共产党人之间做秘密联系。

---

① 任卓宣（1896—1990）：又名叶青，四川南充人。早年加入中共，后投向国民党，曾任国民党中宣部副部长、代部长、中央政治大学教授、台湾"政治作战学校"校长等职。

1924年1月21日，列宁逝世，法国共产党里昂支部决定举行追悼会，并提前派人通知中国旅欧共青团，邀请派人参加，还安排在会上发言。中国旅欧共青团决定张若茗作为代表之一，参加追悼会，并指定由她撰写发言稿。

但是，追悼会前两天，法共获悉政府不准外国共产党人参加这一公开活动，倘若与会，极有可能被捕。法共将这个情报告知中国旅欧共青团，让他们不必到会，但可将发言稿交去，由法共着人在会上代为宣读。

斗争策略的这一变化，原是很自然的事。可是，任卓宣反对法共的做法，认为是怯懦的表现，坚持中国旅欧共青团的代表非参加不可，并让张若茗准时到会，张若茗焉能不执行这个决定？她去了并在会上作了发言。谁料散会之后，她即受到法国秘密警察的讯问，险些被驱逐出境。自此，一直有法国秘密警察在她周围跟踪、盯梢，并不止一次地对她调查讯问。事情很清楚，她的共青团身份已经暴露，难以再进行革命活动了。

在这期间，她跟任卓宣有了明显的思想分歧，并有过争执和冲突，任卓宣作风专横粗暴，动辄呵斥，郭隆真曾被他骂得痛哭流涕，为这，张若茗对他深为愤慨和不满。

身份的暴露，加上任卓宣的恶劣人格，使张若茗的思想产生了激烈的波动。放弃革命吗？这意味着从此和亲密的同志分路而行。回国吗？一个二十二岁的姑娘，与家庭已断绝关系，学识与能力都还不行，困难太大。而目前，碧细女士（法国参议员于格雷的遗孀）将丈夫的遗产捐赠给了中国留法勤工俭学女生，有此资助，她仍可继续在法读书……多少个不眠之夜，她在人生的十字路口徘徊，最后作出痛苦的抉择：脱离政治活动，退出共青团，留在法国专心读书，研究学问。

周恩来知道了这一切，已经晚了。他沉默以对，能说什么呢？他没有给她爱，爱是不能勉强的，况且，他已心有所属。可是，张若茗这样做，却使他感到深深的遗憾。但人各有志，这跟爱情一样，也是不能勉强的，他能做的，只有祝愿她在学业上获得进步并找到自己的幸福。他们仍是好朋友。

1924年7月下旬，遵照中共中央指示，周恩来离开法国，张若茗和郭隆真在里昂车站为他送行。临别依依，有多少话要说，郭隆真是知道张若茗心思的，她想回避，可是，火车已启动，周恩来跟郭隆真握手之后，又伸向张若茗，他凝望着她那双惆怅的大眼睛和明显消瘦的脸庞，紧紧握着她的手，说了声："珍重！"转身登上了列车。张若茗伫立在月台上，一动不动，她的目光追寻着远去的火车，直到消失……

[四年之后，夏天的一个安谧的夜晚。

暮色笼罩着里昂大学，大门上方过街楼的宿舍里，张若茗正沉埋于书籍中，蓦地，从门口传来一个微弱而清晰的声音：

"张若茗，张若茗！"

会是谁呢？杨堃吗？不像他的声音，也不像别的中国留学生的声音，事实上，除了跟她相恋的杨堃，她几乎已断绝和别人的往来，她猜测着……

"张若茗，若茗……"喊声又传了过来，于是，她走过去把门打开，只见面前站着一位英俊的青年男子，着一套笔挺的白色西服，头戴白色的"法国盔"，这究竟是谁呢？不等她往下猜，倏忽，那个人摘下墨镜，张若茗惊呆了，是恩来！她几乎要喊出声，可周恩来手搁在嘴上"嘘"了一下让她别喊，两人遂下了楼，悄然离开学校，向附近一座小镇走去，而后进了一家咖啡店，畅谈别后一切。

周恩来告诉她，他是从苏联过来的——事实上他是去出席在莫斯科召开的中共第六次全国代表大会的——他选择了经波兰、德国、比利时和法国这样一条路线回国，是基于安全的考虑，当然，也是想有个机遇会会朋友，其中自然少不了她。

灯光映照下，张若茗眼里有泪花闪烁。

周恩来又告诉她，5 月，他和文淑（即邓颖超）自上海乘船去大连，经哈尔滨出国到莫斯科，在大连被日本人抓住，后又巧妙地脱险。他叙述了此事的经过，张若茗静静地听着，听完才"啊"地一声长长地出了口气。

"噢，"周恩来忽然想起似的，"我来之前，文淑一再叮嘱，让我代她向若茗姐问好。"

"谢谢，谢谢。"张若茗热泪盈眶，倏又流了下来。

"我和文淑是 1925 年在广州结婚的……"

"祝贺你们，衷心祝贺。"张若茗说。

"你看，我只顾说自己，还没问你呢，你好吗？"

"好，好，"张若茗冷静下来了，"我凭直隶女师的肄业证书，经我国驻法总领事馆验证认可，被推荐进了里昂大学，1925 年取得心理学合格证书；1926 年取得普通哲学和逻辑学合格证书；1927 年取得伦理学和社会学合格证书；今年又取得第四门专业教育学合格证书，并取得了里昂大学中文科硕士学位。"她心中积蓄的话太多太多，渴望倾诉，说个不停，只是，已不再那么活泼，多了一分娴静，"现在，我正在读博士研究生，主攻方向是从心理学角度，研究法国文学史和文艺理论，唔，对了，我的导师是法国著名心理学专家塞贡教授……"

"真为你高兴，若茗，你快要成为一名学者了。"

"隆真、文淑好吗？隆真在苏联学习期间还有信来，回国后就再也没信了……"张若茗有一丝惆怅，"还有清扬呢？也是杳无音信……"

"隆真、文淑仍在不顾一切地从事革命活动。清扬去年在武汉隐蔽了几个月，回到天津后没有活动，这也是为环境所迫。"周恩来说，"觉悟社社员，有的已完全脱离政治，还有两三人已站到国民党一边去了，个别的已经彻底堕落……"

“真是世事难料啊！”张若茗感慨系之，“像我也……”

“不说，不说，”周恩来摆手劝阻了她，他啜着咖啡，沉默片刻，“现在，我们与国民党反动派正进行着你死我活的斗争。在国内干革命是有相当危险的。告诉你，我就随身携带着烈性毒药，为了严守党的秘密，随时准备为党献身。”他凝视着张若茗，“我们这次会见是很难得的，分别之后，将来什么时间再会，难以预料。不过，既然革命是我唯一的选择，我想，即使自己牺牲了，看不到革命彻底胜利的一天，也在所不惜，心甘情愿。”

张若茗眼噙热泪，缓缓点头，她一向钦佩周恩来的革命志向和无私无畏，她说：“恩来，谢谢你说了那么多，谢谢你的信任。时间的流逝并未改变你的热诚和真挚，你是一个难得的人，”她的口气变得凝重起来，“我已置身圈外，但我真心祝愿共产党能早日成功。诚然，我心中也藏着一些党的秘密，但请相信我，我是永远不会泄露的。”

“唔……”周恩来未说下去，却十分感动地凝望着张若茗……

时间已近午夜，快到里昂大学关门的时候了，周恩来要乘夜班车去马赛，他将张若茗送回校门附近，两人不得不握别。张若茗目送着周恩来白色的身影融入浓重的夜幕之中，这才转身进了校门。]

风啸雷鸣，大浪迭起的前夕，国共合作推动了国民革命的蓬勃发展。

在珠江一个并不起眼的小岛上，黄埔军官学校正在筹备之中，张申府此时正旅居广州。这所新型军官学校迫切需要人才，廖仲凯①、戴季陶②先后找到张申府，请他推荐，张申府旅欧期间认

① 廖仲凯(1877—1925)：广东惠阳人。曾任广州国民政府财政部长、国民党中执委、常委、工人部长、农民部长、国民革命军第一军党代表。

② 戴季陶(1891—1949)：又名传贤，浙江吴兴人。曾任黄埔军校政治部主任、孙中山秘书、大元帅府秘书长、国民党中执委、常委、国民政府考试院院长。

周恩来归国前夕，与欢送他的国民党旅法总支部成员合影，
前排中座者为周恩来，左一为王京歧

识许多人，斟酌后，他开列了一份十五人名单，第一个就是周恩来。

军校筹备期间，廖仲凯管财政，戴季陶管教育，张申府将名单送上时，说："其中，周恩来是非要不可的，我了解他。"遂作了大略介绍，"我还想特别说明的是，在柏林，我曾不止一次地听他说过，真正革命非要有极坚强极有组织的革命军不可，没有革命军，军阀是打不倒的，并非一般人能有此认识，我以为，这是很重要的。"

张申府以此举荐，消除了自己对周恩来的隔阂，一显心灵的坦荡。廖仲凯和戴季陶听了，颔首赞同，并答应寄旅费过去，张申府立即将这消息函告周恩来。

1924年7月下旬，旅欧一千三百多个日日夜夜之后，周恩来和刘伯庄、周子君、罗振声等离法取道海路回国。

临行前夕，王京歧邀集国民党旅欧总支部成员合影留念。同事期间，他对周恩来的为人、才干是十分赏识的，他将这帧合影寄给父亲，在背面写着："同志恩来（坐当中者）与儿协同办党，可说两年之久了。素来，他——专门对外；我——一惟理内。本其过去工作，判他的智力、魄力，与夫将来之事业不在汪、胡①诸老同志之下。"时汪、胡均为国民党元老，助孙中山完成推翻帝制、建立中华之伟业，声望卓著，王京歧却如此评价周恩来，可谓是独具慧眼。让人惋惜的是，翌年，王京歧遭法国当局迫害，惨死于归国途中的船上。

担任黄埔军官学校
政治部主任时的周恩来

回国时，周恩来携带着简单行囊，里面藏着旅欧共青团执委会致团中央的一份报告，其中有对他的评价：

"周恩来——浙江，年二十六。诚恳温和，活动能力富足，说话动听，作文敏捷，对主义有深刻的研究，故能完全无产阶级化。英文较好，法文、德文亦可以看书看报。本区成立的发启（起）人，他是其中的一个。曾任本区第三届执行委员，热心耐苦，成绩卓著。"②

① 汪、胡：汪精卫（1883—1944）：字兆铭，原籍浙江绍兴。曾任国民政府行政院长兼外交部长、国民党中央副总裁。伪中央执委会主席、伪国民政府主席、行政院长。胡汉民（1879—1936）：字展堂，广东番禺人。曾任南京临时政府总统府秘书长、广州大总统府政治部部长、国民政府主席、立法院院长、国民党中央常委会主席。

② 见《周恩来年谱》P65（人民出版社、中央文献出版社1989年3月版）。

这是组织鉴定，应当说，评价是实事求是的。

在香港停留期间，周恩来致信中国社会主义青年团中央，表示自己的行止有赖 C. P. 中央的决定。

9 月初，周恩来抵达广州。10 月，遵照 C. P. 中央的指示，他任中共广东区委委员长兼宣传部长。11 月，就任黄埔军校政治部主任。

从此，这位从运河边上的小城——淮安走出的官绅人家的后裔，正式登上了中国以至世界的政治舞台，以他的全部心智，在风云变幻、悲喜交织的漫长岁月里，导演或参与导演了一出出一幕幕惊心动魄、可歌可泣的历史活剧，以其不朽的丰功伟迹彪炳于人类的史册。……

后 记

夜，清旷宁谧。

写完《早年周恩来》最后一个字，我如释重负，感到少有的欣慰。

最初，作为中国当代“优秀出版社”之一的江苏教育出版社约我写这部书，我几乎没有犹豫就接受了下来，这是因为一种历史责任感主宰着我。

于是，我搜求、研究了国内外有关周恩来的大量文献资料，但仅靠这些是不够的，我旋又奔赴淮安、淮阴、铁岭、沈阳、天津等周恩来早年读书和生活过的地方，作实地考察和调查，即使是东北偏远的乡村，只要是他到过的，我也从不放弃。其间，我与各界人士有过广泛的接触，对具体事件、地形地貌、风土人情以至民俗掌故的了解，增加了我对历史背景的认识，深化了我对周恩来的理解。自然，长达月余的采访，进一步丰富了我的资料积累。而所有这一切，当属写作的准备。

诚然，我写的只是青少年时代的周恩来，但是，我不可能孤立地去写一个人，而要宏观地把握、表现周恩来所处的时代、地域和一幕幕生活场景，就是说，应当尊重 19 世纪末至 20 世纪初那段历史。然而，作为一部文学性传记，则又应写出周恩来曲折坎坷的生活遭遇、复杂错落的心灵历程和丰富斑驳的感情世界，他的性格、人品、气质和魅力……总之，我要给读者提供一个多角立体的画廊，一个真实、圆形的人。

记得阿·托尔斯泰写过《彼得大帝》，罗曼·罗兰写过《巨人三传》,斯·茨威格写过《约瑟夫·富歇》,而不朽的司马迁则在《史记》中写过许多人物传记……当代作家也有人致力于传记文学的写作,我只是其中之一。至于这部书究竟写得怎样,需要时间的检验,我最大的愿望是读者能喜欢它。

在这部书稿即将付梓之际,我难忘淮安、淮阴、铁岭、沈阳、天津、北京、南京等地周恩来纪念馆、图书馆和博物馆的相助。中央文献研究室的力平、刘武生、李海文等学者于百忙中审阅了书稿,提出了中肯、透辟和有价值的意见;而南开大学教授刘焱、周恩来的亲属周尔辉等,也从各自角度予以鼎力相助。在此,一并致以真诚的谢意。当然,我还要感谢江苏教育出版社社长兼总编辑赵所生、副总编辑薛正兴和责任编辑徐宗文、周方,他们的眼光、魄力和始终如一的支持,对这部作品的出版,起了关键作用。最后,我祈盼着专家、读者的指谬和匡正。

作　者

1995 年 6 月 12 日

再版后记

十八年前，当《早年周恩来》出版之际，我在接受一家媒体记者采访时说过：写作这本书对我来说，是一次心灵净化的过程。青少年时代的周恩来走过的人生道路，他的早慧、人格和品德，对真理的追求和对信仰的坚守，一次次地令我惊叹和感佩，我相信此作的问世，广大读者尤其是青少年一代是会接受和欢迎的。

回顾1996年1月4日，在北京人民大会堂举办新书出版发布会，数十名省、部以上党政军和文化界高层人士与会，时任中共中央政治局常委、曾为周恩来政治秘书的宋平特地着人送来书面发言，对此书的出版作了高度评价。当晚，中央电视台“新闻联播”作了报道。次日，中央各大报均在头版发了新闻。紧接着，国内多位著名文艺评论家聚会扬州研讨这部著作，《文艺报》、《中国文化报》、《文学报》等报刊相继发表了评论。而中央人民广播电台于7月8日至8月18日，将此书作为“广播剧和小说连播节目”播出。据责任编辑告知，播出期间及其后，计收到听众来信三千多封和无数电话，这委实是不可多见的盛况。

流年似水，浑然不觉十八年倏忽而过，《早年周恩来》竟先后印刷了四次。而今年七月中旬，中宣部、教育部、团中央又向全国青少年推荐了此书，这使我倍感欣慰，表明它经受住了时间和实践的检验，当然这种检验还会继续下去。

一个人的青少年时代是十分宝贵的，怎样做人、为学，如何选择自己的人生道路，确立自己的信仰，周恩来堪称楷模，接近他、了解他，自然会受到启迪和教益。在快阅读、浅阅读、碎片化阅读的今天，我热忱地真挚地希望青少年朋友能捧起这本书一睹为快。

十八年过去，借中宣部等三部委推荐的机遇，我对此书又作了必要的增补，改动了初版中因时代局限而存在的少许遗憾。书的新版（亦可视作第五次印刷）是件幸事，江苏教育出版社总编辑王瑞书先生、责任编辑徐宗文先生等对此十分重视，精心筹划、编辑。教育社是我的“老东家”，我们的合作一向默契、愉悦。在此，对他们的辛勤付出，谨表谢意！

作者
2013 年 7 月 30 日
酷热难耐的一天

作者简介

庞瑞垠，江苏江宁人、国家一级作家。中国作家协会第六、七、八次全国代表大会代表，江苏省中青年有突出贡献专家，享受国务院颁发的政府特殊津贴。

1957年发表处女作，作品逾千万字。著有长篇小说《故都》三部曲(《危城》、《寒星》、《落日》)、《秦淮世家》三部曲(《钞库街》、《桃叶渡》、《乌衣巷》)、《逐鹿金陵》、《浮世烟雨》、《红尘男女》，中短篇小说集《鸳梦难言》，散文集《梅园的黎明》，传记文学《早年周恩来》、《一个人和一座城市》，报告文学《沉沦女》、《光明行》，短篇小说《东平之死》等二十五部。部分代表作结集八卷本《庞瑞垠文集》出版。其中，《早年周恩来》获中宣部第五届“五个一”工程奖(图书类榜首)，《逐鹿金陵》入围第四届茅盾文学奖并获“八五”期间全国优秀长篇小说奖，《秦淮世家》获紫金山文学奖，并入选国家图书馆“阅读中国——当代文学精品(数字)文库”。